서양 지성인과 만남

국립중앙도서관 출판예정도서목록(CIP)

서양지성인과 만남 / 지은이: 문계석. -- 대전 : 상생출판,
2018
  p. ;   cm. -- (증산도 상생문화연구총서 ; 11)

참고문헌과 색인수록
ISBN 979-11-86122-73-0 04160 : ₩32000
ISBN 978-89-94295-05-3 (세트) 04150

서양 철학[西洋哲學]
160-KDC6
190-DDC23   CIP2018017894

증산도 상생문화연구총서 11

서양 지성인과 만남

발행일   2018년 7월 9일 초판 1쇄
발행처   상생출판
발행인   안경전
지은이   문계석
주소   대전시 중구 선화서로 29번길 36(선화동)
전화   070-8644-3156
팩스   0303-0799-1735
출판등록 2005년 3월 11일(175호)

ISBN 979-11-86122-73-0
      978-89-94295-05-3(세트)

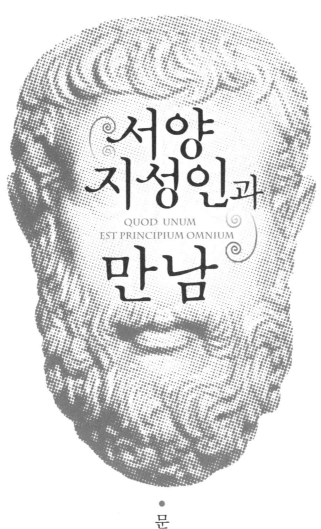

서양 지성인과

QUOD UNUM
EST PRINCIPIUM OMNIUM

만남

문계석 지음

상생출판

이 책을 내면서

『한서漢書』「소무전蘇武傳」에 "인간의 삶이란 풀잎에 서린 아침 이슬처럼 영롱하게 잠깐 비추다가 흔적 없이 사라지는 것과 같다.[인생여조로人生如朝露]"라는 말이 있다. 이 말은 중국 한漢나라 무제武帝 때 흉노匈奴와의 전쟁에서 이능李陵이 지은 시詩의 일부분으로, 전쟁포로로 잡혀 고생하는 소무蘇武를 흉노의 선우單于(王)에게 귀화歸化하도록 설득하기 위해 썼다. 이성계李成桂의 조선 창업에 중심적인 역할을 했으며, 당대의 쟁쟁한 유학자儒學者로서 후에 태종 이방원을 도왔던 권근權近(1352~1409)은, 세상을 떠나기 하루 전, 일과를 마치고 퇴궐退闕하면서 하늘을 쳐다보고 이 말을 되뇌었다고 한다.

인간은 모두 천우신조天佑神助로 아주 귀하게 태어나서 단 한 번 뿐인 삶을 살아간다. 그 과정은 어쩌면 길다면 길고, 짧다면 빛보다 빠른 속도로 스쳐가는 것인지도 모른다. 이런 삶의 과정 속에서 오늘의 시대에 몸담고 있는 사람들은 각자 어떤 생각으로 살아가고 있는 것일까? 모두가 아름답고 행복하게 살고 있는 것일까, 아니면 그렇지 못한 삶이어서 비탄한 나날을 보내고 있는 것은 아닐까?

현대인의 대부분은 잠에서 눈을 뜨자마자 시간에 쫓기면서 일터로 달려가고, 저녁이면 과중한 업무로 지쳐서 집으로 돌아간다. 이는 살벌한 생존경쟁의 언저리에서 보다 나은 삶을 위해 고군분투孤軍奮鬪하는 모습이라 할 수 있다. 이들이 어쩌다가 힘든 삶을 벗어나 한거閑居한 여유를 갖기라도 하면, 이러저러한 생각에 만감이 교차하는 순간들을 하나하나 떠올리게 되고, 지나간 삶의 자취를 더듬어본다. 그러다 보면 불현 듯 "나는 삶의 좌표를 잃지 않고 본래 부여된 인생을 제대로 살고 있는 것일까?" 하는 의문이 전광석화電光石火처럼 뇌리를 스치기도 한다.

이러한 생각이나 의문을 가진다는 것은 습관적으로 아무런 문제없이 고집해왔던 지나간 삶의 가치관을 흔들어대는 동기가 될지도 모른다. 이는 자신의 존재에 대한 일종의 회의懷疑이고, 진정한 가치를 희구希求하는 반성적인 삶의 첫 출발이 될 수 있다. 소위 철학이라고 하는 것은 여기서부터 출범한다. 아무리 고귀하고 심오한 지성을 갖춘 사람이라도 삶의 가치에 대한 반성이나 회의가 없다면, 지혜知慧(sophos)를 추구하는 철학과 거리가 먼 삶이라 할 수 있다. 한마디로 말해서 철학의 빈곤은 반성적인 삶의 부재不在를 의미하고, 이는 삶의 가치에 있어서 하찮은 존재로 전락하는 원인이 된다.

존엄한 인격자는 가치 있는 삶을 추구하는 지혜로운 사람이다. 서양 지성사知性史의 전통에서 볼 때, 철학은 지혜의 동반자요 진리탐구의 왕좌라고 일컬어진다. 그러나 대다수는 철학에 대해 생각만 해도 머리가 지근거리고, 실생활에 아무런 이득도 가져다주지 않는 가치 없는 것이라고 믿고 있다. 이는 특히 물질만능주의나 자본주의 척도로 무장되어 있는 사람들에게는 더더욱 당연한 믿음일지도 모른다. 그럼에도 서방이나 동방에서 인류의 역사가 시작된 이래, 소위 현자賢者로 일컬어지는 분들은 끊임없이 지혜를 추구해 왔고, 각자 평생을 투자하여 철학이라는 지혜의 금자탑金字塔을 굳건하게 세우기도 하였다.

현자들은 '무엇 때문에' 단 한 번 뿐인 인생을 지혜를 추구하는 일에 헌신했던 것일까? 그것은 지적 호기심이나 현학적인 멋을 부리기 위해서였을 수도, 보이지 않는 세계에 대한 영원한 진리를 획득하여 남들에게 자랑하기 위한 것일 수도 있다. 아니면 미래에 일어날 사건들을 예측하여 실생활에 이득이 되도록 하기 위함일 수도 있다. 그 동기야 어찌됐던 간에 가장 중요한 요인은 아마도 아침이슬 같은 인생을 넘어 영원한 삶을 희구希求하는 데서 비롯되었다는 것이다. 왜냐하면 순간의 삶에서 영원한 삶으로 통하는 길은 바로 지혜의 창고인 철학의 진리에서 찾아볼 수 있기 때문이다.

철학은 최고의 지혜를 담은 진리의 지침서다. 최고의 지혜를 획득한 과거의 현자들은, 자신의 영혼이 그것을 꽉 붙들고 있는 한, 살아서는 지혜의 화신化身으로 지내고, 죽어서 육신이 사라진다 해도, 불멸의 지혜와 함께 자신의 영혼이 존속한다고 굳게 믿고 있었다. 영원한 지혜는 불생불멸하는 최고의 존재에 대한 인식이기 때문이다. 그러나 그러한 지혜는 현상現象에서 획득되는 것이 아니다. 생성변화에 종속하는 현상은 감각으로 파악되는 일시적인 지식에 지나지 않기 때문이다. 따라서 최고의 지혜를 인식하고 드러내는 철학은 단숨에 달성될 수 없는, 매우 지난至難한 과업이 아닐 수 없다.

필자는 이 책에서 서양의 고대에서 현대에 이르기까지 현자賢者들이 각고刻苦의 노력으로 이룩해 낸 지혜의 창고를 열어 소중한 내용만을 뽑아 조금 정리해 놓았다. 정리된 내용의 주제는 철학에서 가장 중심이 되는 세 측면, 즉 객관적으로 실재하는 것이 무엇인가를 탐구하는 존재론(Ontology), 진리 인식은 어떻게 가능한가를 다루는 인식론(Epistemology), 신은 과연 존재하는가의 여부를 다루는 신론(Theology)이 핵심이다.

서양의 철학에 눈을 뜬 독자에게는 그리 어려운 것은 아니겠지만,

지혜의 문을 열고 들어가려는 초심자에게는 다소 지루하고 이해하기 어려울 수도 있다. 그러나 "아무리 어려운 글도 반복해서 읽으면 자연히 그 뜻을 파악할 수 있다[독서백편의자현讀書百遍義自見]"는 옛 성현聖賢의 충고도 있지 않는가? 이 책을 여러 번 반복해서 정독精讀을 해 간다면, 누구나 현자들이 전하는 영원한 지혜를 획득할 수 있을 것이라고 필자는 굳게 믿는다.

이 책은 5부로 구성되어 있다.

1부는 서양 고대의 이집트나 그리스 문화를 이끌어왔던 신화神話(Mythos)의 시대가 어떤 이유로 철학의 시대로 급격하게 전향하게 되었는가를 다루었다. 거기에는 인간의 반성적인 사유를 통해 전개되는 논리論理(Logos)가 있었음을 제시해 보았다. 신화의 시대는 무조건적인 믿음을 중시하나 철학의 시대는 이성의 날카로운 논리적인 사유를 중시했기 때문이다. 이러한 합리적인 사유로부터 다양한 학문적 체계가 구축되기 시작한 것이다.

2부는 소위 현자들이 탐구해낸 영원한 진리, 즉 철학이 일구어낸 진리가 무엇인지를 개괄해 보았다. 영원한 진리는 변함없이 참되게 존재하는 실재實在(Reality)에 대한 것이다. 실재는 잠시의 멈춤도 없이 창조 변화해가는 현상계의 배후에 항존恒存하면서 현상세계의 존립 근거가 된다. 이러한 실재론은 각기 다른 두 영역으로 갈리게 되는데, 물리적인 실재와 정신적인 실재가 그것이다. 전자는 물리적인 존재가 세계를 구성하는 근원의 실재임을 주장하는 원자론과 그 후예들이 속하고, 후자는 정신적인 존재가 세계를 구성하는 형이상학적 진리임을 말하는 플라톤주의와 그 후예들이 속한다.

3부는 시간의 흐름과 관계없이 실재가 영원히 존재한다면, 인간이 이를 '어떻게 알 수 있느냐'의 문제를 다루었다. 이는 앎의 기원, 앎의 방법 등을 분석하는 인식론이라고 하는데, 전통적으로 두 진영으로 구분된다. 하나는 감각적 경험을 통해서 확실한 지식을 획득할 수 있다는 입장이고, 다른 하나는 이성적 사유를 통해서 불변의 진리를 획득할 수 있다는 입장이다. 전자는 소위 경험주의 전통이라 불리는 인식론이고, 후자는 합리주의 전통이라 불리는 인식론이다. 경험주의 인식론은 과학적 지식의 토대가 되었고, 합리주의 인식론은 수학적 진리의 토대가 되었다. 후에 독일 출신의 칸트I. Kant는 양자의 입장을 종합적으로 통일하여 새롭게 인식론을 체계화한다.

4부는 19세기와 20세기에 새롭게 대두되는 철학적 사유를 주제별로 소략해 보았다. 오직 물질만이 근원적인 가치요 실재라고 주장하는 유물론唯物論, 실증주의에 반기를 들고서 인간의 주체적 존재를 문제 삼은 실존주의實存主義, 경험적인 현상을 넘어서 순수 의식에 있는 본질을 다룬 현상학現象學, 전통적인 형이상학을 재론하는 귀납적 형이상학, 합리주의와 실증주의에 반대하여 삶의 체험을 중시하는 삶의 철학, 하이데거M. Heidegger의 변종 존재론, 기호논리학을 바탕으로 언어를 분석하여 문제를 해결하려는 분석철학分析哲學, 인간사회에서 행동양식의 성립근거와 존재가치를 다루는 사회철학이 그 중심이다.

5부는 전통적으로 논의되었던 신론을 소략하여 보았다. 신론의 중심 주제는 '인격적 유일신(The God)이 존재하느냐'가 문제일 것이다. 여기에서는 신의 존재를 전적으로 거부하는 무신론(Atheism), 유일신의 존재를 절대적으로 인정하는 유신론(Theism), 단 한분의 신이 자기 민족만을 위한다고 주장하는 단일신론(Henotheism), 온 세상이 신이 드러난 모습이라고 주장하는 범신론(Pantheism), 온갖 세상의 존재가 신이 내재하여 창조 변화되는 과정이라고 하는 범재신론(Panentheism)을 간략하게 소개했다.

영원한 지혜의 지침서라 불리는 책은 사실 뜬 구름 잡는 만큼이나 이해하기가 까다로울 수 있다. 그래서 필자는 철학의 내용들을 독자가 쉽게 이해할 수 있도록 많은 배려와 노력을 경주했다. 그럼에도 역시 깊은 통찰의 과정을 통과해야만 자신의 것으로 만들 수 있는 부분들이 꽤 산적해 있다. 따라서 필자는 이 책을 손에 쥐고 있는 독자에게 꼭 전하고 싶은 말이 있다. 너무 서두르지도 말고 천천히 반성적으로 사유하면서 끝까지 독파해 낸다면, 당신이야말로 정말 위대한 사상가요, 진실로 영원한 지혜를 체득하는 철학자가 되어 가고 있다는 사실을!

2018년 6월
상생문화연구소 문 계 석

차례 | Contents

Part I 철학의 문을 열면서

Part II 실재를 찾아낸 사유思惟

Part III 진리를 어떻게 인식認識할 수 있는가

Part IV 19세기와 20세기의 철학적 사유

Part V   서양의 정신문화를 이끌어온 신(God)

철학의 문을 열면서

아테네의 학당 〈라파엘로 그림〉

1

신화神話의 시대

"우리 환족이 세운 나라가 가장 오래되었다. 한분 신[一神]이 있어 대광명의 하늘에 계시며, 홀로 조화를 부리는 신이시고, 광명으로 우주를 비치시며, 권능의 조화로 만유를 생하신다. 영원토록 사시며, 항상 즐거움을 누리시며, 지극한 기운을 타고 노시며, 오묘하게 자연과 합한다. 형상이 없이 나타나고, 함이 없이 지으시고, 말없이 행하신다."

吾桓建國이 最高라. 有一神이 在斯白力之天하사 爲獨化之神하시니 光明照宇宙하시고 權化生萬物하시며 長生久視하사 恒得快諾하시며 乘遊至氣하사 妙契自然하시며 無形而見하시며 無爲而作하시며 無言而行하니라. (『桓檀古記』「三聖紀」上)

1) 호메로스Homeros와 헤시오도스Hesiodos 신화

학문의 세계로 들어가는 문턱에는 신화(Mythos)가 버티고 있다. 신화란 민족이나 집단이 삶의 과정에서 직면한 일들을 체험하여 신神의 이름으로 들려주는 전승된 이야기다. 다시 말해서 태고시대에 인류는 원초적으로 순박한 의식을 가지고 있었을 것이고, 그들의 순박한 의식에 채워진 그림은 해와 달과 별들이 연출하여 보여주는 천체의 숭고함, 밝음과 어둠이 교차하면서 온갖 종류의 생명이 탄생하고 소멸하는 과정의 신비, 그리고 천둥과 번개, 태풍과 홍수, 화산폭발과 지진 등의 무서운 파괴력에 대한 두려움 등의 체험으로 채워졌을 것이다. 이러한 체험에 상상력을 가미하여 신들의 이야기로 풀어냈던 것이 신화다.

신화에는 지식과 논리로 해석될 수 없는 영웅들의 기개氣槪나 민족의 생명력이 원형 그대로 살아 숨 쉬고 있다. 또한 신화는 신과 인간에 대한 중요한 문제들을 인간이 어떻게 생각해야 하고 어떤 방식으로 행동해야 바람직한가를 가르쳐주고 있다. 그런 가르침을 담아 전승되어 온 신화는 이성의 논리적 사유로 파악하기 힘든, 감성적인 믿음으로만 이해될 수 있는 이야기이기 때문에, 우리는 무반성적으로 받아들일 뿐이다.

서양 지성사에서 문헌상의 기록으로 볼 때 옛날부터 전승되어온 이야기를 신화적인 형태로 처음 기록한 인물은 대표적 서사시인 호메로스(BCE 800~750)이다. 그의 서사

호메로스 석상

시는 지금으로부터 약 3100년 전에 일어났던 트로이Troy 전쟁과 그 후의 과정을 배경으로 한 「일리아스Ilias」와 「오디세이아Odysseia」이다. 「일리아스」는 아킬레우스Achilleus가 트로이와의 전쟁에서 10년 만에 승리하는 과정을 그렸고, 「오디세이아」는 트로이 전쟁이 끝나고 10년에 걸쳐 자신의 왕국인 그리스의 이타카Ithaca 섬으로 돌아오면서 겪는 모험을 담은 이야기다. 호메로스는 전승되어 온 이러한 신화나 전설, 트로이 전쟁의 영웅담을 마지막으로 정리해서 대 서사시를 완성했던 것이다.

호메로스는 바드Bard들 중 한 사람이다. 바드들은 그 당시의 민족시인으로 교육을 전담했던 인물들이다. 우리의 전통에 비추어 말하면 바드들은 판소리꾼에 해당한다. 이들은 여러 나라의 이곳저곳을 자유롭게 여행하면서 두루 살펴보고 관찰했던 내용을 사람들에게 들려주는 일을 담당했다. 그렇기 때문에 바드들은 여러 나라에서 전승되어 오는 영웅들의 체험 내용이나 전승된 신화를 자연스럽게 수집하고 정

트로이의 목마

리해 놓을 수 있었다.

신화의 시대에 살았던 호메로스는 탁월한 시인詩人이면서 아직 미숙하긴 하지만 사상가이기도 했다. 그의 사상에 따르면, 우주는 세 부분으로 분할되어 있는데, 하늘, 땅과 공기층 그리고 지하세계가 그것이다. 하늘은 청동으로 된 금속제가 막을 형성하고 있고, 땅을 중심으로 공기층과 지하세계가 대칭을 이루고 있다. 물론 신화의 시대에는 공간개념이 사람들의 사고 안에 아직 형성되어있지 않았기 때문에 공기층 밖의 우주공간에 대해서는 생각될 수 없었고, 오직 청동막이 하늘을 덮고 있어서 그것이 끝이라고 여겼다.

호메로스는 인간의 존재를 어떻게 생각하고 있었을까? 그의 인간관은 좀 특이하다. 그는 인간을 구성하는 팔과 다리가 신체를 보존하기 위한 생명적 존재로 여기지 않고, 당시의 빈번한 전쟁을 수행하는데 필요한 활동적인 도구에 지나지 않은 것으로 보았다. 인간의 영혼 또한 어떤 정신적인 존재가 아니라 단순히 푸쉬케Psyche로 간주되었다. 당시에 푸쉬케는 생명체가 숨쉴 때 입 밖으로 내뿜는 숨결과 같은 의미였다. 이러한 푸쉬케는 호흡의 흐름으로 파악된다는 의미에서 어디까지나 죽음과 동시에 사라져버린다. 그래서 호메로스는 인간이 죽으면 신체와 비슷한 모습을 간직한 채 지하의 세계로 들어간다고 보았다.

신화의 시대에 호메로스에 이어 등장한, '그리스 교훈시의 대부'라 불리는, 헤시오도스Hesiodos는 어떠했을까. 그도 호메로스와 마찬가지로 직업적인 방랑 음유시인으로 출발했다. 이 과정에서 그는 영웅시들을 암송함으로써 서사시의 기법을 충분히 익혔다. 특이할만한 것은 그가 자신의 작품에서 인생에 대한 본질적이고도 진지한 태도를 첨가해 표현해 내기도 했다는 점이다. 그의 대표적인 서사시는 신들의 전설과 유래를 담은 「신통기(Theogony)」로 유명하다.

「신통기」에서 그는 우주의 탄생과 신들의 기원을 담아내고 있다. 태초에 카오스Chaos에서 신들과 생명창조의 어머니 신 가이아Gaia가 나왔고, 가이아는 우라노스Uranos 및 산과 바다를 낳았으며, 이 가이아가 우라노스와 결합해서 자식들을 생산했다. 그 자식들은 티탄족Titan, 키클로페스족Kyklopes, 헤카톤케이레스족Hekatoncheires이다.

그런데 우라노스는 자식들을 싫어해서 가이아의 몸 안에 가두어버렸다. 가이아는 자식들에게 우라노스에 대한 복수를 호소했으나 티탄족의 크로노스만이 말을 들었다. 이로부터 신들의 주재자인 우라노스와 시간의 신 크로노스Kronos가 싸워서 크로노스가 승리하게 되었고, 후에 크로노스는 아들 제우스Zeus와의 피비린내 나는 권력투쟁을 벌였으나 결국 패하게 된다. 그럼으로써 제우스는 인간과 신들을 다스리는 천상의 제왕으로 군림하게 된 것이다. 이와 같이 헤시오도스는 신화에서 신들의 계보 및 이른바 황금시대黃金時代에 대해 가장 오래되고 권위 있는 기록을 담아냈고, 자신의 원초적 사고에 자리하고 있었던 삶의 부질없음, 악의 근원, 책임과 죄책, 운명과 필연, 사후의 세

티탄족의 크로노스가 우라노스를 거세하는 모습

계에 대한 어두운 문제들을 시적으로 노래했다.

2) 오르페우스Orpheus 종교의 가르침

오르페우스는 음악의 신이다. 그는 현絃으로 이루어진 악기樂器 하프harp를 연주하면 숲의 동물들만이 아니고 나무나 바위까지도 귀를 기울이게 했을 정도였다고 한다. 그런 그가 숲의 요정 에우디케Eury-dike를 보자 한 눈에 홀딱 반하여 사랑하게 됐고, 사랑의 정점에서 그녀와 결혼한다. 그런데 운명을 건 그의 애절한 사랑 이야기는 후대의 문학에 지속적이고도 많은 영향을 주게 된다.

어느 날 사랑하는 아내 에우디케가 산책을 나갔다가 뱀에 물려 죽었다. 이에 오르페우스는 죽은 아내를 되살리기 위해 죽은 자들이 머무는 지하세계에 들어갈 것을 결심한다. 만고萬苦 끝에 지하세계로 들어간 그는 저승의 주인 하데스Hades와 그곳을 다스리는 망령들을 아름답고 구슬픈 음악의 힘으로 감동시켰고, 결국 허락을 얻어 아내를 데리고 이승으로 향했다. 하지만 아내가 지하세계의 마지막 문을 나갈 때까지 뒤를 돌아보지 말라는 하데스와의 약속을 어겼기 때문에 그는 아내를 구

올림피아의 제우스 신상

하는데 실패했다. 아내를 두 번씩이나 잃은 오르페우스는 슬픔에 잠겨 다른 여성들과의 접촉을 멀리하고 오르페우스교를 전파하는 데에 전념했다.

신화의 시대에 오르페우스는 트라키아 지방을 거점으로 활약한 가수이자 시인으로 알려져 있다. 그는 영웅 이아손Iason이 주도한 전쟁에 참여하여 전투에서 지친 병사들을 감미로운 음악으로 위로하고 사기를 돋우어서 공을 세웠고, 요사스런 노래를 불러 사람을 죽음으로 유혹하는 바다의 괴물 세이렌스Seirenes를 탁월한 음악으로 제압하기도 했다. 오르페우스 신화는 기원전 7세기경 무렵부터 종교적 교단으로 발전하게 된다.

오르페우스 신화는 어떻게 해서 종교로 승화되어 나타나게 됐던 것일까? 그 발단은 오르페우스가 죽은 아내를 구하기 위해 저승으로 들어갔던 이야기에서 실마리를 찾아볼 수 있다. 신화의 중심에는 삶과 죽음의 비밀과, 영혼의 불멸성이 내재되어 있다. 이로부터 신비한 종교의식이 시작됐고, 오르페우스 교인들은 사후세계를 받아들이게 된 것이다. 따라서 오르페우스교도들은 현실적인 삶에서 육체적인 욕망을 억제하고, 금욕과 절제를 최우선으로 하고, 현세적인 삶이 끝나도 죽지 않는 영혼의 윤회를 통해 영원한 삶을 구가하려고 했던 것이다.

지하세계로 간 오르페우스

영원한 삶을 추구하기 위해서는 우선 정신과 육

체라는 이원론적인 측면을 전제해야 한다. 그래서 오르페우스교는 인간을 두 측면, 즉 악한 면을 받아 나온 육체와, 선한 면을 받아 나온 영혼으로 구분 짓는다. 이러한 이원론적인 사고는 어떻게 해서 출현하게 됐던 것일까?

이원론적 사고는 그리스 올림포스 12신 중 유일하게 제우스와 인간 여성 사이에 태어난 디오니소스Dionysos 신앙과 밀접하게 관련이 있다. 오르페우스 교도들은 인간의 기원이 생명의 신이요 생산의 신인 디오니소스와 동일시되는 자그레우스Zagreus에서 비롯됐다고 믿었다. 오르페우스의 신화에 의하면, 자그레우스는 뱀으로 변신한 제우스와 자신의 딸 페르세포네Persephone 사이에서 태어났다고 하는데, 틴탄족은 질투심에 불타 자그레우스를 갈기갈기 찢어 심장만 남기고 먹어 치우고, 남은 심장을 제우스에게 받쳤다. 이에 화가 난 제우스는 벼락으로 틴탄족을 멸망시켰고, 거기에서 살아남은 틴탄족에서 인간이 태어났다는 것이다. 그래서 인간은 틴탄족의 사악한 측면과 자그레우스

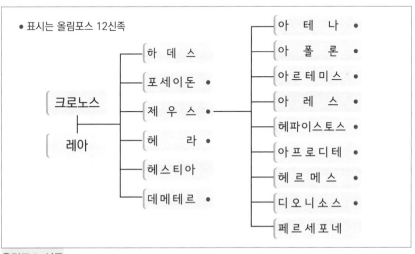

올림포스 신족

의 선한 측면을 동시에 갖고 있다는 것이다.

그러므로 오르페우스 교도들은 선한 영혼이 악한 육신 안에 갇혀있다고 보고, 육신의 악에 물들지 않기 위해서는 끊임없이 영혼의 선을 달련시켜야 한다고 믿었다. 그들의 금욕과 절제는 바로 여기에서 비롯된다. 또한 그들은 틴탄족에서 비롯되는 생명의 윤회를 믿었기에 살생과 육식도 금하게 됐다. 여기에서 우리는 오르페우스 신앙과 디오니소스 신앙 간에는 분명한 차이가 발생함을 알 수 있다. 디오니소스 교도들은 틴탄족이 행했던 방식, 즉 살아 있는 짐승을 찢어 죽여 피와 살을 날로 먹는 광란의 의식을 통해서 육체와 영혼의 정화를 달성한다고 믿었지만, 오르페우스 교도들은 철두철미하게 금욕하고 절제하는 수련을 통해 영혼의 정화가 이루어진다고 믿었던 것이다.

영혼의 윤회는 오르페우스교에서 유래한다. 영혼의 윤회는 엄격한 수련을 통해 정화된 영혼이 죽어서 또 다른 육신으로 들어가 새롭게 태어남을 뜻한다. 영혼의 이러한 윤회과정을 반복함으로써 육체가 완벽하게 세탁되면 엘리시온Elision으로 들어가 영원한 복락을 누리게 된다고 디오니소스 교도들은 확고한 믿음을 갖고 있었던 것이다. 이러한 신앙이 있었기 때문에, 육신의 고통 속에서 지옥 같은 질곡의 삶을 살아야만 했던 사람들은 윤회를 통해 더 좋은 육신으로 갈아입을 수 있도록 하기 위해 미래 지향적인 오르페우스교에 몸을 담게 됐을 것이다.

오르페우스교의 신화에서 정착된 영혼관은 고대 그리스 철학자들의 논변에 자주 등장한다. 이는 특히 죽음 이후에 있을 영혼의 운명에 대하여 플라톤은 『고르기아스Gorgias』, 『폴리테이아Politheia』, 『파이돈Phaidon』과 같은 위대한 대화편에 잘 반영하고 있다.

더욱이 오르페우스교의 경우에서처럼, 태고의 신화로부터 종교적인 신앙집단으로 승화된 경우가 많이 있었다. 특히 역사과정을 통해 전승되면서 서양 종교문화사에 위세를 떨친 종교는 이란 서부 고원에서 발생한 조로아스터Zoroaster(BCE 660~583)가 대표적이다. 후세에 철학적 사유와 종교적 신앙에 많은 영향을 끼친 조로아스터교는 육체와 영혼, 차안과 피안, 선과 악, 밝음과 어두움 등의 이원론적 사고를 기반으로 한다. 이러한 이원론적인 사고는 현실 세계의 창조주이자 밝음과 선의 신인 아후라 마즈다Ahura Mazda와 파괴자이자 어둠과 악의 신인 앙그로 마이뉴Angro Mainyu 간의 끊임없는 투쟁의 장으로 보았기 때문이었다.

야즈드 조로아스터 사원(이란)

3) 신화Mythos 시대에서 로고스Logos 시대로

동서고금東西古今을 막론하고 신화는 철학Philosophia이 출범하여 꽃을 피우기 훨씬 이전부터 문명과 함께 있었다. 다시 말해서 태고시절 인류의 역사의식이 고양되면서 자기표현이 싹트고, 원초적인 감각으로부터 받아들인 체험담이 신화의 성격으로 전개되고, 신화의 힘을 빌어서 인류는 고대의 이집트 문명과 메소포타미아 문명, 인더스 문명과 황하문명 등을 일으켰을 것이다. 이러한 측면에서 보면, 신화는 곧 문명을 일으키는 모태가 된다.

그러한 신화의 힘은 어디에서 나오는 것일까? 태고시대의 인류는 해와 달, 별들에서 보듯이 거대하고 신비하게 운행하는 천체에 대한 숭고崇高, 폭풍과 홍수, 지진과 화산 등 예고 없이 닥쳐오는 대자연의 파괴력에 두려움을 체험할 수밖에 없었을 것이다. 대자연의 위력威力 앞에 무기력한 삶의 과정을 극복하기 위해 인류는 신神에 대한 이야기를 창출해 냈고, 이것이 전승되면서 보다 교훈적이고 심층적인 신화로 진보하게 된 것이다. 이러한 신화는 역사과정을 통해 보다 체계화되면서 종교적 믿음[信仰]으로 발전하게 되었고, 그러한 믿음의 힘을 빌어서 인류는 문명의 진화를 이룩했던 것이다.

이집트의 피라미드를 지키는 거대한 스핑크스

그런데 신화는 야누스

Janus의 양면성을 갖고 있다. 한편으로는 의식에 그려진 체험에 자유로운 상상력이 가미되어 생명력을 지닌 싱싱한 모습을 드러내지만, 다른 한편으로는 지식과 논리의 결여로 과장된 허구와 모순적인 모습을 담고 있는 것이 신화다. 그러하기에 신화는 때로 달콤한 환상과 매혹이 넘치는 이미지로 의식을 장악하여 사람들을 미혹迷惑으로 빠뜨리고, 진실이 아닌 허구의 세계로 이끌기도 한다.

이러한 신화는 논리적 증명에 근거하는 학문(Sciencia)이 아니다. 신화를 사랑하는 사람은 무조건적인 믿음을 따르지만, 학문을 사랑하는 사람은 로고스를 따른다. '신화(Mythos)'가 '말' 혹은 '이야기' 등의 어원을 갖고 있지만, 로고스Logos와는 대립적 개념이다. 전자는 입증되지 않은 상상력의 소산으로 받아들여지는 이야기이고, 후자는 엄격한 논증을 바탕으로 검증 가능한 체계와 법칙을 갖춘 논리적인 이야기이기 때문이다.

그리스의 철학자 아리스토텔레스Atistoteles(BCE 384~322)는 『형이상학(Metaphysica)』 3권 4장에서, 신화를 사랑하는 사람과 학문을 사랑하는 사람을 대비하여 구분하고 있다. '신에 대해 이야기한 사람들은, 전통적인 가르침을 후세에 전해주었을 뿐, 그에 대한 증명을 전해주지 못했다.' 반면에 '학문을 사랑하는 철학자들은 증명을 바탕으로 해서 말

야누스의 두 얼굴(바티칸 박물관 소장)

하는 사람들이기 때문에 확신을 준다.' 물론 이러한 구분은 신화를 말하는 사람들이 전적으로 맹신적이며 허무맹랑한 이야기만을 늘어놓는다는 뜻이 아니다. 왜냐하면 근원의 존재를 언급한다는 측면에서 볼 때, 신화를 사랑하는 사람도 철학자라고 할 수 있기 때문이다. 하지만 회의하고 증명하고 근거지우는 방법에서 볼 때, 신화는 철학이 아니다.

반성적 사유가 싹트면서 인간은 신화의 세계를 침범하여 정복하기 시작했다. 즉 합리적인 이성의 권위를 가지기 시작한 사람들은 단순히 신화라는 정신적인 공동자산을 맹신하면서 살아갈 수 없게 되었던 것이다. 이들은 신에 의탁하여 피동적으로 살아가기 보다는 완전히 자기 자신으로 되돌아와서 사색을 하기 시작했고, 진리라고 생각하는 것을 음미하고 증명하면서 탐구해 나가지 않으면 안됐던 것이다. 이는 신화 시대에서 점차 로고스 시대로 전환함을 의미한다. 그럼으로써 신화가 아닌 로고스가 점차 문명을 이끌어가는 주역으로 자리를 잡게 된다. 시대의 변천과 함께 철학적 사유가 강해지면서 신화는 점차 힘을 잃어가게 됐고, 남은 것은 신들이 떠난 자연과 신성한 영혼이 사라진 로고스였다. 이 시점에서 진리탐구의 발판이 되는 서양 고대철학의 여명黎明이 시작된 것이다.

로고스 시대에 접어들자 지식과 논리는 자연과 인간에게서 신성을 뿌리째 제거하기 시작한다. 이는 두 가지 측면에서 진행되었다. 하나는 철학적 사유를 통한 진리탐구의 작업이고, 다른 하나는 맹목적인 신앙이 아닌 학문적인 이론화 작업이다.

첫째, 고대 이집트 문명과 메소포타미아 문명을 일으켰던 신화 시대에서 탐구는 주로 종교 활동을 하는 단체나 사원과 연결되어 있고,

종교적인 이유에서 주로 성직자들에 의해서 이루어졌다. 반면에 로고스 시대에서 학문적 탐구는 지적 호기심이나 실생활에서의 필요성에 따라 행해졌다. 요컨대 천체天體의 움직임이란 지상의 자연과 인간에게 영향을 미치는 어떤 신적인 존재로 간주되었기 때문에, 성직자가 신적 존재인 천체의 움직임을 탐구하는 것은 필연적이었으나, 로고스 시대로 전환하면서 학문적 탐구는 진리에 대한 인간의 지적 호기심과 실제 생활의 필요충족을 위해서 행해졌다. 이러한 탐구활동은 이성을 통한 사유체계가 신화시대와는 다른 방향의 진리관으로 전환하게 됨을 뜻한다.

둘째, 우주자연의 변화무상한 현상을 탐구할 때, 신화 시대와는 달리 로고스 시대는 지적탐구의 이론화 작업을 중시하였다. 이론화 작업은 실제로 기술이 적용되는 영역에 뿌리를 두고 있다. 즉 기하학이나 토목학, 화학 등의 이론화 작업은 신의 영역이 아니라 건축가나 미장이들의 실제적인 기술에 기원을 두고 출발했던 것이다. 더 나아가 이론화 작업은 각 분야의 기술적인 영역에 국한되지 않고 논리적으로

태양을 돌고 있는 행성들(나사)

연관된 명제의 체계, 보편적 진리체계, 즉 보편적인 이론학理論學으로 그 영역을 넓혀갔다.

그러므로 신화의 시대에서 로고스의 시대로 전환함은 문명사적인 개벽이 이루어진다. 신 중심의 세계관은 인간 중심의 세계관으로 바뀌었고, 결국엔 인문주의라는 새로운 문명이 탄생하게 되었기 때문이다. 그리스의 아테네 문명이 그 대표적인 예이다. 그렇다고 해서 태고의 무비판적으로 받아들인 신화적인 이야기들이 모두 제거되는 것은 아니다. 즉 신화의 시대에 제기되었던 문제들과 개념적인 직관들이 철학적인 개념 속에 계속해서 살아 있다는 점을 간과해서는 안된다. 로고스 시대에 아무리 합리적으로 탐구하고 검증하여 이론화된 진리라 하더라도 지혜로 나아가는 길목에는 긍정적인 뜻의 신화까지도 내포하고 있기 때문이다.

2

철학Philosophy이란 무슨 말인가

1) 철학哲學이라는 학문

"소년은 늙기 쉽고 배움은 이루기 어렵나니, 잠시 순간의 시간이라
도 가볍게 여기지 말라. 연못가의 봄풀은 아직 봄날의 꿈을 깨지도
않았는데, 돌층계 앞의 오동나무 잎은 벌써 가을소리를 내는구나."

少年易老學難成　一寸光陰不可輕　未覺池塘春草夢　階前梧葉已秋聲

(朱子,「勸學文」)

북송 때의 대 성리학자 주자
朱子

이 글은 송나라[宋代] 때의 위대한 학자 주
자朱子(1130~1200)의 "권학문"에 나오는 글의
일부분이다. 핵심 뜻은 우리가 배움을 이루
기에는 너무도 어렵고, 인간의 삶이란 너무
도 짧아 순간의 시간도 허비하지 말아야 한
다는 점을 경계하고 있다.

그래서일까? 오늘을 살고 있는 인간은 태
어나 의식이 싹트기 시작하면서 배움에 너

무도 많은 시간을 투자하고 있는 것 같다. 유아원, 유치원, 초등학교, 중·고등학교, 대학교, 나아가 전문적으로 연구하는 대학원에 이르기까지 몇 십 년을 배움에 몰두한다. 그럼에도 배움은 끝이 없다. 어쩌면 인간은 배우기 위해 태어나서 배우다 생을 마감하는지도 모른다. 생은 곧 고달픈 배움의 길인 것이다.

배움의 길은 실로 다양하다. 그래서 배움을 통해 얻어낸 지식은 진실이든 거짓이든 더 없이 다양하고 복잡하다. 이러한 지식을 전문성과 체계성을 갖추어 정리한 것이 소위 학문이라고 하는 것이다. 그러니 학문의 영역은 전문분야에 따라 실로 다양할 수밖에 없다. 학문의 분야는 철학, 심리학, 역사학, 국문학, 수학, 과학, 생물학, 의학, 화학, 예술, 음악, 수사학, 논리학, 천문학, 전자공학, 기계공학, 토목공학, 심지어 자동차공학, 미장학, 연극영화학 등 무수하게 열거해볼 수 있을 것이다.

주자는 권학문에서 이렇게 많은 분야의 학문을 세세하게 다 섭렵하라고 한 것일까? 그것은 아마 아닐 것이다. 그렇게 하기에는 인생이 너무도 짧기 때문이다. 필자가 보기에 주자는 적어도 학문의 존재목적이 무엇이고, 어떻게 살아야 인생이 가장 가치 있는 삶이 되는가 하는 삶의 지혜를 깨닫도록 한 글이었을 것으로 생각된다. 이런 분야에 관련된 진리 탐구는 통상 학문들 중의 학문, 소위 철학으로 알려져 있다.

문제는 철학哲學

길거리를 지나다 보면 우리의 시야에 "철학"이란 단어가 자주 들어오곤 한다. 대표적인 경우가 도회지에서 흔히 볼 수 있는 "동양 철학관"이나 "운명 철학관"이 그것이다.

나 "운명 철학관"이 그것이다.

문제는 철학이다. 대부분의 사람들이 "철학"을 마치 '신비주의'적인 영역을 사고하는 것이거나 인생의 미래를 점치는 방법쯤으로 알고 있는 것은 아닐까 하는 의심을 떨궈낼 수 없게 된다. 어떤 사람은 '철학'이란 '난해'하고 '심오한' 학문으로 간주하여 평범하게 살아가는 일반인들이 접하기에는 너무도 어렵고, 생각만 해도 머리가 찌근찌근 아프고 어지럽다고 말한다. 심지어 어떤 이들은 '철학'을 고차원적인 학문으로 생각하여 마치 천재적인 두뇌의 소유자나 탁월한 사람들만의 전유물인 것처럼 취급하기도 한다.

'철학'을 아주 쉽게 접근할 수 있는 개인적인 평범한 사고의 전유물로 취급하려는 사람도 허다하다. 즉 "철학이 없는 사람이 어디 있느냐", "누구나 다 고유한 인생철학, 각자가 살아가는 삶의 철학이 있는 거야"라고 운운 하면서 '철학'을 마치 한 개인에게 의례히 있게 마련인양 마음대로 생각한다는 것이다. 더욱 더 우스꽝스러운 것은 '철학'의 의미를 자기 멋대로 생각하고 있다는 점이다. 이러한 상황은 난상토론의 장에서 흔히 볼 수 있는 광경이다. 요컨대 어떤 이가 자신의 주장을 관철하기 위한 수단으로 현학적이거나 은유적인 표현, 뜻이 명확하지도 않은 상징이나 애매모호한 말을 끌어들일 때 "야! 그 말은 참으로 철학적이다"라고 하여 철학을 말한다는 것이다.

이와 같은 주장이나 생각들은 어떤 측면에서 보면 '철학'을 그럴듯하게 말한 것으로 보인다. 하지만 '철학'은 과연 그렇게 고차원적이고, 심오한 사고를 필요로 하는 것이며, 접근하기에 그렇게도 난해한 것일까? 아니면 단순히 주관적이고 개별적인 인생철학, 삶의 철학으로 취급하여도 아무런 문제가 없는 것일까? 또한 '철학'이란 말은 단순히 항간에 통용되고 있는 '코에 걸면 코걸이 귀에 걸면 귀걸이[耳懸鈴鼻懸鈴]' 식으로 아무 때나 적용해서 사용해도 되는 그런 뜻을 의미하는 것일까? 필자가 보기에 철학을 그런 종류의 것으로 취급해 버린다면 아마 본래적인 의미의 '철학'과는 상당한 거리가 생길 수밖에 없다고 본다.

'철학'의 대상은 무엇이고, 이 학문이 가지는 '본래적인 의미'는 진정으로 무엇을 뜻하는 것일까? 이러한 물음은 소위 철학을 전문적으로 공부했다고 자처하는 사람도 간혹 곤혹스러워 할 수도 있고, 때로 무척 당황스러울 수도 있는 과제로 부상하기도 한다. 이런 물음에 대한 보다 안전한 대답을 마련하는 길은 우선 '철학'이란 개념을 어원적으로 파헤쳐 그 의미를 간취해 보는 것이다.

'철학'이란 말은 영어의 "Philosophy"를 번역한 것이다. Philosophy는 원래 그리스어의 Philosophia에서 유래된 것으로, "Philos"와 "Sophia"의 합성어이다. 'Philos'는 통상 '사랑[愛]' 내지는 '욕망[慾望]'으로, 'Sophia'는 '지혜[智慧]' 내지는 '지식[知識]'으로 번역되기도 한다. 'Philo'는 원래 희랍어 동사 'phileo(사랑하다)'에서 'eo'를 빼고, 복합명사를 만들 때 쓰는 어간 'o'를 붙인 것이며, "Sophia"는 동사 'sophizo(지혜롭다)'에서 나온 형용사 'Sophos'에서 어미 'os'를 빼고 'ia'를 붙여 여성명사로 된 것이다. 두 단어의 뜻을 담고 있는 것이 '철학'이다. 그래서 '철학'은 글자 그대로 '지혜를 사랑함'이며, '철학자'는 '지혜(지식)을 사랑하는 자[愛知者]'라고 불려진다.

2) 사랑philos이라는 의미

사랑의 어원_____

철학을 '지혜 또는 지식을 사랑함'으로 말할 적에 '사랑'이란 무엇을 의미하는가를 좀 더 소개해 보자. '사랑'의 의미를 근원적으로 파악하기 위해서는 우리가 일상적으로 사용하고 있는 동사 '사랑하다phileo'를 원초적으로 분석해 봄이 좋을 것이다.

평생을 살아가면서 고작 몇 번 정도 '사랑한다'는 말을 한 사람도 더러 있을 수 있겠으나 대부분의 경우는 입에 발린 듯이 '사랑한다'는 말을 던지며 산다. 이 말의 쓰임새는 수없이 다양하게 적용되고 있다. "나는 너를 죽도록 사랑한다", "나는 너보다 개를 더욱 사랑한다", "나는 돈을 끔찍이 사랑한다", "나는 예술 작품을 무척이나 사랑한다", "나는 축구를 미치도록 사랑한다", "나는 돈보다, 자식보다 명예를 더 사랑한다", "나는 이 세상의 그 무엇보다 전지전능한 하나님을 최고로 사랑한다" 등과 같이 우리는 '사랑한다'는 말을 다양한 의미에서 사용하고 있다. '사랑한다'는 말은 도대체 무슨 의미를 갖고 있으며, 이 말이 어떻게 해서 나오는 것일까?

'사랑한다'는 뜻은 원초적으로 '…하고 싶은 욕망慾望'에서 비롯된 것으로 볼 수 있을 것이다. 어떤 대상을 간직하거나 소유하고 '싶다'든가, 아끼거나 지켜주고 '싶다'든가, 아니면 대상과 하나가 되거나 대상을 위해 헌신하고 '싶다'고 말할 수 있다는 얘기다. 그렇다면 어떤 무형적인 대상(일종의 정신적인 모든 것)이든 유형적인 대상(물질적인 모든 것)이든 어떤 것을 열광적으로 '사랑한다'고 말할 때, 사랑은 대상을 소유하고 싶거나, 그 대상과 늘 하나가 되어 같이 있고 싶거나, 어떤 경우에는 그 대상을 위해 생사를 초월하여 헌신하고 싶다는 일종의 '욕망'의 발로라고 말할 수 있을 것이다.

사랑이 원초적으로 욕망에서 비롯되는 것이라면, 사람은 살아있는 한 사랑하면서 살지 않으면 안될 것이다. 왜냐하면 사람은 누구나 정신적인 것이든 물질적인 것이든 태생적으로 '…하고 싶은 욕망'을 지니고 태어나기 때문이다.

사람에게서 가장 기본적인 욕망은 아마 무언가를 먹어야 하는 것, 휴식을 위해 잠을 자야 하는 것들이다. 그런 욕망들이 충족되지 않으면 사람은 생명을 유지할 수 없게 된다. 그렇다면 사람은 의식적이든 무의식적이든 무언가를 '욕망'하면서 살지 않으면 안되는 그런 존재다. 이 말은 곧 사람은 사랑하면서 살지 않으면 안되는 그런 존재라는 뜻이다.

에로스Eros 신의 정체_____

그럼 사람은 무엇 때문에 욕망(사랑)을 갖고 살아야 하며, 그 대상은 무엇이라고 규정할 수 있을까? 또한 사람이 아무런 가치가 없는 것들도 마구잡이식으로 욕망하는 것일까, 아니면 가치가 있다고 판단되는 것들을 욕망하는 것일까? 이러한 물음을 해결하기 위해서 우리는 플라톤Platon(BCE 427~347)의 대화편 『잔치(Symposium)』에 나오는 '에로스Eros'의 의미를 소개하는 것이 좋겠다.

『잔치』에 등장하는 이야기의 줄거리를 잠깐 들여다보자. 옛날에 풍요를 상징하는 남신男神 폴로

그리스 신화에 나오는
사랑의 신(에로스)

스Polos와 빈곤을 상징하는 여신 페니아Penia가 있었다. 남신 폴로스는 글자의 어원이 말해주듯이 부유함, 명예, 지혜, 아름다움, 좋음 등을 풍부하게 가지고 있었지만, 여신 페니아는 글자의 어원이 말해주듯이 너무도 가난했기 때문에 입을 옷이 없어 다 헤진 옷을 입고 다녀야 했고, 편안하게 잠을 잘 집이 없어서 늘 어디에서 하루 밤을 지내야 할지를 걱정하며, 하루의 끼니를 때울 양식도 없어서 항상 빌어먹는 형편이었다.

그래서 항상 동가식서가숙東家食西家宿하며 하루하루의 삶을 이어가는 여신 페니아는 자나 깨나 늘 풍요의 신을, 즉 먹을 것에 있어서나 입을 것에 있어서나 아름다움에 있어서나 고귀함에 있어서나 소위 좋다는 것을 두루 풍부하게 갖춘 폴로스 신을 동경하며 살 수밖에 없었다.

그러던 어느 날 아프로디테Aphrodite의 생일에 신들이 초대되어 축하연이 베풀어졌는데, 여기에 풍요의 신 폴로스도 초대되었다. 많은 신들이 마음껏 먹고 마시며 연회를 즐기고 있었고, 풍요의 신 폴로스도 이 연회의 흥에 도취되어 신주神酒를 너무 지나치게 먹은 나머지 취해서 제우스Zeus 신전의 뜰에서 깊이 잠이 들어 버렸다. 바로 이 때 음식을 구걸하러 왔던 빈곤의 신 페니아는 늘 동경해 왔던 풍요의 신 폴리스가 술에 만취가 되어 곤히 잠들어 있는 것을 발견하고 기회는 이 때다 하고 얼른 그의 옆에 누어서 아이를 잉태하게 되었다. 이 아이가 바로 우리가 익히 알고 있는 사랑의 신 에로스이다.

미의 여신 아프로디테

그러니까 에로스는 풍요의 신 폴로스와 빈곤의 신 페니아의 양극단 사이에서 태어난 신이다. 그런 까닭에 에로스 신은 어머니 페니아를 닮아서 가난하고 거칠며 저돌적이지만, 다른 한편으로는 아버지 폴로스를 닮아서 언제나 틈만 있으면 보다 아름다운 것, 보다 선한 것, 보다 지혜롭고 진리인 것 등, 가치가 있다고 하는 것은 무엇이든지 욕망하거나 풍부하게 가지려고 노력한다. 이런 의미에서 에로스 신은 부자도 아니고 가난한 자도 아니며, 지혜로운 자도 무지한 자도 아닌 중간자이다.

에로스 신은 중간자이다. 완전성과 불완전성의 중간에 있지만 항상 완전성을 욕망하는 존재이다. 만일 누군가에게 에로스 신이 들어와 에로스를 가지게 된다면, 그는 보다 가치 있다고 판단되는 것들, 즉 빈곤한 것 보다는 풍요로운 것을, 지혜롭지 못한 것보다는 지혜로운 것을, 추한 것보다는 아름다운 것을, 선하지 못한 것보다는 선한 것을, 불완전한 것보다는 완전한 것을 가지려고 욕망하고, 그런 것들을 동경하여 획득하려고 열광적으로 노력할 것이다. 그와 반대로 만일 에로스 신이 들어오지 않아 에로스를 갖고 있지 않다면, 보다 풍요로운 것, 보다 좋은 것, 보다 지혜로운 것, 보다 아름다운 것 등을 동경하거나 추구하여 획득하려고 노력하지 않을 것이다.

에로스는 충만充滿으로 돌아가려는 욕망(原始返本의 정신)

의식으로든 무의식으로든 사람은 스스로 판단하여 자신이 갖고 있지 않은 보다 좋은 것을 알고 있다면 본능적으로 그것을 소유하려고 욕망하기 마련이다. 요컨대 보다 아름다운 것이 있으면, 이를 소유하려고 하거나 자신이 아름답게 되려고 욕망한다는 얘기다. 갈증이 생기면 물을 먹고 싶은 욕망이 발동하고, 배가 고프면 허기진 배를 채우고 싶은 욕망이 생긴다. 이러한 욕망은 원초적으로 자신에게 부족한 것이 있으니 이를 채움으로써 보다 좋은 상태를 유지하려는 데에서 비롯한다고 볼 수 있다.

보다 더 좋은 상태를 유지하려는 욕망, 이것이 곧 사랑이라 볼 수 있다. 사랑은 근원적으로 가치價値 있는 것에 대한 욕망에서 출원하기 때문이다. 문제는 사람이 왜 이런 에로스를 원초적으로 가질 수밖에 없느냐 이다. 이 문제에 대한 적당한 해결책을 마련하기 위한 시도로 『잔치』에 나오는 다른 미토스mithos를 끌어들여 보자.

아주 옛날에 우주에는 아주 다양한 종류의 식물 및 동물들이 살고 있었고, 신들이 이 우주를 다스리던 시기가 있었다. 동물들 중에는 인간이라는 종족이 있었는데, 인간 종족은 세 가지 형태로 존재했다. 하나는 수컷과 수컷이 결합한 인간, 다른 하나는 수컷과 암컷이 결합한 인간, 또 다른 하나는 암컷과 암컷이 결합해 있는 인간이다. 이들 각각의 종족은 모두 탁월한 지혜를 갖고 있었고, 무엇이든지 이루어낼 수 있는 충분한 능력뿐만 아니라 또한 동물들 중 제일 빠른 속도를 갖고 있었다. 한마디로 말해서 어떤 분야에서든 부족함이라곤 조금도 없는 충만한 존재로 살았다. 과장해서 표현하면 전지全知, 전능全能에 가까운 존재였다고나 할까?

이런 충만한 능력을 두루 갖춘 인간 종족은 누구에게 가장 두려운 존재였을까? 바로 인간들과 동물들을 다스리던 신들의 제왕 제우스였다. 제우스는 인간 종족이 혹시나 자신의 지위를 탐내어 모반을 일으키지 않을까 하는 의구심을 떨궈내지 못했다. 그래서 제우스는 번개의 칼로 서로 결합되어 있던 각각의 인간 종족을 반쪽으로 잘라냈다. 반쪽이 된 인간 종족은 충만充滿한 상태에서 불만不滿의 상태로 전락했던 것이다.

이후 반쪽이 된 인간 종족은 어떻게 살았을까? 그들은 잘려버린 나머지 반쪽과 만나기를 끊임없이 그리워하고 동경하고 욕망한 나머지 거의 빈사 직전에 놓이게 되었다. 그러다가 우연히 잃어버린 자기의 반쪽을 만나기라도 하면, 근원적인 본래의 상태, 즉 함께 결합해 있었던 옛날의 더 없이 좋았던 충만한 상태를 회복할 수 있으므로, 포만감에 젖게 됐으며, 그런 상태를 유지하기 위해 온갖 노력을 다했다고 한다.

신들과 인간세계의 통치자 제우스

이 미토스가 전하고자 하는 핵심 내용은 무엇일까. 그것은 반쪽으로 태어나는 인간이란 태생적으로 본래의 자기 짝을 잃어버렸기 때문에, 늘 불만족한 상태를 유지할 수밖에 없다는 것, 그래서 잃어버린 자기 짝을 만나 하나가 되어 본래의 충만한 상태를 유지하려고 무언가를 항상 그리워하고 동경하면서 열광적으로 사랑할 수밖에 없다는 것이다. 따라서 에로스는 궁극적으로 근원을 찾아 충분히 만족한 상태로 되돌아가려는 의지, 다른 말로 원시반본原始返本의 정신이라 볼 수 있을 것이다.

진정한 에로스의 대상은 무엇일까

그런데 반쪽으로 태어난 인간의 본래 짝은 무엇일까? 그것은 물질적인 어떤 것일까 아니면 정신적인 어떤 것일까? 인간은 잃어버린 본래의 짝이 원초적으로 사람인지, 부유함인지, 명예인지, 아름다움인지, 지혜인지 전혀 모르고 태어난다. 그것은 반성적 인지능력이 발휘되지 못하기 때문이다.

인간은 성장하면서 인지능력이 발달하게 되고, 교육을 통해 반성적 사고가 함양된다. 인지능력과 반성적 사고는 곧 분별을 가져오게 되고, 분별력을 통해 선택의 능력을 발휘할 수 있게 된다. 이때부터 인간은 어느 것을 선택해야 자신에게 부족했던 면을 채워 본래의 좋은 상태, 보다 충만한 상태로 돌아갈 수 있을 것인지를 요리조리 파악하게 된다.

원초적으로 부족한 반쪽을 채움으로써 본래의 충만한 상태가 될 수 있는 것을 사람으로 알게 된다면, 그는 분명 그 어떤 것보다 사람을 끔찍이 사랑할 것이고, 명예로 알게 된다면 명예를 위해 헌신할 것이고, 물질적인 부유함으로 알게 된다면 끊임없이 돈을 추구할 것이고, 권력으로 알게 된다면 권력을 선택하여 끊임없이 그리워하고 동경하면서 그것을 획득하려고 노력할 것이다. 그러다가 사랑하는 대상을 얻기라도 한다면 사랑한 만큼의 충만을 느끼게 되고, 또 그것을 그대로 유지하려고 부단히 노력하게 될 것이다. 이런 이야기에 근거한다면, "나는 어떤 것보다 돈을 사랑한다.", "나는 무엇보다 명예를 사랑한다.", "나는 자식보다 개를 사랑한다.", "나는 낙엽 타는 냄새를 사랑한다."는 말들이 난무하게 되는 것이다.

자연을 사랑하든, 사람을 사랑하든, 개를 사랑하든, 돈을 사랑하든, 사람은 일순간이라도 그 무언가를 사랑하며 살 수밖에 없다. 정신적으로든 물질적으로든 만족은 곧 삶의 존재 의미를 가져다주기 때문이다. 그러나 이것들이 원초적으로 영원히 충만한 상태를 유지해주는 최고의 가치를 가진 것들일까? 이것들은 최고의 가치를 지닌 대상은 아닐 것이다. 적어도 고대 최고의 철학자라 불리는 플라톤의 의중에 최고로 가치 있는 대상은 항존성과 지속성을 가진 존재여야 하기 때문이리라.

원초적으로 충만한 존재는 항존성과 지속성을 동반한 최고로 가치 있는 것이다. 이것이 진정한 사랑의 대상으로 규정될 수 있을 법하다. 그것은 무엇일까? 사람들은 각자의 생각, 각자의 욕망에 따라 다양하게 거론할 수 있을 것이다. 하지만 철학에서 말하는 진정한 사랑의 대상은 다름 아닌 지혜智慧이다. 앞서 "지혜를 사랑함"이 철학이라고 정의했기 때문이다. 이제 지혜란 진정으로 무엇을 말하는지를 구명해보는 것으로 나아가 보자.

3) 무엇이 지혜Sophia인가

일상을 살아가노라면 우리는 "그는 지혜가 없어 세상일에 대해 잘 대처해갈지 의문이다.", "그녀는 다방면에 대단한 지혜가 있어.", "그는 참 지혜로운 사람이야.", "넌 왜 그리 지혜롭지 못하냐?" 등과 같이 "지혜"란 말이 빈번하게 사용되고 있음을 종종 듣게 된다. 심지어 가시덤불 같은 세상살이에 너무 지쳐 선사先師를 찾아가 '도道를 구한다거나 '지혜'를 구한다고 이리저리 헤집고 돌아다니는 구도자들도 있다.

'지혜'란 도대체 무엇을 의미하는 것일까? 어떻게 하는 것이 지혜로운 행동일까? 이런 문제들이 던져지면 그리 간단하게 대답되어질 수 있는 것 같지가 않다. 통념적으로 대수롭지 않게 사용하고 있는 '지혜'란 말이 제대로 사용되고 있는지조차 분간하기 어려울 때도 있기 때문이다.

그래서 필자는 '지혜'란 말이 가지는 본질적인 뜻을 보다 선명하게 알고 사용하는 것이 보다 좋겠다는 뜻에서 철학에서 말하는 지혜의 어원적인 의미부터 살펴보려 한다.

지혜Sophia의 어원적인 뜻

'지혜'는 고대 그리스어의 동사 '지혜롭다(sophizo)'에서 '지혜로운 (sophos)'이라는 형용사로 파생되었고, 이로부터 명사가 된 것이다. 즉 '지혜로운(sophos)'에서 어간은 'soph-'인데, 이는 근원적으로 직업에 관계하여 사용되었던 것으로 보인다. '지혜로운(sophos)'은 원래 일상적인 직업에 종사하는 데에 있어서 그 분야에 잘하는 사람을 가리킨다. 예를 들면 구두를 잘 만드는 사람, 노래를 잘 부르는 사람, 말을 잘 타는 사람, 활을 잘 쏘는 사람 등, 각각의 직업에서 뛰어난 사람을 지혜로운 자라고 불렸던 것이다.

'지혜로운'은 원래의 뜻이 점점 확장되어 물건을 실질적으로 다루는 데에 있어서 영리하거나 혹은 윤리적인 행동에 있어서도 일을 잘 처리하는 사람, 즉 일반적으로 자기가 맡은 분야에 있어서 일을 잘 해내는 사람을 가리키게 됐다. 요컨대 '지혜로운 사람'은 손재주이건 인위적인 것이건 구체적인 행위에 있어서 슬기로운 사람을 뜻했다. 이때까지만 해도 '지혜로운 사람'에게 있어서 지혜롭게 행위 하는 '행위'와 지식적인 것으로서의 '지혜로운'은 분리되지 않았던 것이다.

그러다가 그리스 사회에 고도의 문화와 기술이 발달하면서 행위와 함께 쓰였던 '지혜로운'은 점점 추상화되기 시작했고, 그러면서 그때

그때의 행위와 일치하지 않은 지식으로 진화하게 되자 점차 행위는 행위대로 지식적인 것은 지식적인 것대로 분리되기 시작했다. 이 때 그리스인들은 행위로부터 분리되어 나온 지식적인 측면을 '지혜로운' 으로 말하게 됐는데, 이는 사물을 탁월하게 혹은 훌륭하게 다룰 수 있는 '지적 능력'을 의미했던 것으로 보인다.

　이러한 상황은 건축행위가 일어나는 장면을 연상하면 쉽게 구분이 될 것이다. 우리가 목조건물을 짓고자 할 때, 집을 훌륭하게 지을 줄 '아는 능력'을 가진 설계자와 공사장에서 실제로 집을 짓는 사람을 구분할 수 있다. 전자의 사람은 훌륭한 집이 과연 어떤 것인가를 알기 때문에 그런 집을 설계할 수 있을 것이지만, 후자의 사람은 이를 알지 못하기 때문에 건축 설계에 따라서 집을 짓는 작업만을 수행할 따름이다. 이런 의미에서 본다면 어떤 것을 아주 훌륭하게 잘 해낼 줄 아는 능력으로서의 기술(techne)은 곧 '지혜'라는 것과 같은 의미가 된다.

　그런데 탁월하거나 훌륭하게 해낼 수 있는 능력은 원래의 상태에서 머물지 않고 자꾸 진보하게 됐다. 즉 이러한 어떤 능력은 으뜸이 되는 능력도 있고, 중간에 오는 것도 있어서 항상 정도(degree)를 가지게 된다는 뜻이다. 이 경우에서 지식이 곧 능력임을 추론해낼 수 있다. 요컨대 어떤 것을 잘 할 줄 아는 능력이란 여러 가지의 대상들에 대한 앎의 능력이라는 것이다. 다시 말해서 우리가 현실적으로 부딪히는 다양한 일들에 있어서 어떻게 처리하고 행위 할 것인가에 대한 앎을 가진다는 것은 그것들에 대해 탁월하게 처리할 지적능력을 가진다는 것과 같은 의미가 된다. 따라서 지적으로 사물들을 훌륭하게 다룰 수 있는 능력이란 곧 지적인 앎을 뜻하므로, 지적 능력으로서의 지혜는 앎(지식)과 같은 뜻이라고 할 수 있다.

지혜는 탁월하게 아는 것 ____

지혜는 앎(지식)과 실제로 같은 의미일까? 이 문제를 명쾌하게 구분 짓기 위해서는 '안다'는 말이 무슨 뜻인지가 밝혀져야 한다. 문제는 '앎(지식)' 자체가 무엇을 의미하는지를 명확하게 파악하는 것이 관건이다. 이는 인식론(Epistemology)에 관한 것으로, 철학의 역사가 시작된 이후 철학자들에게 줄곧 많은 골칫거리를 안겨주었던 것으로 알려져 있다. 그래서 필자는 여기에서 '안다'는 말의 사용법이 그리스 사회에서 다양한 의미로 통용되

지혜의 여신 아테나이

었다는 사실을 지적하면서 지혜에 관련된 것만을 설명해 보는 것으로 만족할 것이다.

세상에는 여러 종류의 앎들이 있다. 그리스 시대만 하더라도 다양한 종류의 앎들을 구분했다. 시각을 동원해서 봐서 아는 감각적 지식(eido, 이는 감각적 시각으로 보는 것으로부터 나중에 외관을 봐서 아는 것인 에이도스eidos가 나온다), 관조적인 상태로부터 아는 명상적인 지식theoria, 사물들을 비교할 때 구분하여 아는 일반적인 지식gignosko, 목격자의 증언에 따라 진술을 통해 아는 역사적인 지식historia, 사유하여 아는 정신적인 지식noein, 마음의 상태를 아는 실천적 지식phroneo 등이 그것이다. 이러한

앎들 외에 학문적인 문맥에서 중요하게 쓰이는 앎도 있다, 이는 '알다 epistamai'라는 동사에서 나온 인식episteme이다.

인식이란 앎도 원초적으로는 "농사를 지을 줄 안다.", "집을 지을 줄 안다.", "스키를 탈 줄 안다.", "글을 쓸 줄 안다." 등과 같이 기본적인 의미에서 출발했다. 인식이란 앎도 지혜와 마찬가지로 처음에는 행위와 분리되지 않은 상태에서 출발하였지만, 나중에 행위적인 측면이 분리되어 떨어져 나가고 남아 있는 지식의 측면만이 인식으로 진화되었을 것으로 짐작된다. 이와 같이 분리된 지식이라는 측면에서 본다면 지혜와 인식은 같은 뜻이 될 수 있다.

그러나 인식episteme과 지혜sophia는 엄밀한 의미에서 같은 것이 아니다. 양자 간에는 근본적으로 극명한 차이가 있다. 그것은 '탁월함'이 들어가느냐 그렇지 않으냐의 차이다. 지혜는 '탁월함'의 의미를 포함하지만, 인식은 그런 의미를 포함하지 않는다. 즉 '탁월함'의 의미를 내장하는 지혜는 으뜸이 되는 지식이나 중간에 오는 지식도 있어서 지식의 정도(degree)를 허용하지만 인식은 정도를 허용하지 않는다는 것이다. 이 말은 곧 우리가 '보다 더 큰 지혜'란 말을 쓸 수 있지만 '보다 더 큰 인식'이란 말을 쓸 수 없음을 말해준다. 그래서 지혜는 앎들 중에서도 가장 탁월하게 아는 것, 즉 으뜸이 되는 지식을 의미할 수 있다.

원리Arche와 원인Aitia에 대한 앎이 지혜

탁월하게 아는 지식이 지혜라면, 어떤 앎이 탁월성을 확보해 주는 가? 서양의 학문을 일으켰던 그리스인들에게는 근원의 원리나 원인, 혹은 근원적인 법칙에 대한 앎이 탁월한 것이라고 알고 있었다. 근원의 원리나 원인, 법칙은 현상세계에서 벌어지는 다양한 것들을 합리적으로 설명할 수 있었고, 또한 이를 기반으로 앞으로 일어나게 될 것들도 예측할 수 있었기 때문이다.

근원의 원리나 원인, 법칙 등의 지식은 우리가 어떻게 획득하여 지혜로운 사람이 될 수 있었을까? 그것은 다른 사람으로부터 배워서 알든, 직업 탐구하여 알든 앎을 통해서다. 그런데 우리가 무엇을 '안다'고 할 때, 앎에는 우선 그 대상이 주어져야 한다. 앎의 대상이 절대적으로 없는 것이라면 그 앎은 소위 허구(fictum)가 된다. 지혜는 허구가 아닌, 실재(res)에 대한 것이며, 진리를 탐구하는 학문의 대상에서 구할 수밖에 없을 것이다.

오늘날 진리를 탐구하는 학문은 실로 각 분야에 따라 여러 갈래로 나눠져 있다. 철학 외에 여타의 다른 개별 학문들, 물리학, 생물학, 화학, 사회학, 전자공학, 기계공학, 천문학, 법학, 의학 등이 그것이다. 이들 제 학문에서 각기 수행하는 탐구 목적은 결국 궁극의 원리나 원인, 아니면 불변의 법칙을 찾아내어 아는 것일 게다.

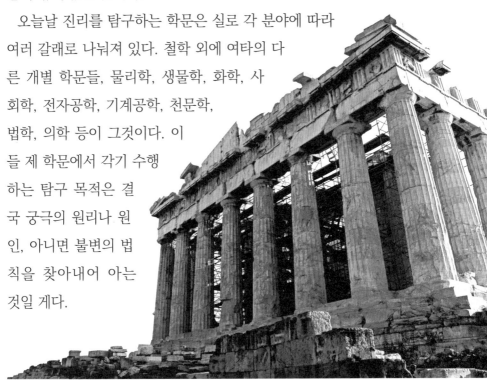

파르테논 신전

물리학은 사물들에 대한 물리적 현상의 근원적인 존재 원리나 원인, 즉 인간이나 여타의 개별적인 사물을 구성하는 궁극의 요소가 무엇이며, 어떻게 해서 그러한 사물로 구성되어 변화해 가는가의 원리나 원인을 찾아 지식체계를 구축한다. 생물학은 생명 현상의 근원적인 원리나 원인, 즉 인간이나 여타의 생명을 구성하는 궁극적인 요소가 무엇이고, 이것들이 어떤 방식으로 결합하여 생명 현상을 이루어 각각의 종의 형태를 유지하는가 하는 원리나 원인을 찾아 지식체계를 정립한다. 사회학은 근원적으로 인간 및 동식물들의 사회적 관계법칙으로서의 원리나 원인을 탐구한다. 마찬가지로 잡다한 분야로 나누어진 개별적인 학문은 각기 독자적인 영역에서 그 원리나 원인을 찾아 체계적인 지식을 구축한 것이다.

문제는 개별적인 제 학문에서 탐구한 원리나 원인, 혹은 궁극의 법칙에 대한 앎은 탁월한 지식으로 지혜의 반열에 놓을 수 있느냐 하는 것이다. 앞서 '지혜를 사랑함'을 철학으로 규정한다면, 개별적인 학문을 탐구하는 사람도 모두 지혜를 사랑하는 철학자라고 호칭할 수 있기 때문이다.

학문의 여명기라 불리는 서양 고대에 있어서 지혜를 탐구하는 철학은 모든 학문의 총칭이었다. 그래서 그리스 초기에 철학하는 사람은 마치 백과사전과 같이 모든 분야에서 해박한 지식을 가진 사람들이었다. 그러나 시대가 흐를수록 학문은 점점 고도화되고 전문화되면서 각기 분야별로 독자적인 영역을 개척하여 세분화되기 시작했다. 그 결과 철학의 탐구영역이 개별적인 학문의 영역으로 분가되어 정작 지혜를 추구하는 철학은 존립 근거를 상실한 것처럼 되었다. 그래서 오늘날 어떤 학자들은 서슴지 않고 철학의 무용론까지 들먹이기도 한다.

철학은 보편적인 지혜를 추구하는 학문 _____

이쯤 되면 으뜸이 되는 지혜에 대한 탐구 영역은 없어졌다고 할 수 있을까? 있다면 철학이 탐구하는 으뜸이 되는 지혜의 영역과 개별적인 학문에서 탐구하는 영역과는 어떤 차이가 있을까?

으뜸이 되는 지혜는 가장 탁월한 것이니까 그 탐구 대상 또한 인간이 취급할 수 있는 한의 모든 것, 즉 전체적인 것을 탐구 대상으로 삼을 수밖에 없을 것이다. 왜냐하면 개별적인 분야의 부분보다는 전체적인 분야의 총체성이 더욱 탁월한 지식일 테니까. 그러니까 가장 탁월한 지식으로서의 지혜는 사물을 특수한 관점에서 탐구하는 것이 아니라 총체적인 관점에서 탐구하는 것이다. 요컨대 '사람이란 무엇인가'를 탐구할 때, 물리학적 탐구는 사람을 구성하는 물리적 측면에서, 생물학은 살아있는 신체의 생명적인 측면에서, 심리학적 탐구는 사람의 정신의 측면에서, 윤리학적 탐구는 사람의 윤리적인 행위의 측면에서 부분적으로 궁구窮究하여 각기 근원의 원리나 원인, 혹은 법칙을 알아내지만, 철학적 탐구는 여타의 다른 사물들과의 총체적인 연관 속에서 사람 자체, 즉 사람의 본성적인 측면에서 그 원인이나 원리를 파악한다. 그런 까닭에 으뜸이 되는 지혜를 탐구하는 철학과 여타의 개별과학에서 추구하는 학문 간에는 근본적인 차이가 있는 것이다.

이제 서양철학의 출발이 되었던 전설적인 시대로 돌아가 보자. 서양의 지적 전통사를 보면 고대 신화의 시대가 지나고 학문의 시대가 열리게 되는데, 학문의 시대로 전향되기 시작한 요람지는 그리스의 고대 도시였던 밀레토스Miletos이다. 이곳에서 최초의 철학자로 일컬어지는 탈레스Thales(BCE 640~546)가 출현하여 유럽적 사고의 물길을 터놓은 철학이라는 학문이 출범하기에 이른다.

철학은 탐구의 출발부터 모든 사태가 벌어지게 되는 근원적인 원인(aitia), 즉 세계의 모든 변화를 가능하게 하고 또한 변화하는 것들에 대한 질서와 조화를 주는 근원의 '원리(arche)'를 찾고자 한다. 물론 개별적인 학문도 대상의 내용에 따라 특수한 관점에서 근원적인 원리를 추구하지만, 그러나 으뜸이 되는 최고의 지혜를 추구하는 철학은 사물을 전체적이고도 총제적인 관점에서 탐구하여 가장 보편적인 진리를 지혜의 대상으로 삼는다는 것이다.

철학은 아무나 하나

1) 자신의 무지無智를 자각한 사람

현대의 인류는 지식의 홍수 속에 살고 있다. 알고 싶은 것이 있다면, 인터넷, 스마트폰 등의 매체를 통해서 원하는 버튼만 누르면 제공받을 수 있는 것이 오늘의 현실이다. 심지어 공영 텔레비전에서는 건강과 생활에 관련된 다양한 정보, 정치 및 사회적으로 이슈가 되는 사안들에 대한 전문가들의 토론과 주제별로 유명 인사들이 제공하는 학술 강좌 등이 난무하고 있다. 이러한 지식들이 너무도 그럴듯하게 전해져서 시청자들은 냉철한 판단력을 가지고 있어도 가끔은 무엇이 참이고 거짓인지를 구분하기조차 어려울 때도 있다.

언어의 개념이 가지는 본래의 뜻을 남발하는 어처구니없는 상황도 발생한다. "나에게도 철학이 있다."고 운운하면서 자신이 무슨 말을 하고 있는지조차 의식하지 못한 채 아주 현란하게 언사를 쏟아내는 일이 그것이다. 이럴 때 '자신에게 있는 철학'을 말해보라고 질문을 던지기라도 하면, 기껏해야 자신이 살아오면서 겪었던 삶의 과정 내지는 주관적인 생각들을 말하게 된다는 것이다.

철학은 삶의 과정도 아니요 주관적인 생각도 아니다. 앞에서 보았 듯이 철학은 '지혜를 열광적으로 사랑함'이다. 궁극의 목적은 최고의 지혜를 획득하는 것이라 본다. 철학자는 지혜를 구하여 지혜가 늘 자 신과 함께 붙어있도록 노력하는 사람, 한마디로 말해서 애지자愛智者 이다. 그럼 누구나 다 철학자가 될 수 있는 것일까? 어떻게 하는 것이 진정으로 철학한다고 할 수 있으며, 누가 철학자의 반열에 오를 수 있 는 것일까?

"너 자신을 알라gnothi se auton"는 말

'철학' 하면 인구에 회자되는 사람이 있다. 다름 아닌 고대 그리스 의 철학자 소크라테스Socrates(BCE 470?~399)이다. 무엇 때문에 후세의 사람들이 소크라테스를 진정한 철학자라고 부르게 됐을까? 우선 그 배경을 스케치해 보도록 하자.

당시 소크라테스가 살았던 서식지를 찾아가다 보면 우리의 상념은 아테네 사람들이 우주의 배꼽이라고 불리는 델포이Delphoi의 아폴로 Apollo 신전神殿에 머무르게 된다. 신전 앞 돌기둥에는 "너 자신을 알 라"는 금언이 새겨져 있었다. 이 금언은 아폴로 신전에 들어서는 사람 들에게 '너 자신은 불멸의 존재인 신神이 아니라 언젠가는 죽어야 하 는 인간이란 점을 잊지 말라'는 뜻이었다. 이는 아마 인간 모두가 자 신의 분수를 알아 신의 뜻을 넘보지 말라는 경고 메시지였을 것으로 판단된다.

소크라테스는 이 금언을 달리 해석하여 '너 자신이 얼마나 무지한 가를 알라.'는 뜻으로 사용했다. 왜냐하면 그가 살았던 아테네 사회는 오늘날 우리가 살고 있는 정치사회에서 볼 수 있는 것과 같은 상황, 즉 자기가 최고의 지자라고 자처하는 자들이 득실거렸기 때문이었을 것이다. 그래서 그는 서양 지성사에서 진정으로 무지無智를 자각한 최초의 인물로 평가받아 왔던 것이다.

소크라테스는 자신이 무지하다는 사실을 분명히 알고 있었을 것이다. 자신의 무지를 자각해야만이 지혜를 사랑[愛智]할 수 있고, 그럼으로써 지혜로운 자도 될 수 있기 때문이다. 이에 대해 플라톤의 대화편 『소피스트Sophist』에서 전하는 소크라테스의 생각을 들여다보자.

"저들(소피스트들)이나 나나 마찬가지로 자랑할 만한 지식을 소유하고 있는 것은 아니다. 그러나 저들은 자신들도 모르고 있는 것을 안다고 자처하지만, 나는 내가 무지하다는 것을 잘 알고 있다. 나는 내가 무지하다는 것을 잘 알고 있다는 점에서 저들보다 더 지혜롭다는 것을 안다." 이 말은 소크라테스 자신이 무지함을 자각하고 있기 때문에 진정으로 지혜를 추구할 수 있음(지혜에 대한 에로스)을 알린 것으로 보인다.

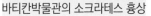
바티칸박물관의 소크라테스 흉상

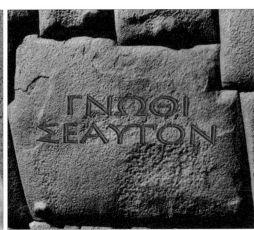
너 자신을 알라는 비문

소크라테스는 왜 무지에 대한 자각을 말했을까? 소크라테스가 살았던 당시의 아테네 사정은 정치적으로나 사회적으로 또한 학문에 있어서도 무척 혼란스러웠다. 특히 어떤 사람들은 정치적으로 출세하기 위해 자신이 다방면에 박식한 지식을 가지고 있음을 뽐내면서 자신의 주장이 진리라고 강력하게 설파했다. 소위 지식을 파는 사람들이 그런 부류에 속한다고 볼 수 있다. 이들을 통상 소피스트들Sophists이라 부른다. 이러한 상황은 동북아 지역에서도 벌어졌다. 중국의 주나라가 와해되고 춘추전국시대라 불렸던 시기에 제자백가의 쟁론들이 그것이다.

지혜로운 자임을 자처한 소피스트들_____

기원전 5세기경에 페르시아 전쟁에서 승리한 아테네는 정치, 경제,

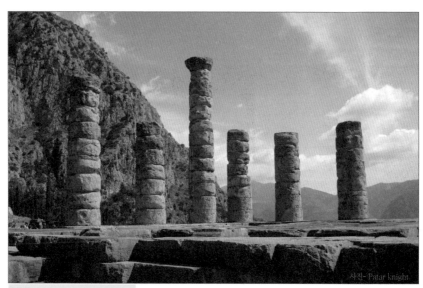

사진- Patar knight

델포이의 아폴로 신전 돌기둥

사회, 문화 등의 중심지가 되었다. 그러자 아테네는 주변국가의 중심 세력으로 등장한다. 이에 부응하여 지중해 연안에 산재해 있던 학문적 탐구의 중심지도 엘레아Elea나 이오니아Ionia 지방에서 아테네로 옮겨졌다. 그래서 아테네는 정치적 야망에 불타는 젊은이들로 붐비기 시작했다.

아테네로 몰려든 젊은이들 중에서 학식이 있다고 자평하는 자의 대부분은 외부출신이었기 때문에 정치에 직접 참여할 권리를 갖고 있지 않았다. 하지만 이들은 아테네를 대변해서 활발하게 활동했다. 특히 정치활동의 숙련 기술은 논변 내지는 변론에 의해서 그 빛을 발하게 되는데, 변론은 다른 사람들에게 확신을 주는 기술이었다. 이것이 소피스트들이 주창하는 아레테Arete이다. 아레테는 그리스어로 각 분야에 있어서 잘 해낸다는 의미의 '탁월함'을 뜻한다.

소피스트들의 변론은 참된 지혜의 길로 인도하기보다는 각자에게 필요로 하는 이해득실을 대조해서 원하는 쪽으로 설득해가는 경향을 갖는다. 그러한 기술은 단순한 논쟁술이거나 말을 곡해하여 그 상황에 가장 걸맞는 탁월한 논변을 찾는 일이다. 소피스트들은 이런 기술을 영혼을 지도하는 기술이라고 자평하지만, 플라톤은 영혼을 사로잡아 매혹시키는 기술이라고 혹평했다. 다시 말해서 소피스트들은 기존 체제에 대한 비판이 강해서 비판적인 탁월한 지식인으로 여겨졌을지라도, 사람들을 위해 참된 진리나 아테네의 장래에 대해 아무런 희망도 제시하지 못한 무책임한 지식인들이다.

최초의 소피스트는 압데라 출신의 프로타고라스Protagoras(BCE 481~411)를 꼽을 수 있다. 그는 방랑생활을 하다가 아테네로 들어온 인물로 "인간은 만물의 척도"라고 하여 주관적이며 상대주의적 진리관을 내세운다. 즉 우리들 눈앞에 나타난 사물들에 대해서 이렇게도 볼 수 있고 저렇게도 볼 수 있으며, 나에게는 나에게 나타난 그대로이고 너에게는 너에게 나타난 그대로라는 것이다. 그래서 인간은 소위 진위眞僞를 말할 때 각자의 주관에 따라 본 것이 척도尺度가 된다. 이런 주장에 의거하자면 사회적으로 중요한 가치, 규범, 법률 등에 있어서도 보편적이며 절대적인 진리란 없고, 오직 단순히 상대적이며 주관적인 주장만이 난무할 뿐이다.

프로타고라스 석상

인간이 추구하고자 하는 참된 영원한 진리에 대해 극단적인 회의주의 입장을 내세운 소피스트도 있다. 레온티

고르기아스 석상

노이 출신의 고르기아스Gorgias(BCE 483~375)가 대표적이다. 그는 유명한 웅변가였고, 수사학의 선생이었다. 그는 '참된 진리란 없다, 있다 하더라도 우리는 그것을 알 수 없다, 안다 하더라도 다른 사람들에게 가르칠 수 없다.'고 가르쳤다.

고르기아스의 제자 칼리클레스Kallikles와 크리티아스Kritias도 유명하다. 올바른 국가, 정의로운 국가를 세우기 위해서는 '정의란 무엇인가'에 대해 알아야 한다. 이에 대해 그들은 "정의는 강자의 이익이다."고 주장한다. 이는 오늘날 통용되고 있는 자본주의 사회의 논리에서 볼 때, 세상을 움직일 수 있는 힘은 돈(money)에서 나오고, 돈을 많이 가진 사람만이 그 힘을 이용해서 정의를 행할 수 있다는 믿음과 동일 선상에서 이해될 수 있다.

누가 철학을 하는가

소피스트들처럼 오늘날에도 지식을 팔아서 돈이나 권력을 취하는 사람도 더러 있다는 것을 우리는 대중매체를 통해서 안다. 소피스트들이 주장하는 이론들은 참된 지혜를 추구한 결과가 아니다. 그렇다면 누가 철학을 한다고 말할 수 있을까? 한마디로 말해서 철학자는 자신에게 으뜸이 되는 지혜가 없다는 사실을 자각하고, 최고의 지혜에 대한 에로스를 갖고 있는 자라 할 수 있다.

앞서 말했듯이, 소피스트들은 각 분야에 있어서 전문적인 지식이나 다방면의 지식을 소유하고 있고, 각자가 갖고 있는 지식이 최고의 지혜라고 자처하는 사람들이다. 이들은 각자가 갖고 있는 지식이 최고의 지혜가 아님에도 불구하고 최고의 지혜라고 착각하거나 무엇이 최고의 지혜가 되는 것인지를 모르고 있다고 볼 수 있다. 그래서 소피스트들은 최고의 지혜에 대한 에로스를 가질 수가 없고, 따라서 철학을 하는 사람들이라고 말할 수 없다.

철학을 하지 못하는 존재가 또 있다. 바로 절대 존재인 신(God)이다. 서양의 전통에서 말하는 신은 모든 것을 통시적이고도 공시적으로 다 알고 있고[全知], 무엇이든지 다 할 수 있으며[全能], 언제 어디서나 시·공의 구애를 받지 않고 현존하는 것으로 정의되고 있다. 그래서 신은 모든 면에서 부족함이란 절대로 없기 때문에 에로스를 가질 필요가 없으며, 최고의 지혜로 영원히 충만해 있어서 철학적으로 사유할 필요가 전혀 없다.

결과적으로 볼 때, 이미 최고의 지혜를 완전히 획득하여 소유하고 있는 자, 즉 지혜, 능력, 아름다움, 선함 등을 본성적으로 충만하게 갖추고 있는 자는 지혜를 더 이상 사랑할 필요가 없다. 또한 자신에게 참된 지혜가 없는 데도 있다고 착각하고 있는 자, 으뜸이 되는 지혜가 무엇인지를 깨닫지 못하여 완전히 모르고 있는 자들도 철학할 수 없다. 오직 소크라테스처럼 지적 만용에 놀아나지 않고, 자신이 무지하다는 것을 자각하여 항상 최고의 지혜를 열광적으로 추구하여 얻어내려고 노력하는 애지자만이 철학할 수가 있다.

철학이 추구하는 최고의 지혜는 아마 어떤 개별적인 목적을 달성하기 위해서나 이득을 얻어내기 위해서, 혹은 논쟁이나 토론에서 상대방을 굴복시키기 위해서 획득하는 지식이 아니다. 또한 최고의 지혜를 욕망하는 것은 지적인 욕구에 불타는 사람들에게 현학적인 멋을 전달하기 위해 가르쳐 주는 그런 종류의 지식도 아니다. 하물며 정치무대에 나가서 출세하기 위해 배우는 웅변술이나 궤변적인 지식을 획득하기 위해 노력하는 것 또한 애지자가 갖추어야할 덕목이 더욱 아니다. 이들이 추구하는 지혜는 '철학'이 목적하는 본래적인 특성과는 거리가 멀다.

동서고금을 통해서 볼 때 현자들이 추구했던 것은 대부분 으뜸이 되는 궁극의 지혜, 소위 항구적으로 참된 진리를 찾아내는 데에 있다. 참된 진리는 추호도 거짓이 없는 진상眞相으로 항구적으로 존재하는 것이어야 한다. 항구적인 존재에 대한 진리는 가장 근원적으로 파악된 선명하고 분명한 것이어서 전체를 망라하는 총체적인 지식이다. 이러한 지식을 통상 형이상학적 지식이라 불린다.

인간은 영원한 진리를 '왜' 추구하게 되는가? 그것은 오늘날 자본주의 사회에서 제일 우선으로 취급되는 경제적 부유함에 아무런 보탬도 되지 않는 것인데도 말이다. 그 까닭은 불멸의 존재가 되고자 하는 데에 있지 않을까? 다시 말해서 영원한 진리를 획득하고자 함은 불멸의 존재에 대한 최고의 지혜를 획득하여 소유하고 있는 한 자신이 불멸의 존재에 참여함으로써 그런 존재가 될 수 있다는 신념, 또는 자신 또한 영원한 존재에 참여함으로써 항상 충만한 상태에 있을 수 있다는 희구일 것이다.

2) 철학의 꽃, 형이상학形而上學

진리 찾아 떠난 사람

영원한 지혜는 불멸의 진상에 대한 것으로 추호도 거짓이 없는 항구적인 존재에 대한 것이다. 이러한 진리를 우리는 어디에서 찾아낼 수 있을까?

영원한 지혜는 우리가 현실을 살아가는 데에 있어서 유용하게 사용하는 감각적 대상에서 찾을 수 없음을 지적할 수 있다. 왜냐하면 감각에 들어오는 대상들은 생장염장生長斂藏으로 순환하는 끊임없는 변화의 연속이기 때문이다. 다시 말해서 감각적 대상에 대한 지식은 개별적이고 일시적이며 탐구하는 상황과 조건에 따라 다르고, 또한 획득하는 주체의 주관적 사고 능력이 현저하게 다르기 마련이다.

그렇다면 영원한 지혜는 감각에 주어지는 현상세계 너머에서 찾아보아야 할 것이다. 이런 탐구에 대한 체계적인 방안을 제시한 철학자가 있다. 바로 소크라테스의 천재적인 제자, 플라톤Platon(BCE 427~347)이다. 플라톤은 대화의 형식으로 작성한 『국가(Politeia)』 편에서 영원한 지혜를 추구하는 철학자의 삶을 "동굴의 비유"를 통해 잘 제시하고 있다.

플라톤의 "동굴의 비유"에 의하면, 밝게 빛나는 태양이 있고, 태양이 비추는 지상 세계는 온갖 종류의 사물들이 태양 빛에 의존하여 서식하고 있다. 그리고 지상 세계 밑에는 커다란 동굴이 있다. 이 동굴 속은 햇빛이 직접 닿지 않기 때문에 항상 어두컴컴하다. 이 동굴 속에 일상적인 사람들이 거주하고 있는데, 이들은 모두 손과 발목이 꽁꽁 묶여 있어서 움직일 수도 없고, 목 또한 묶여져 있어 고개도 돌릴 수가 없다.

동굴 속의 사람들은 이런 상태에서 태어나서 자라나고 죽기 때문에 오직 앞만 바라보면서 일생을 살아간다. 그들 앞에는 동굴의 벽이 있고, 벽 위에 희미한 그림자가 아른거리며 움직인다. 그 까닭은 밖에서 희미하게 들어오는 빛이 묶여 있는 사람들의 등을 비추기 때문이다. 문제는 동굴 속의 사람들이 각자 동굴 속에 묶여 있다는 사실조차도 모르거니와 동굴 벽에 아른거리는 것이 그림자라는 것도 모르고 살아간다는 점이다. 오히려 이들은 그 동굴 벽에 나타나는 그림자들이 참된 진리라고들 알고 있다.

동굴 속에 사는 사람들 중에 누군가가 동굴 벽에 나타나는 감각적 지각들이 진정으로 실재하는 것들인지를 의심하고, 그림자의 진상을 파악하려고 그것이 생기게 하는 근원지를 추적해 간다면, 그는 용감하게 온갖 노력을 다해 자신을 결박하고 있는 쇠사슬들을 끊고 동굴 밖으로 나가려고 분투적인 노력을 할 것이다. 이는 그가 그림자의 세계에 머물지 않고 참

플라톤 대리석상

된 진리가 어떤 것인지를 파헤치려고 노력하는 자임을 시사한다. 결국 그는 온갖 피나는 노력을 동원하여 동굴 밖으로 기어 나와 태양이 비치는 지상 세계의 참된 것을 보게 될 것이고, 밝음의 근원이 태양임을 알게 된다.

동굴의 비유가 시사하는 것은 우리가 상식적으로 알고 있는 감각적 지식이란 동굴 속에서의 그림자에 대한 지식들과 같은 차원이라는 것, 현실을 살고 있는 우리는 감각적 지식들에 의존하지 말고 그 배후에 있는 근원에 대한 지식을 찾아야 한다는 것이다. 따라서 지혜를 사랑하는 사람은 현실세계에서 감각으로 보고 들어서 알게 되는 지식이란 한낱 동굴 속에 꽁꽁 묶여 있을 때 알게 된 것과 유비적으로 같다는 사실을 자각해야 하며, 감각이 제공하는 일시적이고 변화하는 대상들에 대한 지식에 만족하지 않고 이들 배후에 숨어 있는, 감각적 대상들이 성립할 수 있도록 하는 존재 근원으로서의 항구적인 실재實在를 찾아내려고 노력하는 자이다. 그런 자만이 밝은 태양과 같은 지혜의 세계를 볼 수 있다.

그래서였던가. 플라톤 철학의 꽃은 현상계 너머에 실재하는 이데아 Idea에 있다. 그는 생장염장으로 순환하는 현상세계와 자체로 불변하는 항구적인 이데아의 세계를 구분하고, 끊임없이 유동하는 현상세계는 모두 이데아들의 그림자에 지나지 않는다고 했다. 이데아들은 현실계에 존재하는 것들의 원형이요, 현상계의 근원적인 존재 근거로서 실재하는 것들이다. 그래서 플라톤은 영원한 지혜를 현실세계에서 찾지 말고 바로 이데아세계에서 찾아야 한다고 주장하게 된다.

제1철학은 근원에 대한 존재론적 탐구(형이상학)

항구적인 영원한 지식은 자체로 변화하지 않으면서 세계의 모든 변화를 가능케 하고, 또한 변화하는 것들에 대한 질서와 인식 근거를 제공해 주는 제1 원인(aitia)이요 원리(arche)가 된다. 지혜를 추구하는 철학의 탐구 대상은 바로 이런 근원적인 지식에 대한 것이요, 영구히 실재하면서 모든 것들의 생장 변화를 가능케 하는 그런 존재여야 한다.

그런 까닭에 최고의 지혜를 추구하는 철학은 '존재 일반'을 탐구의 주제로 삼을 수밖에 없을 것이다. 이는 곧 개별 과학들이 탐구하여 찾아낸 지식들에 대해 전반적인 검토와 비판을 기꺼이 하면서도 보다 포괄적이고 종합적이며 전체적인 시각에서 근원의 진리를 찾아내는 작업을 필요로 한다. 이런 의미에서 볼 때 철학은 '존재자로서의 존재자(on he on)'를 탐구하는 학문이라고 말할 수 있다.

서양의 역사가 시작된 이래 체계적인 학문이 전개되면서 근원의 지혜를 추구했던 철학자들은 소위 인문학의 중심 무대에 위치해 있던 자들이다. 이들이 제일 관심을 갖고 시작한 탐구 분야는 바로 '존재란 무엇인가'를 탐구하는 존재론(Ontology)이다. 요컨대 '인간의 존재란 무엇인가'하는 물음은 인간은 '왜' 인간으로 존재하며, 왜 그렇게 존재할 수밖에 없는가에 대한 것이다. '존재자로서의 존재자'를 탐구하는 것이 바로 그런 것이다. 그래서 존재론은 모든 존재의 제1 원리와 원인에 대한 탐구로 볼 수 있다. 이런 의미에서 플라톤의 제자 아리스토텔레스Aristoteles(BCE 384~322)는 존재론을 제1철학 혹은 형이상학(Metaphysica)이라 불렀다.

학문에서 형이상학의 위상은 무엇인가? 이는 무성하게 자란 한 그루의 나무에 비유해서 그림을 그려보면 쉽게 이해될 수 있을 것이다. 나무의 모습은 뿌리와 줄기 및 가지로 구분되는데, 형이상학은 나무의 뿌리에 해당한다. 뿌리는 나무가 생존하는 데에 가장 중요한 영양을 빨아들여 몸통과 가지로 보내는 근원처요, 나무 전체의 생명을 유지하는 바탕이 된다. 나무의 뿌리에서 뻗어 나온 첫 단계의 줄기가 소위 물리학, 논리학, 수학이다. 이들 학문에서 탐구된 근원적인 진리는 모두 형이상학의 진리에 의존해 있다.

철학은 형이상학적 진리 탐구로부터 출범했다. 이 노선을 견지한 철학자는 고대 서양에서 신화의 시대를 끝낸 주역들로부터 시작한다. 서양에서 최초의 철학자로 일컬어지는 탈레스Thales를 필두로 자연철자들이 있었고, 학문의 중심 무대가 아테네로 옮겨지면서 다양한 학문적 정초를 이룩한 소크라테스, 플라톤, 아리스토텔레스가 등장했다. 서양의 중세기에 접어들어서 기독교 신 중심 세계관을 정립한 철학자로는 성 아우구스티누스Augustinus와 토마스 아퀴나스Aquinas가 있다. 새로운 철학의 시대를 열어준 근대의 데카르트Descartes, 라이프니쯔Leibniz, 헤겔Hegel, 하르트만Hartmann, 하이데거Heidegger가 있으며, 현대에는 무너진 형이상학을 새롭게 일으킨 화이트헤드가 있다. 이들 철학자들은 모두 최고의 지혜를 추구하여 체계화했던 형이상학자들이라 볼 수 있을 것이다.

형이상학적 진리는 인류가 문명사회로 진화해가는 과정에서 전승되어 시대마다 직면하는 문제들을 해결하는 데에 의식적으로든 학문적으로든 지속적으로 영향을 미쳤다. 또한 여타의 제 과학들의 발전에 직간접적으로 지대한 영향을 행사한 것은 바로 철학의 형이상학적 탐구였던 것이다. 제1철학으로 불리는 형이상학적 진리를 추구했던 철학자들이 없었다면, 오늘날 개별적인 여러 분과과학에 결정적인 영향을 미치고 있는 다양한 사상들이 어떻게 나올 수 있었을까?

3) 철학적 탐구는 어떻게 하는 것인가

우리들은 비록 의식하고 있는 것은 아니지만 모종의 철학을 하면서 살아가고 있다고 해도 과언은 아닐 것이다. 왜냐하면 우리는 감각의 세계에 주어진 것들의 진상에 대하여 알려고 하거나, 또는 우리가 살면서 진정한 삶이 어떤 것인지를 체득하려고 한다거나, 혹은 영혼이 있는가, 있다면 무엇인가 등을 자문하거나, 아니면 옳고 그르다는 것, 아름다운 것과 추한 것 등에 대하여 무엇인가를 물으면서 그 진상을 밝혀 일종의 확실한 대답을 얻으려고 시도하기 때문이다.

그러나 단지 습관적으로 그렇게 알려고 한다거나 또는 알고 있다고 해서 누구나 다 '진정으로' 철학을 하면서 산다고 말할 수 있을까? 정말 참된 지혜를 추구한다는 것(철학한다는 것)은 어떻게 하는 것일까? 이런 질문에 대해 단언적으로 대답하기란 그리 쉬운 것은 아닐 것이다. 이점에 대하여 그리스의 철인 소크라테스Socrates(BCE 469~399)가 시도한 철학하는 방법론을 소개하는 것은 좋은 길잡이가 되어줄 것으로 생각한다.

소크라테스의 대화법(산파법)

소크라테스는 비록 철학에 대한 강의도, 위대한 저서도 남긴 적이 없다. 그런데도 그는 서양의 지성사에서 진정으로 철학한 사람으로 꼽힌다. 그 이유는 어디에 있을까? 서양의 위대한 철학자 플라톤을 자기의 제자로 두었기 때문이었을까? 귀족출신이었고 부유하게 잘 살았던 플라톤은 무엇이 아쉬워서 소크라테스를 스승으로 모시게 됐을까?

소크라테스는 아테네에서 출생했다. 아버지는 조각가이고 어머니는 산파(조산원)였다. 젊은 시절에 그는 아버지의 가업을 이어받아 훌륭한 조각가가 되기를 꿈꾸기도 했다. 또한 전쟁이 터지자 아테네를 지키기 위해 자발적으로 용병用兵에 지원하여 전쟁에 참전하기도 했다. 아테네를 끔찍이 사랑했던 그는 유명한 인사들을 찾아가 지식을 배워 소피스트가 되기도 했다. 그러던 중 40세쯤에 그는 신神의 세계에서 들려오는 소리, 아테네 청년들을 올바르게 가르치고 지도하라는 소명을 받는다.

이후 그는 소피스트들의 주관적이며 상대주의적 진리관에 회의를 품으면서 그들의 사상과 결별한다. 그리고 본격적으로 철학적 활동을 시작하게 됐는데, 아테네에 사람들이 모여 있는 곳이면 어디든지 달려가서 그들과 대화를 나누었으며, 그렇게 진리탐구에 매진하면서 일생을 보냈다. 그의 대화 내용은 탐구의 대상이 무엇이든지 간에 이미 알려졌거나 통용되는 지식을 그대로 받아들이는 것이 아니라, 사람들에게 질문하고 다시 캐어물으면서 파헤치고 분석하고 파고 들어가 그것의 진면목을 파악하여 선명하고 분명하게 정의하는 것이다.

아테네 청년들과 논쟁을 벌이는 대화의 과정은 대상에 대한 객관적이며 보편적으로 통용되는 참된 지식을 얻으려는 소크라테스의 열정을 잘 보여주고 있다. 그의 대화법은 '문답법' 혹은 '산파법'이라고 한다. 그것은 어떤 것이든 무심코 지나치거나 당연한 것으로 간주하지 않고 꼬치꼬치 캐묻고 대답하고, 또 성찰하고 검토하여 분석하는 것이었다. 소크라테스는 이런 과정을 통하여 결국 진정으로 의미하는 본질적인 것을 찾아내어 이를 올바르게 정의定義(definition)하려고 의도

하였던 것이다.

소크라테스가 기소되어 독배를 마시고 죽음을 맞이하기 약 8년 전쯤에 플라톤은 아테네 광장에서 젊은이들과 대화를 통한 열띤 논쟁을 벌이고 있던 소크라테스를 보게 된다. 순간 플라톤은 소크라테스의 대화 내용과 진리탐구의 방법에 홀딱 반해 스승으로 모셨고, 스승의 학문을 열정적으로 섭렵하기 시작했다. 플라톤의 전기 대화편들과 중기 대화편 일부는 이를 입증하는 좋은 보기가 될 것이다.

대화를 통한 변증법적 탐구방식('성스러움'에 대한 1차 정의)

대화를 통한 탐구 방식을 소크라테스의 변증법이라고 하는데, 이에 대한 변증법적 탐구 방식은 플라톤의 대화편 『유티프로Euthiphro』에 잘 나타나 있다. 이 책에서 대화의 주인공은 소크라테스와 유티프

소크라테스의 죽음(다비드 작품)

로이다. 소크라테스가 유티프로와의 대화를 통해 진리에 대한 정의를 어떻게 이끌어 가는가를 소략해 보자.

소크라테스는 나이가 70이 되던 늦은 봄에 멜레토스Meletos, 뤼콘 Lykon, 아뉘토스Anytos 세 사람에 의해 아테네의 법정에 기소된다. 죄목은 그가 다이모니아Daimonia를 내세워 아테네 청년들을 타락시키고 있다는 것과 아테네가 제정한 신神을 인정하지 않고 있다고 하여 그가 신성 모독 죄를 저질렀다는 것이다.

그래서 기소된 소크라테스는 자신의 서식지棲息地를 떠나 아침 일찍 법정에 출두하게 되었는데, 그때 유티프로라는 친구를 만나게 된다. 당시 유티프로는 훌륭한 가문의 출신으로 종교적 행사와 성스러움(Piety)을 관장하는 전문가였던 것으로 추측된다. 그래서 유티프로는 아테네 시민들 중 어떤 이가 도덕적으로 잘못을 저질렀기 때문에 이를 고발하기 위해 직업상 법정으로 출두하게 되었던 것이고, 때마침 소크라테스와 만나게 된 것이다.

소크라테스가 먼저 유티프로에게 무슨 일로 법정에 출두하게 되었느냐고 묻자 유티프로는 자기 아버지를 고발하기 위해서 왔다고 대답한다. 이에 소크라테스가 깜짝 놀라 무슨 연유로 아버지를 고발하게 되었느냐고 묻자 유티프로는 다음과 같은 내용을 말한다.

부자였던 유티프로의 아버지는 몇몇 하인들을 거느리고 있는데, 어느 날 하인들 중 하나가 술에 만취가 되어 다른 동료와 싸우다 그를 죽이게 되었다. 그래서 아버지는 술에 취한 하인의 손발을 꽁꽁 묶어서 추운 헛간에 가두어 넣고 이를 어떻게 처리해야 좋은지를 몰라서 하인을 시켜 이런 일을 담당하는 승려를 모셔 오라고 심부름을 보냈다. 그런데 승려가 도착하기도 전에 꽁꽁 묶여 있던 술에 취한

하인은 추운 날씨에 그만 얼어 죽고 말았다. 이런 까닭에 유티프로는 자신의 아버지가 술에 취한 하인의 죽음에 대하여 책임을 져야 한다는 입장에서 아버지를 법정에 고소해야 한다고 했고, 이에 대하여 친척들은 아버지를 고소하는 것은 '성스럽지 못한' 처사라고 유티프로를 나무랐다. 하지만 유티프로는 친척들이 '성스러움'과 '성스럽지 못함'이 어떤 것인지를 모르기 때문에 자신의 처사를 비난한다고 생각하여 친척들의 말을 무시하고 끝내 아버지를 법정에 고소하게 된 것이다.

그러자 소크라테스는, 자신도 현재 신성 모독 죄로 기소되어 있었기 때문에 '성스러움'이 무엇인지를 올바르게 알아 자신을 고소한 멜리토스 앞에서 스스로를 변호하고 싶다는 취지에서, '성스러움'에 대해 전문가인 유티프로에게 '성스러움'이 진정으로 무엇인지를 배우고 싶다고 청했다. 이 요청에 대하여 유티프로는 '성스러움'에 대하여 첫 번째 정의를 내린다.

> "성스러운 것은 내가 지금 하고 있는 것과 같은 일이다. 곧 잘못된 짓을 한 자를 기소하는 것인데, 잘못된 짓들은 살인하거나 사원에서 도둑질하는 것과 같은 일이며, 잘못된 짓을 하는 자는 부모나 또는 누구든지 다 마찬가지이므로, 잘못을 저지른 자를 기소하는 것이 성스러운 일이다." (『Euthiphro』, 5d)

'성스러움'에 대한 2차 정의

1차 정의에서 유티프로는 진정으로 '성스러움'이 무엇인지를 개별적인 실례를 들어 정의를 내리고 있다. 이러한 정의는 '사람이란 무엇인가'의 물음에 대하여 '사람은 소크라테스이다'라고 하는 것과 같다. 그렇게 되면 소크라테스만 진정으로 사람이고 플라톤은 사람이 아닌가 라는 반문이 나올 법도 하다. 그렇기 때문에 정의에 관한 한 개별적인 실례를 들어 말하는 것은 올바른 정의가 될 수 없다.

'성스러움'에 대한 올바른 정의는, 소크라테스가 바로 사람이게 하는 본성적인 것이 무엇인지를 말해야 하는 것처럼, 잘못을 저지른 자를 기소하는 행위를 성스럽게끔 하는 어떤 본성적인 것을 말해야 한다. 이 요구에 충족되었을 때 비로소 올바른 정의가 성립되고, 이 정의에 따라서 성스러움이 무엇인지를 정말로 알게 된다는 것이다.

각각의 물음에 대하여 올바른 정의가 어떻게 성립하는가를 소크라테스를 통해 알게 된 유티프로는 '성스러움'에 대하여 두 번째 정의를 제시한다.

"성스럽다는 것은 신神들에게 기쁨(마음에 쏙 드는 태도)을 주는 것이며, 그렇지 않은 것은 성스럽지 못한 것이다." (『Euthiphro』, 7a)

유티프로의 두 번째 정의에 대하여 소크라테스는 이를 분석하기 시작한다. 성스럽다는 것이 신의 마음에 드는 것이라면 문제가 생긴다. 왜냐하면 동일한 행동이라도 어떤 신에게는 마음에 들지

영화 '신들의 전쟁' 아킬레우스

만 다른 신에게는 마음에 들지 않을 경우가 발생할 것이고, 따라서 한 쪽의 입장에서는 다른 쪽의 것이 마음에 들지 않아 성스럽지 못한 것 으로 취급될 수도 있기 때문이다. 이러한 사정은 신들에게서도 의견 의 불일치가 있어 과거에 신들의 전쟁이 있었던 것에서 명백히 알 수 있다. 특히 옳고 그른 것, 아름답고 추한 것, 선하고 악한 것, 용기 있 는 것과 같은 가치의 문제를 다루는 것들에 대하여서는 신들의 의견 이 같은 것으로 좀처럼 좁혀지기 어렵다. 따라서 유티프로가 아버지 를 기소하여 벌하려는 행위는 제우스Zeus 신에게는 마음에 들지 몰라 도 헤라Hera 신에게는 마음에 들지 않을지도 모른다. 다른 신들에 관 해서도 마찬가지다. 이런 근거에서 유티프로의 두 번째 정의 또한 올 바른 것으로 받아들일 수 없게 된다.

'성스러움'에 대한 3차 정의

소크라테스의 설명을 충분히 들은 유티프로는 '성스러움'에 대하여 잽싸게 달리 정의한다.

> "성스러운 것은 모든 신들이 사랑하는 것이며, 모든 신들이 싫어하
> 는 것은 성스럽지 못한 것이다." (Euthiphro, 9e)

유티프로의 세 번째 정의에 대하여 소크라테스는 그에게 다음과 같 이 묻는다. "신이 성스러운 것을 좋아하는 이유는 그것이 성스럽기 때 문인가, 아니면 신이 좋아하니까 그것이 성스러운 것인가?" 이 질문 의 초점은 신의 마음에 든다는 것과 성스러운 것이 '같은' 것인가 '다 른' 것인가를 구분하려는 것에 있다.

이런 구분은 '성스러움'이란 신들이 좋아하거나 말거나 아무런 관계없이 그 자체로 어떤 성스러운 본성이 있고, 신들도 이것을 알고서 성스러운 것을 좋아한다는 것을 밝히기 위함이다. 이는, 마치 '보는 것'과 '보여지는 것'이 동일한 대상이듯이, 성스러움과 신이 사랑하는 성스러움은 '같은' 것이어야 함을 의미한다. 그렇기 때문에 어떤 행위가 성스럽다는 것은 그 행위에 성스러움의 본성적인 것이 있어서 그런 것이지 신이 좋아해서 성스러운 것이 아니다. 이와 같은 정의의 대상으로 성스러움의 본성은 자체로 있는 것이고, 영원한 것이기 때문에 불변적인 참된 지식의 대상이 된다. 이 본성적인 것을 아는 자가 진정으로 알고 있는 자이다.

그러므로 철학한다는 것은 대화를 통해 본질적인 지식을 추구해 간다는 것이다. 본질적인 지식은 곧 개별적인 사례들을 열거하는 것도 아니고 또한 개별적인 사례들을 아는 것도 아니다. 철학한다는 것은 바로 개별적인 것들이 바로 그것일 수 있도록 해주는 본질적인 것을 찾아내어 올바른 정의에 도달하려는 것이다. 이것이 가능하기 위해서는 어떤 것이든 다 아는 것으로 간주하여 우연히 지나치는 것이 아니라, 다시 의문을 제기하고 질문하여 대답을 유도하고, 반론을 제기하여 '자체로' 있는 본성적인 것을 찾아낼 때까지 분석하는 것이다. 근원의 지혜를 추구하는 철학은 이러한 분석을 통하여 비록 가장 올바른 정의에 도달하지는 못할지라도 대상의 의미를 명료하게 할 수 있을 것이고, 그럼으로써 대상의 본질적인 지식, 즉 참된 지식에 가까이 접근해 갈 수 있을 것이다. 이러한 과정이야말로 바로 철학하는 올바른 방법이 될 것이다.

4) 실재reality를 찾아 나선 사람들

"존재"에 대한 물음은 진리탐구의 시작_____

우리가 살고 있는 지구는 물론이고 우주 전체에서 벌어지고 있는 명백한 사실은 모든 것들이 순간의 정지도 없이 생성 변화하고 있다는 것이다. 앞서 말했듯이, 무생물이든 식물이든 동물이든 사람이든 생겨나서 존재하는 것은 모두 쉬지 않고 생장염장 과정으로 변화해가기 때문이다.

시야를 돌려 지구를 들여다보자. 어떤 것들은 금방 생겨났다가 없어지는가 하면, 하루살이와 같은 것들은 단 하루 밖에 더 이상 살지 못하고 사라지기도 한다. 오늘날 생명공학자들의 주장을 들어보면, 하루에도 수많은 종류의 생명체가 창조되거나 소멸되어 없어진다. 반면에 사람이나 어떤 동물은 개별적으로 몇 십 년을 넘어서 백년 이상을 존속하기도 하고, 어떤 나무는 몇 백 년을 넘어서 몇 천 년을 존속하는 것으로 알려져 있다.

그런데 사시四時 사철로 순환하는 시간계열의 흐름에 따라 사람은 사람을 낳으며, 개는 개를 낳고, 장미 씨를 심으면 장미가 나오고, 이곳에 있는 소나무는 죽어서 없어져도 다른 소나무들이 항상 존속하고 있음을 우리는 보게 된다. 여기에서 우리는 자연계에 존재하는 종種은 '왜 그대로 유지되고 있는가?' 하는 의문을 품을 수 있다. 이러한 의문은 옛날이나 지금이나 탐구력과 판별력을 겸비한 사람이라면 한 번쯤 던져볼 수 있는 물음일 것이다.

종이 유지되고 있다는 사실은 그 무엇이 지속적으로 존재하기 때문일 것이다. 이는 학문이 시작되면서 알고 있었던 사실일 터이다. 그래서 아리스토텔레스는 자신의 주요 저서 『형이상학(Metaphysica)』에서 옛날이나 지금이나 지성인들이 끊임없이 탐구해온 물음이 바로 "존재란 무엇인가"였다고 말한다. 여기에서 "존재"란 말은 그리스어로 "to on"이고 영어로 표기하면 "The Being"이다. 이는 거창하고 심오한 뜻이 아니라 간단히 말해서 지속적으로 '있는 것'을 뜻한다. 이것이 우리의 사유가 진리탐구를 향해 떠나는 첫 걸음이 될 것이다.

존재가 실재요 진리라는 견해_____

자연세계를 바라볼 때, 번개불처럼 순간적으로 있다가 없어지는 것도 존재하는 것이요, 영구히 지속하는 것도 모두 존재하는 것이라고 말할 수 있다. 심지어 없는 것[無]도 있다면 존재하는 것이라고 할 수 있다. 왜냐하면 존재개념은 최고의 유개념이기 때문이다.

여기에서 우리는 아주 중요한 결정적인 문제를 하나 제기해볼 수 있다. 지금 이 순간에는 존재하고 있지만 다음 순간에 변화하여 없어졌을 경우에도 우리는 존재한다고 말할 수 있겠느냐 하는 것이다. 왜냐하면 우리 속담에 "입은 삐뚤어졌어도 말은 똑바로 해야 한다"는 말이

아리스토텔레스의 조상과 형이상학

시사하듯이, 없는데도 있다고 말하면 이는 곧 거짓이 되기 때문이다.

통상적으로 참은 진리이고 거짓은 진리가 아니라고 한다. 그럼 참과 거짓의 기준은 무엇인가? 플라톤은 "'있는 것을 있다'고 말하고 '없는 것을 없다'고 말하는 것", 여기에 진리眞理가 있다고 했다. '있는 것을 없다'고 말하거나 '없는 것을 있다고 말하는 것'은 거짓이라는 얘기다. 다시 말해서 사실을 사실대로 말하는 것은 참이고, 사실을 사실이 아닌 것으로 말하면 거짓이라는 얘기다. 『논리학(Logic)』에서 볼 때 진리는 동일률同一律에 근거한 것이고, 거짓은 동일률을 위배하는 언명이라고 말할 수 있다.

동일률은 참과 거짓을 다루는 논리학의 기본 공리이다. 기본 공리는 동일률, 모순율, 배중률, 충족이유율을 말하는데, 동일률을 근거로 해서 모순율과 배중률이 나온다. 이 세 가지는 아리스토텔레스가 창안한 것이고, 충족이유율은 근대의 철학자 라이프니쯔Leibniz(1646~1716)가 덧붙인 것이다. 서양 고대철학의 사유에서 진리탐구에 대한 학문적 진술은 동일률을 위배하지 않는 것이 원칙이다. 그렇지 않으면 진리를 가르치고 배우는 학문적 가능 근거가 무너지기 때문이다.

이제 동일률에 근거해서 존재를 탐구할 때 우리는 '존재하는 것처럼 보이는 것', '잠시 동안 존재하는 것', '참으로 존재하는 것'을 구분해볼 필요가 있다.

'존재하는 것처럼 보이는 것'은 사실 존재하지도 않는 것인데, 인간의 지성 속에서 일어나는 환상이나 환영, 망상 때문에 우리가 존재하는 것처럼 믿는 것을 말한다. 우리가 기력이 부족하여 헛것을 본다든가, 착시 및 착각 등이 그것이다. '잠시 동안 존재하는 것'은 소위 감각에 들어오는 현상세계의 것들로 시간계열의 흐름에 예속되어 생성

소멸의 변화과정으로 진행되는 것을 말한다. 옛날에는 착한 사람이었으나 세파에 찌들다 보나 악한 사람으로 변했거나, 지금은 존재하지만 시간이 흘러 사라져버린 경우가 그것이다.

'참으로 존재하는 것'이란 시간의 흐름에 구애받지 않고, 자체적으로 생성변화가 전혀 없는, 지속적으로 항상 일정하게 존재하는 것을 말한다. 이렇게 생긴 집, 저렇게 생긴 집은 오래되면 부서져 없어질지라도 '집 자체', 다른 용어로 말하면 집의 본성만은 항존하는 것으로 보는 경우가 그것이다. 우리의 속담에 '콩 심은데 콩 나고 팥 심은데 팥이 난다.'는 말도 콩이나 팥의 본성이 자체로 불변적인 것임을 함축한다.

진리탐구는 '항존恒存하는 것이 무엇인가'를 추려내는 작업이라 볼 수 있다. 항존하는 것은 자체로 '동일성'을 확보하고 있기 때문이다. 이것을 전제로 해서 학적 인식認識(episteme)과 정의定義(definition)가 성립되는 것이다. 이점에 대해 플라톤은 "완전히 존재하는 것은 완전히 이해될 수 있는 것(pantelos on, pantelos gnoston)"이라고 말했다. 진리의 대상

사막의 신기루 현상

은 언제 어디에서나 항상성을 유지하고 있는데, 이것이야말로 진정한 인식이 되며, 참된 가르침의 대상이 된다는 뜻이다.

만일 어떤 존재가 '수시로 변화하거나, 있다가도 없고 없다가도 있게 되는 것'이라면, 혹은 사실 없는 것인데도 있는 것으로 착각을 일으키도록 하는 것이라면, 이는 진리탐구의 대상에서 배제될 수밖에 없다. 이런 것들은 정확히 알지도(인식) 못할 뿐만 아니라 무엇이라고 가르칠 수도(정의) 없는 것들이기 때문이다.

그러므로 '영속적으로 존재하는 것'만이 진리탐구의 반열에 오를 수 있다. 왜냐하면 대상이 고정되어 있어야 이를 파악하는 인식의 주체가 유동적이지 않을 것이고, 정의 또한 고정성을 본성으로 하기 때문이다. 따라서 우리의 감각에 주어지는 감각적인 지식들은 한결같이 변화하는 것들이기 때문에 참된 인식과 정의의 대상이 될 수 없는 것이다. 여기로부터 참 존재 = 사유 = 인식 = 진리라는 등식이 성립하게 된다.

이제 서양철학의 여명기부터 제기되어왔던 '존재란 무엇인가' 하는 물음은 본질적으로 "실재하는 것"에 대한 탐구임을 알 수 있다. 실재는 시간의 흐름에 따라 변화에 종속하지 않는 존재, 즉 환상적인 허상도 아니고 잠시 있다가 사라지는 그런 것이 아닌, 불변적이고 항구적으로 존속하는 '참으로 있는 것'을 의미한다. '참으로 있다'는 의미에서 '존재란 무엇인가'는 '실재實在(reality)란 무엇인가'의 물음으로 환원됨을 알 수 있다.

실재를 보는 관점들

'실재란 무엇인가'를 탐구하는 철학적 사유가 현상 세계의 온갖 변화와 차이 속에서도 '항상 같은 것으로 남아 있는 어떤 것'을 찾아내는 데로 향하는 것은 아주 당연한 일이다. 이것을 근거로 해서 우리는 삼라만상의 변화무쌍한 것들이 왜 그렇게 존재하게 되는지를 명명백백하게 설명해 줄 수 있게 되기 때문이다. 그래서 '실재'는 모든 생성변화하는 것들의 근원적인 바탕이요, 창조변화의 원인이요 원리가 된다고들 말한다.

실재에 대한 서양철학의 탐구관점은 크게 세 부분으로 나눠서 고찰할 수 있을 것이다. 하나는 유물론(Materialism)의 전형이 되는 물리적 실재론을 들 수 있다. 다음은 인문개벽을 주도한 아테네 시대의 철학으로 형이상학적 실재론을 거론할 수 있다. 그리고 정신적 실재론의 전형인 유심론(Spiritualism)이 있다. 이런 방식의 구분은 동양철학에서 소위 "주기론主氣論"이니, "주리론主理論"이니, "심성론心性論" 등에 비유해볼 수 있을 것이다.

유물론은 실재하는 것을 형질에 있어서 오직 '물질적인 어떤 것'으로 간주하여 마음과 의식을 포함하는 정신적인 모든 것들이 물질적인 것으로 환원되어 설명 가능하다는 주장이다. 한마디로 말해서 실재는 오직 물질 뿐이라는 얘기다. 형이상학적 실재론은 참된 존재를 변화무쌍한 현실의 감각세계에서 찾는 것이 아니라 현상의 존재근거로서의 실재를 내세운다. 여기에는 인간 삶의 가치규범이라든가 문명 지향점의 근거도 포함되어 있다. 마지막으로 유심론은 엄밀한 의미에서 관념론이 아니지만, 정신적인 어떤 마음[心]이 실재하고, 정신적 사고의 현상이나 유형무형有形無形의 것들이 모두 마음으로부터 나온 것임을 밝히려는 사고이다.

Part II

실재를 찾아낸 사유思惟

시칠리아 섬 아구리겐토Agrigento 바닷가에 세워진 신전 돌기둥

소박한 물리적 실재론

"하나는 시작이나 무에서 비롯된 하나이고, 세 극으로 나뉜다 하더라도 그 근본은 다함이 없나니, 하나를 얻은 하늘은 그 첫 번째요, 하나를 얻은 땅은 그 두 번째요, 하나를 얻은 사람은 그 세 번째이다. 하나가 쌓여 십으로 커지더라도 삼수의 도 다함이 없도다. 하늘은 둘로써 삼수의 도로 돌아가고, 땅도 둘로써 삼수의 도로 순환하고, 사람도 둘로써 삼수의 도로 살아가나니, 큰 삼수 합하여 육이 되고, 칠·팔·구의 수를 생하고, 삼수의 도가 네 마디로 운용하고, 오와 칠로 원환圓環을 이루니라. 하나가 오묘하게 뻗어나가 만유가 오고 가고, 작용의 수가 부동의 본(십수)으로 되나니, 본은 마음이요 순수 양기陽氣에 근원하여 한없이 밝으니라. 하늘과 땅의 도를 통한 사람이 하나이니, 하나는 마침이나 무에서 마치는 하나이니라."

一始無始一 析三極無盡本 天一一 地一二 人一三 一積十鉅 無匱化三 天二三 地二三 人二三 大三合六 生七八九 運三四 成環五七 一玅衍 萬往萬來 用變不動本 本心 本太陽昂明 人中天地一 一終無終一. (『桓檀古記』「蘇塗經典本訓」"天符經")

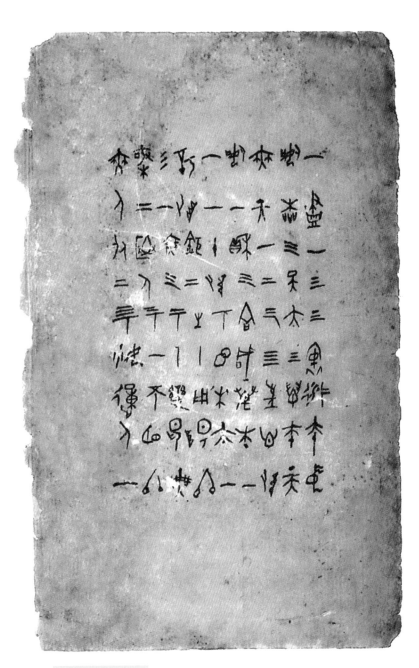

천부경 녹도문자 경전

1) 일원적一元的인 사고의 물활론Hylozoism

우선 물질적인 것을 궁극으로 실재하는 것이라고 주장했던 소박한 일원론의 입장을 검토해 보자. 여기서 궁극적 실재가 오직 '하나'임을 말하면 일원론一元論이고, '많다'고 말하면 다원론多元論이라 부른다.

고대 서양에서 학문의 역사는 꽤 오래 전부터 시작됐을 것으로 추정된다. 이집트, 바빌론 등지에서 발전된 천문학, 토목공학, 기하학 등은 일찍부터 인류 고대문명을 일으키는 데에 중요한 원동력이 됐기 때문이다. 하지만 서양철학의 출범은 몇 천 년이나 늦은 기원전 6세기경에 이오니아Ionia 지방의 그리스 식민도시 밀레토스에서 시작한다. 다른 학문에 비해 철학은 왜 이렇게 늦게 등장하게 됐던 것일까?

모든 것은 '하나'에서 나와서 펼쳐지고 '하나'로 돌아간다는 사고_____

서양철학의 시작은 우리가 직접 접하는, 생성 변화하는 자연적인 사물들에 대해 최초로 의문을 제기한 자들에게서 비롯된다. 그들은 한결같이 '자연이란 무엇인가'의 물음을 던지고, 여기로부터 '참으로 존재하는 것'이 무엇인지를 찾으려고 시도했다. 이런 물음을 던졌다는 것은 다름 아닌 진리탐구에 대한 사고思考의 혁명이 있었던 것을 뜻할 것이다. 여기에 동참한 철학자들을 우리는 자연철학자라고 부른다.

원으로 둘러싸인 점은 '모든 것이 하나에서 나와 하나로 돌아감'을 표시한 그림

먼저 "자연"(physis)의 개념이 무엇을 의미하는가를 살펴봄이 좋을 것 같다. '자연'은 어원적으로 "phyo"라는 그리스어 동사에서 나왔다. 이는 일차적으로 '낳다', '자라나다'(성장하다)의 뜻이다. 그래서 자연적인 사물들은 잠시의 정지도 없이 낳고 자라나고 성장 변화해 가는 것이다. 다음으로 낳고 자라나는 모든 것은 '본성상 그렇게 생겨 먹은 것으로만 낳고 자라난다'는 뜻이다. 그래서 사람을 심으면 본성상 사람이 태어나 사람으로 자라나고, 나무를 심으면 본성상 나무로 싹이 터 나무로 자라나게 되는 것이다.

여기에서 '본성本性'의 의미는 매우 중요하다. 자연을 바라볼 때 생성 변화의 모습은 현상現象이고, 그 배후에 불변적이고 항구적인 어떤 것은 본성적인 것으로 규정된다. 다시 말해서 눈에 보이는 자연세계의 변화무쌍한 사물들은 마구잡이로 무질서하게 생성 변화하는 것이 아니라, 어떤 불변적이고 본성적인 것이 있고, 이것으로부터 잠시 이러저러한 것으로 현상됐다가 다시 그것에로 돌아간다. 이러한 사고를 배경으로 자연철학자들은 세상이 아무리 다양하게 전개된다 하더라

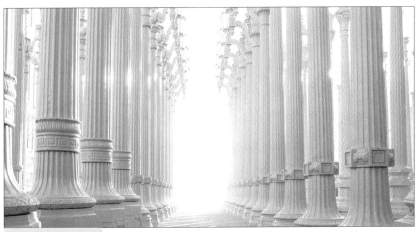

그리스 건축물(기하학)

도 변하지 않는 근원적인 실재가 있고, 전개된 모든 것이 다시 그것에로 환원된다는 혁명적인 사고를 가졌던 것이다.

영원히 존재하는 근원적인 실재를 찾으려는 열망으로부터 자연철학자들은 "아르케arche"라는 개념을 상정하게 된다. 아르케는 그리스어 동사 "시작하다, 출발하다(Archao)에서 나온 명사로 "시작", "출발"의 뜻이다. 여기로부터 아르케는 모든 것들의 시작점이 되면서 모든 것들의 근원이 되는, 본성적인 존재원리요 원인의 의미를 가진다. 다시 말해서 자연의 아르케를 찾는 작업이야말로 바로 궁극으로 실재하는 것을 밝히는 것이라 하겠다.

최초의 철학자 탈레스

이와 같은 사고의 바탕 위에서 현대 물질문명의 비조鼻祖라 불리는 최초의 자연 철학자 탈레스Thales(BCE 624~546)가 등장한다. 그는 젊은 시절에 지중해 연안 국가 이집트를 비롯하여 이곳저곳을 돌아다니면서 천문학, 기하학 등에 관심을 갖고 학구적인 열의를 불태웠다고 전해진다.

탈레스

당시 탈레스는 다방면에 많은 지식뿐만 아니라 천문학과 기상학에 심오한 지식을 소유하고 있었던 것으로 보인다. 그가 일식日蝕이 일어나는 것을 계산해낼 정도의 천문학에 능통하였다고 전해지는 것은 이를 말해준다. 자신이 관찰하고 배워서 얻은 천문학을 바탕으로 그는 자연 현상을 예측하기도 하였는데, 그 일화를 소개하면 이렇다.

지금도 그렇지만 당시에 지중해 연안의 나라들은 올리브기름이 최대의 산출 품목이었다. 왜냐하면 사람들은 대부분의 음식에 올리브기름을 넣어 조리했기 때문이다. 자연 현상을 정확하게 관찰한 탈레스는 가을에 올리브가 대풍이 될 것을 내다보고, 주변을 돌면서 사용하지 않는 올리브 짜는 기름틀을 헐값에 사들였다. 가을이 되자 올리브 농사는 대풍이었다. 그래서 농부들은 갑작스레 많은 올리브를 짜기 위한 다수의 기름틀이 필요하게 되자 탈레스는 비싼 가격에 팔아넘겨 많은 돈을 벌었다. 한마디로 매점매석으로 떼돈을 번 최초의 인물은 바로 철학자였던 것이다.

이 일화가 전해주는 요점은 무엇일까? 그것은 근원의 실재를 탐구하여 지혜를 획득하려는 철학자는 마음만 먹으면 무엇이든지 할 수 있음을 보여주고 있다. 즉 철학자가 돈을 벌 요량이라면 탁월한 지혜를 동원하여 단번에 떼돈을 벌수도 있다는 얘기다. 그러나 철학자는

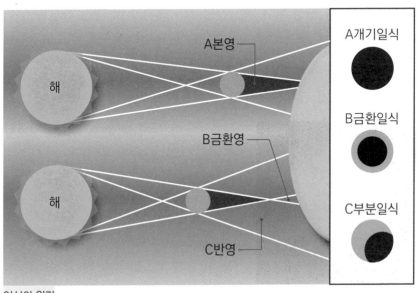

일식의 원리

가난하게 살아간다. 그것은 철학자가 무능력해서 그런 것도 아니다. 많은 노력을 투자하여 얻은 탁월한 지혜는 돈벌이를 위한 것이 아니기 때문이다.

오늘의 우리나라는 인문주의 가치관을 상당히 천대하고 있다. 최근에는 자본주의와 경제 제일 우선주의에 힘입어 팽배해 있는 물신주의, 지역 이기주의가 판을 치고 있다. 대부분의 사람들은 돈만 있으면 무엇이든지 다 할 수 있다는 천민자본주의에 물들어 오늘을 살아가고 있는 형편이다. 탈레스의 일화는 인간 삶의 가치가 무엇이고, 동물적 이기주의를 넘어선 인격이 무엇이고, 어떻게 살아야 올바른 것인지를 모르는 이들에게 경종을 울리는 대목이기도 하다.

궁극으로 실재하는 것은 '하나'라는 주장

탈레스는 자연의 참된 실재, 즉 아르케를 "물(hydor)"이라고 했다. 그는 물이 변해서 현상의 다양한 사물들이 생겨나고, 다시 사물들이 현상에서 사라지면 결국 근원의 물로 돌아간다고 보았던 것이다. 즉 물은 궁극의 실재로서 항상 존속하는 것이며, 모든 만물의 생성 변화의 원인이요 원리가 된다는 것이다.

육각 생명 수

탈레스가 말한 물은 살아있는 신성한 존재로서의 물이다. 같은 물이라도 수십 가지가 있고, 내적으로는 끊임없이 운동한다. 이러한 입장은 그리스어에서 물질을 뜻하는 "휠레hyle"와 생명활동을 뜻하는 "조에zoe"의 합성어로 철학사에서 물활론物活論(Hylozoism)이라 불린다. 물활론은 동식물은 물론이고 바위나 돌과 같은 물질도 생명을 갖고 활동하고 있음을 전제한다.

물활론적인 사고는 모든 물질들에게 정령이나 혼과 같은 것이 내재해 있음을 뜻한다. 이점은 "천지간에 가득 찬 것이 신神이니 풀잎 하나라도 신이 떠나면 마르고 흙 바른 벽이라도 신이 떠나면 무너지고, 손톱 밑에 가시 하나 드는 것도 신이 들어서 되느니라. 신이 없는 곳이 없고, 신이 하지 않는 일이 없느니라."(道典 4:62:4~5)에서 분명히 알 수 있다.

탈레스의 제자이면서 친구인 아낙시만드로스Anaximandros(BCE 611~546)가 있다. 그는 아르케를 "무한정자無限定者(to apeiron)"라고 했다. 이것으로부터 무수한 것들이 한정되어 산출되고, 산출된 것은 점차적으로 성장하면서 진화되어간다는 주장이다. 그는 역사상 최초로 진화론을 제기한 인물이라 볼 수 있다. 또한 밀레토스 출신 아낙시메네스 Anaximenes(BCE 585~528)는 아르케를 "공기"라고 했다. 이 공기는 숨, 호흡, 영혼, 생명을 뜻하는 "psyche"와 같은 의미이다.

이들이 말하는 아르케는 모두 물활론적인 입장이다. '세계가 신들로 가득 차 있다.', '자석은 생명이 들어 있다.'는 단편들은 모두 이를 말해주고 있다. 이와 같이 삼라만상의 다양한 사물들의 궁극적 실재가 살아 있는 '하나'이고, 이로부터 무수하게 많은 다양한 사물들이 형성 변화된다고 보는 견해를 가진 이들을 묶어 소박한 일원론자들 (Monists)이라고 일컫는다.

2) 사고의 갈림길에 선 두 철학자
파르메니데스Parmenides와 헤라클레이토스Heracleitos

기원전 6세기경에 페르시아Persia가 지중해 연안의 국가를 강타한 후 철학적 사고의 판도에 변화가 일기 시작했다. 자연에 대한 탐구의 결과를 조망해 보면, 근원의 실재를 구명究明하는데 있어서 끊임없는 생성변화의 동태적動態的인 측면을 강조한 철학적 사유와 근원의 실재에 대한 정태적靜態的인 측면을 강조한 철학적 사유가 등장하여 대립하게 된다. 전자는 지중해 소아시아 지방에 위치한 에페소스 출신의 헤라클레이토스Heracleitos(BCE 544~483)이고, 후자는 이탈리아 남부 엘레아 출신의 파르메니데스Parmenides(BCE 515?~450?)가 대표적이다.

생성生成은 대립물의 투쟁 – 헤라클레이토스_____

헤라클레이토스는 역동적인 생성의 철학자로 불린다. 그러한 사유

에페소스의 아르테미스 신전 터

를 하게 된 결정적인 이유 중의 하나는 그가 살았던 에페소스가 강대한 국가로 등극한 페르시아로부터 위협을 받고 있었다는 것이다. BCE 494년에 페르시아의 침공으로 소아시아가 초토화되고, 이런 위협으로 인해 에페소스는 정치, 경제적으로 늘 불안했고, 또한 사람들의 불안정한 삶과 그들이 향유하는 문화에 극심한 변화가 따랐던 것이다.

그런 까닭에 헤라클레이토스는 그 어떤 것도 항구적으로 존재하지 않고 끊임없는 생성과 소멸하는 과정의 연속선상에 놓여있다고 보았다. 이러한 사고는 "모든 것은 흐른다(panta rhei)"는 주장에 압축되어 있다. 요컨대 우리가 책상 앞에 꼼짝없이 앉아 있다고 치자. 우리는 자전하는 지구위에 살고 있어서 엄청난 속도로 움직이고 있으면서 호흡을 하고 있다. 우리의 몸속에서도 혈액의 운동이 멈추지 않으며, 우리의 뇌가 활동하는 동안 수 천 만개의 세포가 생겨나고 죽으면서 변화가 일어나고 있는 것이다.

우주에 운동하지 않는 것은 아무 것도 없다는 것이 헤라클레이토스의 기본 전제이다. 달도 차면 기울고, 별들도 끊임없이 움직인다. "태산처럼 끄떡없다"는 말이 있지만, 태산도 순간의 정지함이 없이 움직인다. 히말라야 산 중턱에서 어류의 화석이 발견됐다는 것을 보면, 지금은 태산과 같은 산이지만 과거에는 바다였다는 것을 추론해볼 수 있기 때문이다. 지구는 자전하면서 태양을

헤라클레이토스

중심으로 초당 29.8km의 속도로 공전하고 있고, 태양도 태양계의 혹성들을 이끌고 초당 250km의 속도로 은하계 중심을 돈다.

세상에 변화하지 않는 것이란 전혀 없다. 모두가 양적으로 보나 질적으로 보나 정지함이 없이 변화하고 있다. 이런 사고는 "같은 강물에 두 번 다시 발을 담글 수 없다"고 한 그의 조각 글에서도 확인된다. 다시 말해 우리에게 한결같이 흐르고 있는 것으로 보이는 강물도 변화를 거듭하고 있고, 강물에 담근 나의 발 또한 일순간에도 변화가 일어나고 있기 때문에 우리는 똑같은 강물에 두 번 다시 담글 수가 없는 것이다.

헤라클레이토스는 이러한 운동변화가 곧 대립물의 투쟁이라 보았다. 무엇이 존재하려면 존재 근거로서 반대되는 것, 즉 모순되는 것을 가져야 한다. 통상적인 말로 표현하면, 같은 하나에 삶과 죽음, 깨어있음과 잠을 잠, 어둠과 밝음 등이 대립해 있으면서 공존한다는 것이다. 이러한 사고방식은 동양철학에서 운동변화의 원리로 말하는 밀고

행성의 운동

당기는 음양陰陽의 힘에 비유될 수 있을 것이다. 따라서 그는 자연의 모습을 서로 모순된 것의 싸움으로 본 것이다. 이것을 그는 자연의 법칙성(Logos)이라고 했다.

자연은 상극相克의 법칙성이 주류를 이루고 있다. 활[弓]의 경우를 보자. 활의 존재는 시위를 당기는 힘과 밀어내려는 두 힘의 대립에 의해서 그 진가를 발휘한다. 즉 활은 인력과 척력이라는 두 대립 항에 의해서 그 존재성과 변화성을 갖는 것이다. 자연세계의 구조도 이와 같다는 것이다. 이러한 운동변화는 바로 대립물의 투쟁인 것이다. 서로 경쟁에서 이겨서 존재하려는 세상, 즉 "선천은 상극相克의 운運"(「道典」2:17:1)이 지배하는 세상이라 할 수 있다.

그러면서도 헤라클레이토스는 근원적인 실재로서 아르케를 "불"이라고 설정한다. 불은 역동적으로 살아 있는 신성한 존재이다. 이것이 변화하여 무수하게 많은 다양한 종류의 사물들이 나온다는 것이다. 즉 불의 끊임없는 변화과정으로 말미암아 모든 것들이 대립물의 법칙성에 따라 잠시 그렇게 드러나 있는 것이다. 이 법칙성의 본성이 곧 신성한 불인 셈이다. 다시 말해서 자연의 현상을 지배하고 규제하는 질서로서의 법칙이 헤라클레이토스에게는 불과 같은 어떤 형태를 띠고 있는 것으로 간주되었던 것이다.

헤라클레이토스의 역동적인 사고는 후에 니체F.W. Nietzsche(1646~1716)가 초인超人, 권력의 의지를 전개하고, 헤겔G.W.F. Hegel(1770~1831)이 독일 관념 변증법적 운동을 완결하는 데에 결정적인 영향을 끼친다.

실재는 불변부동의 완전한 '하나' – 파르메니데스_____

반면에 파르메니데스는 정적인 존재의 철학자로 불린다. 헤라클레이토스와는 정반대의 사유를 펼친 것이다. 이러한 사유를 하게 된 이유 중 하나는 그가 살았던 남부 이탈리아의 엘레아 지방이 그리스 식민도시였지만, 사람들이 대체로 정치 경제적으로 안정된 삶을 누렸기 때문이었을 것이다.

파르메니데스는 자연의 변화 현상을 무지無知하게 다루지 않고 보다 깊은 차원의 철학적 사유를 시도했다. 심오한 사유로 말미암아 상식을 파괴하는 철학적 사유의 반란이 시작된 것이다.

파르메니데스는 우선 실재에 대한 특성을 정의하는데, 참되게 실재하려면 영원히 그대로 존속하는 것이어야 한다는 입장이다. 그의 주장에 의하면 참된 "존재(to on)"는 변하지도 않고 움직이지도 않으며, 또한 쪼개질 수도 없는 유일한 '하나'이다. 플라톤의 이데아론은 물론이고, 말도 많고 이론도 가지가지로 펼쳐지게 됐던 서구 존재론의 논리는 바로 여기에서 태동되기 시작한 셈이다. 이러한 주장을 펼치게 했던 논리는 과연 무엇이었을까?

존재는 생성하거나 소멸되지 않는다. 만일 어떤 것이 생겨났다면 일단 없는 것(to me on)에서 생겨나야 우리가 생겨났다고 말할 수 있다. 그렇지 않으면 존재하고 있는 상태이므로, 생겨났다는 말은 아무런 의미가 없기 때문이다. 그러나 존재는 없는 것에서 생겨날 수 없다. 왜냐하면 없는 것은 생각될 수 없기 때문이다. 설혹 없는 것에서 존재가 생겨났다면, 없는 것도 존재하는 것이거나, 아니면 존재는 시간상으로 아무 때나 공간상으로 전후 관계없이 생겨났다고 해야 하므로 주장의 필연성이 사라지기 때문이다.

존재는 움직이지 않는다. 존재가 움직이려면 움직여 갈 빈 공간이 있어야 한다. 빈 공간은 존재하는 것이든가 없는 것이든가 둘 중의 하나이다. 그런데 없는 것은 사유될 수도 없고 언어로 표현될 수도 없다. 따라서 존재 이외에 빈 공간은 따로 있을 수 없다. 그러므로 엄밀한 의미에서 보자면 빈 공간이 없으니 운동 또한 불가하다.

존재는 쪼개질 수 없는 완전한 '하나'이다. 만일 존재가 쪼개진다면 둘로 나누어질 것이고, 그러려면 나누는 제 3의 것이 있어야 한다. 제 3의 것은 결국 없는 것이어야 하는데, 없는 것이 있다면 그것 또한 존재이다. 그러므로 존재는 참으로 전체이고, 과거로부터 불생불멸하며 영구하게 존속하는 것이고, 완전히 연속적인 하나일 수밖에 없다는 것이 파르메니데스의 논리이다.

문제는 생성소멸을 거듭하는 자연 현상이 명백한 사실이고, 또한 불연속체의 무수히 다양한 것들이 존재하고 있다는 점이다. 그러나 파르메니데스가 제시한 존재는 '많음'이 아니라 전체로서 '하나'이면서 불변부동不變不動한 것이다. 파르메니데스는 이를 어떻게 해명했을까? 결과적으로 그는 자연현상의 다양한 것들이란 한낱 미망의 허구요 허상이며 환상이라고 주장할 수밖에 없었던 것이다.

파르메니데스의 이러한 사상은 후에 플라톤의 존재론(이데아론)에 지대한 영향을 미치게 되었으며, 중세의 신학적 기반이 된 플로티누스Plotinus(204~270)의 '일자'론과, 근대의 데카르트R. Descartes(1596~1650)를 비롯한 합리주의 전통의 초석이 된다.

파르메니데스

3) 귀류법歸謬法의 창시자 제논Zenon

파르메니데스는 생성과 소멸을 반복하는 현상세계의 '많음'은 실재하는 것이 아니고 모두 단순한 허상이며, 실재란 오직 '하나'이고 불변부동하는 것이라고 했다. 과연 그런가? 만일 누군가가 날카로운 창을 들어 파르메니데스를 향해 던졌고, 파르메니데스는 이를 맞고 죽었다고 치자. 이래도 그는 현상계의 다양성과 운동 변화가 모두 허상이라 말할 수 있었을까?

파르메니데스의 실재론은 치명적인 약점을 내포하고 있었다. 그래서 그는 주변의 사상가들로부터 공격을 받기 일쑤였다. 이에 상대방의 공격을 논파하는 방법을 최초로 개발한 철학자가 등장한다. 다름아닌 그의 뛰어난 제자 제논Zenon(BCE 490~430?)이다. 제논의 관심은 주로 스승에게 쏟아지는 비판에 대한 합리적인 답변을 구하는 일이었다.

제논은 스승의 이론이 타당함을 어떻게 논증하여 반대자들을 제압하였을까? 제논의 논법을 귀류법歸謬法(Reductio ad absurdum)이라 한다.

제논

귀류법이란 직역하자면 '불합리에로의 환원'이란 뜻이다. 즉 이러저러한 전제에서 출발한 상대방의 논증이 잘못된 결과를 초래한다는 것을 보여준 뒤에, 그러한 전제가 틀렸다는 점을 지적하여 결국 자신의 전제가 옳음을 입증하는 논법이다.

현상 세계의 존재가 생성 변화의 운동을 하려면, 크기를 갖는 것은 무엇이든지

'무한 분할'이 돼야한다. 그래야만 현상의 무수히 다양한 것들이 나올 수 있기 때문이다. 무한 분할이 가능하다면 어떤 결과가 초래되는지를 보자. 제논은 네 가지 예로 존재는 분할될 수 없고 운동 또한 불가능함을 입증한다. 증명의 예시는 경주로競走路, 아킬레우스와 거북이, 날아가는 화살, 운동의 상대성이다.

경주자는 100m의 거리를 완주할 수 없다?

최근에 100m 경주에서 자메이카 출신 우사인 볼트Usain Bolt는 세계에서 가장 빠른 총알 탄 사나이로 알려져 있다. 100m 거리를 완주하는데 그의 신기록은 9.58초였다. 그런데 제논의 논법에 따르면 그는 100m 거리를 눈앞에 놓고 일생동안 뛰어도 종착점에 도달할 수 없다는 결론이 나온다. 어째서 그런가?

크기를 가진 것들이 무한분할이 된다면, 100m의 거리 또한 무한분할이 되어 무한 수의 점들로 이루어져 있을 것이다. 우사인이 100ᵐ의 경주로를 달려 목적지에 도달하기 위해서는 무한수의 점들을 통과해야할 것이다. 그는 먼저 반(50m 지점)을 통과하고, 다음에 그 반에서 반(75m 지점)을 통과해야 하고, 그 다음에 그 반에 반에서 반(87.5m 지점)을 통과해야 하고, 계속해서 그 반에 반에서 반에 반(93.75m 지점) … 을 통과할 수밖에 없게 된다. 통과해야 할 지점들이 무한수이기 때문에 우사인은 무한한 시간 동안 달려야 한다. 그러므로 우사인은 결코 100m 지점에 도달할 수 없다.

그러나 우사인은 실제로 100m 지점에 도달한다. 이 사실은 환상일까? 우사인이 아무리 빠른 총알 탄 사나이라 하더라도 100m의 중간 지점을 통과하지 않고서는 더 이상의 어느 지점에도 도달할 수 없다.

만일 무한히 많은 지점들이 존재한다면, 논리적으로 볼 때 무한히 많은 시간 안에 무한히 많은 지점들을 통과한다. 이것은 불가하다. 이러한 의미에서 제논은 실제로 다양하게 존재한다고 믿고 있는 현상 세계의 생성 변화란 모두 환상이라고 주장했던 것이다.

제논의 역리(Paradox)가 시사하듯이, 현실과 수학적인 논리 사이에 넘나들 수 없는 괴리가 있다. 이 문제로 인해 철학사에서는 어떤 일이 벌어졌을까? 크기를 가진 것이 논리적으로 무한히 분할될 수 있다는 문제는 근대의 위대한 철학자이자 수학자였던 라이프니쯔G.W. Leibniz(1646~1716)에게 엄청난 충격을 주었다. 그 결과 라이프니쯔는 현상 세계의 다양성을 구제하기 위한 방법으로 형이상학적인 "단자론(monadology)"을 체계화했고, 우리가 학창시절에 배웠던 "미분과 적분"이라는 수학적 이론을 창안하였던 것이다.

아무리 빠른 아킬레우스도 거북이를 따라잡을 수 없다?

아킬레우스Achilleus는 호메로스Homeros가 『일리아스Ilias』에서 전하

우사인 볼트의 달리기

는 트로이 전쟁영웅이다. 그리스의 가장 오래된 서사시 『일리아스』는 호메로스가 트로이의 왕성王城이 위치해 있던 일리온 지역을 따서 지은 이름이다.

아킬레우스는 빠르게 잘 달리기로 유명하다. 반면에 거북이는 가장 느리게 움직인다. 만일 이 둘이 달리기 경주를 하게 된다면, 아킬레우스가 거북이를 결코 추월하여 이길 수 없다는 것을 제논의 역리가 보여준다.

결승점을 200m로 설정하고 이 둘이 경주를 한다고 해 보자. 거북이가 100m 전방에서 출발하고, 아킬레우스는 100m 뒤에서 출발한다고 할 때, 200m의 길이가 무한분할이 가능하다면, 아킬레우스는 제아무리 빠르게 달린다 하더라도, 거북이를 결코 추월할 수 없게 된다. 왜냐하면 아킬레우스가 빠르게 달려 거북이가 출발했던 100m 지점에 도착하면, 그 시간에 거북이는 얼마만큼 앞으로 전진했을 것이고, 다시 거북이가 전진했던 만큼 아킬레우스가 달려가면 거북이는 또 얼마만큼 전진했을 것이고, 이 과정은 무한히 반복된다. 그러므로 아킬레우스는 거북이를 결코 추월할 수 없다.

길이가 무한분할이 가능하다면, 적어도 수학적인 논리로 보면 이 이론이 맞다. 그러나 현실적으로는 아킬레우스가 거북이를 금방 추월한다. 수학의 논리적인 세계와 물리적인 현실 세계간의 괴리를 어떻게 해결

아킬레우스가 달리는 트로이 전쟁 한 장면

할 것인가? 이 문제를 아주 심도 있게 다루어 제논의 역리를 해결하려고 시도한 수학자가 등장한다. 독일에서 출생한 칸토르G.F.L.P Cantor(1845~1918)이다. 그는 무한수를 셈하는 집합론을 창안하여 수학의 새로운 영역을 개척해 놓았다.

날아가는 화살은 정지해 있다?

우리의 뼈아픈 역사 병자호란을 배경으로 제작된 영화 "최종병기 활"에서, 가장 강렬한 인상을 남겼던 장면이 있다. 그것은 주인공 남이가 마지막으로 쏜 화살이 바람을 가르고 눈 깜짝할 사이에 날아가 가장 유능한 적장의 목을 꿰뚫었던 장면이었을 것이다. 그 화살은 움직여 날아가고 있었던 것일까, 정지해 있었던 것일까?

공간의 길이가 무한분할이 가능하다면 날아가는 화살은 정지해 있어야 한다는 것이 제논의 역설이다. 공간의 길이도 크기를 갖는다면 무한히 분할된 점들로 이루어졌을 것이고, 시위를 떠난 화살이 날아가려면 무한히 분할된 점들을 거치면서 과녁에 적중하게 된다. 그런데 화살은 과녁에 도달하기 전에 반을 지나야 하고, 반을 지나려면 그 반에서 반을 지나게 되고, 반에서 반에 … 라는 과정은 무한히 계속된다. 결국 화살은 움직일 수 없고, 나는 화살은 환상이다. 그러므로 모든 경우에서 만물은 무한히 분할되어

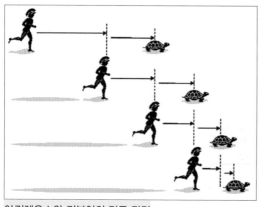

아킬레우스와 거북이의 경주 장면

'많음'으로 존재하는 것이 아니라 연속적인 '일자'가 되어야 한다. 따라서 현실적인 생성변화의 운동이란 일종의 환상이다.

운동의 속도는 상대적이라는 제논의 역리_____

움직이는 물체의 속도는 관점에 따라서 상대적이다. 이는 우리가 기차를 타고 떠나는 여행에서도 확인할 수 있는 사실이다.

어느 기차역에는 정지해 있는 기차 A, 100km로 내려오는 기차 B, 100km로 올라가는 기차 C가 동시에 마주할 때가 있다. 이 경우에서 우리가 만일 정지해 있는 기차에 앉아 있으면 하행선(B)과 상행선(C)의 속도는 100km의 속도로 달리고 있음을 알 수 있다. 그러나 100km로 달리는 기차(상행선, 혹은 하행선)에 앉아 있으면서 정지해 있는 기차(A)를 쳐다보게 되면 100km의 속도로 달리게 되지만, 달려오는 기차를 보게 되면 200km의 속도로 달리고 있음을 알게 된다.

그렇다면 100km의 속도와 200km의 속도에서 보여주고 있는 것은 동일한 속도의 운동이란 동일한 속도의 운동이 아니라 상대적인 운동

활을 쏘아 나는 장면

이라는 것이다. 따라서 운동이란 명확하게 정의될 수 없다. 이점은 후대에 세기적인 물리학자 아인슈타인A. Einstein(1879~1955)에 의해서 명확히 해명된다. 진리는 불변적이고 절대적인 것이지만, 이러한 사실은 인식의 불확실성과 지식의 상대성 때문이라는 것이다.

이상의 논의에서 제논이 네 가지 역설을 통해 증명하려 했던 것은 자신의 스승 파르메니데스의 주장을 변론하고, 스승에 반대하는 자들의 이론이 결국 오류에 봉착한다는 것을 보여주는 일이었다. 즉 '많음'의 존재와 생성변화의 운동을 주장하는 자들은 결국 무한분할의 불합리성에 빠지게 되므로, 오직 불생불멸하는 '일자'요, 존재 그 자체만이 진리라는 것이다.

서로 마주 달리는 기차

원자론과 근대의 물리적 실재론

1) 실재와 생성의 대립을 해결하려고 시도한 다원론多元論

초기 자연철학자들의 탐구결말은 두 방식으로 가닥이 잡힌다. 하나는 정태적인 방식에서 탐구한 파르메니데스의 실재세계다. 그는 실재하는 아르케를 불변부동하는 일자-者이며, 현상의 생성은 모두 환상이라고 주장한다. 반면에 헤라클레이토스는 동태적인 방식에서 역동적인 생성변화의 현상을 탐구한다. 그는 불이 법칙에 따라 변화하여 현상계의 많음이 생성 변화한다고 주장한다. 이제 불변적인 실재와 생성의 문제를 어떻게 끌러내면 좋을까 하는 것이 후속하는 철학자들의 과제로 남는다.

파르메니데스와 헤라클레이토스의 주장 사이에 일어난 갈등을 해소시킬 수 있는 혜안이 제기된다. 혜안의 하나는 파르메니데스의 일자와 같은 실재가 여럿이라고 하면 된다는 것이다. 이 노선에 동참한 철학자들이 후기 자연철학자들인데, 통상 다원론자들(Pluralists)이라 부른다.

　다원론자들은 참된 실재가 각각 독립적으로 여럿이 존재하는데, 이 것들이 움직여 결합함으로써 생성 변화의 다양한 현상 세계가 나타 난다는 견해다. 엠페도클레스Empedokles(BCE 459-435?)와 아낙사고라스 Anaxagoras(BCE 500?-428?)가 여기에 속한다.

실재의 뿌리는 4원소(물, 불, 흙, 공기) – 엠페도클레스

　엠페도클레스는 시칠리아 섬의 그리스 식민도시 아크라가스(지금은 Agrigento)에서 태어났다. 그는 매우 신비적이고 모호한 사람이었으나 높은 지위에 오른 정치가로서, 의사로서, 종교가이자 예언가로 살았 으며, 주변 사람들로부터 매우 경배를 받았다고 전해진다.

　생성의 현상세계를 설명함에 있어서 엠페도클레스는 아르케가 되 는 실재를 4가지라고 주장한다. 4가지를 그는 우주자연을 구성하는

아그리젠토에 있는 신전의 둥근 제단　기원전 5세기 경의 건출물로 대지(흙)의 신에게 바 쳐졌다. 태양(불)이 내리쬐는 바닷가(물)에 세워진 돌기둥은 공중(공기)을 향해 솟구쳐 있다.

근원의 뿌리라는 의미에서 리조마타 Rhizomata라 했는데, 차갑고 어두운 물[水], 밝고 뜨거운 불[火], 무겁고 단단한 흙[土], 가볍고 투명한 공기[風]가 그것이다. 어떻게 해서 그는 이 4가지 원소를 참된 실재라고 주장하게 됐을까?

엠페도클레스

아마도 엠페도클레스는 전대의 자연 철학자들이 주장한 이론을 그대로 수용했던 것으로 보인다. 탈레스는 물을, 헤라클레이토스는 불을, 크세노파네스는 흙을, 아낙시메네스는 공기를 말했기 때문이다. 그가 보기에 물을 계속 쪼개 들어가면 결국 '더 이상 쪼갤 수 없는, 어떤 크기를 가진 지점'에 이를 것이고, 이것이 곧 파르메니데스가 제시한 근원의 실재로서 뿌리라고 했음직하다. 불, 공기, 흙도 마찬가지다.

이제 4원소들(물, 불, 흙, 공기)을 가지고 현상계의 다양하고 무수한 생성 변화의 문제를 풀어내기만 하면 되는데, 문제는 4원소가 살아 있어 자체로 움직이는 존재가 아니라는 점이다. 바로 이점에서 엠페도클레스는 4원소들을 움직이게 하는 힘의 원리, 즉 사랑[引力]과 미움[斥力]이라는 제5의 원소를 끌어들인다. 소위 작용인이 그것들이다.

사랑의 힘은 같은 실재를 서로 끌어당기는 힘이고, 미움의 힘은 같은 실재를 서로 밀쳐내는 힘이다. 우리 속담에 끼리끼리 모인다는 의미가 여기에도 적용이 될성싶다. 상반적인 이 두 힘은 변갈아가며 승리를 쟁취하는 끊임없는 싸움을 지속하고 있기 때문에 엠페도클레스는 이제 물리적인 현상세계의 다양한 생성의 문제를 해결할 수 있게 됐다. 즉 이들 4원소들이 사랑과 미움의 힘에 의해 여러 방식으로 움직임으로써 현상계의 다양한 사물들이 이합집산離合集散 된다는 얘기다.

그는 최초의 생성이 어떻게 이루어지는가의 물음에 직면해서 근원의 4원소를 끌어들이는데, 그 과정을 4단계로 설명한다. 1기는 사랑이 주류를 이루어 같은 원소들끼리 결합하는 시기이고, 2기는 미움이 들어와 서로 다른 원소들이 섞이는 시기이고, 3기는 사랑과 미움을 팽팽하게 맞섬으로 원소들이 같은 비율로 결합하는 시기이고, 4기는 사랑이 힘이 들어와 같은 원소들끼리 결합하는 시기이다. 그럼으로써 우주자연의 창조변화는 끊임없이 일어나며, 반복적으로 순환하게 된다는 것이다.

이러한 생성의 순환논리는 동양의 "오행론五行論"과 유사한 면이 있다. 1기는 수水 기운이 왕성하여 수장해 있는 시기(사랑의 힘에 의해 같은 것끼리 결합해 있음), 2기는 목木 기운이 왕성하여 만물이 탄생하는 시기(미움의 힘이 들어와 원소들이 섞여 생성이 일어남), 3기는 화火 기운이 왕성하여 만물이 최대로 분열한 시기(사랑과 미움이 팽팽하여 원소들이 가장 적절하게 결합해 있음), 4기는 금金 기운이 왕성하여 만물이 수렴 통일하는 시기(사랑이 들어와 같은 원소들끼리 결합

브루스 윌리스가 주연한 영화 〈제5원소〉의 마지막 장면 4원소를 움직이게 하는 힘의 원천은 사랑과 미움에 있음을 보여준다.

함)로 볼 수 있다.

창조변화의 순환 사고는 생명체의 경우에도 꼭 같이 적용된다. 엠페도클레스는 조각글에서 '인간의 조상이 물고기였다'고 주장하는데, 이를 분석해 보면 그는 자연도태설과 진화론적 사고를 한 것으로 보인다. 즉 자연의 생명현상은 생명체의

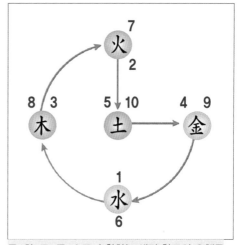

목, 화, 토, 금, 수로 순환하는 생명 창조의 오행론

각 부분들이 떨어져서 있다가 두 힘의 작용에 의해 임의대로 결합되어 나타나는 것들이고, 지금까지 현존하는 생명체들은 일종의 자연도태를 거쳐 남아 있는 상태라는 것이다.

엠페도클레스의 주장에서 우리는 물활론적인 입장을 벗어나 최초로 기계론적(Mechanism)인 자연관이 태동되고 있음을 읽어낼 수 있다. 사랑과 미움이라는 '힘'의 작용이 이를 말해주고 있다. 그러면서도 그는 영혼의 윤회를 믿었다. 그의 단편들 속에는 자연관, 윤리관, 종교와 예언 등이 결합되어 있는데, 그는 인간의 신체란 단순히 영혼에 의해 일시적으로 입은 옷에 불과하다고 가르쳤던 것이다.

생성변화는 무수한 씨앗(種子)의 혼합과 분리 - 아낙사고라스_____

아낙사고라스는 기원전 500년 경, 그리스의 식민지였던 이오니아 지방의 명문가에서 태어났다. 그는 귀족출신으로 돈과 명예를 누릴 수 있었음에도 이를 마다하고 진리탐구에 매진한 사람이다.

그리스에 황금기를 가져왔던 정치가 페리클레스Perikles(BCE 495?~429)의 요청으로 그는 462년에 아테네로 이주하여 학문연구와 시민의 교화에 몰두했다. 무엇보다 중요한 것은 그가 이오니아 사람으로서 아테네로 이주하여 경험에 근거한 합리주의 전통을 아테네에 옮겨놓았다는 점이다.

그는 천체에도 관심을 갖고 연구하여 해박한 지식을 갖고 있었다. 아테네 시민이 숭배하는 태양신을 믿지 않고, "태양은 신이 아니라 불타는 돌덩어리이고, 달은 흙에 불과하다."고 역설하여 급기야 불경죄로 기소됐다. 자신에게 닥칠 화를 피하기 위해 그는 아테네를 떠나 람프사코스로 가서 학원을 세우고 제자들에게 가르침을 베풀다 그곳에서 죽었다.

고대 그리스에서 신을 믿지 않는 불경죄는 상당히 컸던 모양이다. 아테네시대에 불경죄에 걸려들어 죽은 철학자만 해도 둘이나 된다. 소피스트의 거장이었던 프로타고라스Protagoras(BCE 485?~410?)는 신을

아낙사고라스와 토론하는 페리클레스

믿지 않는 불경죄로 피소되자 도망가다가 물에 빠져 죽었고, 인류의 위대한 철학자 소크라테스Socrates(BCE 470?~399)도 아테네가 정한 신을 믿지 않고 새로운 신을 끌어들였다는 죄로 피소되어 사형선고를 받아 독배를 마시고 70의 나이로 최후를 마쳤다.

어째든 자연에 대해 탐구에 열중한 아낙사고라스는 엠페도클레스의 4원소만으로는 현상의 다양한 생성을 충분히 설명할 수 없다는 결론을 내렸다. 왜 그랬을까? 그의 탐구 시야는 우리가 섭취하는 영양소로 향했다. 어떻게 해서 머리카락이 아닌 살에서 머리카락이 생겨나고, 야채를 먹는데 살덩이가 생기는 것일까? 이를 해결할 수 있는 답변으로 아낙사고라스는 무수하게 많은 종류의 원소들이 실재함을 내세운다. 이것들을 그는 각기 다른 '씨앗(종자)'이라는 의미에서 스페르마타Spermata라 불렀다.

그가 제시한 현존하는 무한수의 씨앗은 자체로 실재하는 것이다. 이러한 사유는 파르메니데스가 제시한 실재에 대한 정의, 즉 '실재하는 것은 없는 것[無]으로 돌아갈 수 없고, 없는 것[無]에서 실재하는 것이 생겨날 수 없다'는 주장을 답습한 것으로 보인다. 그래서 아낙사고라스는 현상계에서 일어나는 다양한 종류의 생성소멸을 말할 때, 생성은 씨앗 자체가 생겨나는 것이 아니라 씨앗들의 혼합混合이요, 소멸은 씨앗 자체가 없어지는 것이 아니라 혼합된 씨앗들의 분리分離에 지나지 않는다고 말한다.

생성이 씨앗들의 혼합이라면, 자연의 생명체는 먹어야 성장을 유지하게 된다. 식물은 물과 햇빛을 먹어야 살고, 인간은 쌀과 야채 과일 등을 먹고 살아간다. 그런데 우리가 쌀과 야채 과일 등을 먹으면 살, 뼈, 피, 머리카락 등이 생겨난다. 왜 그럴까? 여기에서 아낙사고라스는 '모든 것 속에 모든 것들이 들어있다.'고 주장할 수밖에 없었다. 요컨대 우리가 먹는 과일이나 야채에도 살의 씨앗, 뼈의 씨앗, 피의 씨앗, 머리카락의 씨앗 등이 모두 들어 있고, 이것들을 먹어야 살 수 있다는 얘기다. 다만 과일이라 부르는 까닭은 과일의 씨앗이, 야채라 부르는 것은 야채의 씨앗이 가장 우세하게 들어있어서 이고, 우리의 하얀 피부에는 하양의 씨앗이, 검은 피부에는 검음의 씨앗이 우세하게 들어 있어서 그렇게 보이는 것뿐이다.

무수한 씨앗들의 혼합과 분리는 어떻게 이루어지는가? 기계적으로 이루어지는가, 우연적으로 이루어지는가, 아니면 어떤 의지에 의해 이루어지는가? 이 문제를 해결함에 있어서 아낙사고라스는 철학사에 길이 빛날 탁월한 개념을 처음으로 제시한다. 바로 정신(Nous)이란 개념이 그것이다. 이 정신은 우주자연을 총체적으로 주재하여 조화와 질서를 가져오는 절대자의 정신쯤으로 볼 수 있다.

아낙사고라스는 자연세계의 생성이 정말 질서 있고 조화롭게 이루어지고 있음을 직관한 것으로 보인다. 질서와 조화가 유지되기 위해서는 바로 정신이 있어야 한다는 것이다. 이 정신은 무수하게 많은 씨앗을 질서 있고 조화롭게 결합하고 분리하는 힘의 원천이요, 운동의 원인인 되는 셈이다. 요컨대 우리가 학교를 향해 걸어가는 것은 발과 다리를 구성하고 있는 물리적인 원소들이 스스로 움직여서가 아니라 수업을 들어야겠다는 목적으로서의 원인이 작용하기 때문이다. 그래서 정신은 생성에 있어서 운동의 근원이면서 동시에 질서와 조화의 원리가 된다.

2) 고전적인 원자론原子論(유물론의 원조)

우주자연의 실재에 대해 가장 철저하게 논리적으로 사유한 또 다른 방식의 다원론이 등장한다. 그리스 북부 압델라 출신의 레우키포스 Leukippos(BCE 440?)가 창시했고, 그의 제자 데모크리토스Democritos(BCE 460?~370?)가 완성하게 된 이론이다. 이들을 서양 철학사에서는 고전적인 원자론(Atomism)이라 부른다.

원자론은 물질적인 것과 비물질적인 것, 즉 우주자연에는 물질적인 원자原子와 비물질적인 공허空虛만을 참되게 실재하는 것으로 주장한다. 우주자연의 다양한 사물들은 무수하게 많은 원자들이 필연(ananhke)으로 인해 기계적으로 운동하여 이루어진다는 얘기다. 이러한 사상은 근대 여러 학문분야에 등장하는 환원주의(Reductionism)와 기계론(Mechanism)적 세계관의 효시가 되었고, 철학분야에서는 마르크스K. Marks(1818~1883)의 극단적인 유물론(Materialism)을 태동시켰다.

레우키포스

물질을 무한히 쪼개면 결국 무엇이 남을까?-레우키포스와 데모크리토스_____

앞서 아낙사고라스는 생성의 문제를 해결함에 있어서 생명을 가진 것을 경험적으로 분석해서 각기 다른 무한수의 씨앗

데모크리토스 석상

이 실재함을 주장했다. 그러나 레우키포스는 다른 탐구방식을 제시한다. 그것은 크기를 가진 현상의 사물을 무한히 쪼개 보는 것이다.

아무리 견고하게 지은 건축물도 세월이 가면 부서지고, 아무리 단단한 바위덩어리도 충격을 가하면 쪼개지고, 최고의 강철도 잘라진다. 왜 그럴까? 그것은 그 안에 부서지고 쪼개지고 잘려질 수 있는 틈새가 있기 때문이다. 제아무리 미세한 것이든, 단단한 것이든 틈새가 있으면 부서지고 쪼개지고 잘라진다는 얘기다. 역으로 말해볼 때 틈새가 없으면 결코 부서지거나 쪼개지거나 잘라질 수 없다는 얘기다.

레우키포스는 사물을 쪼개고 또 쪼개보았을 것이다. 쪼개는 방식은 두 가지다. 하나는 망치를 가지고 실제로 쪼개는 방식이고, 다른 하나는 사유를 통해 쪼개는 것이다. 실제로 쪼개보니 미세한 먼지처럼 잘게 쪼개졌을 것이다. 이제는 더 이상 쪼갤 수 없으니까 '사유를 통해서 논리적으로' 쪼갤 수밖에 없게 된다. 레우키포스는 사유를 통해 무한대로 쪼개보니 결국 더 이상 쪼갤 수 없는 지점에 이를 수밖에 없었다.

더 이상 쪼갤 수 없는 지점에 남아 있는 것은 무엇인가? 그것을 그는 불가분적이고 불멸하는 물질적인 원자라고 했다. 원자(atoma) 개념은 그리스어로 '없다'는 의미를 가진 'a'와 '나누다'는 뜻의 'toma'가 결합하여 나온 합성어로 어떤 방식으로든 '나눌 수 없다는 것', 즉 불가분적不可分的인 실재란 뜻이다.

원자는 '왜' 더 이상 쪼갤 수 없는 실재가 되는가? 이 물음에 대한 답변은 세 측면에서 그 특성을 말해볼 수 있다.

하나는 원자가 더 이상 쪼갤 틈이 없는 물질의 최소 단위가 된다는 점이다. 이는 파르메니데스가 제시한 실재 개념의 전통을 이어받았다고 볼 수 있을 것이다. 만일 쪼갤 틈이 있으면 더 쪼개낼 수 있을 것이다. 그래서였을까? 2500여년이 지난 현대과학에서는 원자를 더 쪼개기 시작했다. 원자를 더 쪼개서 양성자, 중성자, 전자를 분리해 냈고, 더 나아가 광자, 쿼크 등을 구분해 냈다.

다른 하나는 고대 기하학적인 측면에서 볼 때 크기를 갖는 물질을 무한히 쪼개도 결국엔 크기를 갖은 최소 단위가 실재해야 한다는 점이다. 만일 크기가 없어질 정도로 쪼개버렸다면, '있는 것'이 '없는 것'으로 전환됐음을 의미한다. 이것은 불가하다. '없는 것'을 무한히 모아본다 하더라도 '있는 것'은 나올 수 없듯이, 크기가 없는 것을 무한히 모아도 크기를 가진 것은 결코 형성될 수 없기 때문이다. 고대 기하학의 공리公理에서 크기를 가진 선분線分은 아무리 분할되어도 점點이 될 수 없고, 역으로 크기가 없는 점을 아무리 이어도 크기를 가진 선분이 나올 수 없다는 것과 꼭 같은 이치이다.

마지막은 생성 변화하는 물리적인 세계를 관찰하여 그 결과의 부당성을 들춰내는 것이다. 만일 물질적인 최소 단위가 되는 원자가 없다면, 생성하는 것은 '없는 것[無]'으로부터 생겨나올 것이고, '있는 것'은 또한 '없는 것'으로 파괴된다. 그렇게 되면 자연세계의 전체는, 언젠가는 없는 것에서 생겨난 물질들로 꽉 차 있을 수 있거나, 모두가 없는 것으로 파괴되어 텅 비어있을 수 있다. 이는 현실적으로 불가하다.

원자에 대한 이러한 논증으로부터 "무[無]로부터 어떤 것도 생겨나지 않고, 무로 파괴되지 않는다."는 원자론의 기본 공리가 설정된다. 이를 바탕으로 해서 자연세계 전체를 양화量化하여 정의하는 근대의 물리학적 세계관이 구축되는데, 기본적으로 우주자연 전체의 질량은 증가하거나 감소될 수 없다는 "질량불변의 법칙(Law of conservation of mass)"이 그것이다.

텅 빈 공간 개념의 출현

물질을 이루는 근원적인 실재가 더 이상 쪼개지지 않는 원자여야 한다면, 이제 다시 물음을 던져보자. 물질이 쪼개지도록 하는 틈새의 정체는 무엇인가? 그것을 레우키포스는 비물질적인 "공허(kenon)"라 불렀다. 공허는 물질적인 그 어떤 것도 아닌 텅 빈 공간(empty)을 뜻한다. 그가 공허를 도입하게 된 것은, 파르메니데스가 '없는 것[無]도 있다'고 했을 때, '없는 것'의 개념을 적극적으로 받아들였기 때문이다. 만일 물질성이 완전히 배제된 텅 빈 공허가 없다면 현상계를 점유하고 있는 물체의 위치란 없을 것이고, 위치 이동 또한 불가능할 것이다.

공간개념은 후에 로마 초기의 루크레티우스Lucretius(BCE 341-270)가 자연에 대해 시적으로 작성한 『사물의 본성에 관하여(De rerum natura)』라는 저술에서 대략 4가지의 뜻으로 확대하여 사용됐다. 물체와의 관계에서 공간의 의미를 말하는 것이 두 가지이고, 공간 자체에 대한 정의가 두 가지이다. 전자의 두 가지는 물체가 장소를 점유하거나 아무런 방해를 받지 않고 움직여갈 수 있다는 의미에서 공간, 즉 물체에 의해 점유된 장소(locus; location-추상적 의미의 공간 개념)와 아직 점유되지 않아 물체가 뻗어나갈 수 있는 운동 공간(spatium; space)이다. 후자의 두 가지는 내적으로 물체의 모든 속성이 완전히 배제된 의미에서 텅 빈 허공(inane; empty)과 아무 것도 없는 텅 빈 무한 공간(vacuum; void)이다.

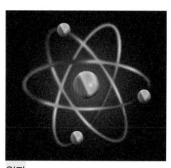

원자

그러므로 원자론은 우주자연에 영구적으로 실재하는 것이란 오직 두 종류, 물질적인 원자들과 비물질적인 텅 빈 공간뿐이라는 얘기다. 원자론에 이르러서야 비로소 초기 탈레스로부터 제기된 자연에 대한 영원한 실재와 이를 근원으로 하여 변화무쌍한 현상계의 생성이 어떻게 이루어질 수 있는가에 대한 합리적인 설명 기반이 마련될 수 있었던 것이다.

우주 끝에 서서 밖으로 창을 던진 사나이 – 아르키타스Archytas_____

"천제께서 말씀하시길, 너희 오가의 백성들아! 저 푸르고 푸른 것이 하늘이 아니며, 저 아득하고 아득한 것도 하늘이 아니니라. 하늘은 모양과 성질이 없고, 처음과 끝도 없으며, 위아래와 동서남북도 없으며, 안으로 텅 비어 있고 밖으로도 무한히 텅 비어 있어서 존재하지 않음이 없고 허용하지 않음이 없느니라."

帝曰 爾五加 衆아 蒼蒼이 非天이며 玄玄이 非天이라. 天은 無形質하며 無端倪하며 無上下四方하고, 虛虛空空하야 無不在하며 無不容이니라. (『桓檀古記』, 「蘇塗經典本訓」〈三一神誥〉)

어릴 적 시골집 마당에 밀집멍석을 깔고 누어 밤하늘의 유성우를 감상하면서 저 별들까지 얼마나 멀고, 또 그 너머에는 무엇이 있을까 하고 의문을 품은 적이 있다. 이러한 의문은 곧 '우주가 무한無限할까 유한有限할까?' 하는 물음으로 집약된다. 결과적으로 볼 때, 우주가 너무 커서 무한하다는 견해도 있을 것이고, 아무리 크더라도 유한하다는 주장도 있을 것이다. 고대 원자론자들은 어떤 주장을 내놓았을까?

고대 원자론은 우주가 무한하다고 강변한다. 그 이유는 어디에 있을까? 원자론에 의하면, 우주에는 크기가 다르고 모양이 다양한 무한수無限數의 원자들과 공간뿐이다. 원자들은 특성상 각기 투과될 수 없는 동질적인 것이고 공간은 그 특성에 있어서 무조건 허용만 하는 항상 투과적인 것이다. 원자들은 그 수에 있어서 한계가 없는 무한수이다. 따라서 무한수의 원자들을 담고 있는 그릇, 즉 무조건 허용만 하는 절대적으로 텅 빈 공간은 역시 무한할 수밖에 없다.

그러나 무한 우주를 부정하고 유한 우주를 내세운 이들이 있다. 아테네 최고의 철학자 플라톤은 유한有限 우주를 제시한다. 그는 『티마이오스』편에서 천구가 유한하다는 전제하에 창조주 데미우르고스 Demiourgos 신神이 우주세계의 생성에 어떻게 관여하였는가를 보여주고 있다. 유한 천구론天球論을 토대로 해서 프톨레마이오스Klaudios Ptolemaeos(85-165)는 지구가 우주의 중심이며, 지구의 경도를 360도로 나누고 그것을 중심으로 천구가 돌고 있다는 "천동설"을 주장하게 된다.

프톨레마이오스의 천동설

플라톤의 유한 우주론에 반기를 든 학자(철학자이자 수학자)가 등장한다. 바로 타렌튬 출신 아르키타스Archytas(BCE 428-347)이다. 그는 처음으로 유한 천구의 한계를 넘어서 무엇이 있을까 하고 의문을 던진다. 만일 누군가가 유한 천구의 끝에서 밖으로 팔을 뻗으면 팔이 어떻게 될까? 그것은 팔이 뻗어나가든가 그렇지 않든가 할 것이다. 이는 우주가 무한하다는 것을 말해준다.

무한 우주에 대한 원자론의 사고는 후에 사모스에서 태어나 아테네에서 활동했던 에피쿠로스Epicouros(BCE 341-271)에게 전수되고, 로마시대에 활동했던 그의 제자 루크레티우스Lucretius(?~?)는 『자연의 사물에 관하여(De rerum natura)』라는 저서에서 우주가 무한함을 귀류법으로 입증한다. 만일 우주가 유한하다고 가정해 보자. 그러면 우주는 어떤 한계점(끝점)을 가질 것이다. 한계점은 다른 어떤 것에 대치되고 있는 경계점이다. 경계점에 대치되고 있는 것은 물질적인 원자 아니면 텅 빈 공간 둘 중의 하나이다. 그런데 이것들 모두 우주에 속한다. 그러므로 우주는 어떠한 한계도 갖지 않는다. 이것은 우리가 우주의 어느 지점에 서 있든 상관없이, 모든 방향으로 꼭 그만큼의 무한이 있을 뿐이다.

루크레티우스는 우주가 무한하다는 것을 현실적으로 창을 던질 때의 예를 들어 한층 선명하게 제시한다. 만일 어떤 사람이 우주의 가장 극단적인 끝점까지 접근해서 전투용 창을 강한 힘으로 내던진다면, 그 창은 멀리 날아가든

아르키타스 동상

아니면 날아가는 것을 방해하고 멈추게 하는 어떤 것이 있든 둘 중의 하나를 필연적으로 인정하고 선택해야 한다. 여기서 창이 앞으로 날아간다면 아무 것도 없는 텅 빈 공간이 있다는 것이고, 멈춘다면 날아가지 못하도록 하는 물질적인 무엇이 있음을 입증한다. 그러므로 우주는 텅 빈 공간에 원자들로 이루어진 물질적인 것으로 무한하게 펼쳐져 있는 것이다.

세상은 어떻게 창조된 것일까?

고대 원자론에 의하면 끝없는 공간에 무한 수의 원자들이 실재한다. 원자들 자체는 모두가 아무런 색깔도 없고, 냄새도 없다. 그 크기는 극미한 것으로부터 커다란 것에 이르기까지 다양하지만 전적으로 동질적인 존재여서 더 이상 쪼개지지 않는다. 그 형태는 둥근 모양, 네모진 모양, 세모진 모양, 가시같이 생긴 모양, 구멍 난 모양 등 별의별 모양으로 이루어져 있다.

이제 원자들로부터 현상 세계의 변화무쌍한 생성이 어떻게 이뤄지는가를 설명해야 하겠는데, 사물들의 창조가 가능하기 위해서는 이 원자들을 움직여 서로 결합해야 한다. 그러기 위해서는 원자들이 움직여야 할 것이다. 이 원자들을 움직이도록 하는 원인(운동인)은 무엇일까? 원자 자체가 살아서 스스로 움직이는가 아니면 원자 이외의 다른 힘(무한한 힘을 가진 신과 같은 존재)이 있어 이것들을 움직이게 하는 것일까?

원자론에 의하면 원자들은 무한 공간 속에서 애초부터 자동적으로 혹은 기계적으로 항상 움직인다. 원자들을 움직이게 할 원인 같은 것은 따로 없기 때문에 어쩔 수 없는 필연적인(anangke) 움직임뿐이라는 얘기다. 그러한 원자의 운동속도는 빛의 속도보다 더 빠르다고 한다.

왜냐하면 텅 빈 공간을 이동하는 빛은 복합체(원자들의 결합체)이므로 내적으로 방해를 받지만, 원자는 자체로 단순한 존재이므로 내적으로나 외적으로 아무런 방해를 받지 않기 때문이다. 이렇게 빛보다 빠른 원자의 속도는 더 빠르거나 더 느리지 않고 항상 일정하다.

우리가 생각할 수 없을 만큼의 엄청난 속도로, 또한 기계적으로 일정하게 움직이는 무한 수의 원자들은 서로 충돌하게 마련이다. 충돌할 때 어떤 것들은 서로 결합하고 어떤 것들은 투사각에 따라 튕겨나간다. 서로 결합한다 하더라도 원자의 속도가 느려지는 것이 아니고 원래의 속도대로 그 자리에서 움직인다. 바이브레이션 같은 운동이다. 그리고 튕겨나간 것들은 또 다른 원자들과 충돌하게 된다. 이러한 상황은 마치 당구대 위의 당구공처럼 뉴튼Isaac Newton(1642~1727)의 작용과 반작용의 원리를 상기시킨다.

충돌할 때 어떤 것들은 "우연적으로(forte)" 서로 결합하여 개별적인 사물들이 창조된다. 원자들의 모양과 크기가 매우 다양하고, 이것들의 배열 방식이 무수하게 많기 때문에, 세상에는 온갖 종류의 사물들이 우연적으로 출현할 수 있게 되는 것이다. 다시 말해서 시작도 끝도 없이 기계적으로 움직이는 원자들은 우연적으로 서로 결합하여 거대

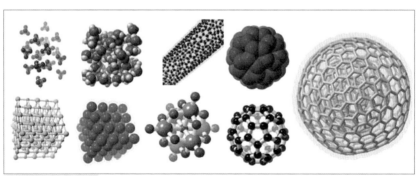

원자들의 다양한 모습

한 우주를 형성하고, 지구를 구성하며, 그 밖의 하늘과 바다, 온갖 종류의 무기물과 수없이 많은 종류의 생명체를 이룬다.

원자론에 의거하면, 세상에 존재하는 것은 무엇이든지 모두 다 일정하게 움직이는 원자들이 우연히 만나 결합하여 생겨난 것들이다. 지구상에는 하루에도 수천가지의 생명체가 탄생하고 없어지는 것도 원자들이 우연히 만나 얼마 동안 결합되었다가 해체되는 현상이라는 얘기다.

인간의 고귀한 생명체도 원자들이 우연히 만나 탄생하게 되는 것일까? 여타의 동식물과 마찬가지로 인간이 자자손손 대를 이어서 지속되어 가는 까닭은 무엇인가? 원자론에 의하면, 현재 존재하는 사물들은 원자들이 생존에 적합하게 결합되어 있어서 아직까지 존속하고 있다는 것이다. 역으로 말하면 과거에는 '머리는 소에 몸은 사람[牛頭人身], '인어人魚'와 같은 기상천외奇想天外하게 생긴 것들이 있었으나 생존에 적합하지 못하여 사멸하고 없다는 얘기다. 이러한 사고방식은 근대에 출현한 다윈C. R. Darwin(1809~1882)의 생물학적 진화론이 태동하는 데에 영향을 미쳤을 것으로 보인다.

인간의 영혼(마음)도 미세한 원자라는 주장 - 유물론의 원조_____

인간이 죽으면 어떻게 되는 것일까? 인간이 죽으면 시신이 땅에 묻혀 썩어 흩어지는 것으로 모든 것이 끝나는 것일까, 아니면 종말론에서 통용되는 휴거처럼, 자신이 살았던 세계와는 다른 사후세계(신의세계)로 넘어가 다시 살아가는 것일까? 만일 인간의 신체가 죽어 없어져도 사후세계로 들어가 다시 살게 된다면 인간에게는 결코 사멸하지 않는 그 무엇이 실재해야 한다. 이것을 통상적으로 인간의 영혼이라고들 말한다.

　그러나 원자론에 의하면 인간의 영혼(마음)은 실재하는 것이 아니다. 영혼은 단순히 물질적인 원자 내지는 원자들의 파생물, 즉 원자들이 공간 속에서 움직이면서 부딪혀 발생하는 일시적인 심적 현상으로 규정되기 때문이다. 그러니 원자와 텅 빈 공간 이외에 신의 세계나 영혼이 따로 거주하는 사후세계란 있을 수 없다. 따라서 원자론에서 본다면 태초부터 지속돼 온, 인간의 도덕적 가치나 어떤 종교적 행위는 모두 한낱 맹목적 허구에 지나지 않는다. 이런 엄청난 주장은 어떻게 해서 나오는 것일까?

　우선 인간이 외부와의 접촉을 통해 발생하는 감각에 대해 검토해 보자. 인간의 감각은 다섯 종류, 즉 눈을 통해 색을 구분하는 시각視覺, 코를 통해 냄새를 맡는 후각嗅覺, 귀를 통해 소리를 듣는 청각聽覺, 혀를 통해 맛을 느끼는 미각味覺, 피부의 접촉을 통해 느끼는 촉각觸覺이다. 그런데 원자들은 각각 크기와 모양이 다를 뿐 자체로 아무런 성질도 없다. 즉 딱딱하거나 부드러운 것도 아니고, 알록달록한 색깔도 없고, 어떤 맛을 내는 것도 아니고, 냄새를 풍기는 것도 아니고, 소리를 내는 것도 아니라는 얘기다.

　그렇다면 오감을 통한 감각적 표상은 어떻게 생겨나는가? 원자론에 의하면 사물의 딱딱함은 원자들이 밀접하게 결합했기 때문이며, 매끈매끈함은 동글동글한 원자들이 결합했기 때문이며, 까칠까칠함은 뾰쪽 뾰쪽한 원자들로 결합되어 있기 때문이다. 마찬가지로 맛이나 색깔, 냄새 등도 그렇다. 이런 느낌이 형성되는 과정은 사물을 보고서 색깔을 느끼는 것을 예로 삼을 수 있다. 사물들이 다양한 색으로 보이는 것은 햇빛 원자가 사물에 충돌하여 "에이돌라eidola"라는 일종의

미세한 원자들이 끊임없이 떨어져 나와서 우리의 감각 기관에 충돌하고, 이것이 신경계를 통해 뇌에 전달되어 표상이 생겨나서 감각지각이 형성된다. 감각지각은 우리의 인식주관으로 하여금 사물이 그렇게 존재하는 것처럼 느끼도록 만든다는 것이다.

감각으로부터 발생하는 모든 성질들은 인간의 인식주관에 의해 만들어진 것이라는 견해는 서양 근대철학의 인식론이 대두하면서 체계적으로 정립된다. 동양의 불가에서도 마음의 상象을 실상과 허상으로 구분하고, 오관을 통해 들어오는 상은 모두 인식주관이 만든 허상으로 취급된다.

그럼 이러저러한 감각지각이 생겨나게 되는 인식주관은 실재하는 것인가 그렇지 않은 것인가? 원자론에 의하면 인식주관은 실재하는 것이 아니라 물질적 요소로 형성된 심적 현상이다. 즉 인간의 영혼은 아주 미세하고 정교한 원자들로 구성되어 있고, 감각지각의 심적 현

빅뱅 이후 원자들이 결합하여 우주와 지구가 생겨난 사진

상이 일어나는 것은 외부의 자극에 의해 이 원자들이 활동함으로써 생기는 부수적인 현상이라는 얘기다. 원자들이 결합하여 사람이 생겨날 적에 영혼도 생겨나고 의식도 생겨나며, 사람이 죽을 때 원자들이 해체되어 영혼도 의식도 없어진다. 즉 사람이 죽으면 심적 현상이나 여타의 정신적인 모든 것들이 감쪽같이 사라진다는 얘기다. 이러한 사고가 바로 오늘날 통용되고 있는 유물론적 입장이다.

따라서 영혼을 구성했던 원자들은 신체와 더불어 흩어져 다른 사물들을 구성하는 것으로 들어가기 때문에 사람은 죽은 다음의 세상에 대하여 생각할 필요가 없다. 설혹 불멸의 신들이 있다 하더라도 죽음의 세상을 간섭하거나 죽은 자들을 벌주는 일도 없다. 그렇기 때문에 원자론자들은 우리가 살아가는 과정에서 당면하게 되는 어떤 두려움이나 곤경을 제거하기 위해서는 자연의 본성과 자연의 변화 법칙을 철저하게 연구하고 통찰하는 것 뿐이라고 한다. 왜냐하면 자연 세계에서 일어나고 있는 신비스런 현상은 신들이 인간을 벌주기 위해서 일으키는 것이 아니라 자연의 불변적인 법칙에 따라서 발생하는 자연 현상에 지나지 않기 때문이다.

3) 원자론에서 출범한 현대의 물리과학

지금으로부터 약 2400여 년 전에 태동한 데모크리토스의 원자론은 후에 에피쿠로스Epikuros와 로마 시대의 루크레티우스Lukretius에게로 이어지고, 17세기경에는 고전 물리학의 체계자라 불리는 뉴톤에게 전해져 자연에 대한 과학적 탐구의 철학적 기초를 제공한다. 특히 물질의 기계론적 자연관은 근대에 새롭게 대두하는 물리학, 생물학, 화학, 심지어는 정신과학 등에 이르기까지 학문 전반에 걸쳐 막대한 영향력을 행사한 것으로 보인다.

환원주의還元主義에 바탕을 둔 기계론적 패러다임

근대의 과학자들은 고전적인 원자를 복합체로 보고 이를 더 쪼개기 시작한다. 그 결과 그들은 전자, 중성자, 핵의 개념을 도입하게 된다. 즉 그들은 원자보다 더 작은 소립자 혹은 "쿼크quark"들이 자연의 물리적인 실재로 보고, 이것들이 기계적으로 이합집산離合集散하여 다양한 사물의 생성변화가 일어난다고 보았다.

입자들의 운동은 외부에서 주어진다. 외부의 충격은 변화의 원인으로 작용한다는 얘기다. 자연의 생성변화는 '원인에 의한 입자들의 운동 결과(casuality)'로 나타나는 현상이다. 따라서 근대의 과학자들은 자연 세계의 생성변화가 과학적 방법, 즉 인과법칙에 의해 정확히 이해되고 조직될 수 있다고 믿었다. 심지어 사람의 의식 활동, 사회 제도, 또는 문화적인 행태들조차도 소립자들로 이뤄진 물질의 기계적인 운동의 결과로 이해하기에 이른다. 이를 토대로 하여 미래가 결정론적으로 예측될 수 있으리라는 기대를 품었던 것이다.

그럼 인과법칙에 따라 전개되는 입자들의 운동 방식은 어떻게 측정 가능한가? 이에 대해서 근대 물리학자들은 입자들의 '위치'와 '속도'라는 용어를 도입한다. 입자의 '위치'와 '속도' 개념은 자연 세계가 자동 장치의 기계와 같은 자율성이 없는 운동방식을 전제한다. 여기에서 근대의 기계론적 세계관이 자리를 잡게 된 것이다.

기계론의 패러다임에 의하면, A점에서 B점에로 이동하는 입자의 운동은 '가역적'이다. 철학의 용어에서 통용되고 있는 환원주의還元主

義가 여기에 적용되는 것이다. 다시 말해서 전체는 부분으로 나뉘고, 부분들의 총합은 전체로 환원된다는 것은 입자의 운동이 가역적이기 때문이다. 이렇게 움직이는 입자들 전체의 총합은 증감이 없다. "질량 불변의 법칙"이니 "에너지 보존 법칙" 등은 이를 근거로 해서 나온 것이다.

이런 맥락에서 고전적인 환원주의적 전통을 이어받은 기계론적 세계관은, 모든 물질적인 것들이 '가역적'이고 이들의 운동 또한 기계적인 움직임을 전제한다는 의미에서, 자연에 대한 결정론적인 설명 방식뿐만 아니라 현대의 기계론적인 기술문명 시대를 열었던 것이다.

환원주의와 기계론이 결합하여 출범한 기술문명은 인류가 물질적인 편의를 위해 과학기술을 자연 세계의 것들에 적용하여 자연물을 새롭게 임의대로 개조한 결과를 낳는다. 기술문명의 진보는 과학기술에 의해 '덜 질서 있는' 자연 세계를 '더 질서 있는' 물리적인 환경으로 만들어가는 과정이라 볼 수 있을 것이다. 이러한 기술문명 결과 현대인들은 자연의 원래상태에서 존재했던 가치보다 더 부가된 가치, 더 우수한 구조, 그래서 더 높은 질서를 만드는 과정이라고 평가하고 있다.

환원주의적 기계론에 반기를 든 현대 물리학_____

그러나 금세기에 접어들어 환원주의적 바탕 위에 성립된 입자들의 '위치'와 '속도'라는 기계학적 용어가 검증의 대상으로 부각되면서 17세기 뉴튼 물리학이 전적으로 타당한가의 의문이 제기되기 시작했다.

그래서 현대 물리학자들은 이러한 '미시적 세계의 단순성'으로 파고들어 물질의 참된 실재로서의 입자들을 찾아 이를 분리하여 측정하려는 시도에 들어갔다. 이런 시도의 근본적인 의도는 궁극적인 실재가 되는 소립자 세계의 기본 단위들의 존재와 그 운동을 명백히 규정하고 인식하기만 한다면, 이들로부터 거시세계의 사물들이 어떻게 이뤄지고 변화되는지를 명확히 설명할 수 있으리라는 기대 때문이었다. 그러나 이 기대는 결국 무너지고 말았다. 왜냐하면 각기 외로운 궤적에 따라 기계적으로 움직인다는 입자는 "파속(wave packet)"의 순수 운동을 관념화한 것이었고, 또한 미시적인 단순 실재의 입자들로부터 거시세계의 다양한 사물들이 충분하게 설명될 수 있다는 예측은 빗나갔기 때문이다.

소립자 세계의 입자들의 규정과 그 운동의 측정에 관련하여, 금세기의 물리학자 하이젠베르크W. Heisenberg(1901~1976)는 "원자 입자의 본성에서 볼 때 관측이라는 바로 그 행위가 관찰 대상을 고정시키고 보존하는 것이 아니라 간섭하고 변동을 가하는 것이라서 원자를 이루는 입자들을 객관적으로 관측하는 것은 불가능하다."는 결론을 내렸다. 이는 주어진 순간에 물체의 '속도'와 '위치'를 동시에 측정할 수

도 인식할 수도 없음을 의미한다. 그래서 근대 논리실증주의 철학자 러셀 B. Russel(1872~1970)은 "만일 우리가 우리 자신이 어디에 있는지를 안다면 우리 자신이 얼마나 빠르게 움직이는지를 알 수 없으며, 우리가 얼마나 빠르게 움직이는지를 알려면 우리 자신의 위치를 말할 수 없게 된다."고 주장한다. 이와 같은 이론적 내용이 바로 하

뉴톤

이젠베르크의 "불확정성 원리(Uncertainty Principle)"의 핵심이 된다.

"불확정성 원리"에 따르면, 미시세계의 입자들에 대한 관측에 직면할 때마다 정밀한 측정이 불가능하기 때문에, 근원의 실재인 입자들의 위치와 운동으로부터 거시세계의 사물들이 과학적 방법에 의해 조직되고 이해되며 또한 예측되리라는 것을 기대할 수 없게 됨을 보여준다.

게다가 전통적인 환원주의 사고방식이 검증될 수 없다는 주장이 제기됐다. 즉 미시적인 입자들의 존재 위치와 속도가 정확히 인식되고 정립된다 하더라도 이들로부터 구성된 거시세계의 생성 변화하는 사물을 충분히 설명할 수 없다는 것이다. 왜냐하면 거시세계의 개별적인 사물은 복잡하게 구성되고 조직되어 있으나 하나의 단일체로 되어 있기 때문이다.

거시세계의 개별적인 사물은 수백만 개의 원자나 아원자 또는 쿼크 quark들로 구성되어 있지만 이들과는 다른 일정한 개체이다. 이들 각각의 개체는 소립자들로 환원시켜 설명될 수 없는 자신의 고유한 성질을 가진다. 특히 자연적으로 발생하는 각각의 생명체의 경우가 그렇다. 생명체들은 단순히 정태적으로 파악된 실재로서 소립자들의 구성 요소들이나 그 조합으로부터 나온 것들이 아니라, 유기적으로 복잡하게 구성된 동태적인 존재임을 여실히 보여준다. 이러한 지적들은 환원주의적 태도를 기반으로 성립하는 고전 물리학적 세계관이 그릇된 것이었음을 말해주고 있다.

자연세계란 생명이 없는 입자들에 의해 짜 맞춰진 것으로만 존재하는 것도 아니고, 단순히 외부적인 힘에 의해 양적으로만 운동하는 물질로 이뤄져 있지도 않으며, 그리고 고정된 힘이 정확하게 예측 가능한 방식으로 다른 고정된 힘에 대하여 작용한다고 보는 결정론적인 것도 아니다. 그렇기 때문에 고전 물리학의 대표로 보이는 뉴톤 물리학은 살아 있는 생명체의 경우가 보여주는 자기 조직적이고 구성적인 어떤 메카니즘 체계나, 끊임없이 흐르고 있는 에너지 환경에 대하여서는 결국 부적합한 패러다임이다.

그러므로 고전 물리학의 기계론적인 환원주의가 보였던 자연의 안정성은 처음부터 환상이었으며, 인간이 자연계를 조정하여 기술문명을 발전시키는 데에 진리의 틀로써 환원주의적 자연관을 이용할 수 있다는 생각은 명백히 그릇된 것으로 판정난다.

엔트로피 세계관

보른Max Born(1872~1970)이 말했듯이, "깊이 파고들면 들수록 우주는 더욱더 오리무중이고, 모든 것이 제멋대로 춤추는 형상이다." 복잡하게 조직되고 구성된 거시세계의 현상들은 고립된 물질의 실재적인 성분이나 또는 고정된 미시적 구성 요소들의 기계적인 이합집산으로 취급될 수 없다. 우주자연의 삼라만상은 기계적으로 변화하는 것이 아

보른

니라 역동적인 흐름의 일부이며, 각각 서로 영향을 주고받으면서 비환원적으로 변화하는 물질과 에너지 흐름의 결과이다.

그래서 환원론에 바탕을 둔 기계론적 세계관을 탈출하여 거시적 가치체계의 질서 변화를 대상으로 삼는 새로운 비환원적인 자연관이 등장하게 된다. 이

는 19세기 열역학이 발달하면서 독일의 클라우지우스Rudolf Clausius(1822~1888)에 의해 창안된 용어, 화학 열역학 '제2법칙' "엔트로피법칙(The Entropy Law)"이라는 패러다임이다.

'엔트로피 법칙'의 세계관은 물질로 이루어진 거시적 존재의 가치 질서를 문제 삼는다. 자연의 사물들이 질량을 가지는 한 에너지로 환산되고, 우주의 총 질량이 불변적이라면 에너지의 총량 또한 불변적이기 때문에, 엔트로피 법칙의 세계관은 거시세계의 역동적인 생성변화란 단순히 각각의 에너지가 새로운 형태로 끊임없이 변형되고 있는 것에 지나지 않는다는 입장이다.

환원론을 기반으로 하는 17세기 뉴톤의 기계론적 세계관과는 대조적으로 엔트로피 법칙의 세계관은 '비가역성' 또는 '지향성'을 도입한다. 지구라는 고립된 체계에서 볼 때 현재의 거시적인 상태는 동일하거나 보다 높은 엔트로피를, 과거의 상태는 현재보다 보다 낮은 엔트로피를 산출하고, 그 반대의 경우는 불가능하다는 것이다.

'엔트로피 법칙'은 우주자연의 역사를 물질과 에너지의 흐름으로 파악한다. 우주자연에 존재하는 모든 것들의 생성변화 과정은 물질과 에너지의 흐름으로 환원되며, 에너지의 흐름이 항상 농도가 높은 것으로부터 낮은 것으로 흐르기 때문에 '비가역적(irreversible)'이다. 에너지 흐름의 '비가역적' 과정들은 계속적인 엔트로피를 산출할 수밖에 없다. 그렇기 때문에 자연세계의 전체적인 존재질서의 파괴와 에너지의 총체적인 분산은 점점 증가될 것이다.

물이 녹으면 엔트로피가 증가한다.

그러므로 '엔트로피 법칙'은 고도의 기술 문명을 이룩한 현대인이 지금 "열 사망(heat death)"의 운명에 처해 있고, 또한 앞으로의 기술 문명이 더 발전함에 따라 자연의 파괴는 물론 부존자원의 고갈을 촉진시킬 것이며, 결국 인류가 피할 수 없는 에너지 위기 및 심각한 환경오염에 직면하게 됨을 고발한다. 이것이 19세기 초에 유물론적 자연관에 토대를 두고 일어난 엔트로피 세계관이다.

유물론적 세계관

19세기에 접어들어 또한 다른 각도에서 현대 유물론이 출현하게 된다. 칼 마르크스K. Marx(1818~1883)의 변증법적 유물론이 그것이다.

변증법적 유물론에 의하면, 실재하는 세계는 객관적인 사물들만 존재하고, 다른 여타의 정신적인 산물은 물질과 운동에서 파생된 것으로 부수적인 것들에 지나지 않는다. 사람과 사회에서 일어나는 모든 정신적인 문화유산들 또한 자연의 물질적인 세계가 변화함에 따라서 진행되는 일부분이다.

자연파괴

　마르크스의 변증법적 유물론의 기본 원리는 대략 세 관점에서 요약될 수 있다. 첫째, 자연세계의 실재는 물질이요, 현상 세계의 다양한 변화는 이 물질적 실재의 운동으로 표현되는 형식에 지나지 않는다. 다시 말해서 자연세계는 이 물질적 실재의 운동법칙에 따라 변증법적으로 발전한다. 둘째, 자연세계의 물질적인 실재는 사람의 정신으로부터 독립하여 있는 객관적인 현실이다. 정신에 속하는 의식과 인식 주체는 단지 물질의 반영 내지 물질의 부수적인 현상이기 때문에 정신의 발전은 곧 물질의 발전에 기인한다. 셋째, 자연세계의 발전의 법칙은 과학적으로 구명될 수 있기 때문에 객관적 진리가 인정되어야 한다. 자연세계에 대한 과학적 구명은 곧 사회의 역사적인 현실 속에서 그것을 실천(praksis)하는 일이다.

　결과적으로 마르크스는 이러한 변증법적 유물론을 사회구성과 그 변화에 적용시켜 사회의 기본적인 사실이 경제 문제, 즉 생산양식과 그 분배에 기인한다고 보았다. 그는 사회에 두 개의 계급을 설정하였는데, 이것에 따라서 사회의 정신활동이 좌우된다는 것이다. 하나는 생산 수단을 소유한 자본가이며, 다른 하나는 단순한 생산 도구에 불과한 프롤레타리아 계급이다. 이 두 계급은 자연적으로 불가피하게 충돌하며 이익을 위한 투쟁을 벌인다. 이에 따라서 역사가 창출되며 사회의 진화가 변증법적으로 진행된다.

마르크스

　변증법은 "정립(These)", "반정립(Antith-ese)", "종합(Synthese)"의 과정으로 진행되

는 원리이다. 정립이란 기존의 상태나 조건으로 소유주(자본가)가 통제하는 생산체계를 말한다. 이 조건이 과도하게 되면 필연적으로 대립자(반정립), 즉 노동자 계급이 발전하여 혁명역량으로 성장하게 된다. 결국 정립과 반정립의 갈등이 정점에 이르게 되면 새로운 계급 질서가 출현하는데, 이것이 종합이다. 이 종합에 또 다른 반정립이 성립하여 종국에 가서는 이상적 공산사회에 도달한다고 한다. 이것이 마르크스의 사회 발전의 변증법적 역사관이다.

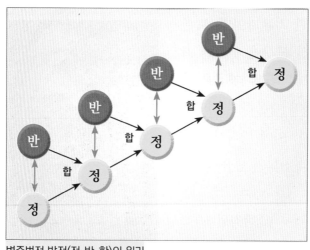

변증법적 발전(정·반·합)의 원리

3

인문개벽의 근본은
형이상학적 실재론

1) 최초로 인문개벽을 주도한 사람들

전쟁의 승리로 도입된 최초의 민주제

강력한 페르시아Persia 제국을 건설한 다레이오스Dareios(BCE 550~486) 1세는 식민지 개척에 나선다. 그리스의 식민지였던 이오니아 지방이 기원전 499년 페르시아의 침공으로 지배를 받게 되자 밀레토스의 참주 아리스타고라스Aristagoras는 페르시아 식민에 대한 반기를 들었다. 한마디로 독립운동이다. 이에 아테네는 밀레토스에 지원군을 파견하여 도왔다. 그러자 다레이오스 왕은 494년 밀레토스를 쓸어버렸다. 또한 자신의 식민지에서 일어난 반란군을 지원했다는 이유로 다레이오스 왕은 아테네를 정복하기 위한 페르시아 전쟁을 감행한다.

다레이오스 1세 조각상

　기원전 490년 페르시아의 대군은 에게Aegean 해를 건너 그리스의 중심도시 아테네로 향했다. 그리스의 마라톤만에 상륙한 페르시아의 대군이 마라톤 평야에 진을 치자, 얼마 되지 않은 그리스 군은 전쟁에 패하여 노예로 사느니 차라리 죽더라도 자유인으로 살겠다는 결심으로 페르시아 대군을 맞아 싸워 기적적으로 이겼다. 그리스 군이 승리하자 어린 병사 필리피데스Philippides는 이 승리의 소식을 아테네 시민에게 빨리 알리기 위해 쉬지 않고 달려가 소식을 전하고 죽었다. 오늘날 세계 올림픽 게임에서 대미를 장식하는 마라톤 경주가 여기에서 기원했다는 설이 있다.

　아테네와의 전쟁에서 패한 다레이오스 왕은 그리스를 다시 완전히 정복할 계획을 세웠으나 실현을 못하고 죽는다. 그러자 아들 크세르크세스Xerxes(BCE 519-465)는 그 과업을 받들어 기원전 480년에 엄청난 대군을 이끌고 2차 그리스 본토를 침공하여 파죽지세로 초토화하기

오늘날 그리스의 마라톤 평원

크세르크세스 1세

시작했다. 남은 지역이라고는 코린토스에 집결한 그리스 연합 지상군과 구국의 일념으로 결성된 살라미스Salamis 해협의 연합군 함대뿐이었다. 이러한 위급상황은 우리의 조상들이 치룬 임진왜란을 연상시킨다. 그런데 풍전등화의 위기에 처한 그리스에서 기적이 일어났다. 마치 임진왜란 때 이순신 장군이 이끄는 12척의 배로 수백 척의 왜군을 격파했듯이, 그리스의 장군 테미스토클레스Themistokles가 이끄는 해군은 페르시아 함대들을 아테네의 앞바다 살라미스 해협으로 유인한 후 급습하여 격파한다. 살라미스 해전을 승리로 이끈 그리스는 이후 해상권을 독점하게 됐고, 델로스Delos 동맹의 맹주로 떠올라 다른 도시국가를 속국처럼 다루게 된다.

살라미스 해전의 함대 고대 사진

화마火魔가 휩쓸고 간 자리에 꽃이 피듯이, 전쟁의 비극이 휩쓸고 간 그리스 반도에는 새로운 문명의 개벽이 시작된다. 특히 살라미스 해전의 승리는 그리스 본토에 여러 방면에 획기적인 변화를 가져왔다. 특히 구국의 일념으로 전쟁에 참전했던 가난한 평민도 시민권을 얻게 되었고, 시민권을 가지고 정치에 참여할 수 있는 길이 열리게 된다. 이를 계기로 아테네는 인류 역사상 기념비적인 최초의 직접민주제가 도입된다. 물론 민주제에 참여할 수 있는 시민은, 오늘날 평등민주주의 체제에서 성인이 되면 누구나 정치에 참여할 수 있는 것과는 달리, 노예와 여자가 아닌 성년의 남자로 제한되었다. 그래서 아테네의 성인 남자의 시민들은 민주적인 방식의 추첨을 통해 관리가 되거나 재판관이 될 수 있는 기회를 잡게 된 것이다.

인문학의 문을 연 소피스테스

민주제의 도입으로 말미암아 아테네에는 각국 상인들이 자유롭게 출입하면서 왕성하게 활동했고, 또한 여러 지방에서 이름을 날리던 식자들이 몰려들어 자유롭게 떠들어 대기 시작했다. 속설에 사람은 한양으로 보내고 말은 제주도로 보내라는 속담이 있듯이, 식자들은 아테네로 가서 돈을 많이 벌든가 높은 관직에 오르든가 하여 출세를 해 보겠다는 풍운의 뜻을 품고 몰려든 것이다. 이들 중 일부는 바로 아테네 시대에 인문개벽의 동기를 부여한 소피스테스sophistes 들이다.

소피스테스의 등장으로 말미암아 아테네에는 이른바 인문학의 붐이 일어나기 시작한다. 그들의 눈에는 탈레스에서 출발하여 원자론자들에 이르기까지 줄기차게 탐구한 자연이 중요한 것이 아니라 아테네의 사회제도와 관습, 종교와 법률 등을 비판적으로 검토하는 것이 주요 탐구대상으로 보였기 때문이다. 다시 말해서 그들의 진리탐구 대상은 자연(physis)이 아닌 노모스nomos(관습, 법률, 도덕, 제도)였던 것이다. 그러니까 소피스테스에 의해 자연중심의 사고가 인간중심의 사고로 전환된 셈이다.

소피스테스는 왜 그리스의 노모스에 그리 관심을 가졌던 것일까? 그들의 어느 누구도 아테네 출신이 아니다. 지방이나 외국에서 아테네로 들어온 이방인들이어서 대부분 시민권이 없었다. 그러하기에 그들은 우선 아테네의 생활문화, 관습, 법률, 종교 등을 비판적으로 파악하고 있을 필요가 있었던 것이다. 그래야만 적절한 기회가 왔을 때 노모스를 적용하여 돈을 벌고, 아테네에서 성공적인 삶을 구가할 수 있는 길이 열리기 때문이었으리라!

노모스 사회에서 민주제는 사람들이 무엇보다 자유롭게 토론하고 주장하며 설득하는 말의 문화를 중시한다. 이것이 민주제가 참주제나 군주제, 귀족제와 다른 점이다. 민주제에서 말재주가 좋은 사람은, 국가의 중요한 사안을 결정하는 민회(오늘날의 국회와 같은 것)에서나, 죄의 유무를 가리는 법정의 변론에서나, 심지어 대중들을 감동시켜 인기를 얻을 때에도 결국 자신이 원하는 대로 뜻을 이룰 수 있기 마련이다.

오늘날의 민주사회에서도 상황은 마찬가지다. 사람들에게 자신의 주장을 전하고 설득하는 기술은 곧 말을 잘하는 것이다. 그러기 위해서는 사람들의 마음을 감동시킬 수 있도록 하는 웅변술, 아름다운 문장과 언어를 체계적으로 구사할 수 있도록 하는 수사학, 토론이 벌어질 때 상대방의 주장을 꺾고 자신의 견해를 관철할 수 있도록 하는 쟁론술, 법정에서 죄의 유무를 따질 때나 진위를 가리는 토론에서 그럴듯하게 피력할 수 있도록 하는 변론술 등을 익혀야 한다. 아테네 시대에 이러한 기술을 가르치는 지식인들이 바로 소피스테스였던 것이다.

민주제가 어리석은 대중에 의해 좌지우지 되는 타락한 정치[衆愚政治]라 해서 환영하지 않았던 철학자가 있다. 다름 아닌 고대의 최고의 철학자라 불리는 플라톤이다. 그 까닭은 아마도 중우정치로 인해 가장 훌륭하고 올바른 스승으로 모신 소크라테스가 사형선고를 받아 부당하게 죽었다고 여겼고, 결국 아테네가 파멸될 것이라고 생각했기 때문이다. 그러나 소피스테스는 민주제가 최선의 정치적 대안이라고 주장했다. 왜냐하면 아테네 시민들 중 성공하고 싶은 사람은 당연히 말을 잘하는 기술, 즉 변론술과 수사학을 배우기 원했기 때문이다. 그래서 소피스테스는 언술을 배우려고 오는 사람들에게 비싼 보수를 받고 민주제에서 필요한 지식과 말하는 기술을 가르쳤던 것이다. 이런 측면에서 보면 민주제가 있었기에 소피스테스의 생계가 유지될 수 있었다고 해도 과언이 아닐지도 모른다.

민주제가 실시된 아테네 시대에는 많은 소피스테스가 활동했다. 이들 중에 가장 특징이 있고 유명한 소피스테스를 꼽으라면, 단연코 "인간은 만물의 척도"라 하여 각자에게 보인 것이 진리라고 주장한 프로타고라스Protagoras(BCE 485?-415?)가 있다. 또한 웅변가이면서 진리란 없다고 주장하여 극단적인 회의론(skepticism)을 펼친 고르기아스Gorgias(BCE 485-385), 학생들에게 지식을 주는 것이 아니라 논쟁의 무기를 제공하여 모든 토론에서 능력을 발휘할 수 있도록 가르친 히피아스Hippias(BCE 460-?), 언어와 문법을 가르친 프로디코스Prodikos(BCE 460-399) 등이 위세를 떨치게 된다.

딜레마dilemma를 창시한 프로타고라스

아테네 시대에 소피스테스는 주로 민주제에서 꼭 필요로 하는 변론술, 수사학 및 웅변술 등, 즉 말을 그럴듯하게 잘하는 기술을 제자들에게 가르쳤다. 이러한 기술은 이름 있는 정치가가 되어 민회에서 대중의 호응을 얻어내거나, 법정 소송에서 그럴듯한 변론을 펼침으로써 승소하는 데에 아주 유용했기 때문이다. 그러다 보니 소피스테스는 날카로운 논변이나 심오한 논리를 새롭게 창안하여 사유의 진보에 기여한 바도 더러 있다. 그 하나가 "딜레마"이다.

논리학을 배운 사람은 잘 알고 있을 터이지만, 우리가 이러지도 저러지도 못하는 상황, 즉 나아가지도 못하고 물러나지도 못하는 상황[進退兩難]에 처해 있을 때 딜레마에 빠졌다고들 말한다. 딜레마란 무엇인가? 이는 그리스어 둘을 뜻하는 'dia'와 뿔을 뜻하는 'lemma'의 합성어로 '뿔이 둘이 되는 논변'이란 뜻이다.

'뿔이 둘이 되는 논변'은 어떻게 구성되는 논리인가? 그것은 논리학의 삼단론(대전제, 소전제, 결론) 추리에서 대전제에 두개의 가언판단과 소전제에 선언지가 둘인 선언판단, 그리고 결론의 정언판단으로 이루어져 있다. 좀 더 소상하게 말하면 다음과 같은 논리이다.

대전제 : 만일 A라면 B이다, 만일 C라면 B이다.
소전제 : 그런데 A이든가 C이든가이다.
결론 : 그러므로 B이다.

이런 형식의 딜레마는 맨 처음 누구에 의해 창안되어 사용되었던 것일까? 그것은 아테네 시대에 명성이 자자했던 프로타고라스에 의해 창안되었고, 그의 제자 에우아틀루스Euathlus 간의 소송 사건에 처음으로 등장한다.

어느 날 에우아틀루스라는 젊은 청년이 프로타고라스한테 찾아와서 제자로 받아줄 것을 간청했다. 그러자 프로타고라스는 제자에게 엄청나게 많은 수업료를 선불로 내라고 말했다. 제자는 그렇게 많은 돈이 없다고 했다. 이에 프로타고라스는 그럼 수업료의 반을 우선 내고, 변론술을 다 배운 뒤에 첫 번째 소송 사건을 맡아 승소하면 그 때 나머지 반을 갚기로 제자와 계약을 맺었다.

프로타고라스는 제자 에우아틀루스에게 변론술은 물론이고 법정에서 승소하는 방법 등을 열정적으로 가르쳤다. 자신이 소장한 학식을 다 가르쳐줬는데도 제자는 소송사건을 맡아 돈을 벌려하지 않았다. 이에 나머지 수업료 반을 제자에게서 받아낼 길이 없자 프로타고라스는 법정에 수업료 지불 청구소송을 냈다. 법정에서 프로타고라스는 무어라고 강변했으며, 에우아틀루스는 어떻게 답변했을까?

딜레마

스승 프로타고라스의 주장 :

"만일 네가 이 재판에서 이기면, 너는 나와 맺은 계약에 따라 나머지 반의 수업료를 갚아야 한다(만일 A라면 B이다). 왜냐하면 너에게 소송에서 승소하는 법까지 모두 다 가르쳐 주었기 때문이다. 그러나 만일 네가 이 재판에서 지게 되면, 법정의 판결에 따라 나머지 반의 수업료를 갚아야 한다(만일 C라면 B이다). 그런데 너는 이 재판에서 이기든가 지든가 둘 중의 하나이다(A이든가 C이든가이다). 그러므로 너는 어떤 경우이든 나머지 반의 수업료를 갚을 수밖에 없다(그러므로 B이다)."

제자 에우아틀루스의 대답 :

"만일 내가 이 재판에서 이기게 되면, 법정 판결에 따라 나머지 반의 수업료를 갚지 않아도 된다. 그러나 만일 내가 이 재판에서 지게 되면, 스승과의 계약에 따라 나머지 반의 수업료를 갚지 않아도 된다. 왜냐하면 첫 번째의 소송에서 승소하는 법을 아직 배우지 못했기 때문이다. 그런데 나는 이 재판에서 이기든가 지든가 둘 중의 하나이다. 그러므로 나는 어떤 경우이든 나머지 반의 수업료를 갚지 않아도 된다.

역시 프로타고라스는 당대 최고의 소피스테스 답게 딜레마라는 고도의 논리를 창안하여 자신의 주장을 정당화하려 했다. 하지만 청출어람靑出於藍이라 했던가. 제자 에우아틀루스는 딜레마를 깨부수는 법까지 터득했던 것이다. 딜레마를 깨어버리거나 피하는 법을 논리학에서는 '역 딜레마' 혹은 '뿔 사이로 피하기'라 부른다.

진리세계로 인도하는 소크라테스_____

민주제의 도입으로 아테네는 논리적인 말의 문화가 고도로 발달하게 됐다. 그 공헌에 이바지한 중심인물들은 단연코 소피스테스이다. 스승과 제자 간에 벌어진 수업료 소송 사건에서 보듯이, 소피스테스는 민회에서 상대방의 주장을 합리적으로 제압할 수 있는 변론이나 법정 소송에서 승리할 수 있는 고도의 논리적 언술을 짜내느라 골몰하다보니 인문학의 획기적이고 급격한 진보가 있었던 것이다.

역사상 잘 따지고 말 잘하기로 소문난 인물을 꼽으라면 단연코 인류의 스승이라 불리는 소크라테스Socrates도 거기에 한 몫 할 것이다. 그는 젊은 시절에 아테네를 수호하기 위한 세 번의 전쟁(포티다이아 전투, 델리온 전투, 암피폴리스 전투)에 참여하느라 고향을 떠났던 것을 제외하고는 죽을 때까지 아테네에서 살았고, 아테네 청년들에게 설득술 및 변론술 등을 가르치기도 했다. 누군가가 그와 만나 대화를 나누기 시작하면 틀림없이 설득당하고 말 정도였으니 그는 최고의 말 재주꾼이라 할 수 있을 것이다.

아테네에서 소크라테스의 활동무대는 아크로폴리스 광장, 사람들이 많이 모이는 시장 등이었다. 눈만 뜨면 아테네 청년들과 시민들을

아크로폴리스 광장

만나 대화하고 토론하는 것이 삶의 전부였던 것이다. 그렇다면 소크라테스도 소피스테스와 같은 부류였다고 말해도 되는 걸까? 그러나 소크라테스와 소피스트의 토론 방식과 말의 전개는 근본적으로 차이가 있다. 결정적인 차이는 무엇일까?

소피스테스는 상대방의 주장을 제압하기 위한 수단으로 변론술, 설득술을 가르치거나, 현실의 삶속에서 앎을 써 먹을 수 있는 실용적인 지식, 삶의 현상에서 체험할 수 있는 개별적인 감각적 지식을 가르쳤다. 반면에 소크라테스는 참되고 영원한 지식, 즉 지혜를 가르쳤다. 즉 그는 토론을 통해 다양한 관점에서 상대방이 제기하는 잘못된 지식을 논파하여 상대가 그릇된 앎이었음을 깨닫게 하고(소크라테스의 대화법), 보편적으로 통용이 되는 지혜를 추구하여 진리에 대한 인식을 양산할 수 있도록 했다(소크라테스의 산파법). 한마디로 말해서 소크라테스와의 토론은 불교의 중관론中觀論에서 말하는 "파사현정破邪顯正"의 가르침이었던 것이다.

소크라테스는 무엇 때문에 참된 지혜(탁월함)가 무엇인지를 파악하는 일에 주력했던 것일까? 윤리적으로 탁월한 것은 선善이고 그렇지 않은 것은 악惡의 범주에 들어간다. 무엇이 선이고 무엇이 악인지를 인식하는 것이 중요하다. 어느 누구도 도덕적으로 탁월하지 못한 것, 즉 잘못된 행위라는 사실을 알고서 행하지는 않는다. 우리가 잘못을 저지르는 까닭은 몰라서 그런 것이다. 그렇다면 탁월함(지혜)은 인식epis-teme이요, 무지는 악이라고 해도 될 것이다. 이로부터 소크라테스는 '많이 알아라(지혜), 그러면 선한 사람이 된다.'는 입장을 밝힌다.

그래서 소크라테스는 선은 참된 앎(지혜)이고, 곧 사람들과 생생한 대화와 토론을 통해 체득하는 보편자에 대한 인식이라고 여겼던 것이다. 요컨대 진리는 현상의 외피로 드러난 훌륭하다는 것, 올바르다는 것(정의), 아름답다는 것, 선하다는 것, 용감하다는 것 등의 개별적인 사례만을 가지고 판단하여 말하는 것이 아니라, 보편적으로 적용이 되는 훌륭함, 정의, 아름다움, 선함, 용기 등의 보편자를 본질적으로 정의하는 것이다. 이것이 진정으로 아는 지혜, 즉 인식이 되는 것이다.

그런데 애석하게도 소크라테스는 자신의 생각이나 보편자에 대한 인식을 담은 단 한 줄의 글도 직접 남기지 않았다. 그는 오직 사람들과의 토론을 통해서 이들로 하여금 진리인식에 이르도록 이끌어갔던 것이다. 대화를 통해 전개되는 소크라테스의 탐구방식과 사상은 애제자 플라톤Platon(BCE 427-347)에게 전수되었고, 후에 대화편에서 체계적으로 정리되어 드러난다.

플라톤은 무려 26편이라는 많은 대화형식의 저술을 남겼다. 방대한

바람에 살랑거리는 대나무 숲

저술의 대화편에는 당대의 여러 인물들이 등장하는데, 대화를 이끌어 가는 주인공은 주로 소크라테스이다. 소크라테스 사상의 진면목을 알 려면 플라톤의 대화편을 탐독하면 된다. 왜냐하면 플라톤의 대화편은 초기, 중기, 후기, 말기의 작품으로 구분해볼 수 있는데, 초기와 중기 대화편은 주로 스승과의 대화를 통해 배운 사상들을 기록하고 있고, 후기 대화편들부터는 서서히 독자적인 사상을 소크라테스의 논변을 통해 밝히고 있기 때문이다.

2) 극단적인 실재론자 플라톤Platon

플라톤은 누구일까

플라톤은 누구인가? 역대 철학자들 중 스토아Stoa 철학의 거장이자 황제였던 마르쿠스 아우렐리우스Marcus Aurelius(121~180)를 제외하고는 플라톤 만큼 출신 배경이 좋은 사람은 거의 없을 것이다. 플라톤은 왕 족 혈통과 연계된 귀족 중의 귀족 출신이었기 때문이다.

플라톤은 젊은 시절에 체육, 문학, 정치에 상당히 많은 관심을 갖 고 있었다. 한 때는 현실 정치에 뛰어들 생각도 품었었다. 특히 기원전 404년에 아테네가 스파르타Sparta와의 오랜 전쟁에서 패하자 민주제 가 폐지되고 잠시 과두정치가 실시된 적이 있었는데, 이 때에 플라톤 은 과두제가 아테네에 정의로운 사회를 구현해줄 것으로 기대하기도 했었다. 그러나 과두정치에서 벌어지는 치세는 그에게 많은 실망을 안 겨준다. 이에 플라톤은 과두제에 환멸을 느끼게 됐고 채 1년도 안되어 과두정치가 무너지고 민주제가 다시 들어섰다. 이때까지만 해도 플라 톤은 정치에 미련을 갖고 있었지만 다시 절망의 나락으로 빠져버렸다.

민주제는 플라톤에게 왜 그토록 실망과 절망을 안겨주었던 것일까? 그것은 생김새가 좀 못생겼어도 가장 지혜롭고 정의로우며, 좀 괴팍하기는 하지만 항상 진리를 찾아서 의식 있는 시민들과 대화에 열중하는, 가장 존경하는 스승 소크라테스가 터무니없는 죄목으로 기소되었고, 급기야 참과 거짓을 분간 못하는 민주제의 중우정치衆愚政治에 의해 사형선고를 받아 죽었기 때문이었을 것이다.

소크라테스만큼 아테네의 안위를 걱정했고, 아테네 시민들이 보다 진취적이고 가치 있는 삶을 살도록 하기 위해 인고忍苦의 세월을 보냈던 철학자가 역사상 또 있으랴! 전쟁이 일어나면 많은 청년들이 전쟁을 피해 해외로 도망했지만 소크라테스는 아테네를 수호하기 위해 자진하여 전투에 참가해 혁혁한 공을 세웠다. 또한 그는, 많은 돈을 받고 가르치는 소피스테스와는 달리, 40세를 전후하여 무상교육에 뛰어들었다. 눈만 뜨면 소피스테스의 말놀음에 놀아나 잘못된 길로 빠져드는 아테네 청년들을 붙잡고 대화를 나누면서 그들을 정의로운 길로 인도하려고 안간힘을 다했던 것이다.

라파엘로 작 〈아테네학당〉 속 플라톤의 모습

가정을 돌보지 않고 그렇게 살았던 그가 향년 70세에 이르러 법정에 기소되었다. 죄목은 아테네 청년들을 타락시킨다는 것과 아테네가 지정한 신을 믿지 않고 새로운 신을 끌어들였다는 두 가지다. 청년들을 타락시켰다는 죄는 소피스테스의 행위를 억울하게 뒤집어 쓴 누명이었고, 새롭게 끌어들인 신은 도덕적 가치 판단을 내려주어 올바르게 행하도록 하는 신성한 신, 즉 소크라테스 의 양심을 울리는 그런 신이다. 결국 501명으로 구성된 법정 재판관 은 1차 심의에서 소크라테스에게 유죄를 선고 했고, 2차 형량 심의에 서 사형을 구형했다. 독배를 마시고 죽을 때까지 진리를 위해 생을 불 태운 정의로운 철학자가 바로 소크라테스였던 것이다.

스승의 죽음을 목도한 플라톤은 정치적인 이유로 아테네를 잠시 떠나게 된다. 그는 아테네 민주제의 중우정치에 대한 엄청난 회의감 을 품은 채 지중해 연안의 여러 국가들을 여행하기도 한다. 이런 가운 데 결국 그는 가장 정의로운 사람이 나라를 다스려야 정의로운 국가 를 건설할 수 있게 된다는 철인정치哲人政治의 꿈을 품게 된 것이다.

국가의 통치 방식은 크게 세 종류를 떠올려볼 수 있을 것이다. 오늘 날 민주주의에서 실시하는 법치주의, 히틀러의 독재나 진시황제가 실

아테네의 민회가 소집되었던 프닉스의 언덕

시한 강압적인 힘에 의한 패도정치, 지극한 덕德을 가진 자가 다스리는 왕도정치王道政治가 그것이다. 그럼 철인정치란 무엇인가? 글자 그대로 보자면 철학자가 정치를 해야 한다는 뜻이다. 철학자는 누구인가? 바로 '최고의 지혜를 추구하는 사람', 즉 앞서 밝혔던 "지혜를 사랑하는 사람"이다. 철인정치는 동양의 정치론에서 말하는 바로 왕도정치에 가깝다.

플라톤의 철인정치는 정의로운 국가의 건립에 있다. 그는 정치적 이상을 실현해볼 요량으로 40세 이후부터 66세에 이르기까지 시칠리아 섬의 도시국가인 시라쿠사Siracusa를 3번이나 방문했다. 첫 번째 방문은 기원전 388년쯤 이었다. 당시 시라쿠사를 다스린 왕은 철권통치를 휘둘렀던 디오니시오스Dionysios 1세였다. 그러나 불행하게도 플라톤은 디오니시우스 1세의 음모에 빠져 노예로 팔려가는 신세가 됐다. 다행히도 옛 동료를 만나 그가 대신 돈을 지불하여 가까스로 아테네로 돌아오게 된다. 두 번째 방문은 기원전 367년에 디오니시오스 2세의 초청으로 이루어졌는데, 정치적인 농간으로 다시 고향으로 돌아왔다. 기원전 361년에 마지막 방문이 있었으나 이도 결국 실패하여 정의로운 국가 건설의 실현은 끝내 물거품이 되고 말았던 것이다.

정의로운 국가를 세운다면_____

지구상에는 많은 국가가 산재해 있다. 정작 국가의 존재 목적은 무엇일까? 흔히 국민의 생명과 재산을 잘 보호하고 자국민이 안전하게 살도록 하는 것이 첫째라고 생각할 것이다. 그

디오니시오스 왕

것이 훌륭한 국가의 표본이라는 얘기다. 훌륭한 국가란 무엇인가? 그 것은 올바른 국가, 즉 정의로운 국가이다. 과거 우리의 정치사에 "정 의사회 구현"이라는 범국민적 표제도 등장한 바 있었지만, 참다운 정 치가는 파당을 지어 진흙탕 싸움으로 일관하는 정치판을 만드는 데에 고심하지 않고 어떻게 하면 올바른(정의로운) 국가를 만들 수 있는가에 심혈을 기울이는 사람이 아닐까?

정의로운 국가를 만들기 위해서는 우선 "정의(Justice)"가 진정으로 무엇을 뜻하는지를 어설프게 아는 것이 아니라 인식해야 한다. 정의 의 본질을 확실하게 알아야 올바른 국가도 만들고, 올바른 교육도 하 고, 올바른 사람도 될 것이 아닌가! 그렇다면 정의에 대한 본질적인 의미를 파악하기 위한 방안으로 플라톤이 전하는 『국가론Politeia』의 핵심 주제, "정의(올바름)"에 대한 대화의 내용을 일부 소개해 보자.

『국가론』의 첫 머리는 아테네의 외항 피레우스에서 소크라테스와 몇몇 사람들이 모여 대화를 나누는 것으로 시작한다. 먼저 소크라테 스가 무기 수입상으로 떼돈을 번 케팔로스Kephalos에게 부자富者가 되 면 어떤 점이 좋은지를 물으면서 대 화의 포문이 열린다. 결국 대화의 주 제는 "올바름(정의)이란 무엇인가?" 로 집중된다. 몇 번의 대화가 오가다 가 정의는 "친구들한테는 잘되게 해 주되, 적들한테는 잘못되게 해 주는 것"이라는 의견이 제시된다. 이에 대 해 소크라테스는 "여하 간에 잘못되 게 해준다는 것은 올바른 사람이 할

역사상 가장 악덕을 펼친 인물

147

바가 아니다"라고 반박한다. 그러자 소피스테스인 고르기아스의 제자 칼리클레스가 말하는 "정의란 강자의 이익"이라는 주장이 제기된다.

이 말은 강자만이 이익을 취할 수 있고, 정의를 행사할 수 있다는 뜻을 포함한다. 오늘날 민주주의 정체 하에 자본주의 사회에서 통용되고 있는 강자의 의미와 유사하다. 다시 말해서 세상을 움직일 수 있는 통치자의 힘은 자본의 축적에서 나오고, 자본을 많이 가진 사람만이 힘을 얻어 강자가 될 수 있고, 이 힘을 발휘하여 정의를 행할 수 있고, 그런 자만이 정의로운 사람이 될 수 있다는 취지이다. 이러한 관점은, 오늘날 방송매체를 통해 들어서 알고 있듯이, 바로 우리나라의 법조계에서 정의를 수호하는 몇몇 법조인들이 강자의 힘을 이용해 온갖 부를 축적하는 작태를 돌아보면 충분히 이해될 것으로 짐작된다.

그러나 소크라테스는 이 주장이 그릇된 것임을 여지없이 논박한다. 결국 정의란 약자의 손해라는 것이다. 그런데 정의를 수호하는 사람은 자신의 이익이 아니라 타인의 공정한 이익을 실천한다. 왜냐하면 정의는 올바르고 선하고 지혜이기 때문이다. 즉 정의로운 사람은 선하고 지혜롭지만, 정의롭지 못한 사람은 악하고 지혜롭지 못하다는 것이다. 따라서 정의롭지 못한 사람이 잘 먹고 잘 살고 있다는 것은 자체로 병든 것이 행복하고 선하다는 것과 같이 터무니없는 모순이라는 얘기다. 그런데 현실을 돌아보면 남몰래 부정을 저지르는 악덕업자가 올바르게 사는 사람보다 훨씬 잘 먹고 잘 산다. 무엇이 잘못돼서 그런 사태가 벌어지는 것일까?

정의에 대한 많은 토론이 오간 후 소크라테스는 개별적인 사례들을 넘어서서 보편적인 본질에 대해 탐구로 대화를 이끈다. 그러면서 정의

자체는 너무 미묘하고 식별하기 어렵기 때문에 덩치가 큰 '정의로운 국가'를 그려보고 여기에서 정의를 인식해보자는 의견을 내놓는다.

국가의 성립에 필수조건은 국민, 주권, 영토다. 그 중에서 국민과 국민의 의식주가 중요하다. 의식주를 충족시키기 위해서는 사람들이 생산 활동에 참여해야 하는데, 필요충족의 요건에 따라 생산 활동의 다양한 분업이 이루어져야 한다. 분업은 사람들이 각기 타고난 저마다의 소질을 계발하는 곳이기도 하다. 기본적으로 우선 농업, 상업, 공업 등에 종사하여 의식주를 해결하는 생산자 집단에 속하는 계급이 형성된다. 다음으로 이들의 왕성한 생산 활동을 관리 보호하고 타국의 침략으로부터 방어하기 위한 전문적인 계급, 즉 수호자 집단에 속하는 계급이 필수적으로 있어야한다. 이 집단의 계급은 다시 둘로 분류되는데, 하나는 무사집단의 계급이고, 다른 하나는 통치자 집단의 계급이다.

무사계급에 속하는 집단은 보호해야 할 자국 국민에 대해서 온순하지만 적대자를 만났을 때는 용감해야 한다. 그러기 위해서는 영혼을 강인하지만 온순하게 하는 정신교육과 싸움에 임해서는 용감할 수 있는 신체단련에 힘써야 한다. 이들 중에서 통치자 집단에 속하는 자들이 뽑히는데, 이들은 국가 수호(내치와 외치)에 가장 뛰어나게 이바지할 수 있도록 하는 사려와 능

생산자 집단, 무사 집단, 통치자 집단

력을 함양하도록 교육을 받는다. 한마디로 모두 지혜를 갖추도록 해야 한다는 것이다. 이와 같이 국가 수호자들(무사계급과 통치자 계급에 속하는 사람)은 각자 임무를 충실하게 수행하고 힘과 지혜를 이용해 부정을 저지르지 않도록 하기 위해 국가는 이들에게 사유재산을 허용하지 않는다. 이들은 오직 국가 전체의 행복을 목적으로 그 소임을 다할 수 있도록 해야 한다는 것이다.

그러므로 정의로운 국가는 올바르고 완전하게 선한 국가로서 지혜, 용기, 절제의 덕을 갖추고 있다. 통치자 집단의 계급이 갖추어야하는 지혜, 무사집단의 계급이 갖추어야 하는 용기, 일종의 질서로서 통치자와 피통치자가 갖추어야하는 절제, 그리고 각 계급이 자신의 직분을 완수하되 그 이상을 넘지 않도록 하는 정의, 즉 지혜, 용기, 절제의 덕을 성립시키는 정의이다. 한마디로 말해서 정의는 지혜, 용기, 절제의 덕이 유기적인 통일성 속에서 하나로 작동하도록 하는 근원으로 볼 수 있다.

최고의 통치자는 선(올바름)의 이데아를 인식한 철학자_____

"옛적에는 신성神性이 하늘의 뜻을 이어 바탕을 세움繼天立極에 성웅이 겸비하여 정치와 교화를 통제관장統制管掌하였으나 중고中古 이래로 성聖과 웅雄이 바탕을 달리하여 정치와 교화가 갈렸으므로 마침내 여러 가지로 분파되어 진법眞法을 보지 못하였나니 이제 원시반본이 되어 군사위君師位가 한 갈래로 되리라. 앞세상은 만수일본萬殊一本의 시대니라." (『道典』2:27:2-5)

누가 정의로운 국가를 만들 수 있는가? 앞서 말했듯이 철인왕이다.

철인왕은 웅패雄覇의 기술이 아니라 성인의 도를 겸비한 최고의 지혜로 나라를 다스리는 자이다. 왜냐하면 올바른 것과 올바르지 못한 것을 구분하여 부정을 종식시키고 정의로움을 세울 수 있는 사람은 바로 철학자이기 때문이다. 한마디로 철인왕은 성웅聖雄을 겸비한 자라는 얘기다. 무릇 통치자란 내적으로는 성인의 반열에 오르고, 외적으로는 위엄을 갖춘 권도를 세울 수 있는 자라야 한다는 뜻이다. 한마디로 내성외왕內聖外王의 도를 갖춘 사람이 철인왕이다. 이는 바로 청치와 철학이 분리돼지 않고 합쳐져야 정의로운 국가를 이룩할 수 있음을 말해주고 있다.

철인왕이 갖추어야 하는 최고의 지혜는 무엇인가. 앞서 말했듯이, 철학자는 개별적인 특정의 지식이 아닌 절대적인 지혜를 사랑하는 자이다. 그러한 지혜를 추구하는 궁극 목적은 선(올바름)의 이데아, 즉 절대적인 근원의 진리를 인식하는 것에 있다. 선의 이데아를 우리는 어떻게 인식할 수 있을까? 플라톤은 『국가론』에서 동굴의 알레고리를 통해 태양에 비유하여 선의 이데아가 실재하고 이를 인식해야 함을 제시하고 있다.

인간은 영혼의 활동으로 앎을 가지게 되는데, 플라톤이 전하는 앎의 대상을 구분해보자면, 크게 '지성知性으로 알 수 있는 것들(ta noeta)'과 '감각感覺으로 알 수 있는 것들(ta horata)'로 나뉜다. 전자는 통상 예지계叡智界, 즉 실재 세계에, 후자는 현상계現象界, 즉 그림자의

세종대왕

세계에 관여하는 것으로 알려져 있다. 실재의 세계는 다시 이데아와 수학의 대상으로 구분되는데, 이데아에 대한 앎은 인식(episteme)이고 수학의 대상에 대한 앎은 추론적 사고(dianoia)이다. 그림자의 세계 또한 감각으로 확인되는 것과 그렇지 않은 것으로 구분되는데, 감각을 통해 아는 지식은 확신(pistis)이고 감각으로도 확인되지 않는 허구에 대한 지식은 추측(eikasis)이다.

존재(to on)		인식(episteme)	
실재계	이데아계	인식(episteme)	인식(episteme)
	수학의 대상	추론적 사고(dianoia)	
현상계	감각계	확신(pistis)	억견(doxa)
	허구	추측(eikasis)	

감각으로 확인되는 현상계는 실재하는 이데아에 대한 그림자요 모방에 지나지 않는다. 실재는 지성으로 통해 인간에게 진리 인식(episteme)을 제공하지만, 현상계는 감각을 통해 잡다하고 '그럴듯한 지식(doxa)'만을 제공할 뿐이다. 그런데 이데아들 중의 이데아가 있다. 그것은 바로 여러 이데아들이 실재이도록 하는 선의 이데아, 즉 이데아의 근원으로 모든 진리[眞]와 옳음[善]과 아름다움[美]의 제1원인이요 원리이다.

정의로운 국가의 최고 통치자는 이 선의 이데아를 보아야 한다. 그래야만 국가 통치에 있어서 전적으로 지혜롭게 행위하고 참다운 도덕[天道와 地德]을 실천할 수 있기 때문이다. 최고의 통치자가 이 선의 이데아를 보기 위해서는 오랜 교육과 지혜에 대한 탐구가 요청된다.

플라톤에 의하면, 태어나면서부터 시작하여 50여 년 동안 피나는 교육기간을 통해서만 가장 지혜롭고 성숙한 인간이 될 수 있고, 이자가 곧 정의로운 국가의 최고 통치자가 될 수 있다고 한다.

실재의 기준에서 멀어진 감각의 대상_____

실재에 대한 인식이 지혜를 제공하는 것이라면, 무엇이 진정으로 실재하는 것일까? 이 문제를 탐구하는 기준으로 플라톤은 몇 가지 근거들을 제시한다. 그 기준은 존재론적인 측면에서 어느 정도 안정성 내지는 항구성을 가져야 한다는 것과 인식론적인 측면에서 명확성 내지 정확성을 제공하는 것이어야 한다는 것이다. 이들 두 조건을 충족시킨 상태에서만 탐구되어진 것들이 학문의 반열에 오를 수 있다는 얘기다.

이 두 조건을 실재에 대한 탐구의 기준으로 삼는다면, 우선 감각의 대상들은 실재와 인식에서 배제되어야 마땅하다. 왜냐하면 일상생활의 주변에서 우리가 보고 만지고 듣는 것들이 현실적인 세계를 구성한다고 단호하게 강변할 수는 있겠지만, 잠시의 정지도 없이 변화하는 것들이어서 참된 실재에 대한 탐구의 두 기준, 즉 존재의 항구성과 인식의 명확성을 제공할 수 없기 때문이다.

우리의 경험을 예로 설명해 보자. 책상 위에 유리컵이 있고, 이 컵은 따뜻한 물로 채워져 있으며, 여기에 곧은 막대기가 꽂혀 있다면, 여기서 우리가 감각하는 것은 일상적으로 유리로 만들어진 컵의 둥근 원통 모양, 컵의 색깔, 컵에 꽂혀 있는 막대기의 휘어진 모습, 물의 따뜻함 등과 같은 감각 내용(quality)들이다.

그런데 감각 내용들은 감각하는 자의 감각상태나 외부적인 조건에 따라 다양하게 달라지게 마련이다. 색맹이나 난시인 사람이 컵을 감각하는 경우에는 정상인이 감각한 내용과 다르다. 또한 관찰하는 자의 위치나 외부적인 조건 등에 따라 컵의 모양이나 색깔, 따뜻함 등의 감각 내용이 현저하게 달라질 수 있다. 어떤 위치에서는 곧은 막대기가 휘어져 보일 수 있고, 주어진 상황이나 외부적인 조건에 따라서 혹은 빛의 밝기에 따라서 컵의 색깔이 달리 보이게 된다. 이러한 조건이나 상황에 의존하는 한 우리의 감각 내용은 고정된 확실한 앎이 될 수 없다.

또한 감각의 대상은 객관적으로 실재하는 모양, 색깔 등을 가지고 있다고 믿을 수도 있지만, 그렇다고 해서 실재한다고는 말할 수도 없을 것이다. 왜냐하면 감각의 대상은 잠시의 정지도 없는 변화의 연속을 가지기 때문이다. 다시 말해서 유리컵의 색깔이 실재로 빨간 색으로 되어 있다면 동시에 하양 색이나 검은 색을 가질 수 없으며, 유리컵이 실재로 둥근 모양을 가진다면 동시에 사각형이나 깨어진 모양이

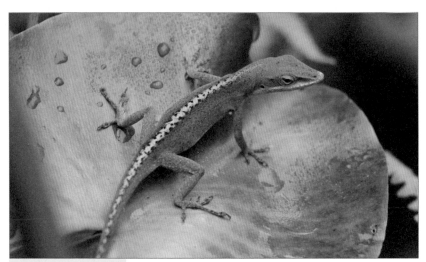

조건에 따라 변화되는 모습

될 수 없다. 그런데 유리컵의 모양이나 색은 시간의 흐름에 따라 여러 색이나 다른 모양으로 변화된다. 그렇게 되면 존재의 차원에서 감각되는 유리컵의 모양이나 색깔이 항구적이라고 주장할 수 없게 된다.

감각의 대상은 실재하는 것이 아니라면 비실재하는 것(아주 없는 無)임을 의미하는가? 만일 감각의 대상이 없는 것[無]이라면, 이것에 대하여서는 생각하거나 말할 아무 것도 없다는 것을 의미할 것이다. 그러나 감각의 대상은 어느 때는 있다가도 없고, 어느 때는 없다가도 생겨나는, 그야말로 "실재와 비실재 사이에서 왔다 갔다 하는 것"들이다. 그래서 생성 변화에 종속하는 감각의 대상은 실재와 비실재 사이에 있는 중간 상태의 것으로 묘사될 수밖에 없다. 이런 근거에서 플라톤은 감각의 대상에 대한 앎을 말할 적에 완전한 인식도 아니고 인식의 결여도 아닌 반半 인식 내지는 인식에로의 접근이라는 표현을 쓸 수밖에 없었던 것이다. 이것을 플라톤은 한마디로 학적 인식(episteme)에 반대되는 뜻인 "믿음" 또는 "독사(doxa)"라고 기술한다.

그럼에도 감각의 대상은 실제로 어떤 목적을 위해 유용할 수 있다는 것이 플라톤의 생각이다. 다시 말해서 감각의 대상은 대략적으로 참된 것이며 잘못될 여지가 얼마든지 있다. 이는 인식의 제한성의 결과 때문이 아니라 대상의 본성 자체로부터 나오는 불가피한 결과이다. 왜냐하면 감각의 대상에 대한 지각은 한 관점에서는 참이고 다른 관점에서는 그렇지 않은 것으로 여겨질 수 있고, 한 목적을 위해서는 참이고 다른 목적을 위해서는 그렇지 않을 수도 있기 때문이다.

이데아에 접근하는 첫걸음

확실성과 명확성의 기준을 충분히 통과할 수 없는 감각의 대상은 단명하고 일시적으로 존재하기 때문에, 실재성의 정도가 훨씬 낮은 것들이다. 그럼 실재성의 정도가 더 높은 것이 있을까? 플라톤에 의하면 감각을 넘어서 있는 원물原物이 실재하고, 감각의 대상은 이것에 의존하는 것이거나 이로부터 유래된 것들이다.

생성변화의 영역에 속하는 감각의 대상은 실재하는 원물이 없이는 존재한다고는 할 수 없지만, 원물은 감각의 대상에 전혀 의존하지 않는 독립적인 것이고 항존하는 것이다. 그렇기 때문에 감각의 대상에 대하여 가질 수 있는 인식이 그 원물에 대하여 가질 수 있는 인식보다 훨씬 더 막연하고 불확실하다고 할 수 있다. 이러한 관점을 플라톤은 『국가론』에서 사물과 사물의 그림자에 비유한다. 그림자가 생기는 까닭은 사물이 있기 때문이며, 그림자의 존재 여부는 사물에 의존해서만 성립한다는 것이다.

이러한 사실을 안다면 이제 실재하는 대상을 어디에서 찾아야 하는가를 묻는 것은 당연한 과제가 된다. 독립적이고 항존하면서 시간의 흐름에 어떤 영향도 받지 않는 명확한 특성을 가진 존재(이것이 실재에 대한 정확한 인식일 수 있다)를 플라톤은 수학적 대상에서 찾고 있다. 그래서 수학에 관련된 교과목이 아카데미아Academia에서 매우 중시되었던 것이다.

아카데미아 전경 사진 및 현판

아카데미아는 기원전 385년에 플라톤이 세운 인류 최초의 학원이다. 이것이 바로 오늘날 학문의 전당인 대학의 원형이 되는 셈이다. 거기에서 그는 금욕적인 생활을 하면서 40여 년 동안 제자들을 양성하고 학문 연구에 몰두했다. 학문연구에 있어서 그의 근본이념은 감각의 대상과 이성적 직관의 대상을 엄격하게 구분하고, 감각의 대상을 넘어서 이성적 직관의 대상을 볼 줄 알아야 한다는 것이다. 아카데미아 입구에 걸려있는 "기하학을 모르는 자는 이 문을 들어서지 말라"는 현판이 이를 말해주고 있다.

그럼 수학에 관련된 대상이 어떻게 확실한 인식의 실마리를 제공하는 것일까? 우리가 배워서 익히 알고 있는 수학적 명제의 경우를 예로 들어보자. 우리는 "1 + 1 = 2"라고 명백히 알고 있다. 이와 같은 수학적 명제에 대한 인식은 영구히 그리고 시간의 흐름과는 무관하게 참이며, 주어진 상황이나 조건에 따라서 또는 사람의 주관에 따라서 참이거나 틀리게 되는 것이 결코 아니다. 그리고 이런 명제는 절대적으로 독립해서 참이며, 대략적으로 또는 관점에 따라서 참이 되는 것이 아니다. 그렇기 때문에 수학적 진리는 불변적이고 무조건적인 타당성을 가지고 있음을 인정하지 않을 수 없게 된다.

이 주장에 대해 의문을 하나 던질 수 있다. 수학적 명제에 대한 인식은 실재에 대한 것일까 아니면 한갓 지성이 만들어 낸 심리적인 사실 내지는 약속에 지나지 않는 것일까? 이에 대해서 플라톤은 수학적 명제에 대한 인식이 지성의 관념으로만이 아니라 지성밖에 객관적으로 실재한다는 입장이다. 그 까닭은 수학의 진리성이 감각으로 주어지는 대상에 그대로 적용될 수 없다는 것에서 찾아볼 수 있다. 요컨대 '1'(하나)은 단지 '하나'로만 파악될 경우에만 절대적이고 무조건적으로 참이 될 수 있다. 그러나 감각에 주어지는 '하나'의 사물은 '실재로' 하나('1')인 것도 아니고, 오직 어떤 관점에서만 하나이거나, 어떤 목적을 위해서 혹은 필요에 의해서 하나로 취급될 뿐이다.

이를 보다 명확하게 이해하기 위해 기하학적인 명제 "삼각형"의 경우를 들어보자. "삼각형이란 무엇인가?" 삼각형에 대하여 인식하고 있는 자는 "삼각형은 세 선분으로 이뤄진 다각형이다"라고 정의한다. 이 정의에 따라서 우리는 종이 위에 이러저러한 모양의 삼각형을 수없이 그려볼 수 있다. 이렇게 그려진 삼각형들 중에는 아주 정교하게 잘 그려진 것도 있고, 아주 불완전하게 잘못 그려진 것들도 있을 터이다. 그러나 우리가 '삼각형'을 가장 완전하게 잘 그려냈다고 해도 정의에 꼭 들어맞는 삼각형은 그려낼 수 없다. 어째서일까? 하나는 아무리 정교하게 그어도 면적이나 굴곡이 없는 '선분'을 그려낼 수 없기 때문이다. 다른 하나는 삼각형의 정의는 어떤 특정한 모양의 삼각형을 지칭하지 않기 때문이다.

그러므로 수학적 명제는 결코 감각으로 인식되지 않는다. 그럼에도 수학적인 명제를 기준삼아 그려진 감각의 대상은 대략적으로 참이라고 할 수 있으며, 수학적 정의에 접근하면 할수록 그만큼 더 실재에 가깝게 접근해 있다고 우리는 말할 수 있다. 이러한 의미에서 감각에 주어진 대상은 수학적 명제와 같이 정의되는 실재를 "닮으려고 노력하는 것"들이라고 플라톤은 말했던 것이다.

실재는 형상形相, 즉 이데아Idea다

플라톤이 주창한 수학적 명제에 대한 인식은 완전한 확실성과 명확성의 기준을 통과한다. 그렇다면 이들 인식의 대상은 어디에 있는가? 이는 감각의 세계에서가 아니라 감각되지 않는 세계, 즉 냉철하게 사유하는 지성의 세계에서 찾아져야 한다. 수학적 인식의 대상과 같은 실재는 감각으로 확인될 수 없는, 하지만 지성으로 인식되는 "형상 (eidos)"이라고 플라톤은 말한다. 그가 말하는 형상은 소위 객관적으로 실재하는 "이데아"다.

여기에서 우리가 결정적으로 조심해야 할 것은 플라톤이 주장하는 이데아는 관념적인 인식에 대응해서 마음밖에 객관적으로 실재한다는 것이다. 이는 마치 "삼각형 자체", "원(둥금) 자체", "3 자체" 등과 같은 수학적 대상의 경우와 정확히 같은 방식으로 "언제나 같은 것으로 남아 있는 것들"이라는 의미에서 그렇다. 이런 의미에서라면 플라톤은 근본적으로 관념론자가 아니라 극단적인 형이상학적 실재론자 (realist)라 할 수 있다.

플라톤이 실재하는 것을 이데아(형상)에서 찾으려고 한 궁극의 의도는 감각에 주어지는 세계에 대한 인식뿐만 아니라 특히 도덕적이고 윤리적인 문제에 대하여 참된 인식의 기준을 마련하기 위해서일 것이다. 다시 말해서 "용기 있는 것", "아름다운 것", "선한 것", "경건한 것" 등이 진정으로 어떠한 것인지를 제대로 알고 판단하기 위해서는 우선 "용기 자체", "아름다움 자체", "선 자체", "경건 자체"가 현상계를 넘어 이데아에 객관적으로 실재하고, 이들 이데아를 인식한 자가 어떤 것이 '더' 아름다운 것이고 '덜' 아름다운 것인지, 어떤 것이 '더' 용기 있는 행위이고 '덜' 용기 있는 행위인지를 정확하게 판단을 내릴 수 있음을 밝히려는 것이다.

만일 이러한 도덕적인 형상을 현실적인 적용에 있어서 발생하는 어려움에 구애됨이 없이 그 자체만으로 탐구한다면, 이는 마땅히 실재하는 것에 대한 인식으로 불려질 수 있다고 플라톤은 생각했다. 실재에 대한 이러한 인식을 근거로 삼아 일상의 삶에서 필수적으로 이용되고 있는 감각세계의 사물과 현실적으로 표출되는 행위에 대하여 무엇이 더 진실에 가까운 것인지가 측정되고 평가될 수 있게 된다는 것이다.

그러므로 형상(이데아)은 감각적인 것에 대한 존재 근거요, 인식이며, 진리 기준이다. 현실적으로 그려질 수 있는 이러저러하게 생긴 특정의 삼각형의 경우처럼, 이데아는 자연세계에서 개별적으로 발생하는 사물뿐만 아니라 개별적인 행위로 표출되는 용기 있는 행위라든가, 아름다운 것이라든가, 선한 행위에 대한 인식의 근거이다. 왜냐하면 감각으로 관찰되는 것은 결코 확실한 인식의 대상일 수 없고 불확실성, 모순 및 잘못의 요소가 언제나 도사리고 있기 때문이다.

그럼 현상계 너머에 있는 이데아들은 어떤 방식으로 실재하는 것일까? 이데아들은 현상계에 존재하는 종류보다 훨씬 더 많다. 감각의 세계에서 찾아볼 수 없는 종류의 이데아들도 있기 때문이다. 이런 무수하게 많은 이데아(형상)들은 불변적이고 독립적으로 실재하지만, 이들 사이에는 단순한 공존 이외에도 어떤 긴밀한 관계를 유지하고 있다. 다시 말해서 감각의 대상들이 상이하게 있으면서 이들 사이에 어떤 긴밀한 협조 차원을 갖추고 있는 것과 마찬가지로, 이데아들은 자체로 대등한 관계이지만 상이한 차원으로 있으면서 서로 긴밀하게 협조하고 있다. 마치 '3'이라는 형상이 독립적으로 실재하는 것일지라도 '삼각형'이라는 형상과 긴밀한 관계를 유지하고 있듯이 말이다. 이런 관계는 우리가 삼각형을 말할 때 '3', '각', '선분' 등이 삼각형의 진술에 포함되어 있다는 사실에서 확인할 수 있다. 이와 같이 상위와 하위의 형상이 서로 협조적으로 포섭하고 포섭되어 있기 때문에, 이데아들은 피라미드식의 전체적인 체계를 가진다고 말할 수 있게 된다.

이데아의 인식에 우리는 어떻게 도달할 수 있을까?_____

그러면 이데아의 형상들에 대한 인식을 우리는 어떻게 확보할 수 있게 되는 것일까? 우선 우리의 감각에 주어지는 현상세계에 눈을 돌려보자. 개별적인 감각을 기준으로 해서는 실재하는 이데아의 형상에 우리가 완전히 도달할 수는 없다는 것을 반성을 통해 확인할 수 있다. 그 이유는 이데아의 형상이 감각의 대상 속에 온전히 없기 때문이다. 예컨대 우리가 인식한 삼각형의 경우를 염두念頭에 두자. 삼각형을 작도作圖할 줄 아는 자가 그렇게 그리려고 할 적에, "삼각형의 형상처럼 보이는" 도형이 머리속에서 맴돌고 있지만, 삼각형 자체는 결코 우리의 감각에 주어지는 대상처럼 '그런 모양의 것'이 아니다.

그럼에도 우리는 현실적인 생활의 경험으로 보아 감각 대상들을 친숙하게 알고 있기 때문에 그 형상에 '접근'할 수 있는 가능성이 있다. 그 가능성은 우리의 탐구를 "선제先堤(hypotheseis)"로부터 출발하는 것이다. 이러한 방식은 예비적인 정의로 주어진 선제를 자명한 것으로 여겨 출발점으로 삼아 도형의 여러 속성들을 연역하여 정의하는 쪽으로 나아가는 것이다.

선제로부터 이데아의 인식은 어떻게 가능한가? 그것을 플라톤은 감각적 경험을 통한 "상기想起(anamnēsis)"에 비유한다. 즉 "상기"한다는 것은 이렇다. 우리의 영혼은 원래 인간으로 태어나기 전에 이데아의 세계에 살았었는데, 그 때에는 이데아에 대한 인식을 가지고 있었다. 그런데 우리가 신체를 가진 인간으로 태어날 때, 창조주(Demiourgos)가 각각의 영혼을 수레에 싣고 "망각(lēthēs)"의 강을 건너 개별적인 신체에 주입하였기 때문에, 이미 알고 있었던 이데아 세계의 형상들을 불행하게도 모두 잊어버렸다.

인간의 영혼은 신체에 딸려 있는 여러 감각 기관을 동원하여 현실 세계의 다양한 사물들을 경험하게 되는데, 유사한 여러 대상들에 대한 반복적인 관찰은 그림이 원물原物을 상기시켜 주는 것과도 같다. 상기되는 원물(이데아의 형상)은, 각자의 영혼이 개별적인 몸속으로 들어오기 전에 친숙하게 알고 있었지만 몸속에 들어옴과 동시에 다 망각했던 본래적인 형상이다. 감각을 통한 경험은 이데아의 형상을 상기하는 수단이라고 플라톤은 결론을 맺는다.

그러므로 실재에 대하여 탐구하는 철학자들은 이와 같은 '선제'를 그냥 받아들이지 말고 검토하여, '선제' 너머에 있는 것이 무엇인지를 고찰하되 이 과정을 사유의 극한까지 밀고 나가는 방법을 취해야 한다는 것이다. 이 방법은 바로 플라톤의 스승 소크라테스가 행한 것이기도 하다. 이러한 통찰은 언제나 보다 광범위한 일반화(보편자)를 요구하게 되는데, 이 요구의 밑바닥에는 우리의 이해를 한 단계 높인다는 사상이 깔려 있는 것으로 보인다.

플라톤은 『국가론』에서 형상들 간에는 높고 낮은 차원이 있고, 상하의 체계로 이뤄져 있다고 했다. 이를 토대로 그는 인식의 발전이란 개별 과학에서 다뤄지는 가장 낮은 차원의 형상을 넘어서 그것의 배후에 놓여 있는 보다 높은 차원에 이르면서 마침내는 모든 것의 제1원리, 즉 궁극의 사유 대상(최고의 형상)에 도달하는 것이라고 주장한다. 그런 다음에서야 논의의 출발점이 되었던 개별적인 형상들을 더 이상 고립된 것으로서가 아니라 상하 체계의 구성원으로 이해할 수 있게 된다는 것이다.

제1 원리는 어떤 방식으로든 모든 것을 포괄하고 있고, 이 원리로부터 다른 여타의 것들이 연역의 방식으로 추론될 수 있다. 이것이 바로 지혜를 추구하는 철학을 제1철학으로서의 형이상학이라고 일컬어지는 까닭이다. 이러한 사유체계는 후대의 철학적 방법에 실로 지대한 영향을 끼쳤다. 탁월한 사상의 경지에 도달한 대부분의 철학자들, 아리스토텔레스, 데카르트, 스피노자, 칸트, 헤겔 등은 이러한 사유방식에 지대한 영향을 받은 것으로 나타난다. 이점이 바로 형이상학적 실재론에 관한 한 합리주의 전통의 골격을 이루게 되었던 소이이기도 하다.

3) 형이상학의 아버지 아리스토텔레스Aristoteles

아테네의 이방인_____

아리스토텔레스는 누구인가? 그는 그리스의 북부 마케도니아Macedonia 왕국 작은 도시 스타게이라Stageira에서 기원전 384년에 태어났다. 아버지 니코마코스Nikomachos는 대를 이어 의학에 종사했고, 어머니 파이스티스 또한 의사집안 출신이었다. 아버지가 한 때 마케도니아의 왕 아민타스Amyntas 2세의 궁중 의사였는데, 일찍 세상을 떠나는 바람에 아리스토텔레스는 어린 시절을 숙부에 의탁해서 성장할 수밖에 없었다.

아리스토텔레스는 타고나면서부터 학문적 욕망에 불타있었던 인물로 보인다. 그의 모든 경력

아리스토텔레스 조각상

과 활동은 무엇보다도 진리 발견에 생애를 보내고, 지식을 증진하는 데에 온 힘을 기울였다는 사실이 이를 말해준다. 그러한 욕망은 자신만의 생각이 아니라 누구나 갖고 있는 보편적인 것이라고 여겼다. 그는 "모든 사람은 본성적으로 알기를 원한다."고 믿고 있었기 때문이다. 즉 인간은 모두 각자의 정신과 일체이고, 정신의 활동이 곧 삶이라는 것이다. 초기 작품 『철학에로의 권고문(Protrepticus)』에서 그는 "지혜를 획득하는 것은 즐거운 일이며, 모든 인간은 철학함 속에서 편안함을 느끼고 만사를 제쳐놓고서라도 철학하는 데에 시간 보내기를 원한다."고 말하고 있다.

학문에 대한 욕망에 불타있던 그는 초년 시절부터 아테네에서 발간되는 책을 여러 경로를 통해 구입해 보았을 것이다. 특히 그는 플라톤의 대화편을 읽고 철학의 여신에 완전히 매료되었다. 급기야 그는 기원전 367년 17세의 나이에 아테네로 들어가 18세에 아카데미아에 입학하여 플라톤의 제자가 된다. 당시 플라톤은 60세가 되어 학문의

알렉산드로스 대왕

원숙한 경지에 이르렀을 때였다. 아리스토텔레스는 스승이 세상을 등질 때까지 20년간을 거기에 머무르면서 철학을 철저하게 배우고, 열정적으로 탐구활동에 전념했다.

이방인이었음에도 불구하고 아리스토텔레스는 플라톤의 으뜸가는 제자로서 위치를 점유하게 된다. 아리스토텔레스가 밤새 연구하다 늦잠을 자서 강의 시간에 늦기라도 하면, 플라톤은 "아카데미아의 예지叡智"가 아직 도착하지 않았다는 이유로 강의를 시작하지 않았다는 일화가 전해질 정도였다. 이는 스승이 제자의 탐구정신을 높이 평가했고, 제자를 엄청나게 총애했음을 보여주는 단면이라 볼 수 있다.

플라톤이 죽자 아리스토텔레스는 아테네를 떠날 수밖에 없었다. 결정적인 이유는 플라톤의 조카 스페우시포스Speusippos가 아카데미아 원장직을 이어받았고, 아카데미아에서 철학을 수학화數學化하려는 쪽으로 기우는 스페우시포스의 학풍이 자신의 철학과 달랐기 때문이었다. 아테네를 떠난 아리스토텔레스는 소아시아 연안 소도시에 머물면서 철학을 강의하기도 한다.

기원전 342년에 아리스토텔레스는 마케도니아의 왕 필립포스Philippos로부터 13살이 된 자신의 아들 알렉산드로스Alexandros의 스승이 되어달라는 초청을 받고 궁중으로 들어간다. 철학자 아리스토텔레스는 훗날 마케도니아의 왕이 되어 동서양을 최초로 통일하게 되는 알렉산드로스와의 만남이 이 때 처음 이뤄진 것이다. 스승이 된 아리스토텔레스는 그에게 어떤 교육을 했는가에 대해서는 알려져 있지 않지만, 4년 정도 그에게 통치자가 갖추어야할 자질을 집중적으로 가르쳤을 것으로 짐작된다.

속담에 "될 성싶은 나무는 떡잎부터 알아본다."는 말이 있다. 알렉산드로스는 어려서부터 세계를 정복 통일하려는 욕망이 많았던 것으로 보인다. 젊은 나이에(18세가 된 왕자) 마케도니아 군대를 이끌고 그리스로 들어가 아테네를 굴복시킨 사실은 이를 말해주고 있다. 기원전 336년에 아버지가 암살되자 알렉산드로스는 뒤를 이어 마케도니아의 왕이 되면서 정복자로서의 위용을 드날리기 시작한다. 기원전 334년 지천명知天命의 나이(50세)에 접어든 아리스토텔레스는 이 제자 덕분에 꿈에 그리던 학문의 요람지 아테네에 입성할 수 있었던 것이다. 아테네를 떠나온지 꼭 13년만의 일이었다.

아테네로 돌아온 아리스토텔레스는 맨 먼저 플라톤이 세운 아카데미아 학원 정 반대편에 리케이온Lykeion이라는 학원을 설립한다. 리케이온은 아폴론Apollon 신의 별칭인 리케오스를 기리는 성역聖域에서 따온 것이다. 이것이 인류 역사상 2번째의 학원이 된다. 스승과 제자가 설립한 두 학원 간의 경쟁은 이때부터 불붙기 시작한 것이다.

아리스토텔레스는 10여 년 동안 리케이온의 원장으로 있으면서 연구와 강의에 매진하였고, 많은 후학들을 길러냈으며, 이들을 중심으로 대규모의 학술단체도 설립했다. 연구에 필요한 자료는 회원들의 도움으로 수집하였고, 구하기 힘든 자료는 제자 알렉산드로스 대왕에

리케이온 학원

게 요청하여 수집하였다. 인류 최초의 도서관 및 박물관은 바로 이 때에 설립된 것이다.

아리스토텔레스와 플라톤의 사상은 출발부터 다르다. 라파엘로가 그린 〈아테네의 학당〉을 보면, 중앙 왼쪽에는 플라톤이 있는데, 우주론을 담은 자신의 저서 『티마이오스Tiaios』를 옆에 끼고 오른손이 하늘을 향하고 있고, 바로 그 옆에 아리스토텔레스가 있는데, 자신의 저서 『윤리학Ethica』를 끼고 왼손이 현실 세계를 가리키고 있다. 이 두 철학자의 모습은 천상의 이데아에서 진리를 찾아야 함을, 현실 속에서 경험적으로 진리를 밝혀야 함을 표현해 주고 있다. 플라톤이 논리학자로서 이념성을 따지는 사상과는 달리 아리스토텔레스는 현실을 직시하여 경험을 중시한 과학자였던 것이다.

플라톤이 이성의 직관을 통해 인식할 수 있는 이데아에 대한 탐구를 중시한 것과는 달리 아리스토텔레스는 현상의 사물을 직접 관찰하

아테네의 학당 라파엘로 그림

고 해부하여 기록했으며, 다른 전문가들의 관찰 기록이나 의견을 참
조하여 경험적 지식을 정리했다. 그래서 그는 제자들과 함께 철학, 자
연과학, 동물학, 생물학, 의학, 역사학, 연대기, 정치학 및 언어학 등
의 방대한 자료들을 연구하여 체계적으로 저술했다. 그러나 불행하게
도 그렇게 많던 저술들은 대부분 소실되고 오늘날 1/5정도만이 남아
있을 뿐이다.

기원전 323년 6월, 리케이온의 든든한 후원자였던 알렉산드로스
대왕은 3차 페르시아 원정에 나섰다가 돌아오는 길에 급작스럽게 사
망한다. 자치제를 열망하던 아테네인들은 매우 기뻤고, 마케도니아인
에 대한 적대감정의 표현은 극에 달했다. 그러자 아리스토텔레스는
아테네의 민주주의를 옹호했음에도 불구하고 신변의 위협을 느꼈고,
결국 리케이온에서의 연구와 교육활동을 접고 아테네를 떠난다. 그는
가장 위대한 철학자 소크라테스가 아테네의 민주주의 방식에 의해 처

알렉산드로스의 페르시아 전쟁 그림

형된 것을 상기하면서 "아테네 시민들이 철학에 같은 죄를 두 번 짓는 것을 원치 않는다."는 말을 남긴 채, 아테네를 떠나 북쪽 칼키스로 가서 그곳에서 다음 해(BCE 322)에 숨을 거둔다.

최초로 학문을 분류한 철학자

무릇 학문이란 사유를 통해 체계화된다. 합리적인 사유는 지식을 낳기 때문이다. 아리스토텔레스는 모든 지식을 크게 세 종류로 나누었다. 즉 "모든 사유는 실천적인 것이든가, 창작적인 것이든가, 이론적인 것"이라는 주장이다.

실천적인 지식은 우리가 직면하는 여러 상황에서 어떻게 행위 할 것인가에 관계된다. 여기에는 『윤리학Ethica』과 『정치학Politica』이 속하는데, 전자는 인간이 어떻게 살아가야 평화롭고 행복할 것인가를 다루고, 후자는 사회와 국가를 어떻게 다스려야 가장 조화롭게 잘 사는 국가를 만들 수 있는가를 가르쳐주고 있다. 창작적인 지식은 제조학, 농경학, 예술, 공학 등과 같은 사물의 제작에 관련되지만, 『시학

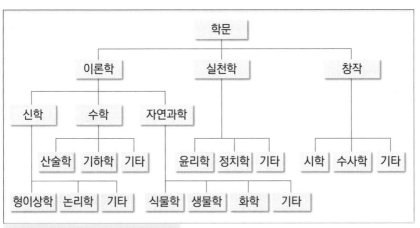

아리스토텔레스가 처음으로 분류한 학문

Poetica』과 『수사학Rhetorica』의 분야만이 여기에 관한 글로 전해지고 있다. 창작적인 것은 『시학』에서 글을 잘 작성하는 법을 다루고, 말솜씨의 창작은 『수사학』에서 다룬다.

문제는 이론적인 지식이다. 지식의 목적은 창작도 아니고 행위에 관계되는 것도 아니고, 오로지 자체로 진리일 때에만 이론적이라는 것이다. 이는 다시 세 종류의 이론 철학으로 분류되는데, 수학, 자연학, 신학이 그것이다.

수학은 산술학, 기하학 등이 속한다. 플라톤의 제자라면 누구나 다 당대의 수학에 능통했다. 아리스토텔레스도 수의 본성에 대해 빈틈없이 탐구했다. 하지만 그는 전문적인 수학자가 아니었고 수학을 발전시키려 노력하지도 않았다.

자연학은 식물학, 동물학, 심리학, 기상학, 화학, 물리학 등이 포함된다. 자연학은 두 가지 특성을 갖는다. 하나는 변화할 수 있거나 운동할 수 있는 것을 다루고, 다른 하나는 '따로따로 존재'하거나 '자연적으로 존재하는 것'을 다룬다. 그럼에도 자연학이 최고의 학은 아니다. 만일 자연적인 것으로부터 따로 존재하는 어떤 다른 실체가 없다면 자연학은 제1학이 될 것이다. 그러나 만일 어떤 불변적인 실체(ousia)가 있다면, 그것을 다루는 학은 신성한 것으로 제1철학이 될 것이다.

신학은 신성한 존재로서의 불변적인 실체를 다룬다. 여기에서 신학은 기독교에서 말하는 신학이 아니라, 오히려 현상계의 가사적可死的인 존재를 넘어서 있는 불변하는 존재를 탐구하는 형이상학(Metaphysica)을 가리킨다. 논리학은 이론학에 귀속되는데, 사실 학문을 이끌어가는 기관(organon)이라는 뜻에서 유래한 개념으로 학문하는 도구를 의미한다. 여기에는 그가 저술한 『명제론』, 『개념론』, 『분석론 전서』와

『분석론 후서』, 『변증론』, 『소피스테스적 논박론』 등이 속한다.

　문제는 존재론이라고도 하고, 신학이라고도 하고, 제1철학이라고도 불리는 형이상학이다. 사실 아리스토텔레스는 '형이상학'이란 말을 쓰지는 않았다. 기원전 1세기경에 로데스 출신의 안드로니쿠스(Andronicus of Rhodes)가 아리스토텔레스 저술들을 체계적으로 정리할 때, '자연학을 넘어서(meta ta physica)'를 줄여서 그리스어에 "Metaphysika"를 붙인 것이다. 이 학문이 동양에 소개될 때, 『주역周易』의 "형이상자위지도形而上者謂之道"에서 '형이상'을 따와 '형이상학形而上學'이라 했던 것이다. 형이상학은 사물에 대한 궁극의 원인과 원리를 이론적으로 연구하는 학이며, 최고의 존재와 존재 자체를 다룬다는 의미에서 제1철학이라고도 한다.

　제1철학으로서의 형이상학은 존재를 보편편적으로 다루는 존재론이다. 존재론은 "존재자로서의 존재(on hē on)"를 탐구한다. '존재자로서의 존재'를 탐구한다는 말은 무슨 의미일까?

　사실 '존재자로서의 존재'는 그 자체의 존재이지 어떤 특별한 종류의 추상적인 존재를 말하는 것이 아니다. 이를 보다 명확히 알기 위해서는 '…로서(hē)'의 의미를 되새겨볼 필요가 있다. 요컨대 집안의 가장이면서 대통령인 A씨가 있다고 하자. 그가 집에 돌아가서는 '가장으로서의 A'이고, 공직에 나가서는 '대통령으로서의 A'이며, 친구들 모임에 가서는 '친구로서의 A'이다. 여기에서 가장이나 대통령이나 친구는 'A'에 협조적이거나 'A'를 위해 있는 것이다. "모든 것이 하나다."라고 할 때의 존재론적 탐구도 마찬가지다. 요컨대 공책도 '하나'요, 책상도 '하나'요, 몸도 '하나'라고 말할 경우, 어떤 것이 '하나의 본성'을 위해서 있거나 하나에 협조적이듯이, 모든 존재자는 존재의 본성이나 그 존재에 협조적이다. 이것이 존재 그 자체를 묻는 존재론이며, 곧 형이상학적 탐구라는 얘기다.

존재 그 자체는 이데아가 아닌 실체ousia

무엇이 학문이 될 수 있게 하는가? 그것은 실재에 대한 앎이다. 실재는 환상이 아닌 참 지식을 제공하기 때문이다. 그럼 실재하는 것은 무엇인가? 이에 대해서 아리스토텔레스는 "과거나 지금이나 끊임없이 제기되어 왔고 탐구되어 온 문제는 바로 '존재(to on)란 무엇인가?' 이고, 그것은 곧 '실체란 무엇인가?'의 물음"이라고 말한다. 존재론적 물음은 바로 '실체'에 대한 탐구라는 얘기다.

실체에 대한 개념 규정을 아리스토텔레스는 『범주론(Kategoria)』에서 비교적 명확히 하고 있다. 범주란 아리스토텔레스가 최초로 분류한 술어의 종류를 말하는데, 10가지 술어 범주가 있다. 우리가 언어로 표현하는 서술은 모두 여기에 속하는데, 실체, 시간, 공간, 관계, 능동, 피동, 상태, 소유 범주가 그것이다. 요컨대 10가지 범주는 '민주투사 A씨(실체 범주)가 1980년(시간 범주)에 서울(공간 범주)에서 친구들과(관계 범주) 인권운동을 하다가(능동 범주) 피검되어(피동 범주) 옥살이 하게 되었는데(상태 범주) 슬하에 자녀(소유 범주)가 하나 있다'는 표현에서 잘 드러난다.

아리스토텔레스가 술어를 분류한 까닭은 곧 존재의 범주를 파악하기 위한 것이다. 즉 술어의 범주가 10가지라면 이 말에 대응하는 사물의 존재범주도 10가지라는 얘기다. 요컨대 "소크라테스는 키가 작다"는 표현에서 '소크라테스'는 실체 범주에 속하고, '작은 키'는 실체를 드러내주는 술어범주에 속한다. 여기에서 "실체(ousia)" 범주는 매우 중요하다. 그것은 일차적인 존재이기 때문이다. 달리 말하면 실체 이외의 다른 색깔이나 크기, 장소와 시간 등은 실체와 관련해서 혹은 의존해서 그렇게 존재하지만, 실체는 자체로 존재한다는 얘기다. 그렇기 때문에 아리스토텔레스의 실체론은 과거 자연철학자들이 제시한 존재개념과도 다르고, 스승인 플라톤의 이데아론과도 현격히 다르다.

아리스토텔레스는 실체를 이데아가 아닌 경험적인 현실세계에서 찾는다. 경험적인 사물이 실체라고 말해지는 까닭은 두 가지다. 하나는 궁극의 "기체(hypokeimenon)"를 실체로 본 것이다. 그러나 궁극의 기체는 어떤 방식으로도 서술될 수 없기 때문에 확실성을 본성으로 하는 실체의 규정에서 벗어나 있다. 다른 하나는 "그그러한 이것(tode ti)"인데, 식별되고 개별화될 수 있는 것(개체성), 예컨대 '그그러한 이 사람'이다. '이 사람'을 떠나서 다른 서술범주들, 색깔이나 크기나 모양, 이 시간, 이 공간 등은 자체로 존재할 수 없는 것이다. 반면에 개별적인 '이 사람'은 다른 범주들 없이도 독립적으로 실재할 수 있다.

실체는 개별적인 존재임에는 틀림이 없으나 정작 실체자체에 대한 규정은 아직도 애매하다. 그래서 아리스토텔레스는 과거의 철학자들이 실재로 여겼던 존재를 검토한다. 우선 그는 물, 불, 흙, 공기가 실재한다고 말하는 이론을 부정한다. 이것들은 무규정성을 본성으로 하는 질료(hylē)들이기 때문이다. 그는 또한 미세한 원자가 실재라고 한 원자론, 수數를 실재하는 것으로 주장한 피타고라스Pythagoras(BCE 582?~497?) 이론, 추상적인 보편자가 실재하는 것으로 주장한 플라톤의 이데아론 등이 모두 실체가 아니라고 말한다.

아리스토텔레스는 특히 이데아가 실재라고 주장한 스승(플라톤)의 이론을 장황하게 논박한다. 아리스토텔레스는 '하양(whiteness)'이 실재하는 것은 어떤 실체가 하얗기 때문이라는 주장하지만, 플라톤은 실체가 하얗다는 것은 그것이 '하양을 나누어 가졌기[分有]' 때문이라고 말한다. 달리 말하면, 아리스토텔레스는 '하얀 것'은 '하양'에 앞서 있다고 한다. 왜냐하면 '하양'의 존재는 단순히 '하얀 것'에 의존해서 드러나기 때문이다. 반면에 플라톤은 '하양'은 '하얀 것'에 선행한다고 한다. 왜냐하면 '하얀 것'은 단순히 '하양'을 분유했기 때문이다.

　그럼 실체는 구체적으로 무엇을 말하는가? 아리스토텔레스에 의하면, 실체는 감각으로 경험될 수 있어야 하고, 독립적으로 존재하면서 현실적으로 고유의 능력을 갖고 그 기능을 발휘할 수 있어야 한다. 그는 실체를 플라톤의 이데아처럼 완결된 실재가 아니라 현실적으로 생성변화의 과정을 거치면서 완성되어가는 존재로 본 것이다. 이런 조건을 통과할 수 있는 것은 개별적인 동물과 개별적인 식물이다. 나아가 중간적 크기의 물질적인 대상, 다시 말해서 태양, 별, 달 등과 같은 자연적인 사물들과 책상, 의자, 단지, 집 등과 같은 인공물이 실체에 귀속된다.

　따라서 아리스토텔레스는 감각될 수 있는 개별적인 실재가 근본적인 실체이고, 곧 학문의 대상이 된다는 주장이고, 반면에 플라톤은 감각을 넘어서 있는 완결된 이데아가 실체이고, 곧 학문의 대상이 된다는 주장이다. 다시 말해서 플라톤에게는 현상계의 개별적인 사물을 넘어서 있

아리스토텔레스의 동상

는 보편적인 형상이 실체요, 곧 학문의 대상으로 인식이다. 반면에 아리스토텔레스에게는 경험적인 개체 안에 있는 개별적인 형상, 즉 "본질(to ti ēn einai)"이 실체요, 곧 학문의 대상으로 인식이다.

고대의 존재론을 종합한 아리스토텔레스

고대의 자연 철학자들은 끊임없이 지속하는 자연의 생성변화에 직면해서 매우 당혹했었다. 헤라클레이토스Herakleitos는 오직 생성의 변화만이 존재의 진면목이라 했고, 반면에 파르메니데스Parmenides는 존재세계에서 생성의 가능성을 배제함으로써 어떠한 변화도 인정하지 않았다. 플라톤은 파르메니데스가 내놓은 존재의 특성을 그대로 받아들였고, 이로부터 자연의 생성 변화하는 것이란 참된 진리의 대상이 될 수 없다고 단언했다. 그러나 아리스토텔레스는 이들의 주장을 모두 수용하여 체계화된 존재론을 전개한다.

아리스토텔레스가 제시한 실체는 감각에 들어오는 경험의 대상이고, 다양한 생성변화를 겪어야 하는 주로 일시적인 것들이다. 이러한 변화는 세 마디를 수반한다. 즉 "일차적으로 변화를 시작하는 어떤 것이 있고, 변화하는 어떤 것이 있으며, 그 속에서 변화가 일어나는 시간이 있다. 이것 외에 무엇으로부터 어떤 것으로 진행하는 주체가 있다. 왜냐하면 모든 변화는 어떤 것에서 어떤 것으로의 변화이기 때문이다. 그 이유는 변화하고 있는 것은 변화가 일어나기 직전의 상태와도 다르고, 변화된 상태와도 다르기 때문이다."(『자연학Physica』 5권 1).

운동 변화는 개별적인 사물을 떠나서 성립하지 않는다. 아리스토텔레스에 의하면, '어떤 것'의 운동 변화이기 때문이다. 요컨대 사물의 크기, 양, 위치 등이 변화함에도 불구하고 지속성을 유지하고 있는

'어떤 것'이 존재하고 있다는 얘기다. 예를 들면, 뜨거운 물이 식어서 차가운 물로 됐을 경우에, 존속하는 것은 물이고, 변화는 뜨거움에서 차가움으로의 전환이다. 그럼 실체의 변화, 즉 전에 존재하지 않았던 소크라테스가 생겨나거나, 그가 죽어서 없어졌을 경우는 어떻게 말해야 할까? 탄생과 죽음은 실체의 시작과 종말이다. 이 경우에서 존속하는 무엇(X)이다. 태어나기 전에 없었던 소크라테스가 태어남(소크라테스인 X)은 소크라테스가 생성된 것이고, 소크라테스가 죽은 후에 존속하지 않음(X)은 소크라테스의 소멸이다.

이런 점에서 볼 때 아리스토텔레스는 개별적인 실체를 복합적인 것으로 취급한 것 같다. 이러한 사실은 목재 및 벽돌 등으로 이루어진 집이나, 어떤 원리에 의해 융합된 물질(살, 뼈, 피 등)로 구성된 사람의 경우에서 알 수 있다. 결과적으로 인간을 포함하여 모든 개별적인 사물은 두 부분, 재료(stuff)와 구조(structure)로 이루어지는데, 아리스토텔레스는 이를 "질료(matter)"와 "형상(form)"이라 부른다. 여기에서 질료와 형상은 물리적인 요소가 아니라 실체의 논리적인 부분이다. 그는 실체가 무엇인가를 설명하기 위해 재료와 구성을 언급할 필요가 있었던 것이다.

실체는 질료와 형상으로 구성되어 있다. 형상이 질료를 재료로 하여 자신을 현실화하는 것이 개별적인 사물인 것이다. 여기에서 질료를 실체의 물질적인 측면으로, 형상을 비물질적인 측면으로 취급해서는 안된다. 왜냐하면 형상과 질료는 상대적인 개념일 수 있기 때문이다. 예를 들어 어린 아이가 태어날 때, 난자와 정자가 결합된 수정란을 질료라 한다면, 수정란이 성장하여 태어난 아기는 형상이다. 난자와 정자가 서로 만나 수정되는 순간은 전에 없었던 아기의 형상을 받아들여 아기가 탄생하게 되는 것이다. 나아가 아기가 자라나 성숙한 어른이 되었을 때, 아기는 질료이고 성숙한 어른은 어른의 형상을 받아들여 어른이 된 것이다.

따라서 아리스토텔레스가 말한 형상은 현실 속에 완성된 실재가 아니라 끊임없이 운동 변화하여 점차 완성되어가는 존재로 볼 수 있다. 이러한 측면에서 보면 질료는 감각적인 사물을 이루는 근본적인 물질이고, 형상은 그러한 물질을 일정한 존재로 있게 하는 원리로 볼 수 있다. 어떤 측면에서 보면, 플라톤이 말한 이데아의 보편적인 형상이 현실세계 안으로 들어와 질료를 재료로 하여 개별적으로 실현되어가고 있는 본질적인 것을 실체라 볼 수 있을 것이다. 즉 자연세계가 이데아 안에 있는 것이 아니라 이데아가 자연세계 안에 있고, 형상은 보편성 그대로 실재하는 것이 아니라 구체적인 개별적 존재로 실현되는 것으로 말할 수 있다는 얘기다.

세계는 형상을 실현하는 장field

자연은 운동과 변화의 원리이다. 운동은 장소이동의 의미로 영어에서 'movement'로, 변화는 질적으로나 양적으로 완전히 다른 것으로 전환됨을 의미하는 'change'로 구분해서 사용하고 있지만, 그리스어에서는 운동과 변화를 포함하는 단어 'kinesis'란 용어를 사용한다. 변화는 장소이동, 질적인(크기, 모양, 색 등) 변이 및 생멸(생성과 소멸)을 모두 포함하기 때문이다.

변화란 무엇인가? 아리스토텔레스에 따르면, "변화는 가능태로서 가능적인 것의 현실태이다."(『자연학』 3장) 여기에서 가능태(dynamis)와 현실태(energeia)는 확연히 다르다. 가능태는 무엇이 될 능력을 갖고 있지만 아직 실현되지 않은 상태를 말하고, 현실태는 고유한 기능을 발휘하여 그 능력이 발휘되는 상태를 의미하기 때문이다. 요컨대 어린 애는 가능적으로 어른이다. 어린 애가 어른으로 되어가는 과정에서 변화가 있는 것이다. 다시 말해서 실체(ousia)를 질료(hyle)와 형상(form)의 복합이라고 규정할 때, 질료는 가능태이고 형상은 현실태이고, 변화는 가능태인 질료가 현실적인 형상을 받아들여 부단히 실현하는 과정이라는 것이다.

자연세계는 끊임없는 생성의 장場이다. 이를 동양 우주론의 핵심을 담은 『주역周易』은 "생생지위역生生之謂易"이라고 표현했다. 자연은 "무엇 때문에" 끊임없는 생성 변화의 과정으로 진행되어 가는가? 거기에는 결정적인 "까닭(aitia)"이 있기 때문이다. 그 핵심을 아리스토텔레스는 4가지로 요약하고 있다. "질료인(material cause)", "형상인(formal cause)", "작용인(efficient cause)", "목적인(final cause)"이 그것이다.

첫째, 질료인은 대체로 사물이 생겨나게 되는 구성요소를 지칭한다. 요컨대 흙벽돌과 돌을 쌓아서 만들어진 집, 목재를 재료로 해서 만들어진 집, 철근과 콘크리트로 만들어진 집에서 보듯이, 질료인이 다르기 때문에 각기 집의 재질이 다르기 마련이며, 이로부터 집의 견고성이나 집에서 풍기는 느낌 등이 다르게 되는 것이다.

둘째, 형상인은 사물에 대한 인식을 제공하는 요소를 말한다. 여기에는 두 방식으로 나누어 말해볼 수 있다. 하나는 우리의 감각으로 확인될 수 있는 앎으로, 사물의 크기, 형태, 색깔 등이다. 이것들을 우리는 "우연적인 형상(accidental form)"이라 부를 수 있다. 다른 하나는 감각에 들어오는 것이 아닌 이성으로만 확인될 수 있는 것으로, 사물을 사물이게 하며 명확한 인식을 제공하는 "본질(to ti en einai)"이다. 요컨대

'집'의 경우에서 색깔이 다른 색으로 변하든, 좀 부서져서 형태가 달라지든, 더 크게 증축되든, 이러한 우연적인 형상이 아무리 변화해도 '집으로서의 기능'을 발휘하고 있다면, 우리는 같은 집으로 인식할 수 있게 된다. 여기에서 만일 집의 기능을 상실하게 된다면 우리는 집으로 인식할 수 없게 된다. 이와 같이 '집으로서의 기능'을 발휘하면서 그대로 존속하는 것을 "본질적인 형상(essential form)"이라 부른다.

셋째, 작용인은 사물의 생성과 변화를 일으키는 원인으로 질료를 동원하여 형상을 실현하는 힘의 원천을 말한다. 작용인은 내재적인 요인과 외재적인 요인으로 구분해 볼 수 있을 것이다. 요컨대 어느 목수가 집을 짓는다고 할 경우, 집을 구성하는 건축 자료들은 질료인이라 할 수 있겠고, 집의 설계도는 형상인이라 할 수 있을 것이며, 실제로 건축행위를 하는 목수는 설계도에 따라 건축하기 때문에 외재적인 작용인이라 볼 수 있다. 그러나 자연적으로 생장 변화하는 것들의 경우에는 작용인이 변화가 일어나는 것에 내장되어 있기 때문에 내재적 작용인으로 볼 수 있다. 질료를 동원하여 형상을 실현한다는 의미에서 보자면, 작용인은 '작용인으로서의 형상인'이라고 할 수 있다.

넷째, 목적인은 사물이 변화작용을 끝냄으로써 고유한 존재 목적(telos)을 실현한 상태를 일컫는다. 만일 질료를 동원하여 형상을 완전히 실현했다면, 그것은 이미 목적에 도달했음을 의미하기 때문에 더 이상의 변화작용이란 없을 것이다. 요컨대 건축가가 건축 자료들에 작용을 가하여 집의 형상을 완성하게 되면 더 이상의 건축행위란 없게 된다는 얘기다. 이후에는 집의 기능, 다시 말해서 집의 존재 목적을 발휘할 뿐이다. 이러한 의미에서 보면 목적인은 바로 '목적인으로서의 형상인'이라 할 수 있다.

아리스토텔레스에 의하면 자연은 하나의 동적인 세계이다. 현실적인 세계는 가능태로서의 질료가 현실태로서의 형상을 부단히 실현해가는 과정, 즉 "모든 경우에 가능적으로 있는 것으로부터 현실적으로 있는 것의 작용에 의해 현실적인 것이 생겨나는"(『형이상학』9장) 과정인 셈이다. 이러한 생성변화의 밑바닥에 깔려있는 실재는 바로 실체(ou-sia), 즉 형상이다. 자연의 생성변화의 작용은 이것을 목표로 해서 질서화 되어가는 과정이고, 작용인은 이미 본질 속에 내장되어 있는 것이다. 그러므로 자연의 목적은 형상과 일치하며, 작용인은 형상인과 동일시된다.

이렇게 자연의 끊임없는 생성변화가 계속되는 까닭은 궁극적인 제1실체, 즉 순수형상에 도달하는 데에 궁극의 목적이 있다고 아리스토텔레스는 주장한다. 제1실체가 되는 순수형상을 그는 "부동의 원동자(unmoved mover)"라 했다. 부동의 원동자는 자신이 움직이지 않으면서 모든 것들이 스스로 창조 변화되게 하는 궁극의 원리라는 것이다. 마치 좋음을 인식한 사람이 스스로 좋은 사람이 되려고 노력하는 행위처럼 말이다.

행복한 삶을 찾아서

"영식과 지식과 의식의 세 가지 앎이 영혼과 각혼과 생혼의 삼혼을 생성하지만 이 또한 능히 그 바탕에 뿌리를 두고서 뻗어나간다."
靈智意三識이 卽爲靈覺生三魂이나 亦因其素以能衍이라. (『桓檀古記』「三神五帝本紀」)

자연에는 크게 두 종류의 실체가 있다. 하나는 생명이 있는 것이고 다른 하나는 생명이 없는 것이다. 생명이 있고 없는 것의 차이는 "혼 (psychē)"을 소유하느냐 그렇지 않느냐이다. 이 혼은 통상적으로 생각하는 영혼(soul)이 아니다. 아리스토텔레스가 제시하는 혼은 "생명을 불러일으키는 것(animator)"에 가까운 뜻이다.

아리스토텔레스는 모든 생명체의 혼을 그 기능에 따라 세 가지로 분류한다. 가장 기본적인 혼은 장소이동을 하지 않으면서 스스로 영양을 섭취하고 생식生殖만을 하는 기능이다. 이것은 식물들이 갖고 있어서 '식물적인 혼'이라 한다. 다음 단계는 식물적인 혼을 포함하면서 지각능력과 욕구능력 및 장소이동 능력을 가진 혼이다. 이것은 동물들이 갖고 있어서 '동물적인 혼'이라 한다. 지각능력을 갖고 있는 것은 쾌락, 고통, 기쁨, 슬픔 등을 경험한다. 마지막 단계는 식물적인 혼과 동물적인 혼을 포함하면서 신성한 이성의 사유능력을 갖고 있는 혼이다. 이것은 인간이 갖고 있는 '인간적인 혼', 즉 영혼이다. 인간의 영혼은 이성과 사유능력을 갖고 있기 때문에 다른 동물과 구분된다.

기술이 기술자와 따로 떨어져 존재할 수 없는 것과 마찬가지로, 아리스토텔레스가 말하는 인간의 영혼은 살아있는 육체와 분리되어 존재할 수 없다. 반면에 플라톤이 말하는 영혼은 생명을 가진 육체에 들어가기 이전에 이데아의 세계에 존재하였다. 조물주 데미우르고스 Demiourgos 신이 이데아에 있던 개별적인 영혼을 따다가 수레에 싣고 와서 현실적인 육신에 넣어주었고, 이후에 인간의 영혼은 욕망적 영혼, 기개적 영혼, 이성적 영혼으로 각기 기능한다. 인간이 죽으면 육신의 해체와 더불어 욕망과 기개적 영혼은 없어지지만 이성적 영혼은 불멸한다.

인간이 생명을 갖고 태어난 이상 영혼은 삶을 영위할 수밖에 없다.

'영위한다'는 것은 영혼이 무위도식無爲徒食하는 것이 아니라 의식적으로 행하는 것을 통해 특정한 무언가를 달성하려고 한다는 뜻이다. 돈을 번다든가, 건강을 위해 노력한다든가, 무언가에 몰두하여 탐구에 열중한다든가, 즉 의식적으로 어떤 행위를 추구하는 것은 영혼이 목표를 지향하고 있다는 것이고, 그 목표는 결국 좋음(goodness)을 달성하는 것이다. 한마디로 인간의 영혼이 목표를 지향해 감은 나날이 번창하고 '성공적인 삶'을 구가하려는 경향이다.

성공적인 삶이란 무엇인가? 아리스토텔레스의 용어를 차용하여 표현해 보면 "행복(eudaimonia)"한 삶이다. 행복은 목적 중의 목적이요 최고로 좋음이기 때문이다. 좋음은 인간 본연의 "탁월함(arete)"을 발휘함에서 찾아온다. 아리스토텔레스가 행복이란 "탁월함에 일치하는 영혼의 현실태"라고 규정한 까닭이 여기에 있다. 만일 인간의 능력을 탁월하게 실행하지 않는다면 인간으로서 번창한다고 할 수 없다. 번창한다는 것은 어떤 것을 탁월하게 행하고 있다는 뜻이기 때문이다. 따라

행복한 삶

서 만일 자신의 능력을 실행하되 충분하지 않게 혹은 나쁘게 실행한다면 그는 성공적인 삶을 누린다고 말할 수 없는 것이다.

그러면 인간이 행하는 것에 일치하는 탁월성은 무엇일까? 아리스토텔레스는 성품의 탁월함과 지적인 탁월함으로 구분한다. 다시 말해 인간의 탁월함을 발휘하는 기능은 전자의 실천적인 측면과 후자의 이론적인 측면으로 구분해볼 수 있다.

성품의 탁월함은 우리가 소위 도덕적인 덕德(virtue)으로 알고 있는 것, 즉 비겁과 무모함의 중간인 용기, 인색함과 낭비의 중간인 관대함, 어느 편으로 치우침이 없는 공평무사, 금욕과 방종의 중간인 자중, 비굴함과 오만함의 중간인 긍지, 적절한 허식, 위트와 같은 성향들을 포함한다. 동양사상에서 보자면, 이는 중용中庸의 덕으로 한마디로 중화中和사상이다. "중이라는 것은 천하의 큰 근본이요, 조화라는 것은 천하의 위대한 덕(中也者天下之大本, 和也者天下之達德)"이라는 뜻이 그것이다.

반면에 지적인 탁월함은 인간에게 고유한 본연의 이성적인 활동이다. 본성상 선한 것, 훌륭한 것 등을 획득하고 선택하는 방식은 모두 신적인 것의 관상觀想을 증진시킬 것이므로 가장 탁월한 규범이 된다. 따라서 잘 번창하고 성공적인 삶을 누린다는 것은 이성의 지적인 탐구에 종사하는 것을 필요로 한다. 그러한 일은 무한히 즐겁고 행복감을 가져다준다. 왜냐하면 다른 활동에는 한계가 있지만 이성의 지적인 사유 활동은 아무리해도 끝없는 즐거움을 주기 때문이다. 이는 한마디로 진리에 대한 관조적觀照的인 삶(theoria)을 의미한다. 관조적인 삶은 비할 데 없는 행복을 가져다준다고 아리스토텔레스는 생각했던 것이다.

4) 중세 철학의 길목에 선 플로티노스Plotinos

"큰 하나의 지극함이여, 이것을 양기라 부르나니, 있음과 없음이 혼융해 있고, 텅빔과 거칠게 있음이 오묘하니라. 셋은 하나를 그 체로 하고, 하나는 셋을 그 쓰임으로 하지만 혼융과 오묘함이 하나의 고리를 이루니 체와 쓰임이 정해져있지 않으니라. 크게 비어 있으나 광명으로 가득하니 이것이 신의 형상이요, 큰 기운이 장구하게 있으니 이것이 신의 조화로다. 이것이 진정한 생명이 근원하는 바요, 모든 법이 여기에서 생겨나는 바고, 해와 달의 자식이요 천신의 속마음이라. 비춤으로써 선을 대니 크게 깨달음이 가능해지고, 세상에 크게 내려오니 만유 생명이 크게 이루어지도다."

大一其極이 是名良氣라 有無而混하고 虛粗而妙라. 三一其體오 一三其用이니 混妙一環이오 體用無岐라. 大虛有光하니 是神之像이오 大氣長存하니 是神之化라. 眞命所源이오 萬法是生이니 日月之子오 天

페르가몬의 수련장(김나지움) 유적

神之衷이라. 以照以線하야 圓覺而能하며 大降于世하야 有萬其衆이

니라. (『桓檀古記』「蘇塗經典本訓」)

플로티노스는 누구인가?

"모든 길은 로마로 통한다." 왜 이런 말이 나왔을까? 로마Roma는 1세기경부터 주변국을 정복해 가면서 로마를 중심으로 문화와 조직을 엮어갔고, 이를 기반으로 2세기경에는 강대한 제국을 이룩했다. 그러나 3세기경에 접어들면서 로마제국은 점점 쇠퇴의 길로 접어든다. 쇠망의 길로 접어든 로마제국은 철학적으로 일원론적인 사상을 절실히 필요로 하게 된다.

특히 보편주의를 표방한 로마인들은 오랫동안 지속된 정복전쟁과 수세기에 걸쳐 공화정 시대를 열어오면서 삶을 충족시키는 토대가 공적이고 정치적인 공동생활에 있다고 보았으나, 제정시대에 접어들면서 삶이 점점 탈정치화 되어갔다. 이런 상황 속에서 로마인들이 정신

강력한 로마 제국의 상징

적으로 추구할 방향은 결국 내세지향적인 종교에 귀착할 수밖에 없었을 것이다. 제정시대에는 다양한 숭배의식과 비교祕敎 등이 확산되었다. 서양 중세의 역사문화를 장식한 기독교의 초기 확산도 그 중 하나이다.

　로마제국은 일원론적인 세계관을 어디에서 찾는 것이 마땅했었을까? 아리스토텔레스의 일원론적인 세계관은 로마인들에게 각광을 받았을 것 같았으나, 고뇌와 갈등 속에서 구제를 갈망하던 로마인들에게는 그다지 환영받지 못하였다. 당시 시대적인 조류에 부응하여 널리 분포되어 있던 스토아Stoa 철학이 전개되면서 사유의 방향은 인간의 내면적 세계로 파고들어가 정신의 순수성을 강조하게 되었는데, 스토아철학이 보여주듯이 로마인들은 우주를 지배하는 신의 섭리에 기대는 태도에 물들면서 현실을 체념하는 사고에 빠지게 된다. 그들

에페소스의 켈소스 도서관 건물

에게는 오직 유일한 절대적인 존재에 의지해서 구제받으려는 실제적인 욕구가 더욱 심해졌던 것이다.

시대적인 조류는 인간의 유한성과 절대적인 존재에 대한 갈등을 풀어냄에 있어서 플라톤의 철학을 일원론적으로 체계화하는 것을 절실하게 요구하게 된다. 여기로부터 절대자에 의한 구원사상이 태동하게 되는데, 여기에 부합하는 사상은 마련되어 있었다. 다름 아닌 아카데미아 학파의 후예인 신 플라톤주의자 플로티노스Plotinos(204~270)였다. 플라톤 사후 약 500여년 만에 등장한 플로티노스는 바로 중세로 넘어가는 과정인 헬레니즘 시대의 철학자이다. 그는 플라톤의 사상을 중심으로 그리스의 모든 사상을 종합하여 일원론적으로 집대성하여 중세의 신학적 기반을 마련해 주었다. 그래서 그는 플라톤과 아리스토텔레스에 이어 3번째로 위대한, 그리스 말기 철학자로 평가받고 있다.

플로티노스의 출신내력에 대해서는 알려진 바가 거의 없다. 다만 그는 젊은 시절(28세 때)에 정신적인 중심지였던 알레산드리아Alexandria에서 근 10여 년간 연구에 몰두했던 것으로 알려져 있다. 당시 알렉산드리아에는 타의 추종을 불허할 만한 도서관이 있었다고 전해지고 있지만 오늘날 그 흔적은 찾아보기 어렵다. 여기에서 클레멘스Clemens라는 학자가 최초로 그리스 철학을 바탕으로 기독교의 계시를 해석했다고 한다. 이를 이어받은 오리게네스Origenes는 암모니오스 사카스Ammonios Sakkas를 배출했고, 플로

플로티노스의 동상

티노스는 이들로부터 플라톤 사상을 배웠다.

아카데미아 학풍을 이어받은 플로티노스는 플라톤의 핵심사상을 등에 업고 자신만의 일원론적인 사상을 종교적으로 체계화한다. 다시 말해서 플라톤이 그리스의 운명공동체인 폴리스사회에서 공동생활을 혁신하려는 목적으로 이데아론을 전개했다면, 플로티노스는 이를 비정치적으로 활용하여 극단적인 종교화를 꾀했던 것이다. 그 핵심은 바로 지상의 모든 것을 초월하는 '일자一者'에 대한 사상에 기반을 두고 있다. 일자로부터 존재의 하향도라 불리는 "유출설"과 구원의 상향도라 불리는 "일자와의 신비적인 합일(ekstasis)" 사상이 꽤 종교적이다.

일자(The One)는 대광명이요 절대적인 실재

플로티노스는 플라톤의 철학을 일원론으로 체계화한다. 그것은 어떤 방식으로 가능했던 것일까?

우리가 보고 듣고 만질 수 있는 경험하는 것들은 어떤 방식으로든 형태를 가지며, 생성 변화한다. 이것들의 원형은 무엇인가? 플라톤에 의하면 그 원형은 이데아들이다. 요컨대 '개별적으로 둥근 것'은 보편적인 '둥금'이라는 이데아에 참여함으로써만 둥근 것으로 실재하고 인식할 수 있다는 것이다. 만일에 '둥금'이라는 이데아가 실재하지 않는다면 개별적인 '둥근 것'이란 존재할 수 없고 인식될 수도 없다. 왜냐하면 '둥금'이라는 이데아의 형상을 통해서만 개별적인 둥근 형태가 알려지기 때문이다.

현상세계의 개별적인 대상들은 어느 시점에서 생겨났다가 어느 시점에 가면 사라진다. 여기에서 생성은 형상의 획득이고, 변화는 형상의 변형이며, 사라짐은 형상의 상실이라고 말할 수 있다. 만일 개별적

으로 만들어진 '둥근 것'이 외부적인 타격에 의해 조금 찌그러지기라
도 한다면, 이는 둥근 형상을 상실하여 제대로 갖추지 못한 형태라 볼
수 있다. 그래서 찌그러진 그런 것들은 '완전히 둥글지 못하다'고 말
한다. 그런데 자연에는 새로운 생명이 연속해서 진행된다. 언제 어디
서나 끊임없는 형상의 획득이 일어나고 있는 것이다. 이 과정을 플로
티노스는 생명生命이라 부른다. 포괄적인 형상의 획득이 바로 자연 세
계의 생명인 셈이다. 이런 의미에서 보면 전체 우주(cosmos)는 살아있
는 존재가 된다.

그런데 이러한 생명의 힘은 영혼이다. 죽음은 생명(영혼)이 물체에서
떠난 것을 의미하기 때문이다. 세계도 생명을 지니고 있다. 왜냐하면
모든 생명을 포함하고 있는 세계는 곧 모든 것에 깃들어 있는 영혼의
전체이기 때문이다. 이러한 세계영혼은 이데아에 참여함으로써 형상
이 없는 질료에 형상을 부여하여 온갖 개별적인 형상을 갖추도록 한
다. 그러려면 존재하는 모든 것의 설계도가 되는 이데아는 언제 어디
에서나 있어야할 것이다.

광명의 세계로 이동

이러한 이데아들은 어디에 있는가? 이데아는 영혼이 출원하는 정신(nous)의 사고 안에 실재한다. 그럼으로써 이데아가 언제 어디에서나 세계에 개별적인 형상을 부여할 수 있게 되는 것이다. 그렇기 때문에 우리는 현상세계의 형상을 통해서 불변적인 정신의 원형인 이데아를 관조할 수 있게 된다. 그러므로 세계에 이데아의 형상을 부여하는 것은 정신이요, 살아있게 하는 것은 세계영혼이라고 할 수 있다.

세계에 형상의 부여는 완전성을 목표로 하는데, 세계영혼에 형상을 부여할 때 이데아를 제시해주는 것은 바로 정신이다. 그런데 인간의 정신과 마찬가지로, 정신은 사유와 사유된 것으로 구성된다. 정신은 사유이고, 사유된 것이 곧 이데아가 된다는 얘기다. 정신 속에서 사유된 것이 이데아라면, '사유된 것의 사유'가 있어야 한다. 정신은 바로 '사유된 것의 사유'를 전제로 한다. 플로티노스는 그것을 '일자(to hēn)'라 했다.

'일자'의 특성은 무엇이라고 말할 수 있을까? 일자는 완전히 단일한 것이어서 그 안에 사유나 사유된 어느 것도 들어있지 않다. 또한 일자는 만물의 원초적인 근원으로서 반드시 실재해야 하지만, 우리는 이것에 대해 '존재한다.'는 말조차 쓸 수 없다. 일자는 유한한 존재를 넘어서 있는 것이고, 인간의 사유로는 파악될 수 없으며, 굳이 말한다면 존재를 초월해 있는 신神으로 묘사될 뿐이다. 그럼에도 절대적으로 단일한 것, 원초적인 일자만이 완전한 통일체로 정신의 토대가 된다. 이러한 일자는 철학이 생각할 수 있는 최고의 것이요, 최종의 것이다.

일자는 광명光明 자체요, 대립과 차별을 초월한 절대적인 통일체이다. 일자는 무한하며 완전하기 때문에 세계의 유한한 것과는 근본적으로 다르며, 감각이나 이성의 사유로 파악될 수 없는 절대적인 실체이다. 일자는 유한한 존재에서 찾아볼 수 없는 절대적으로 완전한 존재이기 때문에 상대적인 가치를 가지는 것이 아니라 절대적인 가치를 가진, 절대적인 선善이다. 더욱이 일자는 일체의 모든 것을 안에 포괄하고 있지만, 어떠한 것에도 의존하지 않는 독립적인 실체이다. 그럼에도 우주만물은 일자에 의존해서 존재하기 때문에, 일자는 우주만물의 존재 근원이요 궁극의 원인이 된다.

그럼 생성소멸을 거듭하는 세계는 일자로부터 어떻게 생겨나오게 되는 것일까? 플로티노스에 따르면, 유한적인 우주만물은 일자로부터 '흘러나온다.'고 한다. 왜냐하면 일자는 자체로 완전히 충만한 존재여서 넘쳐흐르기 때문이다. 마치 태양에서 빛이 나오고 빛에서 열이 흘러나오듯이 말이다. 이것이 존재의 하향도下向道라 볼 수 있는 "유출설"이다. 일자로부터 우주만물이 유출되는 과정은 정신의 단계, 영혼의 단계, 물질의 단계로 구분하여 요약해볼 수 있다.

정신의 단계

일자로부터 제일 먼저 유출되어 나오는 것은 정신이다. 정신과 일자에 대한 관계는 플라톤 철학에서 지극히 선[至善]한 이데아로부터

빛이 광원에서 나와 우주를 비치는 모습

개별적인 이데아들이 분유되어 나오는 것과 유사하다. 그래서 일자는 대립과 차별을 초월한 것이지만, 정신은 주관과 객관, 사유와 사유되어진 것 등의 차별을 가지게 되는 것이다.

정신에는 사유되어지는 대상과 사유주체가 있다. 사유주체는 곧 정신이기 때문에 정신은 곧 자신을 사유하게 되며, 사유되어지는 대상은 바로 이데아들이다. 그런데 이데아들은 우주만물의 원형原型이다. 따라서 정신의 세계는 모든 존재구조의 종합이요, 지혜이며, 존재법칙으로서 가장 완전한 진리의 세계라 볼 수 있다.

정신은 또한 우주만물의 원형이기 때문에 원상原象이라 할 수 있다. 다시 말해서 생성되는 모든 것들은 이데아에 참여하기 때문에 그 원인으로 이데아를 가지게 되고, 이데아는 정신의 사유로 나온 것이기 때문에, 정신은 생성되는 여러 개체들 속에 내재해 있다. 따라서 정신은 '하나'임과 동시에 '많음'일 수 있다. 여기로부터 플로티노스는 '하나는 전체요, 전체는 하나다.'라고 주장하기에 이른다.

그러므로 개별적인 사상은 사유하는 정신일 수 있고, 정신은 개별적인 생성의 원인으로 개별자 내에서 스스로 작동할 수 있게 되는 것이다. 그럼에도 정신은 공간적이거나 시간적이 아니어서 불완전한 생성의 세계에 종속하지 않는다. 정신은 오직 직관적인 사유의 세계이며, 스스로 활동하는 우주만물의 원초적인 근원이요 원인이다.

영혼의 단계

다음으로 정신에서 유출되는 것은 영혼(psyche)이다. 영혼은 두 종류의 것으로 구분해볼 수 있겠는데, 하나는 보다 고차적인 세계영혼으로 정신을 사유하는 것이다. 다른 하나는 보다 저급한 세계영혼으로 물질과 결합하여 경험 세계를 형성하는데, 유기체의 경우에서는 생명을 일으키는 데에 작용한다. 개별적인 사물의 형성에 들어간 저급한 영혼도 자체로 생성되거나 파괴되는 것은 아니다. 왜냐하면 영혼은 시공에 종속하지 않으며, 생성의 세계에 속하는 것이 아니기 때문이다.

그래서 플로티노스는 정신을 사유하는 보다 고차적인 세계영혼이든 개별적인 사물의 형성에 들어간 보다 저급한 영혼이든 모두 하나의 영혼이라고 말한다. 이러한 주장은 '하나는 전체요, 전체는 하나다'라는 것과 일맥상통한다. 따라서 세계영혼이 정신에서 유출되었기 때문에, 비록 개별적인 사물이 악하거나 좋지 않을지라도, 우주 전체는 절대적으로 조화롭고 선하다.

개별적인 것은 각기 영혼을 가지는데, 모두 세계영혼에 포함된다. 이러한 개별적인 영혼도 또한 보다 높고 보다 낮은 단계의 영혼들로 구분되는데, 인간적인 영혼, 동물적인 영혼, 식물적인 영혼이다.

인간에 깃들어 있는 보다 높은 단계의 개별적인 영혼은 정신의 단계로 향할 수 있다. 이 영혼은 정신의 개입에 의해 절대적인 '일자'에 참여할 수 있고, 영원한 존재가 될 수 있다. 그러나 인간이 비록 보다 높은 단계의 신적인 영혼을 갖고 있을지라도 영원한 존재가 되기는 매우 어렵다. 왜냐하면 그것은 동물적인 육신을 갖고 있어서 '일자'로부터 너무 멀리 떨어져 있기 때문이다.

보다 낮은 단계의 개별적인 영혼은 물체와 결합하여 감각활동과 활기차게 해 주는 생명의 기운이다. 이는 동물과 식물에게서 확인될 수 있다. 만일 사람이 보다 낮은 단계의 영혼을 소유한다면, 그것은 높은 단계의 영혼이 타락해 있음을 의미한다. 이는 마치 동물들처럼 감각적인 욕망과 저속한 활동에만 의존하여 살기 때문이다. 그렇게 되면 개별적인 인간은 인간 본래의 상태를 상실하여 악하고 타락한 삶을 영위할 수밖에 없게 된다.

물질의 단계

마지막은 세계영혼에서 유출되는 물질(hyle)의 단계이다. 물질의 단계는 어둡고 악한 곳이다. 물질적인 것은 대광명의 '일자'로부터 멀리 떨어져 있고, 일정한 형상으로 존재하는 것이 아니기 때문에 항상 유동하고 무질서하며 불완전하며 좋지 못하다. 가장 어두운 곳은 아무런 형상이 없는 무無의 심연이다. 이는 태양 빛에서 멀어지면 멀어질수록 어두워지기 때문에 빛에서 가장 먼 곳이 암흑세계가 되는 것과 마찬가지다. 한마디로 말해서 최상층은 너무 밝은 대광명의 일자요, 최하층은 빛이 전혀 없는 암흑의 세계이다.

인간이 살고 있는 감각의 세계는 물질적인 것들로 생멸하는 장場이다. 이것들은 모두 '일자'로부터 유출된 것이기 때문에, 자체로 악한 것이 아니다. 개별적으로 존재하는 물질적인 것은 온전한 형상을 보존하지 못하기 때문에 좋지 못한 것일 뿐이라는 뜻이다. 그럼에도 물질적인 세계의 전체는 조화롭고 아름다우며 영원하다. 그러므로 우주 세계에는 절대적인 악이란 없고 오직 선만이 존재한다. 다시 말해서 '일자'와 개별적인 '많음'은 서로 대립하는 존재가 아니고 융화되어 있듯이, 세계 도처에 존재하는 모든 악한 것들은 전체의 측면에서 본다면 모두 선에 융화되어 있는 셈이다.

천지일심의 마음('일자'와의 신비적인 합일)

생겨나는 모든 것은 존재의 목적이 있다. 그 목적은 형상을 온전히 구현하여 완전해지는 것이다. 플로티노스에 의하면 인간의 완성은 영혼의 정화를 통한 '일자'와의 신비적인 합일이 됨으로써만 가능하다. 그 방법은 일자 내부에서 이루어지는 존재의 유출을 거꾸로 거슬러 올라가는 것이다. 이것이 영원한 삶을 위한 '구원의 상향도上向道'이다.

세상을 살아가는 개별적인 인간은 모두 영혼과 육신의 결합으로 이루어진 존재다. 그렇기 때문에 개별적인 인간은 영혼과 육신 사이를 방황하면서 좋지 못한 삶을 피할 수 없게 된다. 달리 표현하면 인간은 물질적인 육신의 감옥에 갇혀있어서 죄와 벌, 죽음과 슬픔, 타락과 방탕한 생활을 영위하며 살게 마련이다. 인생은 한마디로 고해의 바다에 던져져서 허우적거릴 수밖에 없는 존재인 셈이다. 이러한 고해는 영혼이 육신에 더 많은 관심을 쏟거나 물질적인 것을 욕망하면 할수록 더 깊어지게 마련이다.

어떻게 하면 이러한 삶을 일거에 청산하고, 행복하고 평화롭고 선한 삶의 경계에서 유유자적할 수 있을까? 그것은 바로 '근원을 살펴서 본원으로 되돌아가는 것[原始返本]', 즉 인간의 영혼이 유출되어 나온 본래의 고향으로 돌아가는 것이다. 다시 말해서 개별적인 영혼은 육신의 감옥에서 벗어나 스스로를 정신과 결합하고, 마침내 정신의 단계를 넘어서 근원적인 '일자'와 합일하여 하나가 돼야 하는 것이다.

반성적인 사람은 인간이 원초적인 일자로부터 떨어져 나왔음을 깨닫게 되는데, 이런 사람은 일자인 신神의 세계로 되돌아가려고 끊임없이 노력하는 존재가 될 수 있다. 그러나 영혼이 육신에 구속되어 있는 한 신에게로 돌아갈 수 없다. 그래서 영혼이 온갖 육신에 따른 세속적인 욕망과 고통을 벗어나야 하는데, 이것을 영혼의 정화(catharsis)라고 한다. 영혼의 정화를 거친 후에 인간은 이성의 순수사유 단계로 들어

갈 수 있다. 이 단계에서 인간은 정신 너머의 초월적인 일자와 합일을 이룰 수 있게 되는 것이다. 이 과정은 일자의 신적인 것을 닮으려고 부단히 노력하는 것이고, 이러한 과정을 통해 '일자'와의 합일을 이룬 인간은 완전히 선한 인간으로 거듭날 수 있고, 그만큼 자유롭고 행복해질 수 있다.

'일자'와의 신비적인 합일을 이루는 과정은 존재의 "유출설"을 거꾸로 거슬러 올라가는 것인데, 이것도 세 단계로 구분해볼 수 있다.

첫째 단계는 영혼의 단계다. 이것은 플라톤이 주장한 지혜, 용기, 절제, 정의와 같은 실천적인 탁월함(arete)을 발휘함으로써 현실적으로 직면하는 쾌락과 번뇌에서 벗어나는 단계를 의미한다.

둘째 단계는 정신의 단계다. 이는 완벽하고 올바른 사유를 할 수 있도록 하는 수도修道로, 논리적인 사유 활동을 통해서 개별적인 한계를 벗어나 사물에 대한 참된 인식을 소유하는 것이다. 그럼으로써 자신의 영혼은 가사적인 사물에 대한 욕망이나 집착으로부터 벗어나게 되고, 본래적인 자아는 순수한 형상에 참여할 수 있게 된다.

마지막 단계는 절대적인 '일자'와 합일하는 단계다. 이는 사랑과 관조觀照의 직관을 통해서만 가능하다. 여기에서 "유출"의 생성과정이 전도된다.

'일자'와 합일하는 순간은 신비적인 경지에 몰입하여 본래적인 자아 속에 깃들어 있는 '일자'와 하나가 되는 것이다. 합일은 본래적인 자아와 '일자'가 분리되어 있다는 생각이 없어지기 때문에 자아와 '일자'가 융합될 수 있음을 의미한다. 달리 말하면 인간의 내면에 깃든 '신과의 합일'이다. 바로 이 경계에서 황홀경(ekstasis)에 빠지게 되는데, 그 순간은 '일자'를 직관하는 순간이고, 세상사에 대한 모든 고통이나 감정을 잊어버리고, 심지어 자신마저도 잊어버림으로써[忘我] 완전한 환희의 상태에 도달한 것이다.

그러므로 자아가 '일자'와 신비적인 합일을 이루는 것은 최고의 가치요, 더 없는 행복이며, 궁극의 존재 목적이요, 자아의 완성이다. 플로티노스의 이러한 구원사상은 중세 신학의 거장 성 아우구스티누스 St. Augustinus(354~430) 이론에 그대로 투영된다. 다시 말해서 플로티노스의 초월적인 '일자'는 만물의 근원으로 지고지순한 실재이고, 완전하기 때문에 절대 선이요 사랑이다. 이것을 아우구스티누스는 절대적으로 초월한 신으로 파악했던 것이다. '일자와의 신비적인 합일'은 영혼이 신과 합일함으로써 황홀경에 들어가는데, 이것을 아우구스티누스는 초월적인 신이 부여하는 은총의 선물로 간주했던 것이다.

4

실재론에서 관념론으로의 전향

1) 중세에서 벌어진 플라톤과 아리스토텔레스간의 존재론 논쟁

암흑기로 접어든 학문

"로마는 하루아침에 이루어지지 않았다"는 말이 있다. 알렉산더 대왕의 갑작스런 죽음으로 마케도니아 제국이 무너지면서 이탈리아 반도 북쪽의 조그만 도시국가였던 로마는 점차 세력을 키워 오랜 세월에 걸쳐 지중해 연안 주변 국가들을 무력으로 통합해 나갔다. 이리하여 로마는 여러 국가들의 색다른 문화를 수용 통합하여 과거 도시국가의 틀을 벗어나 대 제국으로 탄생하게 된다.

그럼에도 오랜 세월에 걸쳐 감행한 정복전쟁으로 인해 로마시민들은 절대자에 기대어 영혼의 안식처를 갈구하게 되는데, 이로부터 신앙 지상주의가 싹터 주변으로 점점 확대되어 갔다. 신앙지상주의는 "불합리하기 때문에 믿는다(Credo quia absurdum est)."고 한 테르툴리아누스Tertullianus(150-220)의 사상에서 그 단면을 엿볼 수 있을 것이다. 그는 그리스 합리주의 이성으로써 가톨릭 교리를 정당화하려는 모든 학설에 대해 반대한다. 오히려 철학을 이단의 어머니라고 주장하면서, 가톨릭의 교리가 이성에 불합리하기 때문에 진리라고 역설한다. 그 역설은 그가 "신의 아들(예수 크리스트)은 십자가에 못 박혔다. 이것은 부끄러운 일이기 때문에 우리는 이것을 부끄러워 하지 않는다. 신의 아들은 죽었다. 이것은 어리석은 일이기 때문에 완전히 믿을만한 가치가 있다. 신의 아들은 묻

테르툴리아누스 저술

혔다가 부활했다. 이것은 불가능한 일이기 때문에 확실하다."고 말한 것에서 확인할 수 있다.

초기 로마제국의 위풍당당했던 위상은 콘스탄티누스F. V. Constan-tinus(274-337) 황제의 밀라노 칙령으로 가톨릭교회가 공인(313년)되면서 쇠퇴의 길로 접어든다. 반면에 점점 확대되는 신앙지상주의는 로마제국의 안위를 지탱하는 정치세력을 더욱 위협하게 됐다. 설상가상雪上

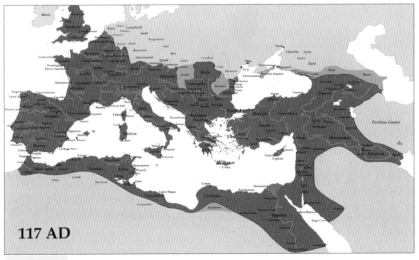

117 AD

로마제국 지도

加霜으로 북방에서 밀고 내려오는 게르만 민족의 대이동과 반달족의 침입은 로마제국을 빈사상태의 지경에까지 몰고 갔다.

이민족의 색다른 문화가 로마로 유입되고, 로마제국의 정치적인 혼란이 가중되자 가톨릭교회의 세력은 급속히 확장되어 갔다. 이런 상황을 보다 긍정적으로 말해 보자면, 로마제국의 쇠퇴는 고대문화의 총체적인 보유자가 되려고 노력한 가톨릭교회가 북방의 게르만 민족을 개화시키면서 중세의 종교문화를 꽃피우기 시작한 시기로 볼 수 있다.

이러한 정치적, 사회적, 문화적 배경에서 서양 중세의 신권정치를 위한 신앙지상주의 기반이 확고하게 다져지게 되는데, 그 중심에 교부철학의 아버지라 불리는 아우구스티누스St. Augustinus(354~430)가 등장하여 활동한다.

아우구스티누스는 젊은 시절에 극도의 타락한 삶을 살았다. 그는

콘스탄티누스 1세 동상

특히 페르시아에서 기원한 마니교
(Manichaeism)의 교주가 될 뻔도 하였
지만, 유대교를 독실하게 신앙한 어
머니의 헌신적인 설득과 플로티노스
의 사상으로부터 지대한 영향을 받
아 가톨릭으로 개종했다. 새 사람으
로 거듭나게 된 그는 플라톤 철학을
기반으로 『신국론』을 비롯하여 신학
의 교리를 옹호하는 많은 글을 썼다.
430년 반달족이 침입하자 그는 피난
을 마다하고 신학적 교리에 대한 믿

아우구스티누스

음을 펼치기 위해 마지막 펜대를 든 채 글을 쓰면서 창에 맞아 숨을
거두게 된다.

　신앙지상주의에 힘입은 중세의 신권정치는 북방의 기성문화를 제압
하는데 막강한 힘을 발휘할 수 있었고, 또한 중세 봉건주의 사회에서
발현되는 통일적인 문화를 발전시키는데 한 몫을 하게 된다. 반면에
정치 사회 문화가 교회의 주도권 하에 있었기 때문에, 학문의 꽃이라
불리는 철학, 문명의 추동력을 제공하는 수학과 과학, 인간생명의 안
녕에 힘쓰는 의학 등은 당연히 종교의 엄격한 감독 하에 놓이게 된다.
역사가들이 중세를 학문의 암흑기라 부르게 된 까닭이 여기에 있다.

철학은 신학의 시녀

　가톨릭교회는 초기부터 교부 철학자들의 필사적인 노력으로 종교
교리를 점차 확립해 나갔고, 이를 무기로 포교의 영역을 점차 확장해

나갔다. 9세기경에 이르자 가톨릭교회는 교리에 대한 철학적 합리성을 부여하는 데에 집중하게 된다. 이 시기부터 철학은 교리를 논리적으로 증명하여 학문적인 체계를 세우는 일이 주된 업무가 되었던 것이다. 그 이유는 합리적인 교리를 가지고 이교도들을 설득해야했기 때문이다. 그러다보니 철학은 아리스토텔레스의 논리학을 중시하게 되었고, 논리학은 수도원에 부속된 학교(schola)를 중심으로 연구되었다. 그래서 이 시대의 철학은 학교의 교사에 의한 가르침이기 때문에 스콜라철학(scholasticism)이라 불린다. 서양 중세의 스콜라철학이 출범하게 된 것이다.

스콜라철학은 본격적으로 에리우게나Eriugena(810-877)에서부터 시작한다고 볼 수 있다. "진정한 종교는 진정한 철학이요, 진정한 철학은 진정한 종교이다."는 주장이 그의 지론이었기 때문이다. 다시 말해서 신앙은 믿기만 해서는 안되고, 교리를 맹목적으로 받아들이는 것도 또한 어리석은 일이라는 얘기다. 믿음도 중요하지만 합리적인 객관성이 뒷받침돼야 올바른 신앙이 되기 때문이다. 따라서 종교적 계시의 진리는 마땅히 이성적으로 이해되어야 하고, 합리적으로 해석되어야 하며, 체계적으로 조직되어야 했던 것이다.

이러한 사고는 신앙과 이성의 화합을 절대적으로 필요로 한다. 그런데 종교적인 교리와 학문적인 조직, 신학과 철학은 뭔가 불협화음을 안고 있는 것으로 보인다. 종교적인 교리와 신앙이 신학의 중심 내용이라면, 학문적인 조직과 이성은 철학의 중심 내용이라 볼 수 있기 때문이다. 다시 말해서 종교의 교리를 대변하면서 믿음으로 이끄는 것이 신학이고, 학문적인 조직을 대변하면서 이성으로 탐구하는 것이 철학이라면, 양자의 관계는 화합하기 힘든 부분을 포함하기 때문에,

서로 갈라서 대립해 있는 양상을 보일 수 있다는 얘기다. 그래서 신앙의 영역과 이성의 영역을 화합하는 문제가 곧 스콜라철학의 전개에 주류를 이루게 된 것이다.

교부시대에 이성은 단지 신성한 교회를 이단적인 사상으로부터 지키거나 신앙이 없는 자들을 신앙의 길로 인도하기 위한 수단이었으나, 스콜라철학이 들어오면서 이성은 신앙의 내용에 대해 적극적으로 문제를 삼는다. 그러다보니 스콜라철학은 초기부터 교리의 해석과 합리화에 따른 논쟁이 치열하게 벌어질 수밖에 없었던 것이다.

이성을 통한 교리의 조직에 많은 역할을 수행했던 스콜라철학자는 안셀무스St. Anselmus(1033-1109)이다. 그를 스콜라철학의 비조鼻祖라고 해도 지나친 말은 아닐 것이다. 그는 신앙이 이성의 활동에 당연히 앞서 있다고 보았고, 이성이 신앙의 근거를 마련해 줄 것을 요구하였다. 이 말은 이성의 논리로 탐구하는 철학이 종교적인 신앙이 요구하는 대로 신학적 교리를 영원한 반석이 되도록 공고히 해야 함을 뜻한다. 중세 스콜라철학에서 '철학은 신학의 시녀다'라는 말은 이러한 사고를 기반으로 해서 나온 것이다.

안셀무스

신학의 시녀가 철학이라면, 신학은 주主가 되고 철학은 종從이 된다. 신앙의 교리가 일차적인 주主가 된다면 이성이 탐구하는 철학은 이를 뒷받침하는 종이 된다. 신앙적 교리의 주인은 신이고 교리 조직의 주인은 이성적인 인간이기 때문에, 신과 인간 간에는 주종관계가 성립됨을 알 수 있다. 종은 주인이 원하는 대로 행할 수밖에 없었을 것이다. 따라서 중세 암흑기에는 이성에 의한 철학적 탐구든 과학적 탐구든 신앙의 교리에 어긋나는 탐구는 절대 금물이었던 것이다.

보편논쟁普遍論爭이 대두한 까닭

"사람에게는 혼魂과 넋魄이 있어 혼은 하늘로 올라가 신神이 되어 제사를 받다가 4대가 지나면 영靈도 되고 혹 선仙도 되며 넋은 땅으로 돌아가 4대가 지나면 귀鬼가 되느니라." (『道典』2:118:2-4)

인간이 죽으면 어떻게 될까? 인간이 진정으로 실재하지 않는다면, 인간이 죽었을 때 생명을 구성했던 육신(에너지 덩어리)이 흩어져버림과 동시에 인간은 무無로 돌아갈 것이다. 하지만 인간이 진정으로 실재하는 것이라면, 그 실재가 되는 것은 혼魂이고, 그 혼은 죽어 없어지지 않고 어딘가(천상)로 돌아가야 마땅하다. 거기로 돌아간 혼은 개별적인 것일까 보편적인 것일까? 만일에 실재하는 혼이 보편적이라면 거기로 돌아간 인간의 혼은 전적으로 '하나' 밖에 없을 것이다. 그렇게 되면 소크라테스의 혼과 홍길동의 혼은 서로 구분이 될 수 없는 동일한 '하나'가 되고 만다. 그러나 개별적인 영혼의 구원을 전제하는 가톨릭 교회는 보편적인 혼이 실재하는 것이 아니라 개별적인 혼이 실재해야 함을 요구할 수밖에 없었을 것이다.

소위 보편자가 실재하는 것인가 아니면 단순한 개념에 지나지 않는가의 논쟁은 서양 중세 스콜라철학의 중심축을 이룬다고 볼 수 있다. 특히 신앙과 이성 간의 관계에서 활발하게 전개된 스콜라철학의 논구는 소위 보편논쟁普遍論爭에서 정점을 이룬다. 그런데 보편논쟁의 발단은 원초적으로 플라톤 이데아론과 아리스토텔레스의 형이상학적 개념을 올바로 이해하는 과정에서 비롯된 것으로 볼 수 있다.

처음으로 보편논쟁의 실마리를 제공한 인물은 로마의 마지막 철학자 보에티우스M.S. Boethius(480-524)이다. 그는 중세에다 풍부한 사상과 많은 문제들을 제공해 준 인물이다. 특히 그는 당대의 지식인들에게 플라톤과 아리스토텔레스의 사상을 전부 알려줄 요량으로 주요 저작들을 라틴어로 번역하고 주석을 달았다. 그런데 아리스토텔레스의 『범주론』에 대한 포르피리오스Porphyrios(232-304)의 서론을 번역하는 과정에서 문제가 발생한다. 요컨대 인간의 실체實體, 본질本質, 덕德 선善, 유개념類槪念, 종개념種槪念 등과 같은 보편적인 개념과 하양, 뜨거움 등과 같은 다른 서술 범주의 개념들인데, 과연 이들 보편개념이 실재하는가 아니면 단순한 개념에 지나지 않는가의 물음이 제기된 것이다.

보편논쟁이란 무엇인가? 이를 쉽게 이해하기 위해서는 보편자와 개별자(개별적인 사물)를 비교해보는 것이 좋겠다. 보편적인 '사람'이라는 개념은 어떻게 형성되는가? 우선 서로 다른 '개별적인 사람'을 여러 번 관찰하고 비교하여 특수한 성질들은 버리고 공통적인 성질들만 추상하여 비물질적인 보편개념을 이끌어낸다. 즉 누구에게나 공통적으로 적용이 되는 '사람'은 보편 개념이다. 반면에 '이 사람(소크라테스)'이라는 개념은 구체적인 것으로 오직 '단 한사람'에게만 적용이 되는 물질적인 개별개념이다.

보편논쟁은 보편자와 개별자 간에 무엇이 실재하는가의 주장을 놓고 벌

학생을 가르치는 보에티우스

이는 논쟁이다. 이는 보편자만이 실재하고 개별자는 보편자에 참여함으로써만 존재할 수 있다는 플라톤 철학의 진영과 개별자만이 실재하고 보편자는 개별적인 사물로부터 추상해낸 이름에 지나지 않는다는 아리스토텔레스 철학의 진영 간에 벌어지는 대립이라 볼 수 있다.

보편자의 문제는 무엇 때문에 그리 중요했던 것일까? 진정으로 실재하는 것을 추상적인 보편자라고 하느냐 아니면 구체적인 개별자라고 하느냐에 따라서 교리에 대한 믿음은 엄청난 결과를 초래한다. 스콜라철학에서 보편논쟁을 가장 중요한 쟁점으로 삼았던 까닭은 여기에 있다. 보편적 개념들, 즉 절대적인 '신의 존재', 구원을 받는 '인간의 영혼', 신성한 가톨릭 '교회의 이념', 인류에게 보편적으로 적용이 되는 '원죄' 등을 어떻게 정의하느냐에 따라 종교적인 믿음의 향방이 달라지기 때문이다. 이것이 스콜라철학에서 해결해야할 중요한 문제거리였던 것이다.

보편자와 관련하여 문제가 되는 것을 지적해 보자. '인간의 영혼'이 신의 은총으로 구원을 받는다고 할 때, 여기에서 구원을 받는 주체는 누구에게나 적용이 되는 '공통적인 영혼' 아니면 오직 자신에게만 적용이 되는 '개별적인 영혼'이어야 할 것이다. 만일 보편자만이 실재하는 것이라면, 개별적인 영혼에게 내려주는 은총은 의미가 없을 뿐만 아니라 개별적인 인간이 죽어서 그 영혼이 천국에 간다 하더라도 자신의 고유한 영혼은 없고 오직 보편적인 영혼만이 실재하게 된다. 그렇게 되면 개별적인 영혼의 구원은 무의미해진다. 따라서 개별자(개별적 영혼)가 실재해야 한다. 이러한 입장은 아리스토텔레스 철학의 진영에서 제기할 수 있는 주장이다.

신성한 가톨릭 '교회의 이념'의 문제도 사정은 마찬가지이다. 교회는 신에게 경배를 드리는, 신의 권역에 속하는 신성한 곳이다. 그런데 우리나라에도 수많은 교회가 있음을 보듯이, 현실적으로 존재하는 것은 개별적인 교회다. 개별적인 교회에 참석해서 신에게 경배도 드리고 참회도 하는 것이다. 그런데 개별적인 교회는 신성하지도 않고 영원히 실재하는 것도 아니다. 따라서 신성한 가톨릭 '교회의 이념'이 신성하고 신의 권역에 속하는 것이라면, 교회는 보편자로서 실재하는 것이어야 한다. 이러한 주장은 플라톤 철학의 진영에서 제기할 수 있는 주장이다.

보편논쟁의 출발은 양대 진영으로 나뉘어 진행되다가 절충론折衷論으로 끝나게 된다. 우선 안셀무스는 에리우게나의 사상에 동조하면서 플라톤 진영에 서서 보편자만이 실재한다는 극단적인 실재론(realism)을 전개해 간다. 여기에 대립하여 맞선 스콜라철학자는 로스켈리누스Roscellinus(1050-1124)다. 특히 둔스 스코투스D. Scotus(1266-1308)와 오캄W. Ockham(1280-1349)은 보편자란 단순히 일반적으로 적용되는 단순한 개념에 지나지 않는다는 입장에서 극단적인 유명론(nominalism)을 내세운다. 결국 보편논쟁은 후에 아벨라르두스P. Abelardus(1079-1142)의 절충론(온건 실재론)이 등장함으로써 일단락되고, 아퀴나스Thomas Aquinas(1225-1274)에 이르러서 종합 정리된다.

극단적인 실재론의 입장

스콜라철학의 선구자라 할 수 있는 에리우게나는 종교와 철학, 신앙과 이성의 일치를 주장한다. 절대적인 신은 최고의 유개념類概念으로 유일한 실재이며, 전적으로 선善한 존재이다. 모든 만물이 신에 의존해서 존재하기 때문에, 에리우게나는 신이 근원의 본질이요 최고의 원인이라고 주장한다. 이는 플라톤의 철학에서 말하는 이데아들 중의 이데아가 최고 보편자로 실재한다는 극단적인 실재론의 입장을 옹호하고 있음을 보여준다.

스콜라철학의 아버지라 불리는 안셀무스는 굳은 신앙에 기초를 두고서 이성적으로 따져야 한다는 입장에서 "나는 믿기 위해서 이해하는 것이 아니라 이해하기 위해서 믿는다.", "신앙이 없는 자들은 아무리 이해하려고 부단히 노력하지만 믿음이 없기 때문에 이해할 수 없다."고 말한다. 그는 왜 이런 말을 했을까? 신앙은 모든 이해에 앞서 있고, 철학이 추구하는 지혜는 신앙으로 가져와질 때야 비로소 이해될 수 있을 것이라고 믿었기 때문이다. 이를 관철하기 위해서 그는 당시 가톨릭교회의 교리에 대한 믿음을 플라톤의 사상을 동원하여 학문적인 진리로 정립시키고자 했던 것이다.

그래서 그는 신성한 가톨릭교회, 즉 보편적인 교회가 신도들 개개인의 집합으로 이루어진 것이 아니며, 특수한 개별적인 교회에 앞서 있다고 주장한다. 이는 보편적인 교회와 개별적인 교회들의 관계가 플라톤의 이데아와 현상의 구체적인 개별자의 관계와 마찬가지라는 사고에서 나온 것이다. 이러한 사고를 기반으로 해서 그는 개별적인 인간이 보편적인 교회에 속할 때에만 참된 인간의 모습을 찾을 수 있고, 교회를 통해서만 구원받을 수 있다고 주장한다.

"보편은 실재하는 것이고 개별적인 것에 앞서있다."는 논지에 따라 안셀무스는 신성한 교회의 절대적인 권위를 인정하고, 가장 큰 보편자로서의 절대적인 신이 실재함을 논증한다. 보편자가 참되게 실재한다는 입장에서 그는 보편적인 인간의 실재, 인류 전체에 적용되는 보편적인 원죄의 실재, 개별적인 인간의 속죄와 크리스트의 구원을 앞세운 가톨릭교회의 당위성을 주장하게 된다.

안셀무스는 최고의 보편자인 신의 존재를 이성적으로 증명하는 것이 가장 중요하다고 생각했다. 최고의 신이 실재한다고 단순하게 말하는 것만으로는 자신을 만족시킬 수 없었기 때문이다. 그래서 그는 신의 존재에 대한 명확한 증거를 찾기 위해 필사적인 노력을 했던 것이다. 어느 정도의 노력이었느냐 하면, 신의 존재를 논증하기 위해 사색에 열중한 나머지 그는 식사조차 잊어버릴 정도였다고 한다. 그는 몇 년 동안이나 신에 대한 논증을 찾아 헤맨 나머지 결국 방법을 발견해 냈다. 그의 신 존재 증명은 두 방식으로 논의해볼 수 있다. 하나는 현상의 사물을 통한 경험적인 증명이고, 다른 하나는 순수 이성을 통한 존재론적 논증이다. 보편자로서 신에 대한 존재증명은 3부에서 소개될 것이다.

극단적인 유명론의 입장

보편자가 실재한다는 주장에 적극적으로 반대의사를 제기하기 시작한 것은 아리스토텔레스의 철학, 즉 개별적인 존재가 실체라는 사상이 널리 소개되면서부터라고 볼 수 있을 것이다. 8세기경에 아리스토텔레스의 철학은 이슬람 세력의 영향권에 있던 스페인, 이집트, 시리아, 메소포타미아, 아프리카 북부 등지에서 유행하고 있었다. 특히 페르시아에서 태어난 이슬람 철학자 아비켄나Avicenna(980-1037)는 아리스토텔레스의 철학으로 무장하여 대단한

아비켄나

세력권을 형성하고 있었다. 중세기에 접어들어 아리스토텔레스의 철학이 스콜라철학에 도입되어 알려지면서 유명론이 대두하기 시작한 것이다.

보편자는 단순히 지성이 창출한 개념(말)에 지나지 않는다는 유명론을 제기한 스콜라철학자는 로스켈리누스이다. 그에 따르면 "보편은 이름이고 보편자는 실제적인 사물 다음에 존재한다." 다시 말하면 실재하는 것들은 모두 개별자들이다. 보에티우스가 지적했듯이, '하양'과 같은 보편자는 입으로부터 터져 나오는 공기의 숨과 같은 단순한 말이라는 얘기다. 현실이란 오직 개별적인 사물에 의해 구성되어 있는 것이고, 보편적인 개념이란 인간이 창출해 낸 '이름'이나 '기호'에 지나지 않는다는 것이다. 이러한 입장을 고수하는 유명론은 후에 토마스 아퀴나스주의(Thomism)에 반기를 들고 등장하는 둔스 스코투스와 윌리엄 오캄에 이르러 극단으로 치닫게 된다.

극단적인 유명론은 "보편자가 개별적 사물에 앞선다(universalia ante res)"고 주장한 안셀무스의 실재론에 정면으로 대립한다. 유명론의 주장에 의하면, 보편개념이란 사물에 앞서서 존재하는 것도 아니고, 사물 안에 존재성을 갖는 것도 아니며, 단지 인식 주관에만 존재하는 단순한 사고의 산물이라는 것이다. 따라서 보편자는 기호나 명칭에 지나지 않고, 실재하는 것은 오직 개별적인 사물이다. 이러한 입장에서 오캄은 지식이란 개별적인 사물에 대한 직접적인 경험과 지각에 기초를 두고 있고, 개별적인 경험으로 들어올 수 없는 '보편적인 존재는 깎아버려야 한다.'고 주장한다. 이러한 날카로운 지적들 때문에 오캄은 후에 '오캄의 면도날'이란 애칭이 붙었다.

심지어 오캄은 '얼마나 많은 천사들이 바늘 끝에서 춤을 출 수 있을 것인가'라는 말을 던짐으로써 보편자가 실재한다는 주장이 전적으로 허구라는 사실을 간접적으로 야유했다는 속설도 있다. 오캄은 왜 그런 야유를 보냈을까? 오캄은, 만일 보편자만이 실재하는 것이라면, 개별적인 수많은 인간이 구원을 받아 천상에 올라갔을 때, 거기에 보편적인 '하나의 인간 영혼'만이 실재하고 개별적인 인간의 고유한 영혼이란 찾아볼 수 없음을 꼬집은 것이다. 왜냐하면 우리가 빤히 경험하는 개별적인 영혼의 차별은 보편적인 영혼에서 전혀 찾아볼 수 없기 때문이다. 따라서 개별적인 인간의 구원은 무의미해진다.

그러므로 최고의 보편자가 되는 전지전능하고 선한 신의 존재, 보편적인 신성한 교회의 이념, 원초적으로 아담이 지음으로써 개별적인 인간에게 지워진 보편적인 원죄의 개념은 실재하는 것이 아니라 바람소리에 지나지 않는다는 유명론이 득세하게 됐다. 이성으로써 신앙을 합리화하려는 스콜라철학의 일차적인 목표는 실패로 돌아갔고, 이제는 신성한 교회의 권위도 무너졌다. 결국 스콜라철학이 해체되면서 인간은 외면적인 신앙에 따르는 것보다 각자 자신의 내면에 고요하게 주의를 기울임으로써 신을 발견해야 한다는 신비주의가 유행하게 된다. 이러한 분위기는 후에 루터의 종교개혁과 때를 같이하여 새로운 시대를 열게 되는 전환점이 되었다.

마틴 루터(1483-1546)

온건실재론과 그 종합

로스켈리누스가 대표하는 유명론과 안셀무스가 대표하는 실재론 두 진영 간의 대립을 어떻게 해결해야 바람직한가의 문제가 제기되자, 양자의 대립을 종합하려는 시도가 등장한다. 그것은 플라톤의 극단적인 실재론적 입장도 일부 수용하고 극단적인 유명론의 입장도 일부 수용하여 절충한 온건실재론이다. 온건실재론은 개별자에 대해 아리스토텔레스의 형이상학에서 논의되는 질료(hyle)와 형상(form)의 내재를 앞세운다. 아벨라르두스P. Abelardus(1079-1142)와 토마스 아퀴나스가 온건 실재론의 중심에 있다.

아벨라르두스는 개별자가 실재한다고 확고하게 주장하면서도 보편적인 개념은 개별자에 앞서 존재하거나 뒤에 존재하는 것이 아니라, 개별자 '안에' 존재한다는 입장이다. 이런 주장을 내세울 수 있는 근거는 인식과 밀접한 관련이 있다. 인식은 개별자가 아닌 보편자를 요구하기 때문이다. 그래서 그는 개별적인 사물에 관계해서만 보편자를 인식할 수 있다고 주장한다.

만일 우리가 생전 보지도 못하고 아무런 정보도 갖지 않은 외계인外界人에 대해 생각한다고 해 보자. 생각하는 과정에서 우리는 외계인에

아벨라르두스와 엘로이즈

대한 어떤 표상을 가지게 될 것이다. 그러다가 실제로 외계인을 직접 보기라도 한다면, 그러한 표상은 잘못된 것이거나 확실하지 않았다는 것을 알게 된다. 그래서 온건실재론은 감각될 수 없는 보편자가 지식의 참된 근거가 될 수 없다고 한다. 그렇다고 해서 개별자만이 실재하는 것이고 보편자가 단순한 개념에 지나지 않는다는 입장은 아니다. 보편

개념이 개별자 안에 내재한다고 주장하기 때문이다. 다시 말해서 개별적인 사람은 '사람'이라는 공통적인 특성을 지니고 있기 때문에 '사람'이라고 불려진 것이 아니라, '사람임'이라는 보편자가 내재해 있기 때문에 '사람'이라 불려진다는 얘기다. 요컨대 "소크라테스는 사람이다"는 명제가 있다면, '사람'이라는 보편개념은 인간의 지성이 추상해낸 것이지만, 이러한 추상 개념은 곧 그 개념에 대응하는 그 무엇이 '소크라테스'의 개별자 안에 내재한다는 것이다.

그러므로 온건실재론에 따르면, 보편자가 경험세계에 존재하는 방식은 그것이 사물 '안에만' 있는 것이지 초월하여 독립적으로 실재하지 않는다. 그러나 신의 입장에서 본다면 보편개념은 사물에 '앞서서', 즉 신적 정신 속에 자리 잡은 피조물의 원상으로만 존재할 수 있다. 반면에 인간 지성과의 관계에서 본다면 보편개념은 사물보다 '뒤에', 즉 지성이 사물과의 일치를 통해서 비로소 창출될 수 있는 개념의 상으로서만 존재할 뿐이라는 주장이다.

토마스 아퀴나스도 실재론과 유명론을 종합한다. 그 방식은 아벨라르두스의 입장과 거의 유사하다. 그는 이성의 지식과 신앙의 일치를 주장함으로써 신의 존재를 인식할 수 있다고 한다. 그러나 이성만으로는 신의 본질을 파악할 수 없고, 오직 신앙을 통해서만 파악할 수 있다는 것이다. 보편자와 개별적인 사물과의 관계에 대해서 그는 아리스토텔레스의 질료와 형상의 관계를 활용하는데, 형상은 신의 지혜에 의해서 주어지고, 이것이 질료에 가해져서 개별적인 것들이 창조되었음을 주장한다. 온건실재론의 입장에서 그는 보편적인 형상이 실재하고 개별적인 사물 안에 존재할 수 있다는 입장이다.

2) 형이상학적 유심론의 대표자 라이프니쯔Leibniz

신앙의 속박에서 해방된 인간 이성_____

중세의 신권중심 사회질서 체제는 종교개혁의 회오리가 일자 서서히 붕괴되기 시작한다. 결국 신앙의 중심교리인 구원의 문제가 최우선의 과제로 떠오르면서 이제는 보편적인 교회의 관심사가 아닌 개인 양심의 문제라는 시대적 요청이 확산되기 시작한 것이다. 이러한 시대적 조류는 중세 교회의 철학적인 지주였던 스콜라철학의 붕괴를 초래했으며, 보편자가 아닌 개별자의 실재성이 강조된다.

특히 문명사적인 측면에서 볼 때, 14세기부터 16세기 사이에 인문개벽이라 부를만한 일종의 사상적 정신운동이 일어난다. 소위 문예부흥이라 통칭하는 르네상스renaissance가 그것이다. 르네상스는 고대 그리스 문화와 로마문화를 재인식하여 새롭게 수용하는 과정에서 발생하는데, 역사적인 측면에서 보면, 바로 근대의 세계를 열어주는 결정적인 배경이 됐다고 본다.

흰 족제비를 안고 있는 여인
〈레오나르도 다빈치 그림〉

르네상스의 암묵적 의미는 중세의 신 중심 사회에서 신과 믿음[信仰]의 시종侍從에 불과했던 인간과 이성의 권위가 다시 살아난다는 뜻이다. 종으로부터 해방된 인간은 신의 섭리를 두려워하지 않게 됐고, 이성 또한 교리에 대한 믿음을 거부하거나 비판하게 된다. 따라서 인간은 어디에도 얽매이지 않는 개인주의적인 자유로운 존재가 되어 새 역사 전개의 주체가 되었으며, 이성은 교리에 대한 믿음에 위배될 수 있는 학문적 탐구의 영역으로 돌진할 수 있었던 것이다. 여기로부터 르네상스는 휴머니스트의 부활이니 이성에 토대를 둔 인문주의 부활이니 하는 새로운 시대의 문을 열게 된 것이다.

근대가 개벽되도록 촉진한 역사적인 배경은 과학혁명기라 할 수 있는 자연과학의 진보가 한 몫을 차지한다. 신앙의 교리와 치열하게 대립하면서 이룩한 괄목할만한 자연과학의 성과는 종교로부터 자연의 분리를 더욱 촉진하였고, 실질적으로 이성과 신앙의 분리를 가져왔던 것이다. 이로써 이성은 새시대의 학문적 확신과 뚜렷한 전망에 희망을 품었으며, 순수 이성으로 사유하여 탐구하는 수학은 자연과학적 지식의 짜임새를 구성하는 데에 핵심역할을 담당하였다. 또한 이성을 통한 수학적 지식이 갖고 있는 확실성의 방법은 철학적 사유의 진리탐구에서도 확고한 표본이 되었다.

르네상스 이후 17세기에 새롭게 출현하는 근대의 철학은 영국의 경험주의(Empiricism)와 대륙의 합리주의(Rationalism)로 갈라진다. 합리주의는 원래 감성이 아닌 냉철한 이성理性(Ratio)을 사유의 규준으로 삼는다. 다시 말해서 합리주의는 가톨릭 종교가 내세우는 초자연주의나 초합리주의가 아닌 자연에 있어서 인간존재의 이성을 중시하거나, 인식능력을 이성과 감성으로 나눠볼 때 이성만이 확고한 진리로 이끌 수 있다는 신념에서 붙여진 것이다. 그래서 합리주의는 필연적인 사유로부터 보편타당한 이성적 진리의 탐구를 목적으로 삼는데, 사실에 있어서 '그러하다'는 것 뿐만아니라 언제어디서나 항상 '꼭 그러하다'는 필연적인 인식을 요구한다. 이러한 요구에 충족될 수 있는 진리는 경험에서 찾아지는 것이 아니라 이성의 필연적인 사유에서 찾아진다.

합리주의가 내세우는 이성은 인간만이 가지는 고유하고 특수한 능력을 의미한다. 이성은 인간이 성장해가면서 발전되어 나오는 것이 아니라 인간이면 누구나 천부적으로 타고난, 경험적으로 주어지는 감각능력과는 전적으로 다른 인식능력이라는 얘기다. 고대 그리스의 철학자들, 특히 파르메니데스, 피타고라스, 소크라테스, 플라톤, 아리스토텔레스의 사유에서 알 수 있듯이, 이성은 로고스Logos요, 우주의 법칙으로서 유한적인 인간이 갖고 있는 절대적인 인식능력, 신적인 능력이다.

근대의 합리주의자들은 절대적인 존재, 즉 신의 존재를 파악할 수 있을 만큼의 절대적인 권위를 이성의 힘에 두었다. 그들은 인간의 이성을 진리의 원천으로 보고, 이성에 의해서만 참된 진리파악에 도달할 수 있다고 믿었던 것이다. 그들은 논리적이며 가장 확실하고 명확한 지식을 제공하는 수학적인 탐구가 학문의 이상으로 여겼다. 그런 까닭에 합리주의자들은 대부분 철학자이면서 수학자였다. 이유는 수학과 철학이 분리될 수 없다고 믿었기 때문이다. 이런 입장에서 사유를 전개한 대표적인 합리주의 철학자는 르네 데카르트R. Descartes(1596~1650)를 필두로 하여 베네딕트 스피노자B. Spinoza(1632~1677), 빌헬름 라이프니쯔G.W. Leibniz(1646~1716)를 꼽을 수 있다.

대륙의 3대 합리주의자들

시대적으로 볼 때, 르네상스는 중세의 신학을 무너뜨리고 새로운 시대의 근대가 열리는 계기를 마련해 주었다. 그러한 시대적 상황에 맞추어 맨 먼저 학문사의 무대에 프랑스 출신 데카르트가 등장한다. 그는 당대의 최고 철학자이자 수학자였다.

유럽의 영웅으로 칭송되는 나폴레옹은 "미래란 일찍 일어나는 사람들의 것"이라고 말했다. 하지만 데카르트가 세기의 늦잠꾸러기였다는 사실은 나폴레옹의 말을 무색하게 만든다. 왜냐하면 철학과 수학 분야에 남겨놓은 그의 탁월한 업적은 늦잠에서 나왔기 때문이다. 수학자로서의 그는 복잡하게 기술한 유클리드 기하학 체계를 간명하게 기술하는 대수학과 해석 기하학을 창시했고, 철학자로서의 그는 근대철학의 아버

제위에 앉은 나폴레옹〈앵그르 그림〉

지라 불려질 정도로 인식론認識論(Epistemology)이라는 새로운 철학의 길을 개척했다.

데카르트는 학창시절에 스콜라철학의 형이상학과 논리학을 공부하면서 당시의 시대정신을 사로잡은 자연과학과 수학에 대단한 관심을 갖고 사색에 몰두했다. 자연과학에서 괄목할만한 새로운 지식이 쏟아져 나오면서 참된 진리라고 여겼던 것이 내일에는 거짓이 됨을 개탄한 그는 가장 엄밀한 수학적 사유방법을 철학에 적용하여 확실하고 분명한 진리를 정립할 굳은 신념을 가지게 된다.

근대 합리주의 거장 데카르트는 진리를 탐구함에 있어서 누구에게나 선천적으로 타고난 냉철한 분별력을 가진 이성에 절대적인 신뢰를 둔다. "나는 생각한다, 그러므로 나는 존재한다(cogito ergo sum)"는 명제는 사유하는 이성야말로 진정한 실체임을 말해주고 있다. 그는 사유

데카르트

실체 외에 사물을 구성하는 궁극의 존재로 공간을 점유하는 연장(extendum) 실체를 내세운다. 사유실체와 연장실체는 모두 '유한실체'들이다. 한걸음 더 나아가 그는 '무한실체'를 주장한다. 절대적으로 실재하는 것은 무한실체로서 신神이다. 그리고 무한실체와 유한실체 외에 그 밖의 나머지 것들은 모두 실체의 양태(mode)에 지나지 않는다는 것이다.

전적으로 속성이 서로 다른 사유실체와 연장실체로 엄격히 구분해 놓은 데카르트는 심신이원론心身二元論이라는 난관에 봉착하고 만다. 심신이원론이란 마음(정신)과 몸(신체)는 본질적으로 근원이 다른 것임을 전제함에서 비롯된다. 다시 말해서 심신이원론에는 몸 따로 마음 따로 각기 작동한다는 위험이 따른다. 이러한 이원론을 극복하기 위해서 스피노자가 등장하게 된다. "나는 내일 지구의 종말이 올지라도 한그루의 사과나무를 심겠다."는 말로 유명한 스피노자는 유태계의 혈통을 가진 네덜란드 출신으로 특히 윤리학을 기하학적 공리체계로 저술한 고독한 철학자였다.

스피노자는 유한자(정신과 물질)가 아닌 무한자로서의 "일자"만이 궁극의 실체라고 주장한다. 무한한 실체는 데카르트가 말한 사유와 연장이라는 두 가지 특성, 즉 무한한 연장과 무한한 사유를 가진다는 것이다. 그래서 유한하게 존재하는 개별적인 모든 것들은 이 두 관점에서 파악될 수 있게 된다. 그럼에도 사유와 연장은 두 개의 서로 다른 실체가 아니다. 오직 사유와 연장을 통해 파악되는 하나의 무한한 실체만이 있을 뿐이다. 우리의 몸과 마음이 한 몸체의 두 측면으로 구분되듯이 말이다. 이것이 스피노자가 데카르트의 이원론을 극복하려는 대안이었다.

스피노자

스피노자에 의하면, 오직 하나의 신만이 실체이다. 그러나 "신즉 자연"이다. 그는 우주만물이란 무한한 신이 펼치는 "생산하는 자연(natura naturans)"과 "생산되는 자연(natura naturata)"에 불과한 것들이라는 얘기다. 이러한 주장은 범신론汎神論(pantheism)으로 흐를 수밖에 없게 되는데, 후에 범신론을 바탕에 깔고서 현대의 유기체적 형이상학을 전개한 화이트헤드의 범재신론(panentheism)이 등장하게 된다.

문제는 실체가 하나(신즉자연) 밖에 없다면, 양태들로 등장하는 개별적인 것들의 구분은 어떻게 가능한가이다. 한마디로 모든 것이 신의 속성인 연장과 정신에 의해 존재하는 것이라면, 개별적인 '나'의 존재와 '너'의 존재가 결정적으로 구분되는 근거가 무엇이냐는 것이다. 이 난관을 해결하기 위해서 라이프니쯔의 형이상학적 단자론이 등장한다.

라이프니쯔는 누구인가? 그는 독일이 낳은 최고의 철학자이자 수학자이다. 그는 신이 창조할 수 있는 최선의 존재가 우주라고 여기고, 철학과 수학, 물리학 및 공학에 관련된 여러 학문분야를 탐구하여 획기적인 많은 공적을 남겼다. 특히 수학과 철학에 관련해서 남겨놓은 학문의 업적은 근대의 지성사에서 중요한 위치를 차지하고 있다.

수학자로서의 그는 고대 그리스 철학자 제논Zeno의 역리에 등장하는 '무한분할'의 문제를 연구하다가 오늘날 수학에서 가장 중요한 부

파스칼

라이프니쯔

가상디

분을 차지하고 있는 미분微分과 적분積分을 창시하였고, 동양철학에서 우주론적 체계를 담고 있는 「낙서洛書」의 근본 원리가 되는 음양陰陽 논리에 많은 영향을 받아 최초로 이진법의 수數 계산방식을 체계적으로 정리했다. 또한 그는 기계적인 계산기 분야에서 가장 많은 발명을 하였는데, 수학자 파스칼Pascal Blaise(1623-1662)의 계산기에 자동 곱셈과 나눗셈 기능을 추가했고, 톱니바퀴 식의 기계적 계산기를 발명하기도 했다.

철학자로서의 그는 학창시절에 철학 교육을 철저하게 받았다. 스콜라철학과 아리스토텔레스의 철학은 그가 다른 사유의 길을 가도록 했다고 볼 수 있다. 그의 사유는 이전에 발생한 여러 가지 사상적 대립을 조화시킬 목적으로 자신만의 통일적인 이론을 전개하는 데로 나갔다. 특히 그는 데카르트의 물질관과 가상디Pierre Gassendi(1592-1655)의 원자론 종합, 기계론적 세계관과 목적론적 세계관의 조화를 시도한 예정조화설, 신의 섭리와 인간의 자유문제, 합리적인 이성론과 경험적인 감성론 등을 조화하는 글을 중점적으로 썼던 것이다. 「모나드론」, 「형이상학 서설」 「인간 오성론」 등은 대표적인 저술로 꼽힌다.

라이프니쯔의 형이상학적 단자론Monadology

라이프니쯔는 "신즉 자연"을 주장한 스피노자의 범신론에 반기를 든다. 그럼에도 스피노자에게서 개별적인 사물이 비록 양태이지만 스스로 활동하는 것임을 파악한 라이프니쯔는 궁극의 실체를 본질적으로 활동적이고 능동적인 힘으로 상정한다. 그에 의하면 "실체는 활동할 수 있는 존재"인데, 이것이 바로 "단자(monad)"이다.

그는 단자를 불멸의 실체로 보고 단자 형이상학을 전개해 나간다. 단자란 무엇인가? 단자 개념은 원래 더 이상 쪼갤 수 없는 불가분적인 '하나'를 의미하는 그리스어 "monas"에서 유래하는데, 근원의 단일한 개체를 의미한다. 여기로부터 라이프니쯔는 단자를 궁극의 불가분적인 실체로서, 근원적으로 활동하는 힘을 가진 비물질적인 정신, 즉 무수하게 실재하는 정신적 개체라고 주장한다. 따라서 그는 유심론적인 형이상학을 전개한 철학자라 볼 수 있다.

그가 제시한 단자의 본질적인 특성을 요약하여 말하면 다음과 같다.

첫째, 단자는 자체로 단일한 실재이기 때문에 외부의 어떠한 영향으로부터도 파괴되거나 소멸되지 않는 실체이다. 결코 쪼개지거나 소멸되지 않는다는 의미에서 보면 단자는 원자(atom)와 같다. 이런 의미에서 라이프니쯔는 단자가 '자연의 진정한 원자'라 한다. 그럼에도 단자는 물질적인 원자가 결코 아니다. 물질적인 원자는 양적인 크기와 차이가 있으나 질적인 차이가 없다. 반면에 단자는 질적인 차이가 있으나 전혀 물질적인 것이 아니기 때문에 양적인 크기가 없다. 만일 단자가 어떤 공간적인 크기를 갖는다면 아무리 작은 것이라 하더라도 논리적으로 쪼개질 수 있기 때문이다. 그래서 단자는 어떠한 크기도 갖지 않은 비물질적인, 정신적인 실재이다. 공간적인 크기가 없다는 의미에서 단자는 "형이상학적인 점(point metaphysique)"이라 할 수 있다.

둘째, 단자는 자체로 생생하게 활동하는 능동적인 힘을 갖고 있는 정신적인 "엔텔레키Entelechie"이다. 엔텔레키란 개념은 아리스토텔레스가 형이상학에서 도입한 실재개념, 즉 "엔텔레케이아entelecheia"에서 유래한 것이다. 이는 자신 안에 생성변화의 '운동인'을 포함하는 제1실체를 의미한다. 아리스토텔레스의 체계에서 보자면, 엔텔레키는 운동인으로서의 목적인이라 볼 수 있다. 이러한 의미에서 볼 때, 단자는 자발적으로 운동하는 근원의 정신적인 실체가 되는 셈이다.

셋째, 정신적 실체인 단자는 본질적인 작용으로 "지각(perception)"과 "욕구(appetition)"를 가진다. 지각은 하나인 단자가 무한히 많은 것들을 표상하는 것을 말하는데, 단적으로 하나이면서 일체의 모든 것을 포섭할 수 있는 것은 오직 정신에 의해서만 가능하다. 그래서 라이프니쯔는 단자를 그러한 정신으로 간주하여 자체로 하나이지만 과거, 현재, 미래의 모든 것을 표상할 수 있는 "우주의 산 거울"로 본 것이다. 이러한 단자는 또한 욕구를 가지는데, 욕구는 지각을 통한 보다 선명한 표상에로 향하는 경향 내지는 노력을 의미한다.

단자론 원본

넷째, 단자는 불가분적이고 독립적으로 자존하는 실체이다. 그래서 단자는 다른 것이 침투하거나 들어갈 수 있는 어떠한 창문도 가지고 있지 않다. 문제는 정신적인 의미의 단자가 상호 대등한 실체이면서 서로 포섭하고 포섭되는 관계가 성립돼야 한다는 것이다. 왜냐하면 개별적인 하나의 사물이 형성되기 위해서는 개별적으로 무한하게 실재하는 단자가 전체적으로 하나에 포섭돼야 하기 때문이다. 요컨대 개개인의 사람은 무수한 단자들로 구성되어 있지만, 전체적으로는 하나의 단자이다. 이런 문제에 대한 대답으로 라이프니쯔는, 마치 원의 중심점이 무수하게 많은 직경을 포함하고 있듯이, 다른 여러 무리들을 지배하는 중심적인 단자들도 있다고 주장한다. 중심적인 단자는 우월한 단자들로서 무한하게 많은 단자들의 집단을 대표하여 단자들의 통일성을 이룩해주는 것들이다. 이런 의미에서 전체에 포섭된 부분의 단자들은 지배적인 단자에 끼어들 수 있게 되고, 모든 단자들은 우주를 반영하면서 전체적인 하나에 저절로 종속되어 실재할 수 있게 된다.

세계를 구성하는 무수한 단자들_____

자체로 능동적인 힘을 갖고 있는 무수하게 많은 단자는 생명이 없는 무기물과 생명이 있는 유기물을 구성한다. 그 구성은 대략적으로 세 단계로 차등을 두어 구분해볼 수 있다. 그것은 단자군의 욕구와 지각작용의 정도에 따라 최하위에 있는 것, 중간단계에 속하는 것, 최상위에 있는 것들이다.

무기물과 식물들은 최하위에 있는 단자들로 구성된다. 이들 단자들은 무의식적이거나 혼란된 지각을 가지는 것들이다. 감각기관을 가진 동물들은 중간 단계에 속하는 단자들로 구성된다. 중간단계의 단자들은 영혼을 가지고 있다. 영혼은 감각적인 의식을 가지기 때문에, 동물들은 기억하는 의식적 지각을 가진다. 마지막으로 최상의 단자가 있는데, 인간의 이성적인 정신과 같은 생생한 지각을 가지는 것들이다.

이로부터 볼 때 단자들은 낮은 단계의 것일수록 무의식적이고 비활동적이지만, 높은 단계의 단자일수록 보다 생생하게 의식하고 더 활동적이다. 바위와 같은 물질은 잠자는 정신과 같이 무의식적인 지각을 가지고 있고, 인간과 같은 동물은 정신이 생생하게 의식하므로 보다 명료한 지각을 가진다. 그래서 모든 단자들은 우주를 반영하면서 전체에 포섭되어 실재할 수 있게 되는 것이다. 한마디로 말해서 "모든 실재는 그 성질 속에 자신의 활동의 연속률과 그리고 이미 일어났던 것의 전부와 앞으로 일어날 것의 전부가 함유되어 있다."

그러므로 우주자연은 중복도 비약도 없는 단일한 정신의 실재들이지만, 생명이 없는 물체로부터 동물에, 동물에서 이성적인 정신에 으기까지, 더 나아가 피조된 단자들을 창조한 원초적인 단자인 신에 이르기까지 지각의 질적인 차이만 있을 뿐 모두 연속적이다. 따라서 자연 전체는 무한히 기묘한 예술 자품이요, 전체적인 조화로 완벽하게 짜여진 정신적인 체계일 수 있다는 것이 라이프니쯔의 입장이다.

모든 것은 예정되어 있을까?

자연세계의 모든 것들은 완전히 창이 없는 독립적인 단자들로 구성되어 있다. 그럼에도 라이프니쯔는 단자들 상호 간에는 밀접한 관련성을 가지고 조화와 통일이 이루어져있다고 주장한다. 이는 어떻게 가능한 것일까? 이에 대해서 그는 "예정조화설(harmonie preetablie)"이라는 새로운 이론을 제시하여 설명하고 있다.

예정조화설에 의하면, 생생하게 활동하는 역동성을 가진 단자들은 비록 상호 독립적으로 자신을 전개해나간다 하더라도 결코 자의적이 아니라는 것이다. 이는 신이 단자를 창조함에 있어서 원래 예정된 법칙에 따라 움직이도록 안배해 놓았기 때문이다. 따라서 단자들 상호간에 밀접한 교섭이 없을지라도, 마치 신체를 구성하는 세포들의 경우가 보여주는 것처럼, 단자들은 조화통일을 유지하면서 자신을 전개해 나간다.

우주자연의 모든 것이 신의 안배에 따라 계획된 것이라면 예정조화설은 자유로운 활동을 허용하지 않는 것처럼 생각된다. 그러나 자유와 기계적인 필연성이 잘 조화되고 통일되어 있다는 것이 라이프니쯔의 주장이다. 이는 마치 신체와 정신이 각기 고유한 본질에 따라 운용되는데, 신체가 기계적으로 움직이지만 정신은 의지에 따른 목적을 향해 활동한다는 이치와 같다. 정신이 자유롭게 의지하는 대로 신체가 기계적으로 움직이더라도 원래 신에 의해 상호 일치하도록 정교하게 제작되었기 때문에, 양자는 자신의 고유한 법칙에 따르면서도 조화통일을 이루어 작동하도록 정해져 있다.

라이프니쯔에 의하면, 우주자연의 전체는 가장 훌륭하고 자유로우며, 최고로 좋은 세계이다. 왜냐하면 우주자연의 전체는 완전히 선한 신에 의해 완전하게 창조되었기 때문이다. 만일 세계 내부에 부조화나 악이 존재한다면 이는 자체로 불완전하거나 악한 것이 아니라 전체로서의 완전함이나 선함에 기여하기 위해서 동원되는 수단에 불

캔버스로 우주 창조를 측정하는 신

과하다. 즉 악은 전체의 목적달성을 위한 수단으로 존재하거나 보다 큰 악을 저지하기 위한 수단으로 있다는 얘기다. 만일 세계 내부에 악이 전혀 없다면, 선한 것은 선한 것으로 평가될 수 없다. 부분적인 악이 존재하기 때문에 오히려 선한 내용이 풍요롭게 만들어지는 것이다. 그러므로 한쪽의 악은 전체의 선을 위한 것이요, 한쪽의 불완전은 전체의 완전을 위한 것이기 때문에, 부조화나 악은 전체의 조화나 선을 위해 존재하는 것들이다.

3) 주관적 관념론자 버클리Berkeley

관념론idealism이란?_____

공기 좋고 물 좋은 첩첩산중에 조그마한 집을 짓고 농사를 지으며 살고 있는 젊은 부부夫婦가 서울에 살고 있는 친구로부터 생일잔치에 초대를 받았다. 젊은 부부는 기쁜 마음으로 어린애를 데리고 서울 나들이를 하게 됐다. 친구 집에 도착하자마자 아내는 남편에게 "당신 친구는 부자여서 그런지 굉장히 큰 집에서 살고 있네?"라고 말했다. 이에 남편은 "별로 크지 않은 집인데?"라고 대답했다. 그러자 아내는 아들에게 "이집 굉장히 크지?"라고 물었지만 묵묵부답黙黙不答이었다. 여기에서 우리는 물음을 던질 수 있다. 그 친구 집은 실제로 존재하는 것일까? 즉 '큰 집'이든 '작은 집'이든 과연 개별적인 집이 지성 밖에 실재하는 것일까? 또한 그 집은 큰 집일까 작은 집일까?, '크거나 작다'고 말하는 판단의 기준은 어떻게 형성된 것일까?

서양철학의 전통에서 볼 때 고대 아테네 시대에 탐구된 플라톤의 이데아론이나 이를 계승하여 경험주의 입장으로 정립한 아리스토텔레스의 실체론은 모두 실재론(Realism)에 속한다. 이는 우리의 지성이 가지는 관념과는 상관없이 지성 밖에 객관적으로 집이 실재한다는 입장이기 때문이다. 그런데 중세의 스콜라철학으로 들어와서 스승이 제시한 보편적인 이데아의 실재론에 대립하여 제자가 주장한 개별적인 실체론을 옹호하는 날카로운 논쟁이 제기되었다. 유명론唯名論(Nominalism)이 그것이다. 유명론은 감각될 수 없는 보편자(이데아)란 객관적으로 실재하는 것이 아니라 오직 이름뿐이고, 감각으로 확인될 수 있는 개별적인 것만이 실재한다는 입장이었다.

중세 말기에 접어들면서 유명론이 우세했지만, 근대가 열리면서 새로운 철학적 사유방식이 대두한다. 그것은, 우리의 지성 밖에 무엇이 실재하든 안하든, 우리가 지성으로 어떻게 알게 되느냐의 문제, 즉 앎의 기원이 되는 관념觀念이 어떻게 획득되고, 획득된 관념이 얼마나 확실한 진리의 반열에 오를 수 있게 되느냐를 따져봐야 한다는 문제가 제기된 것이다. 이것이 소위 인식론認識論(Epistemology)이라는 새로운 영역의 철학적 사유다.

근대의 철학은 인식론으로부터 출발한다고 해도 지나친 말은 아닐 것이다. 이러한 인식론적 탐구는 플라톤의 이데아론에 무게를 둔 대륙의 합리주의(Rationalism)와 아리스토텔레스의 경험적 실체론에 무게를 둔 영국의 경험주의(Empiricism)로 나눠진다.

특히 영국에서는 인식의 기원이 경험에 바탕을 둔 관념이라는 주장이 새롭게 등장하게 된다. 모든 지식이나 인식은 관념이고, 모든 관념은 경험으로부터 나온다는 것이 경험론의 핵심 주장인 셈이다. 여기에서 관념론은 지성 밖에 객관적으로 실재하는 것이란 아무 것도 없고, 오직 우리의 지성에 있는 관념만이 인식이요 진리라는 입장을 취한다. 즉 지성 안에 관념으로 있는 보편적인 개념이나 개별적인 개념 모두가 지성 밖에 객관적으로 실재하는 것이 아니라 정신의 단순한 생각에서 나온 관념들에 지나지 않는다는 주장이다. 실재하는 것은 관념뿐이라는 얘기다. 앞서 젊은 부부가 방문하여 눈앞에 빤히 쳐다보고 있는 친구의 집은 지성 밖에 실제로 그렇게 존재하고 있다는 것이 아니라 그러한 사태가 우리의 관념으로 있기 때문에 그렇게 알고 있을 뿐이라는 얘기다.

'집이 크다, 작다'는 대답은 지성 안에 있는 앎, 곧 관념을 기준으로 말하게 된다. '집이 크다'는 대답은 '작은 집'의 관념을 기준으로 해서 나온 말이고, '집이 작다'는 대답은 '큰 집'의 관념을 기준으로 해서 나온 말이다. 아무런 대답도 하지 않은 것은 '크거나 작은' 의미의 관념이 없거나 아니면 다른 이유 때문일 것이다. 여기에서 관념론의 핵심은 사실 지성 밖에 큰 집도 작은 집도 원래 없고 단지 지성 안에 생각으로만 있다는 것이다. 따라서 우리의 지성 속에 관념으로 있으면서 판단과 언설言說의 기준이 되고 있는 지식은 모두 개인의 주관적인 생각에 지나지 않는다.

관념론에서 말하는 관념은 두 측면으로 분석하여 논의해볼 수도 있다. 주관적 관념(subjective idea)과 객관적 관념(objective idea)이 그것이다. 주관적 관념론은 사람마다 생각이 천차만별 다르기 때문에 각자가 만든 자기만의 관념들 뿐이라는 것이다. 대표적으로는 영국의 경험론에 속하는 조지 버클리G. Berkeley(1685-1753)의 주장을 거론할 수 있다. 객관적 관념론은 주관적 관념을 인정하지만 그래도 공통적으로 갖게 되는 관념, 즉 사물의 크기, 모양, 무게, 실체 관념 등이 지성 밖에 객관적으로 실재한다고 입장이다. 이러한 입장을 대표하는 학자로는 대륙의 합리론자들과 영국 경험론의 초석을 다진 존 로크J. Locke(1632~1704)를 꼽을 수 있다.

관념론의 정 반대 진영에는 유물론(Materialism)이 버티고 있다. 유물론은 우리가 관념으로 알고 있든 없든, 지성 바깥에 오직 물질적인 무언가가 실재하고 있고, 이것을 감각으로 지각함으로써 지성 안에 관념이 형성된다는 입장이다. 반면에 관념론은 경험하는 정신이 있고, 지성 안에 오직 경험을 통해 지각된 관념만이 있고, 이 관념들에 대응해서 정신 밖에 물질적인 것이란 전혀 없다는 입장이다.

실재론이 유물론과 유사한 측면이 있다고 한다면, 관념론은 동양의 불가사상佛家思想에서 가장 중요하게 다뤄지고 있는 유심론唯心論(Spiritualism)과 흡사한 측면이 있다. 불교의 사상사에서 볼 때 오랜 동안 유식론唯識論과 경쟁하면서 줄기차게 주장된 중관론中觀論이 유심론의 중심축이라 볼 수 있을 터이지만, 유물론과는 정 반대인 유심론은 세상에 존재하는 것이란 오직 마음[心] 뿐이고, 일체의 모든 것이 "마음이 만들어낸 것[一切唯心造]"이라는 주장이 이를 말해주고 있다.

"존재는 관념들의 묶음"이라는 버클리의 견해

관념론은 경험주의 인식론에서 극적으로 드러난다. 버클리는 영국 아일랜드 출신으로 극단적인 경험주의 입장에서 관념을 언설한 철학자이다. 버클리는 경험론을 추종한 철저한 주관적 관념론자였다. 그에 따르면, 세상에 존재하는 것은 오직 우리가 정신 속에 갖고 있는 관념들뿐이고, 이에 대응해서 정신의 밖에 따로 존재하는 것은 아무것도 없다는 것이다. 한마디로 오직 지각된 것만이 존재한다는 입장이다. 역으로 말해본다면 지각되지 않은 것은 세상 어디에도 존재하

로크

지 않는다는 얘기다. 그는 왜 이런 주장을 내놓게 되었을까?

버클리의 주관적 관념론은 로크J. Locke의 경험론적인 인식론을 비판적으로 검토하면서 출발한다. 로크의 경험적 인식론에 따르면, 관념이 인식이요 진리이다. 관념의 기원은 외적인 감각感覺과 내적인 반성反省을 통한 경험으로부터 유래한다. 관념은 경험을 통한 지각인 것이다. 즉 지각하는 주체로서의 정신이 객관적으로 실재하고 있고, 정신의 인식 주체가 가지고 있는 것은 사물에 대한 감각관념인데, 이는 두 종류로 분류된다. 하나는 관념의 제1 성질로 사물실체, 사물이 가지는 크기, 모양, 운동, 수 등으로 인식주관에 대응해서 정신 바깥에 객관적으로 존재한다고 믿는 것들이다. 다른 하나는 관념의 제2 성질로 색, 소리, 맛, 향기 등으로 정신 바깥에 객관적으로 존재하는 것이 아니라 인식주관이 감각을 통해 만들어낸 것들이다.

로크가 제시한 관념의 제1 성질은 그가 전통적인 실재론에 기초하고 있음을 말해준다. 반면에 관념의 제2 성질은 마음 안에만 존재하기 때문에 이에 대응해서 정신 밖에 실재하지 않음을 뜻한다. 마음 안에만 존재하는 관념의 제2 성질은 사람들의 주관적인 생각이 다양하기 때문에 각자의 인식주관認識主觀에 따라 달리 형성된 것들이다. 이런 측면에서 보면 로크는 반쪽 관념론자이다. 그렇기 때문에 로크는 인식에 관한 한, 객관주의客觀主義에서 주관주의主觀主義로, 한걸음 더 나아가 실재론에서 관념론으로 넘어가는 과도기의 철학자라고 말해볼 수 있을 것이다.

그러나 버클리는 로크가 제시한 관념의 제1 성질도 모두 정신의 지각을 떠나서 존재하는 것이 아니라 오직 인식주관의 마음에만 존재하게 되는 것임을 보여주고 있다. 그는 인식주관의 정신만이 객관적으로 존재하고, 정신 바깥에 객관적인 것으로 간주되는 것들이란 전적으로 없고, 단순히 인식주관의 지각에 지나지 않는다는 주관적 관념론을 전개하기 때문이다. 이러한 주관적 관념론의 주장은 어떻게 가능한 것일까?

버클리는 우선 로크가 말한 사물이 가지는 실체관념이나 관념의 제1 성질에 대해서 비판적으로 검토한다. 그에 의하면 정신 바깥에 사물이 객관적으로 존재하는 관념이나 제1 성질과 같은 관념은 추상 관념을 실체화한 것에 지나지 않는다는 것이다. 이는 정신 외부에 물질과 같은 것이 객관적으로 존재하지 않음을 뜻한다. 다시 말하면 우리가 객관적인 대상으로 존재한다고 말하는 사물은 우리의 감각을 통해 지성이 지각한 관념들의 집합일 뿐이고 그 이상의 어떤 것도 아니

아름다운 아일랜드의 경치

다. 이러한 관념들은, 지각하는 사람의 정신 속에 있고, 지각하는 주체를 떠나서 아무 것도 존재할 수 없기 때문에, 주관적인 것들이다.

그렇다면 지성 밖에 존재하는 사물은 지각돼야만 존재하는 것일까? 극단적인 주관적 관념론자는 지각된 관념이 주관의 밖에 있는 객관적인 사물과 일치 혹은 대응하는지 어떤지를 문제 삼지 않는다. 왜냐하면 아예 처음부터 주관의 밖에 있는 객관적인 사물이 존재함을 인정하지 않고 오로지 인식주관에 지각된 관념만을 인정하기 때문이다. 소리가 났다는 것은 우리의 청각을 통해 지각된 소리의 관념이고, 물체의 색깔이 있다는 것은 시각을 통해 색깔에 대한 지각물이 지성 속에 들어 있다는 것이며, 사물의 형태나 모양은 시각이나 촉각에 의해 지각되어진 지각물의 덩어리라는 얘기다.

예를 들어 책상 위에 빨간 사과가 하나 있고 우리가 그것을 감각을 통해 지각한다고 하자. 버클리에 의하면, 사과가 존재한다는 것은 사과가 빨갛고, 둥글며, 먹으면 맛이 새콤하고, 씹으면 사각사각하다는 "관념들의 묶음(bundle of ideas)"에 지나지 않는다. 이러한 감각 지각의

버클리

묶음에 우리가 단지 '사과'라는 이름을 붙여서 말하고 있을 뿐이다. 따라서 버클리는 주관적 관념론자로서 감각지각의 관념들의 묶음 외에 지성 바깥에 어떤 사물도 존재하는 것을 허용하지 않는다. 비록 인식주관 속에 있는 감각적 지각의 관념들을 모두 제거한다면 이 세상에 남아있는 것은 아무 것도 없을 것이라고 주장해도 말이다. 이러한 입

장을 버클리는 한마디로 "존재하는 것은 지각된 것이다(esse est percipi)"라고 요약하고 있다.

관념론자와 실재론자가 싸우면 누가 이길까?_____

우리가 사물을 관찰하여 인식한다고 할 때, 관념론적인 측면에서 관찰하느냐 실재론적인 측면에서 관찰하느냐에 따라 의미 내용이 현격하게 달라질 수 있다. 왜냐하면 관념론과 실재론은 어떤 측면에서 정면으로 맞서 있다고 할 수 있기 때문이다. 두 진영 간의 결정적인 차이는 무엇이며, 어떤 근거에서 그런 대립이 생겨나는 것일까?

우리의 지성 속에 가지고 있는 어떤 관념이 인식주관을 떠나서 자체로 객관적인 존재성을 가지느냐 그렇지 않느냐에 따라 관념론과 실재론이 갈라진다. 만일 인식되어지는 대상이 인식하는 주관을 떠나서 독립적으로 실재하지 않고 오직 인식주관이 지각함으로써만 존재한다고 주장한다면, 이는 극단적인 관념론자이다. 극단적인 관념론적인 입장에서 세상을 보게 되면 어떻게 보일까? 만일 세상 사람들에게서 인식주관 속에 있는 모든 관념들을 제거시켜 버린다면 이 세상에 존재하는 것은 아무 것도 존재하지 않거나, 세상에 무엇이 있는지 없는지 조차 아무도 모를 것이다. 반면에 만일 인식되어지는 대상이 인식하는 주관과 아무런 관계없이 인식주관 바깥에 객관적으로 존재한다고 주장한다면, 이는 실재론자이다. 실재론적인 입장에서 세상을 보게 된다면 어떻게 보일까? 만일 인간의 인식주관이 변함이 없다면 이는 마치 카메라 렌즈를 통해서 사물이 찍히는 영상처럼 일정한 관념들만이 양산될 것이다. 이러한 사고는 철학사에서 볼 때, 대응설적 인식론의 단초를 열어주게 된다.

　서양 철학사에서 극단적인 실재론은 플라톤의 형상론(이데아론)이 전형이며, 아주 느슨한 실재론자는 로크의 인식론 꼽을 수 있을 것이다. 실재론자에 의하면, 인식주관 속에 지각된 모든 관념들을 제거시킨다 하더라도 객관적인 대상들은 인식하는 정신과 관계없이 정신 밖에 그대로 존재한다. 만일 어떤 방식으로든 정신 밖에 객관적인 대상이 존재하지 않는다면 정신 속에서 이뤄지는 감각관념은 전혀 형성될 수 없기 때문이다. 반면에 관념론자에 의하면, 어떤 대상에 대하여 우리의 지성 속에 관념으로 형성된 것이 없다면 이는 인식일 수도 없을 뿐더러 어떤 것이 있는지 없는지 조차도 모를 것이라는 입장이다. 어떤 것이 있다면 오직 관념으로만 확인될 뿐이라는 얘기다.

　전통적으로 관념론자와 실재론자 간의 입장차이 때문에, 학문적인 치열한 공방전이 벌어지기도 했다. 관념론자는 인식주관의 관념만이 진정으로 존재하고, 지성 밖에 독립적으로 존재하는 것이란 절대로 없음을 온갖 이론을 끌어들여 설명했다. 반면에 실재론자는 인식주관의 관념과는 관계없이 무언가가 지성 밖에 독립적으로 존재함을 강렬하게 내세웠다.

　두 사람 간의 격렬한 논쟁이 끝나지 않게 되자 갑자기 실재론자가 꾀를 내어 관념론자에게 앞에 놓인 울퉁불퉁한 담벼락을 향하여 돌진하라고 말했다. 그러자 관념론자가 그곳을 향해 돌진했다. 관념론자는 어떻게 되었을까? 담벼락에 이마를 부딪쳐서 뒤로 자빠졌고, 이마에는 피가 줄줄 흘러내렸다. 이것을 보고 실재론자가 재빠르게, "자봐라! 정신 바깥에 객관적으로 존재하는 벽이 있으니까 그것이 너의 돌진을 저지했고, 네 머리가 울퉁불퉁한 벽에 부딪쳐서 찢어진 이마에서 피가 흐르고, 머리가 아파서 너는 고통스러워하지 않느냐?"라고 관념론자에게 말했다.

관념론자는 이에 대해 강력한 답변으로 맞섰다. "자 봐라! 담벼락에 돌진할 때 저지한 것은 어떤 저항 관념이고, 벽에 부딪쳐서 내 이마가 찢어져 피가 흐른다는 것은 피가 흐른다는 관념이며, 내가 아프다는 것은 아프다는 관념과 고통이라는 관념 외에 무엇이 또 있는가?"라고 대답했다. 이와 같이 관념론자와 실재론자간의 논쟁은 결정적으로 실재하는 것이 정신 바깥에 정신의 지각과 관계없이 객관적으로 존재하는가 그렇지 않은가를 미리 전제하는가 그렇지 않는가에 있다. 이러한 논쟁은 아마 쉽게 결말내기가 어려운 문제일 것이다.

버클리의 약점

존재하는 것이란 오직 지성 속에 있는 '관념의 다발' 뿐이라고 주장하는 버클리의 주관적 관념론은 정말 아무런 모순이 없는 온전한 진리라고 말할 수 있을까? 철학적인 사유로 무장이 된 사상가라면 다음과 같은 문제를 쉽게 지적해낼 수 있을 것이다.

첫째로 주관적 관념론자 버클리의 견해가 사실이라면, 세상에 존재하는 모든 것들이란 관념들의 정교한 집합체일 뿐이라고 말할 수 있게 된다. 이러한 세계관을 인정한다면 우리가 눈을 감거나 귀를 막을 때마다 세상의 모든 것들은 사라졌다가 지각하기 시작하면 다시 즉각적으로 존재하게 된다고 주장할 수밖에 없을 것이다. 이러한 주장은 과연 타당하다고 할 수 있을까? 이런 반론을 피하기 위해서 버클리는 사라지거나 갑자기 나타나는 관념을 확보하고, 또한 우리의 정신이 지각하든 안하든 세상에 존재하는 사물들의 관념을 총체적으로 지각하고 있는 어떤 정신적인 완전한 실재를 끌어들일 수밖에 없었던 것이다.

둘째로 버클리는 관념만이 존재한다는 주장 때문에 지각하는 주체로서 그리고 지각물들을 변함없이 보유하는 주체로서의 어떤 실체를 전제해야 했다. 그는 "천차만별의 무한히 많은 관념들 혹은 인식 대상들 외에 이것들을 인식하거나 지각하는 '어떤 것'이 실재한다. 이 '어떤 것'은 이것들을 의욕하고 상상하며 기억하는 것과 같은 가지각색의 활동을 한다. 이러한 활동을 하는 능동적 존재를 나는 '마음', '정신', '영혼' 또는 '나 자신'이라 부른다. 이 말은 내가 가지고 있는 관념들 중의 어느 하나를 의미하지 않고, 내 관념들과 전혀 다른 '어떤 것', 즉 그 속에 관념들이 들어 있는 것을 가리키는 말이다."라고 말한다. 이와 같이 버클리는 관념들 외에 관념들을 확보하고 있는 주체로서의 자아를 실재하는 것으로 여기고 있다. 만일 인식 주체로서의 정신의 실재가 확보되지 않는다면 주관적인 관념들의 존재는 성립될 수 없을 것이기 때문이다.

버클리의 주관적 관념론의 한계를 정리해 보자. 엄격한 의미에서 보자면, 버클리는 정신 바깥에 객관적인 물질적 실재를 부정하지만 관념의 주체로서 정신의 실재를 인정할 수밖에 없었다. 즉 이 세상에 참되게 존재하는 것은 오직 정신이며, 정신의 인식주관이 보유하고 있는 관념들 뿐이라는 얘기다. 이러한 근거에서 주관적 관념론자인 버클리는, 누군가 책상 앞에 앉아서 공부하고 있을 때 책상이라는 물질적인 것이 객관적으로 실재하는 것이 아니라, 공부하는 자가 책상을 지각하는 한에서만 지각 물로 존재한다고 주장하게 된다. 그러나 만일 그가 공부하는 방을 떠나서 책상을 지각하지 않는다면 책상은 실제로 없어지는 것이 아니라 다른 사람의 지각 속에 관념으로 실재하게 된다. 만일 방안에 다른 어떤 사람도 없다면 책상은 어느 누구에 의해서도 지각된 것이 아니기 때문에 정말 없어질까 하는 의문이 생길 것이다. 이런 경우에는 책상이 전지한 신의 정신 속에 관념으로만 실재하게 된다고 한다. 여기에서 버클리는 무한 정신으로서의 신의 실재를 끌어들이지 않을 수 없게 됐던 것이다.

그러므로 버클리는 이율배반적인 주장, 즉 우주자연에 진정으로 실재하는 것이란 모든 관념을 소지하고 있는 무한정신으로서의 신과 지각을 통해서 보유하고 있는 유한정신으로서의 인식 주체인 자아뿐이라고 말할 수밖에 없었을 것이다. 무한정신으로서의 신은 우리의 정신 속에 관념을 낳게 하고, 우리의 경험적 인식주체가 받아들이는 관념들은 모두 신의 정신 속에 있던 것이다. 이런 근거에서 본다면, 버클리는 인식의 근거에 관한 한 형이상학적 유심론자라고 불려질 수 있는 소지를 갖고 있는 것이다.

사라져버린 신과 자아 실체

영국 경험주의 철학은 로크와 버클리 다음으로 극단에까지 밀고 나간 흄D. Hume(1711~1776)에 이르러 절정으로 치닫는다. 그의 주장에 따르면, 세상에 존재하는 자연적인 사물들은 감각을 통한 지각에 의해 산출된 관념들의 전체적인 연관들이고, 이 연관의 질서가 관념의 자연법칙일 뿐이다. 이 대목에서 흄은 관념들을 확보하는 인식주체로서의 자아와 무한존재로서의 신의 실재까지도 관념으로 취급해 버리고 만다. 흄에 이르러 우주자연의 실재는 물론이

흄

237

고 절대적인 신의 존재마저도 부정되어 형이상학적 실재론의 입지가 완전히 무너져버리게 된 것이다. 왜 이런 일이 벌어지게 된 것일까?

흄은 감각을 통한 경험주의 슬로건, 즉 '일차적으로 감각에 존재하지 않는 것은 어떤 것도 지성 속에 없다'는 입장을 철저하게 밀고 나가지 못한 로크와 버클리의 사유를 비판하면서 자신의 이론을 전개한다. 흄은 로크와 버클리를 겨냥해서 객관적인 대상으로서의 사물 실체나 혹은 관념들을 능동적으로 가공하는 능력으로서의 인식주체를 부정한다. 또한 경험주의 철학자 로크는 관념의 기원을 외부에서 들어오는 '감각'과 지성의 '반성'을 통한 경험에서 찾았지만, 흄은 감각적 경험에서 나오는 모든 지각 내용을 '인상(impression)'과 '관념(idea)'에서 찾는다.

흄에 의하면, 오직 존재하는 것은 감각을 통한 '인상'과 '관념'뿐이다. 여기에서 '인상'은 우리의 감각에 직접적으로 생생하게 지각되는 표상表象이고, '관념'은 직접적인 감각으로부터 나온 인상이 사라진 뒤에 기억이나 상상에 의해 우리의 의식에 나타나는 '보다 덜 생생한 지각'을 말한다. 다시 말하면, 우리의 지성에 처음으로 나타나는 감각, 감정, 정서 등은 현재의 마음에 직접적인 경험으로 나타난 것이기 때문에 '인상'이다. 반면에 관념은 이미 경험한 인상을 기억이나 상상에 의해 마음에 모사해 둔 보다 덜 생생한 영상映像이다. 만일 우리가 눈앞에 사과를 직접 보고 있다면, 직접적인 경험은 '인상'이고, 눈을 감고 사과에 대해 생각할 때 인상의 재현이나 잔상은 '관념'이라는 얘기다.

흄에게서 '인상'은 모든 지식의 기초이다. 왜냐하면 '인상'과 '관념'은 항상 대응해서 나타나며, 모든 '관념'은 바로 '인상'에서 유래하기 때문이다. 그런데 '인상'은 우리의 감각기관을 통해서 들어오는 감각 내용이다. 만일 감각이 없다면 아무 것도 주어질 수 없고, 어떤 것도 주어지지 않는다면, 인상도 없고 관념도 없고 결국 지식도 없게 된다. 문제는 감각기관을 통해 생겨난 인상의 원인은 무엇인지 알 수 없다는 얘기다. 왜냐하면 사물 자체는 알 수 없고 오직 '인상'과 '관념'만이 알 뿐이기 때문이다.

그렇다면 경험을 통한 학문적 지식은 어떻게 나올 수 있게 되는가의 문제에 봉착하게 되는데, 흄에 의하면 모든 지식은 지각 속에 머무는 "관념들의 연합(association of ideas)"에 의해서 형성된다고 한다. 관념들 간의 연합은 인간의 정신이 능동적으로 활동하여 결합시키는 것이 아니라, 관념들 간의 어떤 힘에 의해 이루어진다는 것이다. 이러한 관념 연합은 일정한 법칙에 따라 계기적契機的이며 기계적으로 이루어지는데, 이는 마치 물질의 운동이 질량에 의존하는 것처럼, 관념의 중력이 곧 관념들 간의 연합을 야기한다는 것이다. 그러한 관념연합은 "유사(resemblance)", "접근(contiguity)", "원인과 결과(cause and effect)" 법칙이다.

그러므로 모든 것들에 대한 지각을 '인상'과 '관념'으로 해소한 흄의 극단적인 경험적 인식론은 결국 감각경험으로부터 나오는 모든 지식에 대한 절대적인 인식이 없다는 회의론에 빠지게 된다. 그럼에도 흄의 철저한 관념론은 독일의 철학자 칸트I. Kant(1724~1804)로 하여금 합리적 인식을 제공하는 이성理性의 독단에서 깨어날 수 있도록 하였으며, 대륙의 합리론과 영국의 경험론을 종합하여 인식론을 체계화하는 데에 많은 기여를 했다. 또한 흄의 관념연합법칙은 근대 연상심리주의 사상과 실증주의의 선구적인 변모를 제시하기도 하였고, 그의 철저한 사유방식은 영국과 미국의 신실재론에도 많은 영향을 주었다.

4) 절대적 관념론자 헤겔Hegel

칸트의 선험적先驗的 **관념론**＿＿＿＿＿＿＿＿＿＿＿＿＿＿＿＿＿＿＿

영국의 경험론과 대륙의 합리론을 비판적으로 검토하여 새로운 인식론을 제시한 관념론이 등장한다. 바로 독일출신의 칸트가 체계화한 선험적先驗的 관념론이다. 칸트의 선험적 관념론은 독일 관념론의 효시라 할 수 있다. 독일 관념론은 칸트의 선험철학에서 드러난 문제점을 극복하여 주관적 관념론과 객관적 관념론으로 분화되어 전개되었다가 결국 양자를 종합한 절대적 관념론으로 매듭을 짓게 된다.

칸트의 선험적 관념론은 어떻게 출현하게 되었을까? 그 과정을 파악하기 위해서는 칸트가 제시한 비판적 인식론을 알아야 한다. 그의 비판적 인식론은 다음에 자세하게 소개할 것이다. 여기서는 선험적 관념론이 출현하게 된 과정을 개괄하는 것으로 만족할 것이다.

칸트의 인식론은 우선 경험주의와 합리주의 모두가 학문적 인식의 성립 조건을 올바르게 고찰하지 못한데서 기인한다고 비판하면서 출범한다. 우선 『순수이성비판(Kritik der reinen Vernunft)』에서 그는 경험으로

부터 획득한 관념만으로는 보편타당한 학문적 인식을 얻어낼 수 없다는 것과 이성의 필연적인 추론으로부터 획득한 합리주의 인식만으로는 현실적인 내용이 공허하여 학문적 인식에 적합하지 않다는 것을 지적한다.

그런 다음 그는 보편타당한 학문적 인식의 성립조건을 올바르게 밝히기 위해서

칸트

인식주관이라 볼 수 있는 이성理性(Vernunft)의 인식능력 비판에 착수하게 되는데, 선천적으로 주어진 인간의 인식능력을 감각을 통해 외부로부터 들어오는 다양한 표상들에 직접 관계하는 감성感性(Sinnlichkeit)과 다양한 표상들을 개념으로 종합 통일하는 데에 관계하는 지성知性(Verstand)으로 갈라놓는다. 여기에서 그는 영국의 경험주의와 대륙의 합리주의를 통합하는 인식체계, 즉 개별적인 감각적 직관으로부터 들어오는 다양한 표상들과 보편적인 타당성을 제공하는 합리적 사유의 선천적인 형식을 종합하여 새로운 인식론을 수립한다. 이것이 칸트의 비판적 인식론의 주요 과제다.

그의 비판적 인식론은 객관적인 대상들이 지성 밖에 이미 그대로 실재하고, 이것을 인식주관이 경험을 통해 그대로 반영한다는 모사설模寫說이 아니라 적극적으로 구성하여 창출해 낸다는 "구성설構成說"이다. 인식주관 외부에 실재하는 객관적인 대상은 "물자체物自體(Ding an Sich)"로 절대로 알 수 없는 세계이기 때문이다. 다시 말하면 우리의 인식주관은 오직 물자체로부터 감성을 촉발하여 표상되는 다양하고 무질서한 소재를 가지고 선천적으로 구비되어 있는 선험적인 형식(오성 형식)에 따라 선험적으로 구성하여 대상을 인식하게 되는 것이다.

선험적으로 구성해간다는 구성설은 어떻게 가능하게 되는 것일까? 대상에 대한 인식은 인식주관이 감각된 자료들을 가지고 능동적이고 자발적으로 구성해가는 작업인데, 칸트는 이를 선험적 연역이라고 불렀다. 외부에서 들어오는 다양한 감성적 직관 표상들은 선험적 연역의 과정에서 지성의 선험적 범주 형식에 따라 인식주관에 의해 정돈되고 통일된다는 것이다. 이것을 그는 선험직 통각統覺의 통일성이라 했다. 그런데 선험적으로 통일하는 주체는 바로 인식주관으로서의

'나(Ich)'이다. 나는 인식의 종합을 수행하는 최고의 형식으로 순수자아라고 한다. 순수자아는 개별적인 자아로서의 내가 아닌, 어느 누구에게나 공통적으로 구비하고 있는 인식주관으로서의 나이다. 이러한 인식주관을 칸트는 순수통각이라 불렀다. 순수통각은 개념의 인식을 적극적으로 산출하는 인식론적인 주관이라는 뜻이다.

선천적先天的으로 구비되어 있는 지성의 형식에 따라 지식을 구성하는 인식주관을 선험적 주관이라고 한다. 선험적 주관은 다양하게 주어지는 직관 표상들을 하나의 의식 안에 잡아놓을 수 있기 때문에, '나'는 의식의 동일성을 확보할 수 있고, 이로부터 통각의 분석적 종합통일이 가능하게 된다. 의식의 종합적인 통일은 지성이 사용하는 선험철학이 성립하는 곳이며, 이런 능력을 발휘하는 것이 바로 순수지성자체이다. 순수오성은 인식능력으로서 감성적 직관표상들로부터 개념적 표상을 형성하는 주체이기 때문이다. 지성의 선험적 범주형식과 선험적 통각으로서의 인식주관이 선험적으로 종합하기 때문에 인식은 객관적 타당성을 가진다.

따라서 인식 대상들은 인식주관 밖에 미리 존재하는 것이 아니라 인식주관의 구성적인 사고 형식을 통해서 인식되었을 때에만 존재할 수 있다. 다시 말하자면 칸트는 감각적 경험으로부터 주어지는 소재들에 선천적으로 구비되어 있는 선험적 형식을 투여하여 질서를 메기고, 개념의 인식에까지 끌어올리는 선천적 종합판단이라는 인식에 도달하게 된다고 말한다. 이러한 과정은 결국 인식주관이 자연에 법칙성을 투여하여 객관적인 대상을 인식하는 것이나 진배없다는 것이다. 인간이 "자연의 입법자"란 뜻은 바로 여기에서 연원한 것이다. 요컨대 산에 올라갔다가 토끼를 쫓아가는 여우를 보았을 때, 토끼와 여우도 우리처럼 그렇게 알고 있을까? 그렇지 않다. 우리는 토끼라는 개념, 여우라는 개념, 쫓고 있는 개념 등을 선험적으로 파악하고, 그 상황에 적용하여 인식하게 되는 것이다. 이렇게 선험적 주관의 작용에 의해서만 대상의 인식을 인정한다는 의미에서 칸트의 인식론은 선험적 관념론이라고 말해진다.

칸트의 비판철학은 감성과 지성, 감성계와 초 감성계, 현상계와 물자체 세계를 인정하면서 이론이성과 실천이성의 원리를 확립하는 것으로 나아간다고 볼 수 있다. 그럼에도 칸트는 이러한 대립된 이원론을 선험적 주관의 입장에서 하나로 통일하지 못했다. 물론 칸트는 자연의 합목적성을 부각시킨 반성적 판단력의 원리를 도입하여 이론이성과 실천이성의 이원론적 분열을 서로 연결시켜 조화시키는 것처럼 보이지만, 엄격한 의미에서 보면 선험적 주관으로써 객관적인 통일성을 이루지 못했다. 독일 관념론 철학은 바로 여기에서 출발하게 되는데, 대립적으로 분열된 이원론을 극복하는 것이 칸트 철학을 계승한 독일 관념론의 과제로 떠올랐던 것이다.

칸트의 비판적 인식론에서 체계화된 선험적 관념론을 계승한 독일 관념론의 철학은 피히테J. G. Fichte(1762~1814)의 주관적 관념론과 셸링 F. W. J. Schelling(1775~1854)의 객관적 관념론으로 분화되어 색다르게 전개되고, 헤겔G. W. F. Hegel(1770~1831)에 이르러 종합되어 절대적 관념론으로 완성을 보게 된다고 말할 수 있는 것이다.

주관적 관념론자 피히테

피히테는 칸트의 철학을 비판하면서 자신의 주관적 관념론을 전개한다. 비판의 요지는 칸트가 주체적 자아를 외계에 종속하는 논리적인 자아와 외계의 주인이 되는 실천적 자아로 분열시켰기 때문에 이론이성과 실천이성의 통일적인 연관성을 파악하지 못했다는 것이다. 이러한 비난은 칸트가 해결하지 못한 아포리아aporia(해결의 방도를 찾을 수 없는 난관)에 손을 댐으로서 시작한다고 볼 수 있다.

만일 객관적 대상인 물자체로부터 감성을 촉발하는 것이 어떤 뜻을 가진다면 선험적 주관의 자발성은 소멸되어 버릴 것이다. 그렇게 되면 초월적인 물자체를 인정하게 되고, 나의 자발성은 무의미하게 되어 감각적 모사설을 인정하게 된다. 그런데 의식도 정신도 아닌 물자체가 비물질인 지성에 어떻게 작용한다고 할 수 있을까? 반면에 만일 선험적 주관의 자발적인 구성 원리가 있다면 물자체로부터의 어떠한 자극도 필요 없어진다. 그래서 피히테는 오직 관념적인 표상들만 인정하고, 이러한 경험적인 표상들이 '나'로부터 생겨난 것이라고 하여 주관적 관념론을 밀고 나간다. 물론 '나'는 개별적으로 분열된 자아가 아닌, 순수한 보편적인 자아로서 절대적인 원리가 된다. 이로부터 그는 주관적 관념론을 전개해 나간다.

피히테에 의하면 이론이성이나 실천이성은 이론적인 활동과 실천적인 활동을 하는, 모두 동일한 이성이고 하나의 자아이다. 이러한 자아는 경험적으로 분열되어 있는 개별적인 자아가 아니라 하나의 절대적인 원리로 통일된 보편적인 순수자아이다. 그래서 순수자아는 모든 것을 정초定礎하는 절대적인 원리가 될 수 있다. 따라서 피히테 철학은 순수자아로부터 여타의 것들을 전적으로 도출해내기 때문에 자아 중심적 특성을 가진다.

칸트에게서 인식의 영역으로 들어올 수 없는 "물자체"의 세계나 지성 밖의 객관적인 세계는 피히테에게서는 단순히 순수자아가 표상하

피히테

는 세계에 지나지 않는다. 다시 말하면 자연의 객관적인 세계는 순수자아의 의식 활동이 있는 한에서 표상으로 존재하는 것이기 때문에 결국 자아로부터 나온 것이라 할 수 있는 것이다. 따라서 객관적인 세계는 경험적으로 표상되는 것이므로 주관적인 순수자아의 활동 소산에 지나지 않기 때문에, 진정한 철학은 주관적인 자아의 활동을 파악하는 데에 있다.

그래서 피히테는 『전 지식학의 정초(Grundlage der gesamten Wissenschaft-slehre)』에서 순수자아로부터 나오는 지식학의 세 원리를 확립한다. 그 세 원리는 근원적이고 단적인 의미에서 자기 자신의 존재를 정립定立하는 1원리(자아는 자아다-동일율의 범주), 자아에 대해서 단적으로 비아非我가 반정립反定立하는 2원리(자아는 비아가 아니다-모순율의 범주), 자아는 자신 내에 가분적 자아에 대해 가분적인 비아를 반 정립하여 종합하는 3원리(정립으로서의 자아와 반정립으로서의 비아를 종합 통일-충족이유율의 범주)이다.

종합의 3원리는 "자아가 스스로를 비아에 의하여 규정된 것으로 정립한다."는 자아의 수동적인 정립작용과 "자아가 스스로를 비아에 대하여 규정하는 것으로 정립한다."는 자아의 능동적인 정립작용을 뜻한다. 여기에서 수동적으로 정립하는 자아는 비아, 즉 자연이나 대상을 수용한다는 의미에서 칸트의 이론이성에 관계되며, 능동적으로 정립하는 자아는 자발적인 행위로서 작용한다는 의미에서 칸트의 실천이성에 관계된다. 그러므로 절대적인 순수자아는 스스로를 비아에 대해 규정하는 것이기 때문에, 자아와 비아의 자아는 능동적으로 행하는 실천적 자아이다. 실천적 자아는 정립, 반정립, 종합의 변증법적 발전으로부터 부단히 활동하여 절대적 자아로 발전해 간다.

객관적 관념론자 셸링

셸링의 철학은 피히테로부터 출발한다. 피히테에 의하면, 자연은 비아로서 자아에 대립해 있다. 자아 없이 비아가 성립하지 못하더라도 비아는 독립적으로 존재한다. 따라서 자연은 독립적으로 존재한다. 또한 자아는 비아를 예상하기 때문에 비아가 자아를 제약하듯이, 객관적인 자연은 자아를 제약한다. 그래서 실천적인 자아는 절대적인 순수자아의 자기정립 활동을 이념으로 하여 유한적 자아가 비아의 저항을 극복하면서 절대적 자아에로의 종합 지양되는 활동이라고 피히테는 주장했다. 이것을 그는 절대적 순수자아의 변증법적인 자기 전개과정이라고 했다.

셸링은 피히테의 절대적인 순수자아를 유한적인 자아 이상의 존재, 즉 절대자 자신으로 보고 있다. 절대자 자신은 이러한 자아와 비아의 근저에 있으면서 비아에 대해서도 자아와 동등한 위치를 주기 때문에, 비아로서 객관적인 자연도 절대자에게서는 자아와 동등한 위치를 차지하고 있다.

피히테의 순수자아가 셸링에게서는 절대자라고 한다면, 절대자는 자기 정립활동에 있어서 일체의 것을 창조하는 자가 될 것이다. 이러한 절대자는 피히테의 자아와 비아, 주관과 객관, 정신과 자연 등을 이분법적으로 구분하지 않고, 이러한 구분을 초월하는 완전한 무차별적인 존재여야 한다. 그렇기 때문에 절대자는 '절대적 동일성'이다. 그래서 셸링은 피히테의 입장을 철저하게 밀고 나가서 "동일철학"이라고 하는 독자적인 사상을 전개한다.

동일철학에 의하면 근원적인 절대자는 정신과 자연의 근저에 공통적으로 존재하기 때문에, 정신도 아니고 자연도 아니며, 오직 완전히 무차별적인 절대적 동일성으로 스피노자가 말한 "신즉자연神卽自然"과 유사한 무한자로서의 참된 실재이다. 셸링은 이것으로부터 여타의 모든 유한적인 것들이 창조되어 나온다고 본 것이다.

무한적인 절대자로부터 유한적인 것들이 어떻게 생성되어 나오는 것일까? 자아와 비아, 주관과 객관, 정신과 자연, 관념과 실재 등은 분명히 차별성을 가진 유한적인 것들이다. 이에 대해서 셸링은 이 세상에 존재하는 모든 것들이란 질적인 차이가 없고 오직 양적인 차이만 있을 뿐이라고 한다. 즉 정신 속에도 자연적인 요소가 존재하는데, 이것을 정신이라고 하는 까닭은 단지 정신적인 요소가 우세하기 때문이며, 자연 속에도 정신적인 요소가 존재하는데, 이것을 자연이라 한 까닭은 자연적인 요소가 우세하기 때문이라는 얘기다. 고대 자연철학자 아낙사고라스가 말한 "모든 것에 모든 것이 들어 있다"는 주장과 유사하다.

그러므로 자연적인 실재의 요소가 많은 것은 자연이라고 하고, 정신적인 개념의 요소가 많은 것은 정신이라고 한다면, 자연과 정신은 서로 질적으로 상이한 것이 아니라 양적으로 차이가 있을 뿐이다. 자연은 눈에 보이는 정신이요 정신은 눈에 보이지 않는 자연이다. 정신과 자연이 차별성을 가지는 것은 양적인 차이이지

셸링

본질에 있어서는 항상 하나이며, 같은 것들이라는 얘기다.

실재하는 것들에 관해서는 객관적인 측면이 두드러지기 때문에 이것들은 자연의 영역에 속하고, 관념적인 것들에 관해서는 주관적인 측면이 두드러지기 때문에 정신의 영역에 속한다. 모든 생성에 있어서 주관적인 것과 객관적인 것, 관념적인 것과 실재적인 것, 정신과 자연, 주관과 객관은 정도가 달라서 차별이 있을 뿐이지 언제 어디에서나 동일하다.

헤겔의 절대적 관념론

셸링에게서 절대자는 유한자의 근저에 공동적으로 존재하면서 차별적인 유한자와는 완전히 단절되어 있는 무차별적 동일성이었다. 셸링은 이러한 무차별적인 동일자로부터 어떻게 완전히 단절되어 있는 차별적인 정신과 자연, 주관과 객관, 관념성과 실재성이 나올 수 있는가의 문제를 양적 차이라고 말했을 뿐 방법론적으로는 해결하지 못했다. 이에 대해 헤겔은 절대자란 애초부터 유한자와 대립해 있는 것도 아니고, 유한자의 근저에 놓여 있는 무차별적 동일자도 아니라고 한다.

만일 절대자가 유한자와 대립된 것이라면 무한자라고 말할 수 있으나, 절대자가 유한자에 의해 한계 지워진다는 의미에서 보면 유한적 무한자로서의 유한자일 뿐이다. 이것을 헤겔은 "악무한惡無限(das schlecht Unendliche)"이라고 하여 유한자를 자기 속에 포함하는 무한자로서의 "진무한眞無限(das wahrhafte Unendliche)"과 구분한다. 진무한은 유한자와 대립한 추상적 무한자가 아니고 유한자의 변화를 통해 자신을 실현해가는 '구체적 전체'이다. 따라서 구체적 전체로서 절대자는 진무한이어야 한다. 진무한인 절대자는 구체적 전체이기 때문에 언제나 자기 동일성을 유지하면서 스스로 유한자로 변화해가며, 이러한 변화를 통해 변증법적으로 자기 전개 발전할 수 있다.

헤겔은 대체로 절대자의 자기전개와 발전과정을 세계의 전개과정으로 파악하려고 한다. 그에 따르면 세계의 생성변화란 구체적 전체로서의 절대자가 유한자의 변화를 통해서 자기를 전개해 가는 과정이라는 얘기다. 역사는 유한자의 변화과정이며 역사를 통해서 절대자는 자기 자신을 실현해 가는 것이기 때문에, 자연은 항상 자기동일성을 그대로 유지하면서 현상의 무한한 자기발전을 반복해 갈 뿐이다. 자연이나 역사에 있어서 절대자가 변증법적 발전을 통해 자기 자신을 전개해 가는 과정은 당연히 정신으로 파악하지 않으면 안된다고 헤겔은 주장한다. 이는 절대자의 이념이기 때문이다. 이념은 존재이면서 정신이고 실재적이면서 관념적인 것이다. 그래서 헤겔은 "현실적인 것은 이념적인 것이요 이념적인 것은 현실적인 것이다"라고 말했다.

현실적인 것은 절대정신이 가지는 이념의 현현顯現이기 때문에 헤겔은 절대정신의 관념론을 완결된 학學으로 확립시키고 있다. 헤겔에 있어서 "진리는 전체(Das Wahre ist das Ganze)"이기 때문이다. 다시 말해서 참다운 학문은 돌발적인 출현이 아니라 체계적인 것이며, 이러한 체계는 자체로 모순을 포함하면서 모순을 극복하여 종합하는 유기적인 전체의 체계가 되어야한다. 이러한 체계적인 과정의 점진적인 발전단계를 거쳐서 절대자에 이르는 길은 절대

헤겔

자의 변증법적 자기파악의 운동이어야 한다. 이러한 사상은 한민족의 고유경전 『천부경天符經』에서 "一始無始一 析三極無盡本…一終無終一" 이 뜻하는 바와 같이, '하나'에서 나와서 우주만물의 다양성으로 전개 발전되었다가 통일적인 '하나'로 귀환하는 논리와 같다.

그러므로 모든 것들은 변증법적 운동과정을 통해 절대자의 자기전 개로부터 시작하여 절대자가 자기 자신으로 돌아오는 도정道程이다. 즉 절대자는 의식 - 자기의식 - 이성 - 정신 - 종교 - 절대지絶對知에 이르는 절대이념이기 때문이다. 여기로부터 헤겔은 모든 것들을 절대 정신에 종속시켜 체계화함으로써 독일 관념론을 완결하는 절대적 관 념론을 확립한다.

절대정신의 변증법적 자기전개 방식

세계에 대한 절대정신의 변증법적 전개방식은 무엇이고, 이는 어떤 방식으로 진행되는 것일까? 헤겔은 우주를 하나의 전체로 보고 있으 면서 절대정신으로 간주하기 때문에, 구체적 전체로서의 절대정신은 일체의 모든 것을 자기 안에 포괄한다고 본다. 구체적 진체로서의 우 주는 전체로서의 그 동일성을 유지하면서 항상 구체적인 것으로서 발 전해가기 때문에 절대정신은 고정되어 있는 정적인 것이 아니라 구체 적 보편자로서의 자신을 전개해 나가고 다시 귀환해 가는 변증법적 운동발전일 수 있다.

철학은 곧 절대정신이 자신을 전개시켜 다시 자신에게로 귀환하는 변증법적 발전과정을 파악하는 것이다. 이러한 절대정신의 변증법적 발전단계는 3단계로 나눠진다. 절대정신의 첫 번째 발전단계는 "밖으 로 나가는 것(Herausgehen)"으로서 정립定立의 단계이고, 두 번째의 단계는 "스스로를 떼어 놓는 것(Sichausein anderlegung)"으로서 반정립反定立의 단계이며, 마지막 단계는 "스스로에게 귀환하는 것(Zusichcommen)"으로서 한층 발전된 종합 "지양止揚"의 단계이다.

① 정립定立 :

절대자가 유한자를 떠나서 실재하는 것이 아니라 유한자의 전체 속에서 자기를 드러내는 것이라고 한다면, 우선 유한자의 인식으로부터 출발하지 않으면 안된다. 유한자는 절대이념이 아직 자신의 상태에 머물러 있는 단계로서, 자신 속에 앞으로 발현되어 나올 대립적인 모순을 포함하지만 아직 드러내지 않은, 그러면서도 자기 동일성을 유지하고 있는 상태이다. 이는 "즉자태卽自態(an sich)"의 단계로서 정립 혹은 긍정적肯定的 인식의 단계라고 할 수 있다. 이 단계에 대한 변증법적 인식은 지성적知性的 인식이다. 오성적 인식은 유한적 존재를 즉자적卽自的으로 파악하여 어떤 것이라고 타당한 규정을 내려서 고정시킨다. 이러한 오성적 인식은 주관적(추상적) 보편의 인식단계이다.

② 반정립反定立 :

다음 단계는 절대이념이 자신 속에 포함되어 있던 '즉자태'의 내용과 모순된 다른 계기가 새롭게 발현되어서 '즉자태'로부터 스스로 떼어놓으면서 대립하여 있는 상태다. 이는 "대자태對自態(für sich)"의 단계로서 반정립 혹은 부정의 단계라고 한다. 이 단계에 대한 변증법적 인식은 오히려 '즉자태'에서 긍정된 규정을 부정하는 것이므로 부정적否定的 이성의 인식이다. 부정적 이성의 인식은 상호 모순되는 규정에로 이행하는 단계의 인식이기 때문에 객관적 보편의 인식일 수 있다.

③ **종합**綜合 :

마지막 단계는 정립의 단계와 반정립의 단계 간에 발생한 모순과 대립을 지양(aufheben)하는 단계로서, 즉자적即自的인 것과 대자적對自的인 것의 모순된 계기를 한층 새롭게 종합 통일하는 단계이다. 이는 "즉자 대자(an und für sich)"의 단계로 말해지는 종합 혹은 지양의 단계라고 할 수 있다. 이 단계에 대한 변증법적 인식은 오성적 사유가 고집하는 규정을 폐기함과 동시에 그 규정의 진리성을 보호함으로써 고차적인 단계로 고양高揚하는 사변적思辨的 이성의 인식이다. 사변적 이성의 인식은 추상적 보편의 인식과 객관적 보편의 인식을 종합 통일하는 것이기 때문에 구체적 보편의 인식일 수 있다.

그러므로 절대정신은 정립, 반정립, 종합이라고 하는, 지양되어 통일되는 변증법적 진행 과정을 거치는데, 이 과정을 거치면서 보다 고차적인 단계에 도달함으로써 대상의 진리성이 더욱 보편화된다. 이념의 변증법적 발전단계에 있어서 최고의 발전단계는 과정 전체를 포괄하기 때문에 가장 구체적이면서 가장 보편적인 것이다. 이러한 구체적 보편자는 바로 절대정신이다.

완결된 학적체계로서의 정신철학

절대정신에게는 실재와 사유가 분리되어 있지 않고 동일한 것이기 때문에, 절대정신은 자신의 정신을 사유의 대상으로 삼는다. 이러한 절대정신은 자기전개의 변증법적 발전을 통해서 자신에게로 귀환하여 완결한다. 이것이 절대적絶對的 인식이다. 다시 말하면 절대자는 자신의 본질을 사고하는 정신이기를 바라는데, 그 절대정신은 이념의 다른 모습인 자연으로 발전하고 자연은 다시 자기정신으로 되돌아가

는 것이다. 이를 학學으로 조직한다면 정립으로서의 논리학, 반정립으로서의 자연철학, 종합통일로서의 정신철학으로 완결된 체계를 이룰 수 있다.

첫째단계는 정립으로서의 논리학이다. 논리학은 절대이념을 변증법적 발전과정으로 고찰하는 것이기 때문에 이념의 학이다. 이념의 학은 "자연과 유한적 정신의 창조 이전의 영원한 본질 가운데 있는 신神의 서술"을 내용으로 한다. 그것은 순수한 본질을 다루는 이념적인 것이다. 이념의 변증법적 발전을 서술하는 논리학은 순수이성의 체계, 즉 순수사변의 왕국으로 '즉자태'로 정립되어 파악하는데, 형이상학이자 동시에 존재론이 그것이다.

논리학의 발전단계는 존재의 논리학, 본질의 논리학, 개념의 논리학으로 구분된다. 존재의 논리학은 존재론으로 질, 양, 한도를 다루고, 본질의 논리학은 본질론으로 본질, 현상, 현실을 다루고, 개념의 논리학은 주관적 관념, 객관적 관념, 이념(생명, 인식, 절대이념)을 다룬다. 따라서 논리학은 순수 존재론으로부터 출발하여 모두 정립, 반정립, 종합의 변증법적 전체과정을 통해서 절대이념에 도달한다.

둘째단계는 반정립으로서의 자연철학이다. 절대이념은 원래 정신적인 것이었으나 자신을 발전시키기 위해서 자연의 객관적 형태를 취한다. 이런 의미에서 본다면 자연철학은, 절대자 자신을 위하여 자연의 객관적 대상이 된 이념, 다시 말하면 자신을 실현하기 위해서 일시적으로 밖으로 나가 대상화된 이념을 다룬다. 이렇게 "대자태"로 된 이념은 "자기의 타재他在에 있어서의 이념"(Idee ihrem Anderssein)이 된다. 그렇기 때문에 절대이념은 전개발전으로서의 자연이며, 자연 안에서 스스로를 드러내어 진정한 현실이 되는 것이다. 앞서 "현실적인 것은 이념적인 것이요 이념적인 것은 현실적인 것이다."라는 주장은 이를 두고 한 말이다.

자연철학의 발전단계는 세 단계, 즉 정립의 역학적 단계로서 수학적 역학(시간과 공간), 유한적 역학(물질과 운동), 절대적 역학(인력)을 다루고, 반정립의 물리학적 단계로서 보편 물리학, 특수 물리학, 전일 물리학을 다룬다. 마지막으로 종합의 유기체 역학의 단계로서 광물, 식물, 동물을 다룬다. 정립의 역학적 단계에서는 '즉자태'로서 양적인 관계를 다루며, 반정립의 물리학적 단계에서는 '대자태'로서 질적으로 규정된 물체를 다룬다. 마지막으로 종합의 유기체적 역학의 단계에서는 '즉자 대자'적인 것으로 광물, 식물, 동물의 생명체를 다룬다. 이들 생명은 결국 동물에게서는 감각하는 혼魂으로, 인간에게서는 인식하는 정신으로 상승하며, 절대정신은 자연에 있어서의 소외疏外로부터 다시 자기정신에로 복귀하는 것이 된다.

마지막 단계는 종합통일로서의 정신철학이다. 정신철학은 절대이념이 자연에로의 자기 외화를 극복하고 젊어져서 다시 자기 자신에게로 귀환한 이념이다. 이 정신은 이념이 자기 자신에게 있는 이념이요 스스로 돌아가는 '즉자 대자태'의 이념을 내용으로 한다. 정신에로 귀환한 이념은 다시 세 단계의 발전과정을 거친다. 정신철학은, 첫째 주관적 정신의 단계로 인간학, 정신현상학, 심리학을 다루고, 둘째 객관적 정신의 단계로 추상적인 법, 도덕, 인륜성을 다루며, 마지막 절대정신의 단계로 예술, 종교, 철학을 다룬다.

주관적 정신에서는 개인적인 정신과 그 정신의 여러 능력들이 차례로 서술되는데, 개인적 정신은 자연에서 복귀하여 자연성을 가지고 있는 마음, 즉 생명의 혼이다. 이러한 혼은 의식 이전의 잠자는 마음과 같은 신체와 떨어질 수 없는 정신이다. 이러한 정신은 현실적인 마음이며, 이 마음이 점차 회복하여 의식자체(감정, 지각, 지성), 자기의식, 이성으로 발전한다. 그러므로 개인적인 인간은 태어나면서 본능적인 상태로부터 점차 변증법적으로 발전하여 의식이 싹트고, 의식은 더 발전하여 이성으로 돌아온 후, 이성은 자유로운 정신으로 종합 통일되어 타인의 자유를 승인할 수 있게 된다.

객관적 정신은 현실적인 사회가 역사적으로 발전 전개되는 정신의 고찰이다. 이는 추상적인 법으로서 '즉자태'로 정립되고, 도덕으로서 '대자태'로 반정립되며, 양자의 종합인 인륜성으로 '즉자 대자태'로 종합 지양되어 변증법적으로 발전한다. 특히 인륜성은 가족, 시민사회, 국가로 분석되는데, 헤겔에 의하면 국가도 일종의 인격이다. 국가의 정신, 즉 국민의 정신은 개별적인 인간으로 볼 때, 신체에 대한 영혼과 같다. 그러므로 객관적 정신은 국민의 정신 안에서 스스로를 드러내게 되는 것이다. 국민정신을 통해서 드러난 객관적 정신은 세계

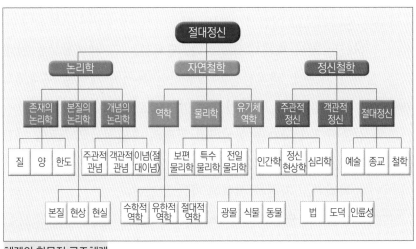

헤겔의 학문적 구조체계

사로 고양되고 보편적인 세계정신으로 지양되는데, 이러한 세계정신
의 법률은 최고의 법률 자체가 된다.

절대정신은 객관적 정신에서 본래의 자기 자신에로 돌아온 정신이
다. 이는 정신의 이념적 본질이 절대적이라는 것을, 즉 유한한 모습으
로 나타나지만 자기의 본성이 무한하다는 것을 깨닫게 되는 정신이
다. 이러한 절대정신은 다시 '즉자태'로 예술, '대자태'로 종교, 그리
고 '즉자 대자태'로 철학의 모습을 통해 변증법적으로 발전 전개되어
완결된다. 그러므로 철학은 예술과 종교의 통일이요, 사유에 의해서
이념이 절대적인 것임을 깨닫는 것이다.

역사와 문화는 절대정신이 자신을 실현하는 도구 _____

헤겔의 절대관념론은 세계의 역사 속에서 자기 자신을 실현해 나가
는 과정으로 볼 수 있을 것이다. 이러한 실현과정은 절대정신이 자유
를 본질로 하기 때문에, 세계사의 진행과정 또한 절대정신의 본질인
자유를 실현해 가는 도정이다.

역사는 본질적으로 이념적 정신의 역사이며, 절대정신의 본질인 자
유가 실현되는 것이 세계사世界史이다. 세계사는 곧 세계정신을 전개
하는 것이기 때문에, 세계정신을 실현하는 특정한 개인은 세계사적
개인이고, 세계정신이 개별적인 민족정신으로 특수화되어 여러 가지
문화를 창출하면서 국가를 형성하고 문명의 흥망성쇠興亡盛衰의 과정
을 겪는다. 이것이 세계사적 민족이다. 이러한 것들은 결국 세계정신
이 자기를 자각하고 자신을 실현해 가는 도정이다.

위대한 세계사적 영웅(알렉산더 대왕, 칭기즈칸, 링컨 대통령 등)이 자신의 모든
정열을 쏟아 어떤 목적을 달성하거나, 혹은 세계사적 민족이 국가의

영도적 위치에 오른다 하더라도, 이들도 결국 세계정신이 자기 자신을 실현해 가는 도구에 불과한 것이다. 이것을 헤겔은 "이성의 간계 (List der Vernuft)"라고 불렀다. 그렇기 때문에 절대적 정신을 실현해 가는 세계정신은 세계사적 개인이나 세계사적 민족을 통하여 세계사의 궁극적인 절대적 자유를 실현해 가는데, 이에 대해서 헤겔은 "세계사는 자유 의식에 있어서 진보이다."라고 말했던 것이다.

역사상 가장 넓은 대륙을 점유한
몽골 제국의 창업자 칭기즈칸 초상화

.

Part III

진리를 어떻게
인식認識할 수 있는가

1

진리인식은 어떻게 가능한가

"만유의 일체가 오직 삼신이 지은 바니라. 마음과 기운과 몸은 반드시 서로 의지해 있으나 영원토록 서로 지켜주는 것은 아니라. 영식 지식 의식의 세 가지 앎[삼식]은 영혼 각혼 생혼의 세 가지 혼을 생성하지만, 이 또한 삼식三識에 뿌리를 두고 뻗어 나가니라. 육신과 목숨과 혼이 환경과 접하는 경계에 따라 이른 바 느낌과 호흡과 촉감이 있게 되는 것이고, 성명정性命精의 삼진과 심기신心氣身의 삼망三妄이 서로 이끌어 감식촉感息觸의 삼도三途로 갈라지느니라."

一切가 惟三神所造오 心氣身이 必修相信이나 未必永劫相守하며 靈智意三識이 卽爲靈覺生三魂이나 亦因其素以能衍하며 形年魂이 嘗與境으로 有所感息觸者오 而眞妄相引하야 三途乃歧하니라. (『桓檀古記』

「太白逸史」〈三神五帝本紀〉)

1) 안다는 것의 의미

지구상에 존재하는 생명체는 살아있는 한 모두가 끝없이 닥쳐오는 문제에 직면하면서 살아가게 마련이다. 이들은 각양각색의 문제에 대해 각기 어떻게 대처하여 생존해가는 것일까? 여타의 생명체와 인간의 대처방법은 어떻게 다른 것일까? 여타의 생명체는 문제에 대해 본능에 의존하여 대처하지만, 인간만은 본능과 더불어 궁리와 생각에 의존하여 문제에 대응한다는 것이 특징이다. 인간의 궁리와 생각, 이것에 관련하여 과학의 천재요 수학자이자 철학자인 파스칼Blaise Pascal(1623~1662)은 『팡세Pensees』에서 "인간은 자연 속에서도 가장 가냘픈 한줄기 갈대와 같다. 그러나 생각하는 갈대다."라고 말했다.

급변하는 생존환경에 직면하여 인간은 궁리와 생각을 통해 삶의 보존과 질적인 향상을 위해 끊임없이 도모해왔다. 궁리와 생각을 통해 얻어낸 것은 다름 아닌 앎이라고 하는 것, 즉 지식이다. 그래서 앎(지식)은 인간으로 하여금 문제를 해결하여 올바른 길로 인도하는 삶의 본질적인 방편이 된다고 할 수 있다. 그러나 잘못 알고 있는 지식은 문

파스칼

제를 해결하기보다는 그릇되게 하거나 미궁으로 빠져들게도 한다. 아리스토텔레스Aristoteles(BCE 384~322)가 『형이상학(Metaphysica)』에서 "인간은 본성상 알기를 욕망한다"고 말했던 것을 되짚어 보면, 인간은 모르는 것을 열광적으로 배우기도 하지만, 진실을 파악하고 그릇된 앎을 바로잡기 위해 부단히 애쓰면

서 노력하는 존재라는 뜻이기도 하다.

"많이 알아라, 그러면 선善해진다"는 말은 인류의 스승이라 불리는 고대 그리스 철학자 소크라테스Socrates(BCE 470~399)의 말이다. 이 말을 역으로 해석해 보면 사람이 무지無知하면 할수록 악惡하다는 얘기가 된다. 그러나 속담에는 "알면 병이고, 모르는 게 약"이라는 말이 있다. 그렇다고 아무것도 모르고 살아갈 수 있을까? 삶의 여정을 돌이켜 보면, 교묘하게 도둑질하는 것도 알아야 할 수 있고, 개과천선改過遷善도 알아야 그렇게 할 수 있는 것이고, 만인에 베푸는 선행도 알아야 행할 수 있고, 근사하게 사는 것도 그것이 무엇인지를 알아야 그렇게 살 수 있다는 것을 새삼 느끼게 된다. 도대체 이러저러한 앎은 어떻게 해서 생겨나는 것일까?

앎이 나오는 통로

일반적으로 우리는 '안다'란 말을 아주 다양한 방식에서 사용하고 있는 것이 사실이다. 의식을 가진 사람이라면 누구나 지식을 갖고 있고, 앎은 곧 지식이기 때문이다. 이러한 모든 지식을 망라하여 그것이 생겨난 통로를 세별해 보면 대략 세 가지로 압축된다. 소위 외부와의 직접적인 감각오관五官 : 눈, 귀, 코, 혀, 피부을 통하여 생겨난 지식, 감각되는 것은 아니지만 순수하게 이성적인 사유를 통해서 얻어내는 지식, 감각과 이성의 영역을 넘어서 있는 제3의 지식, 즉 대상들에 대한 영적인 깨달음의 지식이 그것이다.

첫 번째는 소위 감각을 통한 경험적 지식을 꼽을 수 있다. "손을 불에 가까이 대면 뜨겁다는 것을 안다", "똘똘이는 자신의 키가 180cm임을 안다", "해는 동쪽에서 떠서 서쪽으로 진다는 사실을 안다", "대전에 지금 비가 오고 있다는 것을 안다", "이 사과는 빨갛다는 것을 안다" 등과 같이 경험적으로 확인될 수 있는 것들이 그것이다. 나아가 "나는 지금 배가 몹시 아프다는 것을 안다" 등과 같은 심정적인 사건에 대한 지식, "불이 나면 연기가 남을 안다"와 같이 원인과 결과에 대한 탐구로 얻어낸 과학적 지식, 지나간 역사적인 사실이나 사건 사고와 같은

불과 뜨거움

앎도 기원을 추적해 가면 감각적 사실에 바탕을 두고 있다. 왜냐하면 그것은 실험 관찰을 통해 획득한 것이거나 역사적인 사람들이 경험을 통해 알았던 지식이기 때문이다.

　두 번째는 소위 이성을 통한 직관이나 추론적 지식이다. 경험적으로 획득된 지식이 아닐지라도 "정사면체는 길이가 같은 4개의 모서리로 되어 있다는 것을 안다", "사람과 소나무는 서로 본질적으로 다르다는 것을 안다", "까투리는 암꿩임을 안다" 등과 같은 지식은 이성의 사유를 통한 직관이나 추론으로부터 얻어낼 수 있다는 것이다. 수학적 지식, 논리학적 지식 등이 여기에 속한다. 또한 "모든 것들은 궁극적으로 존재의 근원이 있음을 안다"와 같은 형이상학적 지식, "나는 자유롭다는 것을 안다", "나는 그가 나쁜 놈이라는 것을 안다" 등과 같은 가치론적 지식 또한 자유나 선악이 경험의 대상이 아니기 때문에 이성적 지식에 넣을 수 있다.

세 번째는 감각을 통한 경험적 지식도 아니고 추론을 통한 이성적 지식도 아닌 깨달음을 통한 영적 지식이다. 경험적 지식은 물리적인 세계에 대한 경험으로부터 기원하는 것이고, 이성적 지식은 감각적인 경험이 아닌 정신적인 사유를 통해 추론해서 나온 것이지만, 깨달음을 통한 영적 지식은 양자를 넘어선 신적神的인 세계에 대한 앎이다. 영적 지식은 감성의 눈으로 봐서 아는 것도 아니고, 이성의 눈으로 봐서 아는 것도 아니라는 얘기다. 깨달음을 통한 앎은 제3의 영적靈的인 눈으로 봐야 한다. "의식의 스펙트럼"을 말하면서 종교적인 의미를 풍부하게 역설한 켄 윌버Ken Wilber(1949~)는 관조觀照의 눈을 제시한다. 관조의 눈을 통해 얻어낸 영적 지식은 현묘玄妙한 신의 존재, 불가에서 말하는 중도실상中道實相, 유가에서 말하는 시중지도時中之道, 도가에서 말하는 시공時空이 멈춰버린 무無에 대한 깨달음과 같은 것이라 할 수 있다.

존재와 인식은 불가분의 관계_

감각을 통해서 알게 되든지 이성적 직관을 통해서 알게 되든지 깨달음을 통해 알게 되든지 간에, 앎에는 앎의 대상對象이 일단 주어져야 하고, 이들에 대한 앎은 확실성의 정도가 매겨질 수 있다. 대상에 따라 확실하지 않은 지식에서부터 가장 확실한 지식에 이르기까

버나드 글래스맨과 함께 한 켄 윌버

지 등급이 있음을 최초로 역설한 철학자가 있는데, 바로 형이상학적 실재론을 학적으로 체계화한 고대 그리스의 철학자 플라톤Platon(BCE 427~347)이다. '실재에 대한 인식만이 진리가 된다'는 이념으로 철저하게 무장한 플라톤은 대상에 대한 확실성의 정도에 따라 앎을 분류한다. 여기로부터 그는 존재란 곧 인식일 수 있음을 제시하기에 이른다.

대상에 대한 앎은 어떤 과정을 통해서 앎을 갖게 되는지가 밝혀져야 한다. 대상에 대한 탐구는 소위 존재론적 탐구의 영역에 속하고, 어떤 과정을 통해서 앎을 얻게 되는가의 문제는 인식론적 탐구의 영역에 속한다. 그렇다면 존재론存在論(Ontology)과 인식론認識論(Epistemology)은 불가분의 관계가 될 것이다. 그것은 존재에 대한 인식이기 때문이다. 이는 존재가 참되지 못하면 앎도 불확실하게 되고, 참되게 존재하는 것이라면 곧 참된 인식을 낳을 수 있다는 얘기다.

앎의 대상을 구분해 보면 크게 네 측면, 즉 없는데도 있다고 믿고 있는 것(허구), 생성변화하면서 항시 유동하는 것(감각의 대상들), 항상 그대로 존속하는 것, 그리고 '그 자체로 존재하는 것'으로 나눠볼 수 있다. 이에 대응해서 앎의 획득과정은 신체적인 감각을 통해 감성으로 아는 것, 감각과 사유의 합작으로 아는 것, 지성의 논리적인 추론이나 직관을 통해 아는 것, 관조를 통한 영적인 깨달음으로 아는 것으로 구분하여 논의해볼 수 있을 것이다.

존재와 인식이 대응해 있다는 관점을 견지하는 플라톤은 우선 참된 진리인식과 그렇지 않은 앎(지식)을 구분한다. 유동적이며 확실하지 않은 대상에 대한 앎과 고정적이며 영원한 존재에 대한 앎이 그것이다. 그는 전자의 경우를 억견臆見(doxa)이라 했고, 후자의 경우를 인식(episteme)이라 했다. 억견은 앎의 대상이 없거나 유동적으로 존재하는 것으로 진리가 아닌 것이고, 인식은 앎의 대상이 고정적인 존재로 확실하고 영원한 진리라는 얘기다.

억견은 감각과 직간접적으로 관련이 있는 것으로 확실하지 않은 앎을 뜻하는데, 여기에는 두 종류가 있다. 하나는 망상妄想(eikasia)이고, 다른 하나는 의견意見(pistis)이다. 망상은 아무런 근거도 없는 환영과 같은 대상에 대한 앎이고, 의견은 항상 유동 변화하는 것으로 현실적으로 일어나는 사건 사물에 대한 앎이다. 다시 말해서 실제로 아무 것도 없는데 있는 것처럼 주관적인 상상으로 알고 있는 것이 망상이다. 캄캄한 산 속에서 두려움에 떨고 있을 때 멀리에 반짝거리는 불빛을 보고 도깨비불로 알고 있거나 물을 마시다 사레가 들어 기침하는 것을 보고 폐렴에 걸린 것으로 알고 있는 경우도 망상에 속하는 앎이다.

은행나무

감각으로 경험하는 대상들에 대한 앎은 의견이다. 이는 물이 담긴 유리컵 속에 꽂혀있는 젓가락을 보고 휘어있는 것으로 알고 있다든가, 여름에 은행나무 잎이 파랬다가 가을이 되어 노랗게 물들어 변화했는데, 은행나무 잎이 파랗다고 알고 있는 경우들이 의견이다. 감각을 통한 앎은 대상이 시시각각으로 변화하기 때문에 모두 의견이라 할 수 있다.

인식은 순수 이성적인 사유와 직접적으로 관련이 있는 확실한 앎을 뜻하는데, 감각이 아니라 이성적인 논증이나 직관, 혹은 영적인 깨달음과 같은 앎이 여기에 속한다. 인식이라고 할 수 있는 앎에는 두 종류가 있다. 하나는 이성적 사고를 통해 증명하여 얻어내는 논증論證(dianoia)이고, 다른 하나는 존재 그 자체에 대한 영적인 깨달음, 즉 순수 이성의 관조적 직관直觀(noesis)이다. 논증이란 감각에 들어오는 것이 아니지만 순수 사유를 통해 추론하여 아는 지식이다. '같음'은 '다름'이 아니라는 것을 직관적으로 알거나, '삼각형은 세 선분으로 이루어져 있다'든가 '삼각형의 내각의 합은 180도'임을 아는 경우, 사물의 실체에 대한 본질적인 정의定義 등도 모두 이에 속하는 지식이다. 관조적 직관은 순수 이성을 통해 항존하는 근원의 존재에 대한 신적인 깨달음, 즉 형이상학의 꽃이라 할 수 있는 이데아Idea에 대한 인식이 그것이다. 플라톤은 이 두 종류의 앎만이 진정한 진리인식이라 했다.

플라톤이 제시한 진리인식은, 엄격한 의미에서 말해볼 때, 항구적으로 존재하는 것에 대한 본질적인 앎에만 적용되는 것으로 이해된다. 즉 올바른 인식은 논증적인 것과 이데아에 대한 앎으로 제한되고 있다는 얘기다. 달리 말하면, 감각을 넘어서 있는 수학적인 대상이나 사물로부터 추상화된 보편 개념, 혹은 근원의 존재에 대한 것만이 인식의 대상이 된다는 뜻이다. 왜냐하면 이것들은 항구적으로 존재하는 것이며, 이에 대한 앎 또한 확실하고 불변하는 인식을 제공할 수 있기 때문이다.

그러나 문제는 우리가 평소에 '안다'는 말을 정도에 따라 다양하게 적용하면서 앎이 모두가 인식이 되는 것처럼 인지하고 있다는 점이다. 특히 학문적으로 통용되고 있는 인식은 아주 느슨한 의미의 앎, 혹은 넓은 의미의 지식을 통칭하는 것 같다. 만일 지식이 곧 인식이라는 생각을 근저에 깔고서 어떤 대상이나 사태들에 대하여 우리가 안다고 말한다면, '안다'고 할 때 그 앎이 참된 것인지, 아니면 모르면서도 아는 체하는지, 얼마나 알 수 있는지, 나아가 엄격한 의미의 인식으로 진리眞理의 반열에 들어올 수 있는 앎인지를 따져보아야 할 것이다. 만일 무엇에 대해 '안다'고 할 때 그 주장이 타당한 이유를 갖게 된다면, 그 앎은 정당한 것으로 인정받을 것이고, 그런 후에야 비로소 진리인식으로 통용돼야함이 마땅하기 때문이다.

그러므로 다양한 분야에서 탐구된 앎들이 어떻게 진리인식으로 받아들일 수 있는지에 대한 탐구가 선행되어야 한다. 다시 말해서 여러 학문에서 '인식한다'고 하는 다양한 진술들을 검토하고, 각각의 주장에 대하여 무엇을 타당한 근거로 받아들일 수 있는지를 살피며, 어떤 의미에서 진리인식이라고 확실하게 대답할 수 있는가를 따져야 한다. 이와 같이 우리가 알고 있는 지식들이 진정으로 진리인식인지를 확신하기 위해서, 앎의 의미, 앎의 근거, 앎의 기준 등을 따져 묻는 것은 철학의 한 분야, 즉 인식론에서 탐구된다고 할 수 있다.

2) 인식의 두 통로 감각과 이성

감각적 사고

인간이 살아가는 데에 없어서는 안 될, 삶의 지침이 되는 것은 바로 앎이다. 앎을 직접적으로 제공하는 관문은 이른바 감각기관이다. 감각기관을 통해서 생겨난 앎은 바로 감각感覺(sense)이기 때문이다. 만일 감각기관이 마비되기라도 한다면 감각이 일어나지 않기 때문에 감각적인 앎은 전혀 없을 것이다. 시각장애나 청각장애가 그러한 예들이다. 만일 태어날 때부터 감각기관 전체가 마비된다면 그런 사람은 어떻게 될까? 아마도 감각을 통한 어떠한 앎도 형성될 수 없기 때문에 그런 사람은 생명을 유지할 수 없는 지경에 이를 수도 있게 된다.

일차적인 앎을 제공하는 감각은 크게 두 가지 경로로부터 나오게 된다고 볼 수 있다. 하나는 '외적 감각'이고 다른 하나는 '내적 감각'이다. 외적인 감각이란 오관五官(즉 눈, 귀, 코, 혀, 피부)을 일컫는데, 시각, 청각, 후각, 미각, 촉각을 유발한다. 눈으로는 시야에 전개되는 것을 보며, 귀로는 모든 소리를 듣고, 코로는 냄새를 맡으며, 혀로는 사물의 맛을 보고, 피부의 접촉으로는 부드럽고 단단한 것을 감지한다. 반면에 내적 감각은 우리가 마음속에서 일어나는 생각에 따라 느끼고, 바라며, 의도하는 것들을 총칭한다. 어떤 것을 좋아하고 싫어하며, 어떤 때는 귀찮고 슬프며 우울함 등을 느끼고 알게 되는 것은 내적 감각이라고 할 수 있다.

외적이든 내적이든 감각은 곧 앎이 되는데, 이러한 앎을 우리는 인식이라 할 수 있을까? 아마 아닐 것이다. 감각은 우리가 인식을 얻는 데에 기초적인 조건으로서의 수단은 될지언정 확실한 앎을 제공한다고 보기 어렵기 때문이다. 다시 말해서 우리가 '빨갛고 둥근 모양의 먹음직스런 것'을 감각했을 경우 이는 아직 '무엇'이라고 말할 수 없는, 단순히 어떤 감각적 영상 내지는 표상에 지나지 않는다. '빨간색', '둥근 모양', '먹음직스러움' 등은 단순히 감각에 의한 영상 내지 표상이며, 이것만으로는 인식이 될 수 없다는 얘기다. 그래서 다양한 감각적 영상 내지 표상들을 정리하고 조직하여 어떤 판단이나 명제로서의 "지각知覺(perception)"에 이르러야 '안다'고 할 수 있는 것이다. 왜냐하면 지각은 곧 지식이요, 그것은 판단이나 명제로 표현될 수 있기 때문이다. 예컨대 "빨갛고 둥근 모양의 먹음직스런 이것은 사과이다"와 같은 명제가 그것이다.

감각지각은 진리인식인가?

그러면 감각으로 지각된 개별적인 판단이나 명제는 모두가 인식이라고 할 수 있을까? 이 또한 앎(지식)은 될지언정 모두 인식이라고는 단정할 수 없을 것 같다. 앎이 진리인식의 규준을 통과하려면 '보편성普遍性'과 '항구성恒久性'을 갖추고 있어야 하기 때문이다. 이에 대한 플라톤의 입장을 검토해 보자.

플라톤은 자신의 저서 대화편 『테아이테투스Theaetetus』, 151e~152b에서 진리론을 검토하고 있는데, 이 과정에서 그는 프로타고라스Protagoras(BCE 485?~410)의 상대주의적 인식론을 소개하고 있다. "인간은 만물의 척도이다. … 무엇이든 내가 아는 것은 그것이 나에게 나타내 보인 그대로이며, 네가 아는 것은 그것이 너에게 나타내 보인 그대로이다. … 너와 나는 인간이다. … 그러므로 어떤 것을 인식하는 자는 그것을 지각하는 것이며, 지각은 인식 이외에 아무 것도 아닌 것으로 보인다." 인용문이 말해주듯이 프로타고라스는 각자 개별적인 감각지각이 곧 인식이요 진리임을 천명하고 있다.

개별적으로 알고 있는 감각지각이 정말 진리인식이 되는 것일까? 이에 대하여 플라톤은 다음과 같은 내용의 결정적인 비판을 가한다 : 만일 '인식'과 '지각'이 동일한 것이라면, 어떤 자의 꿈속에서 가지는 지각이나 정신 이상자가 가지는 지각이나 혹은 무지한 자가 가지는 지각이나 모두 인식이어야 한다. 그러나 이는 상식적으로 허용될 수 없다. 심지어 개별적인 감각지각에 나타난 것이 모두 인식이라면,

'인간은 만물의 척도'라는 주장에 근거해 볼 때, 어떤 자는 빨갛고 둥근 모양의 먹음직스런 것이 '사과'라고 할 것이고 어떤 자는 '토마토'라고 판단하여 주장할 수 있을 것이다. 그렇게 되면 빨갛고 둥근 모양의 먹음직스런 것은 '사과'이면서 동시에 '토마토'라는 귀결이다. 이런 주장은 도대체 무슨 말인지 이해될 수 없는 것이다.

따라서 개별적인 감각지각은 객관적으로 '보편성'과 '항구성'을 확보할 수 없다. 결국 감각지각이 진리인식이라는 주장은 부당하다. 왜 그런 것일까? 만일 참된 지식 즉 인식이 성립하려면 두 조건이 충족되어야 한다. 하나는 인식되어지는 대상이 불변적이고 항존하는 것이어야 한다는 것이고, 다른 하나는 그런 대상을 탐구하는 주체 또한 불변적인 확고한 인식 능력을 갖추고 있어야 한다는 것이다. 그런데 자연 세계에서 벌어지는 감각의 대상은 끊임없이 변화하는 것들이다. 또한 개별적으로 감각을 통해 지각하는 주체는 그 능력에 있어서 천차만별이고, 주관적인 감정 상태가 일정하지 못하다. 따라서 개별적인 감각지각에만 의존한다면 결국 참된 진리인식에 도달할 수 없게 된다.

개별적인 감각지각은 회의론에 봉착한다는 견해_____

심지어 인식이 개별적인 감각지각에 전적으로 의존하는 것이라면, 엄격한 의미에서 진리란 없고, 이를 다른 사람들에게 그대로 전달할 수 없게 된다. 그렇기 때문에 진리인식이 개별적인 감각지각에 의존하는 것이라면, 결국 회의론(Scepticism)에 빠지게 된다는 입장이 제기될 수 있다. 이러한 입장을 극단적으로 설파한 철학자가 있다. 바로 고대 그리스의 유명한 웅변가이면서 동시에 철학자인 고르기아스 Gorgias(BCE 485~385)이다. 그의 극단적인 회의주의 발언은 다음과 같다 :

"참된 실재란 없다."(감각적인 대상들은 항상 유동하기 때문이다.)

"그런 것이 있다 해도 우리는 그것을 인식할 수 없다."(인식은 고정적이고 확실해야하기 때문이다)

"우리가 그것을 인식한다 해도 다른 사람들에게 전달할 수 없다."(주관이 다른 각자는 주관대로 받아들이므로 보편적인 인식일 수 없다.)

　이와 같은 개별적인 감각에 직접 주어지는 지각만이 진리인식일 수 있다는 주장은 극단적으로 말해서 진리에 대한 회의론으로 끌려들어 갈 수밖에 없게 된다. 심지어 진리인식이 전적으로 감각적 경험에만 의존하는 것이라면, 감각으로 확인되지 않는 판단, 즉 "지구는 몇 백억 년 전에 생겨났다"고 하는 과학적 지식이나 "전지전능한 절대자는 우주세계를 권능으로 창조하셨다"고 하는 종교적인 명제는 보편적이고 객관적인 진리로 어떻게 인가받을 수 있는가의 문제도 발생한다. 일련의 이런 문제들을 해결하기 위한 일환으로 어떻게 하는 것이 진리인식인가에 대한 방법적 통찰을 개괄해 보는 것이 좋을 것이다.

인식의 필연적 진리와 우연적 진리

　먼저 학적인 인식의 차원에서 진리의 의미와 기준을 검토해 보자. 직접적인 감각지각으로 아는 것이든 감각을 넘어서 있는 것들을 이성적 직관으로 아는 것이든, 이들에 대한 확실한 인식을 가질 때에만 진리라고 할 수 있겠다. 일련의 이런 내용들에 대한 진리성을 어떤 방식으로 확보할 수 있는가의 문제는 인식론에서 다뤄져야 할 중요한 과제라 본다. 즉 참된 앎의 의미, 근거, 기준 등을 따져 묻는 것이 인식론의 분야가 되기 때문이다.

인식에 대한 문제는 최소한 언표 형식의 판단 내지 명제 차원에서 검토해 보아야 한다. 인식이 성립하는 형식적 장소는 판단이나 명제에 있기 때문이다. 요컨대 "사과", "사람", "귀신" 등은 단순한 개념에 지나지 않는다. 개념만으로는 허위인지 아닌지, 진리에 대한 인식인지 아닌지를 알 수 없다. "사과는 빨갛다.", "그는 거짓말쟁이다."처럼, 주어에 대한 서술 형식을 갖춘, 판단 내지 명제의 형식으로 주어져야만 주장이 성립되고, 주장에 대한 진리인식의 문제를 따져볼 수 있게 된다는 얘기다.

그럼 어떤 판단(명제)이 진리인식이 되는 것일까? 이에 대해서 먼저 대표 격으로 전통적으로 논의된 주장, 즉 항상 참일 수 있다고 하는 "필연적 진리"와 개연적으로 참일 수 있다고 하는 "우연적 진리"에 대하여 검토해 보자.

기본적으로 우리들의 대부분은 감각지각에 의존해서 유용하게 살아간다. 즉 직접적인 감각을 통해 얻어낼 수 있는 앎이나, 이런 앎으로부터 이루어진 지식을 가지고 현실적인 삶을 편리하게 영위하고 있다는 얘기다. 예를 들면, "이 길을 쭉 따라 올라가면 네가 원하는 목적지에 도달할 수 있다.", "똘똘이는 청바지를 입고 있다", "대전에는 지금 비가 몹시 내리고 있다", "네가 찾고 있는 여자는 백화점에서 점원으로 일하고 있다", "부여는 백제의 옛 수도이다" 등은 직접적인 감각을 통해 얻어낸 앎에 속한다. 반면에 감각지각으로부터 얻어낼 수 없는 앎도 우리는 진리로 받아들여 유용하게 활용하고 있다. 예를 들면, "하나에 둘을 더하면 셋이 된다", "모든 정사면체는 길이가 같은 4개의 모서리로 되어 있다", "99에다 75를 더하면 174가 된다", "총각은 장가를 가지 않은 건장한 청년이다", "인간은 본성상 알기를 욕망한다" 등이 그것이다.

진리의 측면에서 볼 때, 감각지각으로부터 얻어낼 수 있는 앎과 이성의 추론을 통해 얻어내는 앎에는 분명한 차이가 있다. "똘똘이는 청바지를 입고 있다"와 "모든 정사면체는 길이가 같은 4개의 모서리로 되어 있다"는 분명히 다른 차원의 진술이기 때문이다. 이들 두 진술들 간의 차이점은 다음과 같다.

"똘똘이는 청바지를 입고 있다." :
①우연적 진리, ②경험적 또는 후천적 지식, ③종합적 명제
"모든 정사면체는 길이가 같은 4개의 모서리로 되어 있다." :
①필연적 진리, ②논리적 또는 선천적 지식, ③분석적 명제

① "똘똘이는 청바지를 입고 있다"라는 진술은 감각으로 관찰 가능한 세계에서 일어나는 사실적인 것이기 때문에 경험적으로 관찰될 수 있고, 조건만 맞으면 똘똘이가 과연 언제 어디에서 청바지를 입고 있는지가 사람들에 의해 확인될 수 있는 명제이다. 이 진술은 똘똘이가 항상 청바지를 입는 것이 아니라 시간과 장소에 따라 혹은 똘똘이의 기분이나 어떤 상황에 따라 청바지를 입거나 다른 옷을 입을 수 있는 것이기 때문에 조건에 따라 제약을 받는 '우연적인 진리'라 한다.

반면에 "모든 정사면체는 길이가 같은 4개의 모서리로 되어 있다"는 진술은 사정이 다르다. 이 진술은 관찰 가능한 세계에서 일어나는 사건이나 사실들에 의존함이 없이 무조건적으로 항상 참인 그런 명제이다. 즉 정사면체는 현실적인 사물이 그렇게 되어 있는 것과는 관계 없이 항상 또는 '필연적'으로 길이가 같은 4개의 모서리로 되어 있지

않으면 안되는 것이다. 이런 진술은 '필연적인 진리'라 한다.

② "똘똘이는 청바지를 입고 있다"는 진술이 참인지 거짓인지를 알기 위해서는 후천적으로 또는 경험적으로 적절한 검증을 통해 확인될 수 있는 명제이다. 즉 이러한 진술은 과연 똘똘이가 언제 어디에서 청바지를 입고 있는지가 경험적으로 관찰되고 검증되어야만 그 진리성이 인정받을 수 있는 명제들이다. 그렇기 때문에 이런 명제는 진술을 구성하는 낱말들이나 그 의미만을 검토하는 것만으로 그 진리성이 확보되는 것이 아니고, 오직 '후천적으로' 확보되는 인식이다.

반면에 "모든 정사면체는 길이가 같은 4개의 모서리로 되어 있다"와 같은 진술은, 정사면체 그 자체가 '필연적으로' 4개의 모서리를 가질 수밖에 없기 때문에, 그 진리성을 결정하기 위해서 경험적으로 관찰을 필요로 하지 않는다. 그렇기 때문에 이런 종류의 진술에 대하여 참인지 거짓인지를 판정하기 위해서는 이 진술에 사용된 낱말의 의미를 아는 것만으로도 충분하다. 이런 의미에서 "모든 정사면체는 길이가 같은 4개의 모서리로 되어 있다"와 같은 진술의 진리성은 '선천적으로' 또는 논리적으로 인식된다고 말한다.

③ 만일 똘똘이가 청바지를 입고 있다는 주장을 부인하려는 사람이 있다면, 이 진술이 참임을 입증하기 위해 보증자로서의 다른 사람을 데리고 가서 똘똘이가 청바지를 입고 있는 것을 확인한다든지 혹은 주장에 대하여 부인하는 자를 직접 데리고 가서 관찰시킴으로써 자신의 주장이 진리임을 확인하면 된다. 이러한 진술을 '종합명제'라 한다. 그러나 '정사면체'에 관한 진술이 진리임을 입증하기 위해서는 단지 '정사면체'라는 말이 정의되는 방식이 그러하다고 지적할 뿐이거나 아니면 '정사면체'의 낱말을 이해시키면 된다. 이는 마치 '삼각형'

이 왜 세 개의 선분으로 이뤄져 있느냐를 입증하는 것과 같다. 이러한 진술은 '분석명제'라 한다.

'종합명제'인지 '분석명제'인지를 구분하는 결정적인 방식은 각각의 진술을 부정했을 경우 자기모순에 빠지느냐 그렇지 않느냐로 판별하면 된다. 종합적 명제의 경우, 만일 어떤 자가 "똘똘이는 청바지를 입고 있다"를 잘못 판단하여 "똘똘이는 청바지를 입고 있지 않다"라고 부정해도 이는 자기모순에 빠지지 않는다. 그러나 분석명제의 경우, "모든 정사면체는 길이가 같은 4개의 모서리로 되어 있다"는 명제를 부정하면 "모든 정사면체는 길이가 같은 4개의 모서리로 되어 있지 않다"고 진술하게 되는데, 이는 자기모순을 범하게 된다. 자기모순에 빠졌음을 모른다면 이는 '정사면체'가 무엇인지를 이해하지 못함을 드러내는 결과이든지 아니면 주장하는 자가 자신이 도대체 무엇을 말하는지를 모르면서 주장하는 것과 같은 결과일 것이다.

분석적 명제를 부정할 경우에 자기모순에 빠지는 까닭은 주어 속에 주장된 것이 술어 속에서 부인되기 때문이다. 반면에 종합적 명제의 경우 이를 부정해도 아무런 모순이 생기지 않는 까닭은 주어와 술어의 뜻이 별개의 것이기 때문이다. 따라서 종합적 명제의 경우 똘똘이가 청바지를 입고 있는데도 청바지를 입고 있지 않다고 하면 이를 검증하는 사람들이 이상하게 생각할지는 모르지만 적어도 '논리적으로' 모순을 범한 것은 아니다. 그러나 분석명제의 경우 정사면체에서 네 개의 모서리를 부인하게 되면 '논리적으로' 자기모순에 빠짐은 틀림없다.

이 밖에도 아직까지는 경험적으로 검증 불가능한 그래서 참과 거짓을 가릴 수 없는 종합 명제들도 있다. "은하계 어딘가에 인간과 같은 생명체가 있다" 등과 같은 진술은 아직 참인지 거짓인지를 검증할 기술의 발전도 안 되어 있고, 또한 이 진술의 진위眞僞를 결정하는 데에 필요한 감각지각을 현재로서는 어느 누구도 갖고 있지 않기 때문이다. 이런 종류의 진술들은 본성상 종합적이고 후천적인 명제로 여길 수 있겠는데, 아직은 참과 거짓을 가릴 능력이나 방안이 없어서 못할지라도 원리적으로는 검증될 수 있는 종합명제에 속한다고 볼 수 있다.

또한 종합명제도 분석명제도 아닌 진술들도 있다. "나는 존재하고 있다"는 진술은 내 입장에서는 분석명제이고 다른 사람의 입장에서는 종합명제일 수 있다. 게다가 "내 눈에 심한 통증이 있다"와 같은 심리적인 사건을 기술한 명제도 있다. 그리고 종합명제에도 분석명제에도 속하지 않지만 명백히 참과 거짓이 가려질 필요가 있는 진술들, 즉 "모든 사람이 받아들이고 있는 도덕적인 올바른 규칙이 있다"라든가 또는 "마음의 과정은 뇌의 과정과 동일하다"와 같은 철학적 진술들도 있다. 더욱 어려운 작업은 "명제의 자격을 갖춘 모든 진술이 분석적이거나 종합적이다"는 판단들이다. 이러한 진술들은 종합명제에도 분석명제에도 명확하게 속하는 것이 아니어서 그 진위를 가리기가 그리 수월하지 않기 때문이다.

3) 진리인식의 두 기준, 대응설對應說과 정합설整合說

탐구의 과정에서 얻어낸 종합명제와 분석명제에 관한 인식은 진리일까 아닐까? 즉 무엇이 진리이고 아니라고 판단을 내릴 수 있는 것일까? 이 물음에 대한 답을 제시하기 전에 '진리'에 대한 의미를 이해하고 있어야 한다. "입은 삐뚤어져 있어도 말은 똑바로 해야 한다"는 속담이 있듯이, 사실을 사실대로 말하는 것이 진리다. 즉 진리는 존재에 대한 사실 그대로를 말하는 것이다. 그렇지 않으면 진리가 아니라 거짓을 말하게 되는 것이다. 이는 인식과 그 대상이 일치해야 진리가 됨을 함의한다. 왜냐하면 우리가 무엇을 말하려면 지성 안에 앎으로 있는 인식을 말해야 하고, 인식은 곧 대상에 대한 것이기 때문이다. 여기로부터 대상 = 인식 = 진술(말) = 진리가 됨을 알 수 있다.

대응설과 정합설

대상과 인식이 일치하면 진리이고 그렇지 않으면 거짓이라면, 대상과 인식이 일치하는지 그렇지 않는지를 어떻게 확인할 수 있을까? 이에 대한 고전적인 의미는 두 가지가 있다. 하나는 지성과 사물의 일치를 뜻하는 "대응설對應說(correspondence theory)"의 입장이고, 다른 하나는 판단과 판단간의 일치를 뜻하는 "정합설整合說(coherence theory)"의 입장이다.

대응설적 입장의 진리관은 두 측면으로 나누어 말해볼 수 있다. '감각적 모사설'과 '이성적 모사설'이 그것이다. 감각적 모사설에 따르면, 감각적 경험을 통한 인식, 즉 종합판단이 실제적인 대상과 일치하면 진리라는 것이다. "똘똘이는 청바지를 입고 있다"고 했을 때, 감각적으로 똘똘이가 실제로 청바지를 입고 있는 것이 확인되면 진리가 된다는 것이 그 예이다. 경험주의 인식론은 이러한 감각적 모사설의 진리관을 견지한다. 감각적 모사설의 진리를 주장한 철학자는 대표적으로 영국의 경험론자, 로크J. Locke(1632~1704)를 꼽을 수 있다.

경험주의 인식론에 기반을 두고서 나오는 학문, 소위 물리학이나 생물학, 화학, 심리학, 사회과학 등의 진리관은 감각적 모사설의 입장을 취하고 있다. 왜냐하면 이들 분야는 개별적인 사례들의 실험관찰을 통해 경험적으로 검증하여 판단의 진리성을 확보하고, 이로부터 귀납적 추리 방식을 통해 보편적인 진리성을 형성하여 학문적 체계를 구축하기 때문이다. 요컨대 "이 까마귀는 검다.", "저 까마귀도 검다." 등 수차례의 경험적 관찰을 통해 까마귀가 검다는 것을 판단하고, 결국 "모든 까마귀는 검다."는 보편적인 판단을 추론해 낸다.

이성적 모사설에 따르면, 이성적 사유의 직관을 통한 인식, 즉 분석적 판단은 자명하기 때문에 명증적이고 필연적인 진리라고 한다. "삼각형은 세 선분으로 이루어진 다각형이다."는 판단이 그 예이다. 수학이나 기하학적 진리는 근본적으로 분석적 판단에 속하는 것들이다. 감각이 아닌 이성을 통한 합리주의 인식론은 이러한 이성적 모사설의 진리관을 견지한다.

이성적 모사설의 진리를 주장한 철학자는 이데아에 대한 인식을 말한 플라톤Platon(BCE 427~347)과 이성적 사유에 절대적인 권위를 부여하여 근대의 새로운 세계를 열어준 데카르트R. Descartes(1596~1650)가 대표적이다. 플라톤은 감각적 현상의 배후에 본질적인 이데아가 실재하고 있음을 전제하고, 순수이성의 예지적인 직관(noein)에 의해 이데아를 인식할 수 있다고 한다. 데카르트는 수학과 기하학적 명제들이 경험으로 확인될 수 없다는 것을 통찰하고, 이들에 대한 진리인식이란 오직 순수 이성의 직관에 의해 그 자체로 선명한 명증적 진리라고 했다.

그럼 정합설적 입장의 진리관은 무엇인가? 정합설은 진리의 근거를 사물과 지성간의 일치에서 찾지 말고 자명한 상위의 관념이나 판단을 전제하고, 이것과 새로운 판단이 일치하느냐 그렇지 않느냐에서 진리를 찾아야 한다는 입장이다. 다시 말해서 기존의 자명한 판단이 주어지고, 새로운 판단이 이것과 맞아 떨어지면, 즉 아무런 모순 없이 일치관계에 있으면 진리이고 그렇지 않으면 진리가 아니라는 입장이다. 이때 일치관계의 여부는 모순 여부를 판가름하는 '모순률矛盾律'과 그에 기초한 연역의 규칙이다.

만일 누군가가 "문계석은 죽지 않는다."고 말했을 경우, 이 주장이 진리인가 거짓인가를 당장 판가름하는 작업은 대응설의 입장으로는 해결되지 않는다. 왜냐하면 문계석이 늙어서 죽을 때까지 기다려야 하기 때문이다. 그러나 위의 진술은 이치를 따져 보면 진리가 될 수 없다는 것이 당장 드러난다. 연역규칙에 근거한 정합설이 그것이다. 즉 "모든 사람은 죽는다, 문계석은 사람이다. 그러므로 문계석은 반드시 죽는다."의 연역추리에서 보듯이, "문계석은 죽지 않는다."는 판단은 "모든 사람은 죽는다."는 상위 판단에 논리적으로 모순되기 때문에, 진리가 아니라 거짓임이 분명하다는 얘기다.

연역추리의 규칙에 따르면, A와 B가 동일하고, B와 C가 동일하다면, A와 C는 동일하다. 삼단추리의 연역규칙은 이성의 선천적 규칙으로 보편적이다. 연역에 의한 정합 여부는 감각적 경험으로 판단하는 것이 아니라 전적으로 논리적인 이성의 사유로써 판정한다. 이와 같이 정합설적 진리관은 누구나 선천적으로 갖고 있는 이성이 보장하기 때문에 보편적 진리의 확고한 근거와 기준을 제공한다고 볼 수 있다.

대응설과 정합설의 진리관 비판

분석적 판단을 선호하는 진영과 종합적 판단을 선호하는 두 진영은 나름대로의 합리적인 방안을 제시하면서 체계적인 발전을 거듭해 왔다. 그럼에도 대응설적 진리관과 정합설적 진리관은 나름대로 한계를 가질 수밖에 없었기 때문에 비판의 대상이 되기도 한다. 이러한 진리관은 각기 어떤 문제가 숨어있는 것일까?

〈대응설의 비판적 검토〉:

첫째, 지성의 관념과 사물의 일치를 진리로 간주하는 대응설적 진리관은 "인간은 만물의 척도"라고 주장한 프로타고라스의 상대주의 입장을 벗어나기 어렵게 된다. 왜냐하면 각자의 나름대로 판단한 것이 진리라고 할 수 있어서 누구나 인정할 수 있는 보편성을 갖는 것이 진리라는 주장에 위배되기 때문이다. 예컨대 책상 위에 실제로 빨간 사과가 있을 때, 빨강을 구분하지 못하는 색맹이나 색약이 있는 사람은 "이것은 빨간 사과이다."는 판단을 알지 못할 수 있거니와, 주변의 빛의 밝기에 따라 사과의 색깔이 달라져서 일정한 빨간색의 사과로 보이지 않을 수도 있을 것이다. 그렇게 되면 특정의 판단이 사물과 일치하는지의 여부가 사람마다 각기 다르게 판정될 수밖에 없게 된다. 그러므로 진리란 누구나 인정할 수 있는 보편성을 가져야 한다는 사실에 위배된다.

둘째, 대응설적 진리관은 사물과 판단의 일치 여부가 아니라 관념과 판단의 일치가 될 수 있고 결국 영국의 경험론자 버클리G. Berkeley(1685~1753)의 주관적 관념론으로 흘러갈 여지가 있다. 요컨대 "이것은 빨간 사과이다."라고 할 경우, '이것'은 책상 위에 실제로 있는 빨간 사과를 가리키는 것이고, "빨간 사과이다."는 판단은 이미 알고 있는 사과에 대한 관념이다. 대응설은 관념 밖에 있는 사물의 '이것'과 관념으로 알고 있는 빨간 사과가 일치하므로 진리라는 것이다. 그러나 문제는 '이것'이 지성 안에 있는 관념을 말하는가 아니면 지성 밖의 책상 위에 실제로 있는 사물을 가리키는가이다. 만일 전자의 경우라면, 사물과 관념의 일치를 진리로 보는 대응설은 곧 관념과 관념의 일치를 말하는 꼴이 된다.

셋째, 이성의 예지적 직관으로만 파악된다고 말한 플라톤의 이데아는 지성 밖에 실재하는지 그렇지 않은지를 확인할 수 없다는 것이다. 그렇다면 이데아에 대한 인식은 진리인지 허위인지를 확인할 길이 없게 된다. 이성으로 파악한 이데아들은 단순한 관념에 지나지 않을 수 있을 것이기 때문에, 이성적 대응설은 확실한 진리관이 될 수 없다.

넷째, 인과적 지식이나 심리적인 지식은 경험적으로 확인되는 대응점을 찾을 길이 없다. 요컨대 "주먹으로 뺨을 때리면 고통스럽다."는 판단이나 "불이 나면 연기가 난다."는 판단에서 주먹으로 때려도 고통을 느끼지 못하거나, 불이 났는데도 연기가 나지 않을 수도 있다는 얘기다. 또한 하루에도 수천 가지의 새로운 생명체가 창조되고 소멸하는 자연계에서 미래적인 사건에 대한 판단은 확인할 수 없게 된다. "현생 인류는 장차 소멸하고 새로운 종의 인간이 등장할 것이다."는 판단이 그것이다.

다섯째, 감각적 관찰을 바탕으로 하는 대응설적 진리관은 현실 체계의 관찰 가능한 것들에 전적으로 의존하기 때문에 어쩔 수 없이 '우연적'이고 개연적인 진리를 내세울 수밖에 없게 된다. 그 이유는 현실세계의 관찰 가능한 것들이란 잠시의 정지도 없이 변화하는 것이고, 이들을 근거로 진술이 확정되면 어떤 때는 참이었다가 다른 순간에는 거짓이 될 수 있어서 보편적인 진술이 되지 못하기 때문이다.

그럼에도 인식이 감각적 관찰로부터 출발한다고 주장하는 경험주의자들은, 비록 감각지각에 근거한 판단이 틀리고 종종 착각을 일으키기 때문에 절대적으로 확실한 인식이 되지 못한다 하더라도, '인식한다'고 말할 수 없는 것만은 아니라고 항변할 것이다. 왜냐하면 우리가 살아가는 현실은 감각적 경험의 세계이고 지식 또한 이곳을 떠난 것은 공허한 것이며, 우리는 일반적으로 경험으로부터 얻은 지식을 가지고 이를 살아가는 데에 유용하게 사용하고 있기 때문이다.

〈정합설의 비판적 검토〉 :

앞서 논리학의 정언적 삼단론의 추리에서 보듯이, 정합설은 판단과 판단의 일치 여부, 즉 상위판단인 대전제를 깔고 그것으로부터 새로운 판단이 논리적으로 추론되어 나오는 것을 진리로 판정하는 것이다. 문제는 상위판단인 대전제에 있다. 대전제의 진리성을 판정받으려면 더 포괄적인 상위판단이 요구되고, 결국은 최초의 상위판단이 전제되어야 한다. 그렇다면 최초의 상위판단의 진리성은 어떻게 확보할 수 있는가의 문제가 발생한다.

예컨대 "소크라테스는 죽는다."는 판단은 "모든 인간은 죽는다."는 상위판단과 정합되기 때문에 진리성이 확보된다. "모든 사람은 죽는다."는 판단은 "모든 동물은 죽는다."는 상위판단과 부합하기 때문에 진리이다. "모든 동물은 죽는다."는 판단은 "모든 생물은 죽는다."는 상위판단에 부합된다. 그런데 "모든 생물은 죽는다"는 진술은 최종적인 상위판단이다. 이 판단의 진리성은 확보될 수 없다. 왜냐하면 더 이상의 상위판단이 없기 때문이다. 따라서 최초의 상위판단의 진리성은 확보될 수 없다. 그렇다면 최고의 판단인 대전제로부터 연역하여 가장 하위에 있는 판단의 진리성은 논리적으로 확보되지만, 최고의 판단인 대전제의 진리성은 확실하지 않을 수 있기 때문에, 그로부터 추론되는 모든 하위 판단의 진리성 또한 흔들릴 수밖에 없다는 것이다. 이러한 맹점 때문에 정합설의 진리관 역시 비판받을 수 있게 되는 것이다.

정합설과 대응설의 보완적 검토

먼저 정합설은 무엇의 도움으로 진리관이 확보될 수 있는가에 대해 검토해 보자.

정합설의 진리관은 상위판단과 새로운 판단간의 일치관계가 연역추리에 기반을 두고 있기 때문에 논리적으로 모순이 없고 필연적인 진리를 확보해준다. 그러나 경험적인 사실로부터 도출되는 것이 아니기 때문에 일반적으로 통용이 되고 있는 경험의 과학적 사실에 대한 내용을 결여하고 있는 것은 분명하다. 그렇다면 상위판단에 대한 구체적인 사실적 내용의 진리성을 확인해줄 수 있는 것은 무엇일까? 그것은 다름 아닌 감각적 경험에 의한 객관적 사실에 도움을 받는 방법이다. 그 방법은 바로 대응설의 하나인 감각적 모사설의 진리관에서 그 실마리를 찾아보면 될 것이다.

구체적인 예를 들어보자. 만일 "이 까마귀는 검다."의 상위판단은 "모든 까마귀는 검다."는 것인데, 상위판단의 진리성은 "이 까마귀"도 검고, "저 까마귀"도 검으며, 과거의 "그 까마귀"도 검었다는 사례들을 검증함으로써 확보될 수 있다는 것이다. 이는 정합설적 진리관의 보편성과 경험적인 대응설의 기준, 즉 감각적 경험을 통해 직접적으로 주어질 수 있는 사실적 내용으로 채워질 수 있음을 함축한다.

상위판단인 공리公理와 정리定理 등으로 이루어져 있는 수학이나 기하학과 같은 순수 이론적인 체계의 경우도 사정은 마찬가지이다. "두

점을 잇는 직선은 두 점 간의 최단거리이다."와 같은 정합적 진리는 어떻게 확보될 수 있을까? 그것은 대응설적 진리관의 하나인 이성적 모사설이 뒷받침해 줄 수 있다. 적어도 정상적인 올바른 이성을 가진 사람이라면 누구나 이성의 직관을 통해 분명히 알 수 있다는 얘기다. 그래서 수학의 이론적인 공리나 정리는 이성적 직관에 의해 자체로 명증적 진리와 더불어 이로부터 논리적 연역에 의해 그 진리성을 보장받을 수 있게 된다는 것이다.

다음으로 대응설에서 감각적 모사설의 맹점은 무엇의 도움으로 진리관이 확보될 수 있는지를 검토해 보자. 감각적 경험으로 얻어낸 개별적인 판단으로는 과학의 일반적이고 보편적인 지식에 도달할 수 없다는 것이 문제였다. 엄밀하게 말하면 개별적인 지식이 학문의 일반적인 지식이 되려면 그것이 뜻하는 모든 대상이 감각적 경험으로 확인되어야 하기 때문이다. 그러나 이것은 사실 불가능한 일이다. 그래서 여기로부터 창안해 낸 것이 소위 귀납추리(Induction)이다.

귀납歸納이란 구체적인 사례들이 반복적으로 경험될 때, 이 사례들을 바탕으로 같은 조건이 주어지면 앞으로도 그런 사례가 틀림없이 일어날 것이라고 믿음으로써 일반화하는 방법이다. 이는 감각적 지각의 사례들을 토대로 하여 경험적 지식을 획득하고, 그 지식에 보편성을 부여하는 것이다. 일부의 사례로부터 보편적 법칙성을 부여하는 것은 원칙적으로 논리적 비약을 동반한다. 이것을 '귀납적 비약(inductive leap)'이라 한다.

그렇다면 귀납적 비약은 정당한 것인가? 만일 귀납적 비약이 치명적인 약점을 포함하고 있을지라도 그 정당성을 갖추지 못한다면, 개별적인 판단에서 보편적인 판단을 이끌어내는 귀납법은 그 기반부터 무너질 것이고, 개별적인 감각적 경험 지식으로부터 일반화하는 작업은 애초부터 타당성을 가질 수 없게 된다. 그래서 전통적으로 귀납적 비약을 정당화하는 근거로서 '자연의 한결같음(the uniformity of nature)'이라는 원리가 제시된다. 이 원리에 관련해서 밀J. S. Mill(1806~1873)은 우주의 모든 현상에 대해서 일정한 조건 하

밀

에 일어난 개별적인 사례가 현재나 미래에도 같은 조건이 주어지면 동일하게 일어난다는 의미에서 "자연의 진행 과정은 한결같다."고 말한다. 그러므로 '자연의 한결같음'은 실험적 관찰을 통해 경험적으로 획득한 인식이 보편적인 진리명제(귀납추리)로 정당화될 수 있음을 뒷받침하고 있다고 본다.

학문의 진보

합리주의 인식론은 진리의 근거가 순전히 합리적인 이성적 사고에 기반을 두고 있다고 주장한다. 반면에 경험주의 인식론은 개별적인 감각적 지각에 근거한다고 설파한다.

'필연적으로' 참인 진술만이 진정한 의미에서 '인식'일 수 있음을 고집하는 합리주의자들은, 항상 참일 수 있는 명제들만이 진리라고 주장하기 때문에, 이들의 진리관이 우연적이고 경험적인 명제들보다 항상 우위에 있음을 단호하게 제시한다. 왜냐하면 필연적인 진술들은, 어떤 조건이나 상황에서도 항상 참이기 때문에 감각적인 세계의 지각을 참고할 필요가 없고, 조금이라도 의심될 수도 없는 그래서 결코 틀

린 것으로 증명될 수 없는, 그런 확실한 인식만이 진리라는 명칭을 얻을 자격이 있다고 주장하기 때문이다.

그런 까닭에 합리주의 입장에서 인식론을 전개하는 자들은 확실성의 진리 인식이란 말을 감각적 경험을 통해 얻어지는 지식에 사용하기를 거부한다. 그 근거로 감각의 대상들이란 변화하는 것들이어서 진리의 항존성을 충족시킬 수 없기 때문이다. 요컨대 어느 순간에는 삼각형의 물체였던 것이 다른 순간에는 변화되어 사각형의 물체로 바뀐다면, 이에 대한 진술은 "이 물체는 삼각형이면서 사각형이다"라는 상반된 주장을 할 수밖에 없다는 얘기다.

경험주의자들에게도 사정은 있다. 사람은 누구나 어떤 것을 인식한다고 할 때 그것이 확실한 인식이기를 원할 것이다. 하지만 분석명제와 같은, 현실적으로 검증될 수도 발견될 수도 없는 것에 대해서는 확실한 인식을 찾아 나설 필요가 없다는 것이 그들의 입장이다. 또한 그들은 합리주의 인식이 필연적인 진리임을 인정하나 그들의 진술이 단순히 낱말을 정의하는 것이기에 필연적일 수밖에 없지만, 인류가 알아야할 지식의 증가에 아무런 보탬이 되지 않는다고 반박한다. 왜냐하면 필연적인 인식을 말할 수 있는 것은 수학이나 논리학의 영역인데, 이는 곧 여러 공리와 정리들로부터 출발해서 논리적인 추론과 관계들을 여러 방식으로 풀어낸 것에 지나지 않기 때문이다. "2 + 3 = 5"의 경우처럼, 이 진술은 정의에 따라서 필연적으로 참이 될 뿐이다. 그래서 오류를 범하지 않고 확실성을 얻어낼 수 있는 영역은 오직 수학과 논리학에 국한될 뿐이고, 과학적 지식의 증가에는 아무런 관계가 없다는 얘기다.

그러나 학문의 역사가 시작된 이래 인류는 개별적인 감각적 경험을 기반으로 해서 이성적 사유의 비판을 통해 누구에게나 타당하게 받아들일 수 있는 보편적 지식을 양산하려고 끊임없이 노력해왔다. 특히 학문의 체계적인 토대를 마련해주는 인식론은 대응설이 말하는 감각적 경험만으로도, 정합설에 기초하는 이성적 사유만으로도 아닌, 감성과 이성, 감각과 이성적 직관의 협력으로 축적된 것으로 본다.

그러므로 온전한 학문적 체계의 토대를 마련하기 위해서는 합리주의 방식과 경험주의 방식 중에 어느 것이 더 바람직한가를 선택하는 것이 아니라 오히려 양자의 방식을 종합해야 한다. 귀납적 방식을 통하여 얻어낸 일반적인 진술은 학문적 체계의 보편성을 확립하는 연역적 방식을 통하여 학문적 진리체계로 거듭날 수 있기 때문이다. 지성사에서 볼 때, 새로운 경험적 자료들을 진리인식의 위상으로 끌어올리는 귀납, 사실들이 모순 없이 체계를 성립시키는 연역의 정합적 체계화, 이 양자의 융합은 새로운 진리인식의 학문적 체계화에 많은 기여를 하게 될 것이다. 그러한 진리의 개방성을 통해 우리는 학문의 발전과 진보의 행보를 거듭해 나갈 수 있는 것이기 때문이다.

2

진리인식에 대한 합리주의 접근방식

　로마시대의 철학자들은 자연법사상을 비롯하여 자연의 합리적인 질서를 찾아 나섰고, 그러면서 그리스 사상을 받아들이고 보존했다. 그러나 말기에 이르자 로마 제국은 정복민의 다양한 문화를 수용하면서 정치적으로나 사상적으로나 혼란을 거듭할 수밖에 없게 되자, 결국 로마인의 삶은 개인의 영적구원靈的救援에 대한 관심으로 치닫게 된다. 이러한 시대적 상황에서 새롭게 일어난 그리스도교가 로마에 침투해 들어가 세력을 떨치게 됐고, 중세 교황敎皇의 신권정치神權政治가 시작되었다. 중세 초기 교부철학은 그리스-로마 문화를 수용하여 그리스도 교리를 공고화하기에 이르렀지만, 중세 말기에 접어들면서 토마스 아퀴나

스Thomas Aquinas에 의해 절정을 이룬 스콜라철학은 사물을 파악하는 데 있어서 인간의 이성적 사고를 부활시켰다. 그러나 그것은 그리스도교의 계시된 진리를 체계화하는 신학의 도구에 지나지 않았다. 즉 철학은 신학의 시녀였던 것이다.

토마스 아퀴나스 이후에는 확고했던 중세의 신 중심체제가 힘을 발휘하지 못하고 허물어지기 시작한다. 그러자 유럽문명사에 획기적인 변화가 일기 시작했다. 14세기에서 16세기 말에 이르기까지 일명 문예부흥文藝復興이라고 일컬어지는 르네상스Renaissance가 그것이다. 르네상스시대에는 문화, 예술, 건축 등의 전반에 걸쳐 고대 그리스와 로마문화의 재인식과 수용이 유럽을 주름잡게 됐다. 이로써 오랫동안 유럽을 지배한 그리스도교의 사고와 정치적인 체계는 인간의 이성에 대한 절대적인 신뢰를 바탕으로 일어난 르네상스와 종교개혁에 의해 결정적인 공격을 받게 된 것이다. 결국 유럽은 르네상스로 인해 중세시대의 막을 내리게 됐고, 근대라는 새로운 시대를 맞이하게 된다.

아리스토텔레스가 말했듯이, "본성상 알기를 욕망"하는 인간 이성의 자유로운 탐구활동은 여러 분야에서 그 진가를 보이게 된다. 즉 자연과학, 수학, 생물학, 화학, 천문학, 예술 및 건축

르네상스 시대의 거장 레오나르도 다 빈치의 〈모나리자〉

등 여타의 학문이 우후죽순처럼 부흥하게 된 것이다. 달리 말하면 이성적 사고에 절대적인 신뢰를 둔 그리스 합리주의 사상이 다시 부활한 셈이다. 철학의 사유 또한 예외는 아니었다. 합리주의 철학으로 근대의 문을 최초로 열어젖힌 철학자는 바로 프랑스 출신 데카르트René Descartes(1596~1650)이다. 그의 사상을 계승 극복하여 동일철학을 전개한 인물로는 네덜란드의 철학자 스피노자Spinoza(1632~1677)와 형이상학적 단자론을 주장한 독일의 철학자 라이프니쯔Leibniz(1646~1716)가 있다.

1) 합리주의 선구자 데카르트Descartes

데카르트의 생애生涯 _____

데카르트는 프랑스 지방의 귀족 가문에서 1596년에 태어났다. 그의 아버지는 시의원이었으며, 어머니는 그가 출생한지 14달이 채 되기도 전에 폐병으로 세상을 떴다. 갓난아기인 그도 병 때문에 목숨이 위태로웠으나 마음씨 좋은 간호사의 극진한 돌봄으로 생명을 겨우 건질 수 있었다. 그는 외할머니 밑에서 자라게 되었는데, 어린 시절부터 몸이 무척이나 허약했다고 한다. 그래서 그는 아침에 일찍 눈을 뜰 수 없었고 침대에 누워 휴식을 즐겨했으며, 형제들과 살가운 정을 나누지 못한 채 혼자 조용한 곳에서 사색하는 것을 좋아했다.

1606년에 그는 지방에 있는 꼴레즈(Collège la Flèche)에 입학하여 8년 동안 중세식 인본주의 교육을 철저하게 받게 되었는데, 5년간은 라틴어, 수사학, 고전작가 수업을, 3년간은 변증론을 비롯하여 자연철학, 형이상학, 윤리학 등 철학수업을 받았다. 학교생활에서 그는 부지런했고, 내성적이지만 승부욕이 강했으며, 수학에 특별한 재능을 보였다고 한다. 이후 파리로 가서 법과대학에 입학하여 수학, 과학, 법률학, 스콜라철학을 배우고 1616년에 졸업한다. 졸업하자 그는 지원병으로 입대하여 네덜란드로 들어가 30년 전쟁(가톨릭교회 국가와 개신교 국가 간에 벌어진 최초의 국제전쟁)에 출정했다. 전쟁 때에도 틈만 있으면 그는 병영의 침대에 누워 조용한 사색에 잠겼는데, 천장에 붙어 있는 지도에서 파리를 보고 파리의 위치를 나타내는 일반적인 방법을 찾으려 애쓰다가 처음으로 수학에서 사용되는 '좌표'라는 개념을 발견하기도 했다. 제대 후에 그는 프랑스로 돌아왔다(1620년).

　1627년에 그는 다시 종군한 후, 사색의 자유를 찾아 1628년에 로마 가톨릭 교회의 지배하에 있던 프랑스를 떠나 네덜란드로 이주했다. 거기에서 그는 약 20년간 은둔생활을 하게 되는데, 그 때 "정신지도의 법칙"을 집필하여 자신의 철학적 방법론 체계를 세우기 시작했다.

　1637년부터 그는 존재론과 인식론의 문제를 사색하면서 프랑스어로 『방법서설(Discours de la Methode)』을 출판했고, 1641년에 라틴어로 『성찰(Meditationes)』을, 1644년에 자신의 철학을 체계적으로 정리하여 라틴어로 『철학의 원리(Principia philoso-phiae)』를 출판했다. 그리고 1649년에 보헤미아 왕의 딸 팔츠의 엘리자베스에게 최고선에 관한 자신의 생각들을 편지로 보낸 것들을 모아 그의 마지막 저술 『정념론(Les passions de l'âme)』을 출간했다. 같은 해에 스웨덴 여왕 크리스티나Drottning Kristina(1626~1689)는 데카르트를 스톡홀름에 있는 황궁으로

스웨덴 크리스티나 여왕

초청하여 철학을 강의해줄 것을 요구했다. 여왕은 일주일에 세 번 새벽 5시에 강의하도록 데카르트에게 명했기 때문에, 그는 꼭두새벽에 일어나 스웨덴의 찬 공기를 쏘이면서 여왕의 서재로 찾아가 철학을 강의했다. 그 때문에 늦잠을 즐기지 못한 그는 감기에 걸렸고, 1650년 2월 폐렴의 악화로 세상을 등진다.

데카르트가 아침 늦도록 침대에 누워서 끊임없는 사색을 통해 이루어낸 가장 뛰어난 업적은 무엇일까? 그는 철학, 수학, 물리학, 생물학 분야에서 탁월함을 선보인 것으로 알려져 있다.

철학의 분야에서 그의 업적은 순수 이성적 사유를 근간으로 해서 근대철학의 새로운 틀을 확립한 비조로 알려져 있다. 새로운 철학이란 바로 전통적인 존재론과 대비되는 인식론 분야이다. 그의 인식론은 영국에서 경험주의가 우세했던 것과는 달리 유럽 대륙에서 우세한 합리주의적 방식이라 불린다. 극단적인 경험주의는 모든 앎이 외적인 감각과 내적인 감각을 통해 얻어낸 관념이라 보기 때문에, 지식이 본질적으로 경험으로부터 나온다는 관점이다. 반면에 합리주의는, 수학과 기하학에서 자명한 원리가 보여주듯이, 인식론 상의 근본원리에 대한 문제들을 해결하고, 근본적이고 기초적인 원칙들로부터 나머지 모든 지식들을 연역적으로 추론한다는 관점이다. 이러한 관점은 스피노자와 라이프니쯔의 철학에 계승되고 있다. 철학사에서 이들을 묶어 대륙의 합리주의 철학자라 부른다.

수학의 분야에서 데카르트의 빛나는 업적은 해석기하학을 창시한 것이고, 수학적 방정식의 미지수에 최초로 '$x{\displaystyle x}$'를 사용하였고, 좌표계^(직교 좌표계)를 만들어 사용했으며, 숫자 위에 작은 숫자^(지수)를 씀으로써 거듭제곱을 간단하게 표현하는 방식을 발명했다는 것이다. 즉 그는 수학을 '불연속적인 양의 과학'으로, 기하학을 '연속적인 양의 과학'으로 보았으나, 해석기하학을 창시함으로써 이 둘 간의 장벽이 간단하게 해결됐다. 또한 그가 창안한 직교좌표계는 이전까지 독립적으로 다루어졌던 대수론과 기하학을 융합하여 체계화하는 데 결정적으로 기여를 했고, 뉴턴 역학을 비롯한 근대수학과 과학의 발전에 획기적인 기여를 했다.

물리학 분야에서 그의 업적은 현대물리학으로 나아가는 방향을 제시했다는 것이다. 그는 사물의 본질을 연장(extension)으로 정의하는데, 이는 감각적 특성들을 하나하나 지우게 되면 결국 마지막으로 남는 것이 공간을 채우고 있는 무색, 무취, 무미의 어떤 것이라고 하는 데서 나왔다. 그가 말하는 기하학적 공간은 물질적인 원소로 '꽉 차 있는 공간(plenum)'이다. 그에 의하면 실제적인 사물의 크고 작은 운동변화란 기하학적 공간을 빈틈없이 채우고 있는 원소들이 충돌하고 이동하고 위치가 바뀌는 것이다. 이러한 사고의 틀은 데카르트가 제시한 기계론적 세계관의 기초가 된다. 특히 자연계가 물체의 위치와 운동으로 설명될 수 있다는 그의 기계론적 운동관은 중세의 신 중심적 자연관을 밀어내는 데에 막강한 영향을 주었다.

생물학 분야에서 그의 업적은 생리학의 기초가 되는 '대가적 가설'을 도입한데 있다. 그는 다양한 동물의 머리를 해부해 봄으로써 해부학에 대한 논문을 발표하였고, 이를 바탕으로 인간의 상상력과 기억이 위치하는 곳을 찾아 연구를 계속했다. 또한 그는 가설적 방법을 통해 육체 전체를 일종의 정교하게 작동하는 기계로 간주하고, 우리가 의지에 따라 자동적으로 걷는 현상과 눈의 깜빡임과 같은 자율적인 동작을 기계적으로 설명했다. 이러한 기계론적 설명방식은 생리학의 아버지라 불릴 정도로 근대 생리학에 많은 영향력을 발휘했다.

합리주의 전통은 어떻게 출범하게 될까

인간의 이성에 절대적인 권위를 둔 데카르트는 청년기부터 끊임없는 이성적 사고를 통해 새로운 학문을 탐구하겠노라고 결심하게 된다. 새로운 학문이란 다름이 아닌 새로운 철학을 일컫는다. 그것은 인식론(Epistemology)으로 수학과 기하학적 방법을 모범으로 하는 단순하면서도 엄밀한 철학을 의미한다. 데카르트가 이러한 사고를 하게 된 까닭을 우리는 어디에서 그 기원을 찾아볼 수 있을까?

데카르트는 진리 탐구에 관한 한 오늘의 진리가 내일에는 거짓이 되고, 이렇게 말했다가 저렇게 말하는 것을 절대적으로 거부한다. 그것은 잘못된 인식으로 말미암아 신뢰할 수 없는 거짓을 말하는 꼴이 되기 때문이다. 그래서 그는 추호도 "의심할 수 없는" 그래서 "필연적으로 참인 확실한 앎"의 탐구에만 전념하겠다고 선언한다. 이런 앎이야말로 완전히 신뢰할 수 있는 것으로 참된 진리에 대한 인식을 제공함에 틀림없다고 믿기 때문이다. 완전히 신뢰할 수 있는 확실성의 인식만이 진리의 반열에 들일 수 있다는 얘기다. 이러한 사상적인 배경은 어디에서 찾아볼 수 있을까?

철학의 전통에서 볼 때 그것은 그리스의 철학자 플라톤의 사상에서 찾아볼 수 있을 것이다. 플라톤은 진리인식을 '형상形相(eidos)'에서 찾아야 한다고 말하게 되는데, 형상이야말로 참된 인식을 제공해 준다고 믿었기 때문이다. 그런데 그러한 형상은 지속적으로 자기 동일성을 가지는 것이어야 하고, 영원히 불변적인 것이어야 한다. 그래야만 인식은 가장 확실하고 참된 진리가 될 수 있기 때문이다. 그러나 감각적인 대상의 세계에서는 그러한 불변적인 형상을 찾아낼 수가 없다. 왜냐하면 감각의 대상들은 항상 가고 오는 것이어서 그 형상들이 수시로 변형이 되므로 불변적이고 항구적인 형상을 제공할 수 없기 때문이다.

감각에 주어지는 경험세계는 이렇게 말할 수도 있고 저렇게 말할 수도 있어서 확실한 진리 인식의 대상이 될 수 없음은 분명하다. 이에 대해서는 상대주의 지식론을 전개한 그리스 철학자 프로타고라스Protagoras가 "인간은 만물의 척도이다"는 명구에서 명백히 제시한 바 있다. 즉 개별적인 감각에 주어지는 경험세계란 항시 유동 변화하는 것이므로, 이를 기반으로 하여 얻어내는 인식은 때로는 참이지만 때로는 거짓으로 판명되어 결과적으로 인간을 쉽게 기만하게 된다. 또한 개별적인 감각 세계는 엄밀하게 말해서 감각하는 주체가 각자의 주관적인 구미에 맞는 앎을 갖게 되므로 보편적인 지식을 제공할 수 없게 된다.

그래서 플라톤은 고정적인 형상에 대한 인식에 도달하기 위해서 어디에서 찾으면 될까 하고 고민한 끝에 언어로 표현되는 보편적인 개념槪念에서 출발한다. 예를 들면 '이 인간', '저 인간', '그 인간'과 같은 경험적인 대상이 되는 개별적인 인간이 아니라, 일반적으로 쓰이는 보편개념인 '인간'을 탐구 대상으로 삼는다는 얘기다. 플라톤에 의하면 보편 개념인 '인간'은 현실적인 감각의 세계에 존재하는 것이 아니라 현실 너머에 자체로 존재하는 실재, 즉 이데아에 대한 개념이다.

이데아에 대한 탐구 작업은 보편적인 개념에 대한 명확한 경계를 확정하는 정의(definition)이다. 정의는 어떻게 하는 것일까? 요컨대 누군가가 '인간이란 무엇인가?'라고 묻게 되면, '인간'에 대한 인식을 가진 진리인식에 대한 합리주의 접근방식 사람은 '인간은 이성적 동물이다'라고 대답하게 된다. 여기에서 '인간 자체'는 이데아에 실재하고, 인간에 대한 보편적 형상은 '이성적 동물'(이성적은 종차, 동물은 최근 유개념)로 정의된다. 이러한 정의는 경험적인 감각 대상으로부터 나온 것이 아니라 이성적 사고를 통해서 따지고 분석하여 공통적인 본성을 찾아낸 후, 이성의 직관을 통해 얻어낸 것이다. 이러한 인식과정을 플라톤은 이데아에 대한 상기想起(anamnesis)라 했다.

플라톤이 제안한 형이상학적 탐구는 최고의 보편개념으로부터 최하위 개념에 이르기까지 종차를 가지고 쪼개내어(diairesis) 정의하는 작업이다. 이러한 방식은 수학이나 기하학학적 탐구방식에서 기원한다고 볼 수 있다. 수학이나 기하학에서는 "선제(hypotheseis)"로서 자명한 원리에 대한 '공리(axiom)'를 설정하고, 이를 가지고 '정리(definition)'를 내세운다. 공리 및 정리와 같은 근본 원리가 설정이 되면, 이로부터 수학이나 기하학의 복잡한 지식들을 연역 추리해 낼 수 있게 된다.

수학이나 기하학에서 근본 원리가 되는 '공리'와 '정리'들에 대한 인식은 물론 감각적인 세계에서 찾아낼 수 없는 "선천적(apriori)"인 것들이다. 반면에 감각적인 경험을 통하여 얻어낸 인식은 "후천적(posteriori)"인 것들이라고 한다. 선천적인 인식은 크게 두 종류로 나눠볼 수 있겠는데, 하나는 순수 이성을 통해 자명한 것으로 직접(직관적으로) 얻어낸 지식이다. 그 예들로 "전체는 그 어느 부분보다 더 크다"고 하는 기하학적 원리라든가, "A는 A이면서 동시에 B일 수 없다"(즉 이 자는 사람이면서 동시에 개일 수 없다)는 논리적인 원리와 같은 것들이다. 다른 하나는 "논증적(demonstrative)"인 지식인데, 이는 오직 논리적인 사고의 과정을 통해서 결정지을 수 있는 지식, 즉 유클리드Euclid(BCE 330~275) 기하학의 정리와 같은 지식을 말한다. 이들은 모두 선천적인 지식들로서 가장 확실하고 필연적인 진리들이다.

플라톤은 이데아의 형상에 대한 "상기설(anamnesis)"을 인식을 근거로 삼아 자신의 형이상학을 전개하게 되었고, 이러한 탐구방식은 데카르트의 인식론으로 전수되어 부활한다. 플라톤이 제시한 탐구방식을 이어받아 그 단초를 마련한 합리주의가 수학을 여타의 학문의 범형範型으로 삼으려 한 것도 우연이 아닐 것이다. 이제 수학과 기하학적 탐구방법론을 신봉하는 합리주의가 내세우는 선천적인 진리관은 그 정당성이 확립될 필요가 있다. 이에 데카르트는 자명한 진리를 인식해낼 방법론을 찾아야하는 기로에 서 있게 된 것이다.

플라톤의 철학을 계승한 데카르트

플라톤의 전통을 계승한 근대의 합리론자 데카르트는 수학이나 기하학을 모범으로 하여 엄밀하면서도 아주 단순하게 철학하기 시작한다. 수학이이나 기하학적 탐구방시으로 첯학을 한다면, 이는 매우 단순하고 쉬운 논리의 꼬리를 더듬어 착실하게 사유하는 것이기 때문에 아주 쉬운 것이라는 얘기다. 이렇게 쉬운 철학은 전적으로 선명하고 분명한 진리인식에 도달할 수 있다고 그는 확신하고 있는 것이다. 그럼 그가 어떤 방식으로 자명한 원리가 되는 선천적 진리를 탐구해내고 있는지, 그리고 탐구된 것을 가장 확실하고 필연적인 진리라고 어떻게 주장하는지가 해명되어야 할 것이다.

그러나 데카르트는 먼저 이렇게 새롭게 학문하는 방법으로 누구나 탐구에 착수하기 전에 꼭 지켜야할 규칙이 있다고 한다. 그 규칙은 명증성의 규칙, 분석의 규칙, 종합의 규칙, 매거의 규칙으로 4가지인데,

이를 데카르트는 자신의 주요 저서 『방법 서설』에서 설정하고 있다.

① 내가 분명한 진리라고 인정하지 않으면 어떤 경우라도 사실로 받아들이지 말 것, 다시 말하면 속단과 편견을 피하고, 그리고 조금의 의심을 품을 여지가 없을 정도로 "선명"(clara)하고 "분명"(distincta)하게 나의 정신에 나타나는 것 이외는 결코 나의 판단으로 받아들이지 말 것 - 명증성의 규칙

② 내가 검토하려고 하는 여러 가지 복잡한 문제를 해결하기 위해서는 가능한 한 필요한 만큼의 많은 부분들로 분할하여 검토할 것 - 분석의 규칙

③ 가장 단순하고 가장 인식하기 쉬운 것에서 시작해서 조금씩 단계를 밟아 복잡한 것을 인식하도록 할 것이며, 자연적으로 나의 사고를 질서 있게 인도해 갈 것 - 종합의 규칙

④ 분석하고 종합하는 과정에서 하나라도 빠진 것이 없는가를 충분하게 재검토하여 완벽하게 열거할 것 - 매거枚擧의 규칙

확실한 진리인식을 위해 이상의 규칙들을 이성이 잘 준수하면서 차근차근 진행해 간다면, 그는 추호도 의심할 여지가 없는 그래서 가장 선명하고 분명한, 자명한 진리의 인식을 얻어낼 수 있다고 확신한다.

2) "나는 생각한다. 그러므로 나는 존재한다"cogito ergo sum는 진리

오늘날 대부분의 사람들은 엄청나게 많은 지식을 기억의 창고에 쌓아두고 이를 활용하면서 생을 이어가고 있다. 세상에 태어나기도 전 태아시절의 태교로부터 시작하여, 유아원과 유치원에 들어가서 교육

을 받고, 초등학교, 중학교, 고등학교의 교육과정을 이수하고, 대학의 전문적인 교육과 삶의 현장에서 벌어지는 다양한 교육을 통해 너무도 많은 지식을 짊어진 채 지식의 인도 하에 살아갈 수밖에 없는 형편이다. 이렇게 많은 지식들 중에 어느 것이 거짓일까? 그리고 진정한 진리인식이라고 할 수 있는 것은 과연 얼마나 될까?

데카르트가 『방법서설』에서 탐구의 규칙들을 설정한 까닭은 많은 지식들 중에서 진정한 진리인식을 찾아내기 위해서였다. 진리인식을 가려내기 위해 그는 우선 자신이 지금까지 알고 있는 지식들을 하나하나 검토하는 작업에 착수한다. 이 작업을 진리인식을 위한 방법적 회의라 한다. 왜냐하면 그는 많은 것들을 알고 있지만, 과연 이것들이 과연 참된 진리인식인지 아니면 그릇된 것인지를 확신하지 못했기 때문이다. 만일 이런 방법적 회의를 통하여 자신이 가지고 있는 지식들 중 하나라도 의심할 여지가 있으면 가차 없이 버리고, 오직 추호의 의심할 여지가 없는 가장 확실하고 자명한 명증적인 인식이 있다면 이것만을 진리로 받아들일 것이고, 가장 명확한 진리를 바탕으로 여타의 모든 진리를 연역 추리하겠다는 심산이 깔려있다. 그래서 데카르트는 자신의 철학적 탐구의 주요 저서 『성찰』에서 자신이 지금까지 진리라고 믿어 왔던 지식들을 우선적으로 철저한 검토의 대상으로 삼는다.

그런데 문제가 하나 있다. 그것은 데카르트 자신이 진리라고 믿고 있는 지식들이란 셀 수 없이 많아서 이들을 하나하나 검토함은 평생을 해도 끝이 날 수 없는 작업이다. 그래서 데카르트는 이들을 쉽고 간단하게 검토할 수 있는 기발한 방법을 모색한다. 그것은 수십 층으로 지어진 고층빌딩을 단숨에 허무는 방식과 같다. 그는 그 방법을,

고층빌딩이 전적으로 기초에 의존하여 존립하기 때문에, 기초가 무너지면 건물 전체가 무너진다는 사실에서 착안한 것이다. 진리인식을 위한 방법적 회의는 바로, 많은 지식들이 결정적으로 의존해 있는 기초적인 지식을 확실하게 검토하면, 거기에 의존해 있는 수많은 지식들이 단번에 검토된 것으로 간주하는 것이다.

가장 기초적인 지식이 확실한 진리라면 거기에 의존해 있는 많은 지식 또한 진리이고, 진리가 아니라면 거기에 의존해 있는 수많은 지식 또한 진리가 아니다. 이 방법적 회의를 위해 데카르트는 가장 기초적인 지식에 의존하는 것들을 각기 정리해본 결과 세 가지로 분류한다. 즉 어려서부터 지금까지 감각을 통해 들어온 지식, 감각적 지식으로부터 일반화된 지식, 그리고 누구나 진리로 믿고 있는 보편적 지식이 그것이다. 이제 이 세 가지만 의심하여 철저하게 검토해보면 되는 것이다.

첫째, 감각적인 지식에 대한 회의＿＿＿＿＿＿＿＿＿＿＿＿＿＿＿＿

우리가 잘 알고 있다고 하는 대부분의 지식은 시각이나 청각, 촉각 등 오감五感 내지는 내부 감각을 통해서 직접적으로 얻은 것들이거나, 혹은 감각으로부터 형성된 관념들을 여러 방식으로 결합하여 나온 것들이다. 이런 지식을 우리는 진리라고 믿고 있고, 또한 이를 편리한 방식으로 일상에서 유익하게 이용하고 있다.

그러나 감각을 통해 형성된 지식에 대하여 조금만 반성해 본다면, 감각적 지식은 대체로 우리를 기만하고 있다. 즉 감각지각의 기능은 한계가 있기 때문에, 감각을 통해서 나온 지식은 조금이라도 의심할 여지가 없는 그런 확실한 지식을 제공하지 못한다. 그 예로 평상시에는 달콤하던 꿀맛도 감기에 걸렸을 적에는 미감을 잃게 되어 쓰게 감각 되기도 하며, 물속에 비스듬하게 꽂혀 있는 곧은 막대기는 굴절 현상 때문에 항상 휘게 보임을 안다. 또한 아주 멀리 떨어져 있는 것들은 그대로 정확하게 감각되지 않고 달리 보인다. 더욱이 세밀한 관찰을 통하여 우리가 사물들을 아무리 정확하게 파악했다 하더라도 이들로부터 직접적으로 얻은 지각뿐만 아니라 이들

음료수 컵 속의 휘어지게 보이는 빨대

의 복합들로 이뤄진 지식들은 모두 확실하지 않다.

둘째로 일반화된 감각적 지식에 대한 회의

우리가 직접적으로 감각하는 '이 손' '이 머리' 등이 현실적으로 존재하는 사실이라 하더라도 이들로부터 일반화된 지식, 즉 '이 손'이 아닌 '손' '이 머리'가 아닌 '머리' 등의 일반적인 지식은 어떠한가? 어떤 화가가 "사튀로스Satyros"(반은 인간의 머리이고 반은 양으로 이루어진 숲의 신)를 그릴 때, 우선 그는 이런 사람 저런 사람으로부터 사람의 일반적인 '머리'와 '입'이 어떻게 생겼고, 개별적인 양들을 감각함으로써 양의 일반적인 '발' '꼬리' 등이 어떻게 생겼는지 알아야 한다. 만일 그가 이런 것들을 모른다면 그는 신화에 나오는 가상적인 사튀로스를 그려낼 수 없을 것이기 때문이다.

이런 종류의 지식은 우리가 개별적으로 감각하는 부분들을 가지고

상상을 통해 쪼개고 결합하여 인위적으로 만든 관념에 지나지 않는다. 이와 같이 개별적인 감각물들의 결합으로부터 이뤄진 상상적인 것들은 얼마든지 있다. 우리가 상상하여 그려낼 수 있는 '외눈박이 귀신', '도깨비', '인어 공주', '스핑크스' 등이 그런 것들이다. 이런 유형의 것들이 사실적으로 존재하고 있고, 확실한 진리라고 인식하고 있다면, 이는 얼마나 허황된 것이겠는가?

셋째로 보편적인 지식에 대한 회의

마지막으로 우리가 가장 확실하고 객관적인 진리라고 믿고 있는 보편적인 지식은 어떤가? 보편적인 지식에 속하는 것들은 물체의 연장, 형태, 수, 공간, 시간 등을 말하거나, "1 + 2 = 3"과 같은 수학적인 지식, 또는 누구나 확실하게 존재하는 것으로 인정하는 "자기 자신의 실재" 등과 같은 것들이다. 그러나 이것들이 확실한 진리인식이라고 할 수 있을까?

만일 세상 어딘가에 전능하고 사악한 그런 악령惡靈이 있고, 그가 사람들의 정신을 꿈의 환상으로 착각하게 만들 수도 있다. 마치 장자莊子가 어느 날 홰나무 아래에서 잠들어 꿈을 꾸었고, 꿈속에서 자신은 나비가 되어 우주를 훨훨 날아다녔는데, 꿈을 깬 후 내가 지금의 나인지 꿈속의 나비인지를 알 수 없다고 한 것처럼, 우리의 현실적인 삶이 꿈속에서 사는 환각적인 것인지도 모른다는 얘기다. 그렇기 때문에 자기 자신의 존재도 원래 꿈의 환상인데 사악한 악령이 실제로 존재하는 것처럼 믿게 한다던가, '1 + 2'는 원래 '3'이 아니고 '5'인데 사악한 악령이 모든 사람들로 하여금 '1 + 2'를 계산할 때 항상 '3'이라고 믿도록 배후에서 정신을 조작하고 있을는지도 모른다는 얘기다.

　이런 근거에서 본다면 우리가 실제로 누구나 다 인정하는, 그래서 확실한 진리라고 믿고 있는 보편적인 지식조차도 의심할 수 없는 명증적인 진리로 선뜻 받아들이기가 어렵게 된다. 이 점에서 진리 탐구에 대한 방법적 회의는 극치를 이룬다고 말할 수 있을 것이다.

　조금이라도 의심할 여지가 전혀 없는 명증적인 진리인식이라는 시험을 통과할 수 있는 진술은 과연 없는 것인가? 다행히도 아직 하나가 남아 있다. 위에서 언급한 사악한 악령이 실제로 존재하고 있고, 그가 나를 항상 속이기 때문에 내가 기만을 당하고 있고, 항상 그릇된 것에로 이끌리고 있다고 치자. 그렇지만 나를 속일 수 없는 것이 하나 있다. 그것은 내가 존재하고 있다는 사실이다. 왜냐하면 그가 나의 존재조차도 꿈의 환상으로 속이고 있다 할지라도, 그 속임이 참인 것으로 성립하기 위해서는 속임을 당하는 나의 존재가 참인 것으로 존재해야 하기 때문이다. 다시 말하면 비록 나의 생각이 전부 속임을 당하기 때문에 그릇된 것일지라도 속임을 당하는 나는 필연적으로 존재해

꿈의 환상

야 한다는 것이다.

그러므로 데카르트는 내가 생각하고 있는 한, 나는 존재하고 있음이 틀림없다는 의미에서 "나는 생각한다. 그러므로 나는 존재한다." (cogito ergo sum)고 확고하게 주장한다. 이 진술만은 필연적인 진리인식임에 틀림없다는 것이다. 여기로부터 데카르트는 최초로 진리인식의 첫걸음을 내디딘 셈이다. 내가 사유하는 한에서 존재한다는 진술은 자명한 명증적 진리이고 추호도 의심의 여지가 없는 필연적 진리가 되는 셈이다. 즉 사악한 악령이 수단과 방법을 가리지 않고 내 정신을 조작하여 속일지라도 속임을 당하는 사유주체만큼은 진정으로 실재한다는 뜻이다. 이것이 데카르트가 말하는 "사유실체"이다.

3) 사유실체를 보증하는 신神

> "무릇 삼신일체의 도는 '무한히 크고 원융무애하며 하나 되는 도리'에 있으니, 조화신이 내 몸에 내려 나의 성품이 되고, 교화신이 내 몸에 내려 나의 목숨이 되며, 치화신이 내 몸에 내려 나의 정기가 되느니라. 그러므로 오직 사람이 만물 가운데 가장 고귀하고 존엄한 존재가 되느니라."
>
> 夫三神一體之道는 在大圓一之義하니 造化之神은 降爲我性하고 教化之神은 降爲我命하고 治化之神은 降爲我精하나니 故로 惟人이 爲最貴最尊於萬物者也라. (『桓檀古記』「檀君世紀 序」)

나의 주체가 사유를 하는 한 꿈의 환상이 아니라 실재한다는 실체 관념은 확실한 진리인식이다. 이제 사유실체인 자신이 사유하여 획득하는 다른 관념이 참된 인식인가 아니면 거짓된 것인가를 검토해 가면 진리인식에 도달할 수 있다. 그런데 문제는 아직도 어떤 사악한 악령이 있어서 나를 속여 나의 생각들을 만들어 내고 있지나 않을까 하고 의심이 솟구치고 있다는 사실이다. 만일 나의 사유가 모두 꿈의 환상이라면, 사유를 통해 더 이상의 탐구는 한 발자국도 나아갈 수 없을 것이다. 여기로부터 데카르트는 그러한 사악한 악령 따위란 없다는 것, 설혹 있다 하더라도 나의 사유에 대한 영향이 지극히 제한되어 있다는 것을 증명할 필요가 있음을 절감한다.

만일 우리가 진리탐구를 수행할 때 사유를 기만하는 어떤 연원적인 것이 있다면, 우리는 그 존재가 사유를 통해 인식을 획득하는 우리의 능력에 절대적이고 영속적인 영향력을 행하지 못한다는 사실을 논증할 필요가 있다. 그래야만 사유를 통해 우리가 수행하는 탐구가 진

인어 〈워터하우스Waterhous의 그림〉

리임을 믿을 수 있기 때문이다. 이러한 확신을 가질 수 있도록 하는 유인한 길은 사악한 악령의 영향력을 차단시키고, 사악한 악령에 의해 우리가 기만을 절대로 당하지 않도록 하는, 어떤 전능全能하고 전지全知하며 전선全善한 존재가 있음을 추호의 의심의 여지가 없도록 증명하는 것이다.

탐구하는 나의 올바른 사유가 거짓이 아니라 참된 것임을

입증해 주는 절대적으로 선善한 존재(신)에 대한 증명은 감각적 경험으로부터 얻어지는 사실을 통해서는 안된다. 그것은 우리 자신의 존재를 증명할 때처럼 오직 순수한 이성만을 사용하여 명증적으로 수행해야 한다. 데카르트는 증명의 단계를 다음과 같이 여섯 단계에 걸쳐 연쇄적으로 진행해 간다.

첫째 단계

우리는 지금까지 많은 관념적 지식을 가지고 있음은 확실하다. 이들 관념을 분류하여 묶어 보면 세 부류로 구분할 수 있다. 감각적 경험을 통해 외부로부터 들어와 형성된 "외래관념", 내 자신이 이런 관념들을 근거로 해서 마음대로 상상하여 만든 "인위적 관념", 그리고 외부의 감각들로부터 나온 것도 아니고 나 자신이 만든 것도 아니지만, 내가 태어날 때부터 '선천적'으로 구비하고 있었던 "본유관념本有觀念"(innata idea)이 그것이다.

"외래관념"은 우리가 통상 오감(시각, 청각, 후각, 미각, 촉각)으로부터 형성된 경험적인 관념들의 총체를 지칭한다. "인위적 관념"은 감각으로부터 형성된 관념들을 상상력을 동원하여 조작한 관념들이다. 인어(머리와 팔다리는 사람이고 몸과 다리는 물고기로 이루어진 형상)나 스핑크스(머리는 사람, 팔은 날개, 몸과 다리는 동물로 이루어진 형상) 등이 그것이다. 그리고 "본유관념"은 인간이 태어날 때부터 선천적으로 타고난 것으로, '완전한 인격자'에 대한 관념, 논리학의 '동일률'이나 "전체는 항상 그 부분보다 크다"는 기하학적 관념, 또는 '크다', '같다'와 같은 비교 관념들이다.

세 종류의 관념들 중 본유관념에는 '완전한 인격자'에 대한 관념이 있다. 데카르트는 분명히 '완전한 인격자'에 대한 관념을 가지고 있다는 것을 의심할 수 없는 명백한 사실이라고 믿고 있다. 여기에서 '완전한 인격자'는 전적으로 선한 존재로서의 신을 말한다. 이제 '완전한 인격자'의 관념을 논증의 대상으로 삼아보자.

둘째 단계

결과로 생겨난 것은 무엇이든지 완전히 없는 것, 즉 무無에서 나올 수 없다. 또한 결과로 갖고 있는 모든 관념에는 어떤 원인이 반드시 있어야 한다. 원인이 없는 결과는 존재할 수 없기 때문이다. 따라서 내가 결과로써 확실히 가지고 있는 '완전한 인격자'에 대한 관념도 반드시 어떤 원인이 있다. 이 원인은 결과보다도 더 크고, 의심할 수 없는 확실성의 원리이다. 이 원리로서의 원인을 데카르트는 가장 "선명하고 분명한" 명증적인 관념이라 부른다.

셋째 단계

그런데 결과로써 가지고 있는 '완전한 인격자'에 대한 관념의 원인은 어디에서 연원하는 것일까? 이 원인은 부모로부터 나온 것일까? 아니면 자연 또는 유한한 다른 사람들의 가르침으로부터 나온 것일까? 그러나 모두 아니다. '완전한 인격자'에 대한 관념은 오직 '완전한 존재', 즉 절대적인 신神으로부터 나온 것이어야 한다. 왜냐하면 결과로써 가지고 있는 '완전한 인격자'에 대한 관념의 원인은 질적인 의미에서 적어도 결과와 같은 것이어야 하거나 결과보다 더 커야하기 때문이다. 만일 그렇지 않다면, 그래서 결과가 그 원인보다 크다면, 우리가 어떻게 결과로써 그런 관념을 가질 수 있었는지를 분명하고도 적절하게 설명할 수 없게 되기 때문이다. 그러므로 '완전한 인격자'에 대한 관념은 의심할 여지없이 진리이며, 둘째 단계에서 언급한 원리와 같이 선명하고 분명하며 자명한 원리이다.

넷째 단계

'완전한 인격자'에 대한 관념의 원인으로써 '완전한 존재'는 어떠한 한계도 없는 절대적으로 선한 존재여야 한다. 이러한 추리는 셋째 단계에서 주장된 자명한 원리에 의해 가능하다. 만일 '완전한 인격자'라는 관념이 완전한 인격자 자신 이외에 다른 것으로부터 유래한 것이라면, 이는 셋째 단계에서 설명된 "원인이 더 크다"는 원리에 오류를 범하게 되기 때문이다. 따라서 완전성이라는 관념의 원인은 그 관념 자체와 마찬가지로 완전해야 하며, 완전하게 실재해야 한다. 이러한 존재는 우리의 정신을 넘어서 실재하는 자이고, 또한 우리의 정신에 그런 완전성의 관념을 넣어 줄(산출할) 수 있는 자이기 때문에, '완전한 인격자'는 관념에서뿐만 아니라 실재로도 존재한다.

다섯째 단계

그러므로 '완전한 인격자'는 사유실체를 있게 하는 유일한 가능적 원리인 것이다. 왜냐하면 지속적으로 생존하고 있는 생명의 힘은 바로 창조의 힘과 맞먹는 것이고, 다른 유한적인 어떤 것으로부터 유래할 수 없기 때문이다.

이러한 주장은 어떻게 정당성을 가질 수 있을까? 내가 나 자신에 대하여 가장 확신할 수 있는 것은, 앞서 증명해 보였듯이 '나는 생각하는 존재'라는 점이다. 물론 나는 감각적인 것들을 수용하는 신체를 가지고 있음을 의심할 수도 있다. 그러나 내가 사유하는 정신을 가지고 있음을 의심할 수는 없다. 그런데 나의 정신은, '완전성'의 관념을 가지고 있으므로, 다른 물질들과는 달리 어떤 유한성을 지닌 자에 의해 창조됐을리가 없다. 즉 '완전성'의 관념을 가지고 있는 나의 정신이 존재하기 위해서는 전지하고 전능한 능력을 가졌으며 또한 완전한 정신을 가진 자(신神)가 실재해야 한다는 얘기다. 이러한 정신을 가진 자는 완전한 존재만이 소유할 수 있는 것이다. 나의 부모는 나의 신체가 생겨날 수 있도록 하는 어떤 원인을 제공했을지는 모르지만, 나의 지속적인 생명력으로서의 나의 정신을 있게 한 원인은 결코 아니다. 그러므로 나의 정신 속에 '완전한 인격자'에 대한 관념의 원인은 완전한 존재에 의해서만 존립 가능한 것이다.

여섯째 단계

완전한 존재가 나를 창조할 적에 여러 가지 능력들을 함께 주었는데, 이들 중 하나는 내가 감각적 지각을 믿게 하는 강한 경향성이다. 완전한 인격자는 전지하고 전능할 뿐만 아니라 모든 면에서 선한 존재이기 때문에, 그는 나에게 항상 기만을 당함으로써 빚어지는 신뢰할 수 없는 그런 능력을 부여했을리가 만무하다. 또한 나를 항상 기만하고 잘못된 판단으로 이끌려는 사악한 악령이 있다 해도 전적으로 선한 완전한 인격자는 내가 악령의 속임수에 끌려가도록 창조하지도 허용하지도 않았을 것이다. 때로 내가 만일 실수를 범한다면, 나의 잘못이지 결코 '완전한 인격자' 즉 절대적인 신의 잘못이 아니다. 따라서 우리는 완전한 인격자가 부여한 순수한 이성을 잘 사용하기만 한다면 결코 실수를 범할 리 없을 것이며, 의심할 수 없는 확실성의 인식에 얼마든지 도달할 수 있을 것이다.

4) 합리주의合理主義의 빛과 그림자

데카르트가 제시한 합리주의적 방식의 진리탐구는, 인식을 획득하는 데에 있어서 상식이나 감각적 경험의 사실을 받아들이지 않고, 오직 수학이나 기하학의 진리 탐구와 같은 방식으로 연역적 추리를 통해 도달하고자 하는 것이다. 그래서 그는 절대적이고 불변적인 정신 (사유) 실체를 찾아냈다. 사유실체는 의심할 여지가 추호도 없는 명증적인 것이었다. 이 원리를 기반으로 하여 다른 진리들을 연쇄적으로 연역하여 증명해 나가기만 하면 된다.

합리적 증명

첫째, 데카르트는 "나는 생각한다. 그러므로 나는 존재한다."는 명증적인 사유실체를 기반으로 하여 참이라고 여겨지는 다른 것, 즉 '완전한 인격자'의 관념을 가지고 있다고 말한다. 그런 다음 그는 이런 관념의 원인이 틀림없이 있다고 확신한다. 이러한 확신이 타당성을 갖는 근거는 바로 모든 결과란 반드시 원인을 가져야 한다는 데에 있다. 여기로부터 각 단계의 논의는 사슬의 고리와 같이 타당한 추리의 규칙에 의거하여 서로 연결되어 있다.

데카르트가 방법적 회의를 통하여 이끌어 낸 의심할 수 없는 명증적 진리는 보다 진전된 어떤 명제를 끌어내기 위한 논리적인 근거로 사용되고 있다. 그가 제시한 추리가 만일 규칙을 전혀 어기지 않고 타당하게 진전되고, 추리의 진행 과정에 거짓된 진술이 끼어들지 않는다면, 그는 결과적으로 확실성의 진리인식에 도달할 수 있으리라고 믿기 때문이다.

둘째, 중요한 것은 데카르트가 진리탐구에 관한 한 확실성의 인식을 위해서는 감각적 관찰로부터 들어오는 경험적인 지각을 끌어들이지 않는다는 점이다. 그의 관점이 그렇듯이 합리주의적 인식론은 명확한 증명을 위해 조금이라도 의심스럽거나 불확실한 것들을 마땅히 배제하고 있고, 경험적인 지각을 끌어들이지 않았다는 점에서는 성공적이라 볼 수 있다.

셋째, 다른 합리주의자들과 마찬가지로 데카르트도 '선천적'으로 타고난 "본유관념"설을 주장한다. 플라톤 철학의 학통을 이어받은 근대 합리주의의 인식방법에 의거해 보면, '완전한 인격자'의 관념이라든가 '자아 실체' 관념, 수학과 기하학적 진리에 대한 관념들은 사람이 태어날 때 창조주에 의해 사람의 정신 속에 '선천적'으로 이미 심어진 상태이다. 또한 원인과 결과에 관련된 개념도 '선천적'으로 타고난 본유관념들인데, 이러한 관념들은 감각적인 경험의 세계에서 발견될 수 없는 것이다.

이러한 본유관념들은 어떻게 하면 명확하게 인식될 수 있을까? 방법은 간단하다. 이러한 관념들은 원래부터 정신 속에 갖고 태어난 것들이기 때문에, 흩어짐이 없는 일심의 경계(사유실체 자체)에서 정신 안에 있는 관념들을 온전히 "상기想起(anamnesis)"하기만 하면 진리인식에 도달할 수 있다는 것이다.

그럼에도 데카르트가 제시한 합리주의 진리인식에 문제가 전적으로 없는 것은 아닐 것이다. "나는 생각한다. 그러므로 존재한다."는 사유실체가 명증적인 '제1원리'로 확립되고, 이로부터 '생각하는 자아'가 이성의 규칙을 잘 준수遵守하여 사유의 연역적 추리의 사슬을 밟아 탐구해 나아가면 필연적인 진리인식에 도달할 수 있다고 하지만, 아직도 사악한 악령이 속일 가능성이 완전히 배제된 것은 아니다. 그래서 그는 사유를 통한 연역이 사악한 정신에 의해 기만되고 있지 않다는 것을 보증해줄 수 있는 전지하고 전능한 선한

순환 논법

'완전한 인격자'의 존재를 논증해야했던 것이다.

순환논증의 오류

이러한 논증에 결정적인 문제가 도사리고 있다 :

첫째, 데카르트의 논의가 순환론循環論에 빠졌다는 점을 지적해볼 수 있다. 순환논법이란 A임을 증명하기 위해 B를 가지고 논의하고, B를 증명하기 위해 A를 가지고 논의하는 방식이다. 예를 들면 '성경은 무엇인가? 그것은 하나님의 말씀을 기록한 책이다. 하나님의 말씀을 기록한 책은 무엇인가? 그것은 성경이다'와 같이 말하는 것을 순환논법이라고 한다.

데카르트의 순환논증 과정은 이렇다 : 그는 '사유하는 자아실체'가 추호도 의심할 여지가 없는 필연적이고 명증적인 진리라고 확정했다. 그리고 이것이 명증적 진리임을 보증하기 위해 '완전한 인격자'의 존재를 끌어들인다. 그러나 그는 사유하는 자아실체의 정신에 선험적으로 있는 본유관념, 즉 '완전한 인격자'의 관념이 명증적으로 실재하고 있음을 논증하고 있다. 이는 '완전한 인격자'의 존재를 증명하기도 전에 '완전한 인격자'가 '생각하는 자아의 추리'가 정당하다는 것을 보

증한다고 주장하는 꼴이 된다.

그래서 그는 증명하려는 진술을 확실성 인식의 기초로 사용했기 때문에, "순환논법"의 오류를 피할 수 없다는 비난을 받게 된다.

둘째, 원인과 결과의 관계에 대한 문제를 지적할 수 있다. 연역 추리의 과정에서 그는 관념의 "원인이 최소한 그 결과만큼 커야 한다."는 원리를 사용하고 있다. 여기에서 '원인'이 어떤 근거에서 '결과'보다 커야만 하는지, 또한 이 원리가 어떤 근거에서 확실한 원리일 수 있는지가 불명확하다. 원인이 그 결과만큼 커야 한다는 것 또한 사악한 정신의 조작으로 그렇게 믿고 있는 것일지도 모를 일이고, 나아가 이 원리를 사용하여 증명하는 여타의 진술들이 진리임을 어떻게 보증 받을 수 있을지 또한 상당히 의심스럽게 된다. 따라서 '완전한 인격자'의 존재를 증명하기 위해서는 '원인이 그 결과만큼 커야 한다.'는 사용된 원리의 뜻이 무엇을 의미하는지를 명확히 밝힌 후에 사용되어야 마땅하다. 왜냐하면 이 원리의 진술이 선명하고 분명한 논증적인 것이 아니라면, 이를 통하여 '완전한 인격자'의 존재가 증명되는 각 단계의

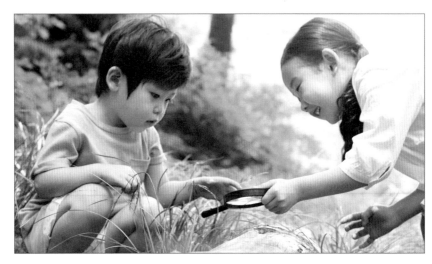

인과적 역할은 완전히 무의미한 것으로 판명되기 때문이다.

셋째, 정신의 외부로부터 들어온 감각적인 관념들과 정신의 내부에서 생겨난 인위적인 관념들 외에 정신 안에는 '선천적'으로 타고난 "본유관념"이 있다는 전제를 문제 삼을 수 있다. 이들 본유관념은 '자아'라는 실체관념이나 '완전한 인격자'의 관념, '크다와 작다'와 같은 비교 관념, '인과법칙因果法則'이나 '추론법칙' 등인데, 이런 본유관념설이 전적으로 타당하다면, 한 살 박이 어린 애도 이런 본유관념을 가지고 있어야 마땅하다. 한 살 박이 어린 애는 말도 못하는데, 우리는 어린애가 본유관념을 이해한다고 볼 수 있을까? 설사 어린애가 이해하고 있으니까 마음속으로는 다 알고 있다고 주장할 수 있겠지만, 이러한 주장은 과연 무슨 의미가 있을까? 인간은 태어나면서부터 감각의 도움을 받아 경험함으로써 관념이 형성된다고 보는 것이 자연스럽다.

그래서 데카르트는 어린애가 본유관념을 '실제로' 가지고 있다고는 주장할 수 없고, 어느 정도 지적인 성숙이 있을 때까지 아마 "잠재적"으로 가지고 있다고 해야 할 것이다. 그러나 본유관념이 이런 방식으로 설명된다면 더욱 더 불투명해진다. 왜냐하면 '잠재적'으로 가지고 있는 본유관념이 평생 동안 현실적으로 알지 못하고 마냥 '잠재적'으로만 가지는 것만으로 생이 끝날 수도 있기 때문이다. 따라서 데카르트가 '완전한 인격자'에 대한 본유관념이 정신 안에 명백히 존재한다는 주장은 별로 신빙성이 없어 보인다.

5) 심신이원론心身二元論의 선구자

데카르트의 기본 사상은 실체實體(substantia)의 철학이다. 그가 말하는 실체는 존재성에 있어서 다른 어떤 것에도 의존하지 않는 독립적이며, 자체로 존재하는 것을 말한다. 이런 의미에서 본다면 완전한 신神만이 독립적으로 자존하며, "자기원인自己原因(causa sui)"으로서의 실체라 할 수 있다.

그럼에도 데카르트는 본질적으로 완전히 다른 두 유한한 존재, 즉 정신(사유)과 사물(연장)도 실체라고 주장한다. 정신과 사물은 신으로부터 창조되었고, 비록 신에 의존하는 것이라 하더라도 자체로 존재한다는 의미에서 실체가 된다는 것이다. 따라서 데카르트가 말하는 실체는 무한실체(substantia infinita)로서의 신과 유한실체(substantia finita)로서의 정신실체와 사물실체이다. 이러한 주장에는 철학적으로 해결하기 힘든 이원론二元論이 도사리고 있다. 그래서 스피노자의 "신즉 자연"이라는 사상과 라이프니쯔의 "단자 형이상학"이 등장하게 되는 것이다.

정신실체란 무엇인가? 정신은 유한한 존재로서 사유하는 실체를 말한다. 정신의 본성은 완전히 비물질적이며, 독립적인 존재다. 정신실체의 본성은 사유이고, 그 속성(attributum)은 의식작용(cogitans)이다. 만일 정신의 본성인 사유가 전혀 없다면 정신은 없는 것이나 마찬가지이다. 그리고 정신에서 의식작용이 일어날 때, 감정, 욕구, 의지 등이 쏟아져 나온다. 즉 "나는 생각한다(cogito)"와 함께 주어지는 사유작용은 결국 사유된 대상에 대한 참된 인식의 주체로 존재하는 것이고, 이 과정에서 나온 것들은 모두 정신실체의 부차적인 성질들,

기계적 톱니바퀴

즉 사유의 양태(modus)가 되는 셈이다.

사물실체란 무엇인가? 사물도 유한한 존재로서 연장되어 있는 실체이다. 사물의 본성은 완전히 물질적이며, 독립적으로 존재한다. 사물실체의 본질은 연장(extensa, 퍼져 있음)이고, 그 속성은 크기, 모양, 넓이이다. 만일 사물의 본성인 연장이 없다면, 사물은 없는 것이나 마찬가지이다.

연장실체는 사유실체와 본질적으로 다르다. 정신이 사유 활동으로 드러나듯이, 사물은 연장으로 드러난다. 사물은 항상 모양에 의해 한계가 지어지고 장소에 의해 둘러싸여 있으며, 사물들 간에 서로 배타적으로 존재하는 채워진 공간(plenum)이다. 그러므로 사물은 본질적인 속성으로 길이, 넓이, 부피라는 성질을 필연적으로 가진다. 그리고 사물의 위치, 상태, 운동 등은 사물실체의 양태들이다. 사물의 본질적인 속성들과 양태들을 통하여 우리는 사물의 실체를 인지할 수 있게 된다.

특히 물체의 운동은 데카르트에게서 특별한 의미를 가지고 있다. 사유실체와 사물실체가 완전히 다르듯이, 영혼과 물체는 본질적으로 완전히 다른 차원의 존재이기 때문이다. 그렇기 때문에 전통적으로 생명의 원리인 영혼은 데카르트의 사유에서 볼 때 물체의 운동원리가 될 수 없게 된다. 여기로부터 데카르트는 물체의 운동이 기계적으로 일어날 수밖에 없다는 논리를 펼치게 되는데, 기계적인 운동은 마치 누군가가 벽시계에 태엽을 감아놓으면 시침과 분침과 초침이 자동적으로 돌아가는 것과 같은 방식이다.

그러면 우주자연의 물질적인 세계가 기계적으로 돌아가기 위해서는 운동의 최초 원인이 존재해야할 것이다. 이에 대해서 데카르트는 무한실체로서의 신神을 말한다. 태초에 전지전능한 신이 있어 우주자연의 물질세계가 자동적으로 돌아가도록 그렇게 했다는 것이다. 그럼에도 데카르트가 내놓은 자동적인 기계론은 고대 원자론자들이 제시한 원자들의 필연적인 운동 방식과 다르다. 왜냐하면 데카르트에게 있어서 텅 빈 공간(vacum)이란 없고, 오직 물질로 채워진 공간만이 존재하기 때문이다. 이러한 채워진 공간에서 물체들은 서로 접촉해서 빼곡하게 채워져 있고, 이것들의 운동은 서로의 위치이동에 지나지 않게 된다. 이는 마치 물로 채워진 어항 안에 있는 물고기가 헤엄쳐서 이동하는 방식과 같다.

데카르트의 주장에 의하면, 우주자연에는 텅 빈 공간이 없이 물질적인 것과 에테르aether로 꽉 차 있다. 여기에서 물체가 움직인다는 것은 위치이동에 지나지 않기 때문에, 오직 수학적인 점과 그 경계선이 옮겨갈 뿐이라는 얘기가 나온다. 이런 의미에서 보면, 운동은 사물의 활동이 아니라, 오직 수학적인 함수가 우주 전체에 그려져 있고, 언제나 위치이동에 의한 새로운 함수관계에 지나지 않는다고 할 수 있다. 한마디로 말하면 경계선으로서의 좌표계의 이동이 바로 운동이라는 얘기다. 그러므로 데카르트의 기계론적인 운동은 기하학적인 기계론이지 원자론자들이 주장하는 질량質量의 기계론이 아니다. 기하학적인 기계론에서 운동은 공간을 점유한 물체의 좌표가 다른 곳으로 옮겨짐으로써 자동적으로 서로서로의 영향으로 일어나게 되는 것이다. 이런 의미에서 볼 때, 동물들과 식물들 모두의 운동은 좌표상에서 자동적으로 움직이는 기계들일 수 있다는 결론이 나온다.

문제는 정신과 사물이라는 완전히 다른 성질들로 결합되어 있는 존재에서 발생한다. 특히 인간의 경우에서 비물질적인 정신[心]과 물질적인 신체[身]는 본질적으로 다름에도 불구하고 어떤 방식으로든 서로 영향을 주고받고 있다는 사실이다. 즉 신체에 강한 자극을 주면 정신에서 고통을 느끼게 되고, 정신이 목적하는 의지가 있게 되면 의지에 따라 신체가 움직이게 되기 때문이다. 이러한 본질적으로 다른 '마음과 신체' 간의 상호관계 작용의 문제를 데카르트는 어떻게 해결하고 있을까?

정신과 신체가 상호작용을 하기 위해서는 양자를 연결하는 관계의 끈이 필수적이다. 관계의 끈은 물질적이면서 동시에 비물질적인 특성을 가져야 한다. 해부학에 능통했던 데카르트는 이것이 인간 두뇌頭腦 안에 있는데, "송과선(anarium)"이라고 불렀다. 정신에서 일어나는 모든 것은 송과선을 통해 신체의 모든 부분들에 전달될 수 있고, 정신의 의지에 따라 신체를 지배하는 힘을 가질 수 있게 된다. 반면에 신체에서 일어나는 모든 것은 신경계神經系로 전달되어 송과선을 통해 정신이

움직임과 좌표

느낄 수 있게 된다. 이것이 바로 데카르트가 말한 "심신 상호작용설"
이다.

그러므로 데카르트의 철학은 정신실체와 사물실체, 즉 영혼과 신
체라는 이원론二元論적 구조를 보이고 있다. 인간의 경우 영혼과 신체
라는 대립된 두 실체 때문에, 합리적인 체계를 구축하려는 데카르트
의 철학은 결정적인 취약점을 갖게 된 것이다. 이러한 결함을 보완하
기 위해서 후대에 스피노자Spinoza가 등장한다. 스피노자는 사유와 연
장이 진정한 의미에서 실체가 아니라 무한실체인 신의 본질적인 속성
에 지나지 않는다고 주장함으로써 정신과 신체가 조화 통일된 동일철
학同一哲學을 전개하게 된다. 또한 심신이원론으로 말미암아 유물론과
기계론이 짝이 되어 사물실체만을 인정하거나, 관념론과 심리주의가
짝이 되어 정신실체만을 인정하는 철학이 등장하기도 한다.

3

진리인식에 대한
경험주의 접근방식

"서양사람 이마두가 동양에 와서 천국을 건설하려고 여러 가지 계획을 내었으나 쉽게 모든 적폐積弊를 고쳐 이상을 실현하기 어려우므로 마침내 뜻을 이루지 못하고, 다만 동양과 서양의 경계를 틔워 예로부터 각기 지경地境을 지켜 서로 넘나들지 못하던 신명들로 하여금 거침없이 넘나들게 하고, 그가 죽은 뒤에는 동양의 문명신文明神을 거느리고 서양으로 돌아가서 다시 천국을 건설하려 하였나니, 이로부터 지하신地下神이 천상에 올라가 모든 기묘한 법을 받아내려 사람에게 '알음귀'를 열어주어 세상의 모든 학술과 정교한 기계를 발명케 하여 천국의 모형을 본떴나니 이것이 바로 현대의 문명이라. 서양의 문명이기文明利器는 천상문명을 본받은 것이니라." (『道典』2:30:3-8)

근대가 시작되면서 폭발적으로 일어난 과학기술의 진보는 그야말로 괄목할만한 성과를 거두기 시작했고, 이로 인해 현대를 살아가는 우리는 과학기술 혁명의 시대를 맞이하게 됐다.

과학기술의 힘은 실로 엄청나다. 그 덕에 우리는 미래에 일어날 사건들에 대한 놀랍고도 정확한 지식을 함께 공유할 수 있게 되었고, 지구가 속해있는 태양계太陽系를 넘어서 우주의 신비를 속속들이 밝혀내기 시작했다. 우리가 우주여행의 시대를 맞이하게 될 날도 머지않은 것 같다. 이러한 끼닭에 현대를 살아가는 많은 사람들은 과학기술을 전적으로 찬미하고 신앙하고 있는 실정이다. 이런 놀라운 과학기술은 하루아침에 형성된 것일까 아니면 지난한 과정을 통해서 점진적으로 진보하게 된 것일까?

과학기술의 진보는 '과학적 사실'을 탐구하는 일에서부터 발흥하기 시작한다. '과학적 사실'은 원초적으로 경험적 지식에 바탕을 두고 있다. 경험적인 지식은 전적으로 자연에 대한 감각기관感覺器官의 참여로 이루어진다. 우리에게 감각기관이 없었다면 우리는 세계에 대한 과학적 지식을 어떻게 얻어낼 수 있었을까?

스토아철학의 거장 로마 마르쿠스 아우렐리우스 황제

경험적인 지식은 전적으로 감각에 의존한다. 이러한 감각적 경험주의 역사는 지성사의 전통에서 볼 때 꽤 오래다. 그 역사를 거슬러 올라가면 고대 그리스의 소피스트Sophistes에서 출발하여 퀴레네학파Cyrenaics, 로마의 스토아학파Stoicism, 에피쿠로스학파Epicureanism, 그리고 중세의 유명론Nominalism과 토마스주의Thomism로 이어진다.

그러나 감각적 경험주의가 철학의 한 분야로 꽃을 피우게 된 것은 근대 영국에서다. 영국의 경험주의적 인식론은 한마디로 "일차적으로 감각 속에 존재하지 않는 것은 어떤 것도 지성 속에 없다(Nihil est intellectu, quod prius non fuerit in sensu)"는 슬로건을 내세운다. 우리의 지성은 오직 감각적 경험을 통해서만 세계에 대한 사실들과 사물에 대한 정보를 얻어낼 수 있다는 얘기다.

영국의 경험주의 철학은 아리스토텔레스의 철학에서 결정적인 영향을 받은 베이컨Francis Bacon(1561~1626)으로부터 시작하여 로크John Locke(1632~1704)에 의해 체계적으로 확립된다. 이후에 버클리George Berkely(1685~1753)에 이르러 극단적인 유아론적 관념론으로 전개되었다가 결국 흄David Hume(1711~1776)의 귀납적 회의론으로 매듭지어진다. 현대의 과학적 지식은 전통적인 귀납적 회의론을 극복하면서 오늘날의 과학기술 혁명의 시대를 열게 된 것이다.

1) 경험론의 선구자 베이컨Bacon

근대 인식론의 한 분야인 경험론을 처음으로 제창한 철학자는 영국의 베이컨이라 할 수 있다. 그가 경험적 인식을 주장하게 된 근본적인 동기는 진리란 인간에게 유익한 것이어야 한다는 것, 인류사회에 이바지하지 못하는 지식이란 죽은 학문이라는 것을 확신했기 때문이다. 그래서 그는 종래의 스콜라철학에서 탐구한 연역적 지식을 탁상공론 卓上空論으로 간주했다. 연역적 지식은 자연에 대한 유익한 지식을 제공하지 못하기 때문이다. 한마디로 연역적 지식은 비현실적이고 내용이 없는 무가치한 학문이라는 얘기다.

"아는 것은 힘이다 Scientia est potentia**"는 슬로건**_____

베이컨은 '아는 것이 힘'이라고 말했다. 학문이 인간에게 제공하는 주요 가치는 자연에 대한 앎이고, 이것이 곧 인간에게 유익함을 가져다준다는 뜻이다. 유익한 지식이란 우리가 살고 있는 변화무상한 자연을 제대로 파악하여 가공할 줄 아는 힘을 말한다. 이는 원초적으로 감각을 통해 경험적 지식을 얻어내고, 이를 기반으로 반복적인 실험관찰을 통해 착실한 과학적 법칙을 찾아냄으로써 이루어진다. 과학적 법칙이 발견되면 우리는 이를 근거로 자연에 대한 가공은 물론이고 미래에 대한 변화를 예측할 수 있고, 또한 실생활에 유익한 문명의 이기利器를 가져올 수 있게 되는 것이다.

자연에 대한 엄정한 실험관찰을 통해서 경험적인 지식을 쌓고, 여기로부터 과학적 법칙(객관적인 귀납추리)을 찾아내기 위해서는 어떻게 하는 것이 바람직한 것일까? 이에 대해서 베이컨은 탐구주체인 인간의 편견을 근본적으로 제거하여 앎의 혁신을 구축하는 일이라고 한다. 인간이 범하는 편견을 제거하기 위해서는 우선 탐구정신이 가지는 선입견이나 미망迷妄의 원인이 되는 우상(idola)이 파괴되어야 한다. 왜냐하면 인간의 정신을 둘러싸고 있는 선입견이나 우상은 경험적 사고가 그릇된 판단을 하도록 하거나 참된 지식의 획득을 방해하기 때문이다.

경험론의 선구자 베이컨

베이컨이 말한 4가지 우상_____

사유의 편견이나 선입견에서 나오는 우상은 어떤 것들일까? 베이컨은 경험적 관찰을 수행할 때 4가지를 경계해야 한다고 주장한다. 종족의 우상(idola tribus), 동굴의 우상(idola specus), 시장의 우상(idola fori), 극장의 우상(idola theatri)이 그것이다.

첫째, 종족의 우상이란 인간이면 누구나 본성적으로 가지는 감각적 사고의 그릇된 성향을 뜻한다. 우리가 오관五官을 통해 사물을 감각할 때, 감각은 착각이나 환상을 제공하기도 하고, 또한 감각하는 정신은 사실을 그대로 반영하는 것이 아니라 감정이 개입된 상태에서 감각하기도 한다. 감각하는 정신은 울퉁불퉁한 거울과 같기 때문이다. 그 결과 감각하는 정신은 사물에 감정이입感情移入을 하여 사물의 본래의 모습을 굴절시켜서 받아들이게 된다. 심지어 감각하는 정신은 의인관擬人觀적인 사고에 매몰되기도 한다. 요컨대 정신의 사고방식이 목적론적인 것이라면, 사물을 관찰할 때 목적론적인 입장에서 감각하기도 한다는 것이다. 이에 대해서 베이컨은 자연적인 것들이란 원인과 결과에 의해 기계적으로 움직이는 것이지 목적론적으로 진행되지 않는다고 말한다.

둘째, 동굴의 우상이란 개별적인 인간이 각자 가지고 있는 주관적인 편견을 뜻한다. 주관적인 편견은 각 개인의 교육의 정도에 따른 지식의 차이, 기질의 차이, 성향과 기호의 차이, 어떤 환경에서 성장했느냐 혹은 어떤 교육을 받아왔는가의 차이에서 발생한다. 예를 들어 미스코리아 미인美人을 선발한다고 할 때, 미인에 대한 선발 기준과 평가는 각자 저마다의 주관적인 편견에 따라 다를 수 있게 된다는 뜻이다. 한마디로 말하면 우물 속에 앉아서 하늘을 바라보면서 이것이 하늘의 전부라고 말하는 좌정관천坐井觀天이 동굴의 우상이라 볼 수 있다.

셋째, 시장의 우상은 언어의 잘못된 쓰임에서 비롯되는 편견을 뜻한다. 시장은 사람들이 많이 모이는 곳이다. 거기에서 사람들은 물건을 사고팔면서 친밀하게 이러저러한 말들을 주고받는데, 인간은 편의상 말을 만들어서 의사소통을 하게 된다. 그런데 말(언어)은 대상을 지시하는 표현 수단(기호)이다. 만일 대상에 대한 잘못된 언어나 부정확한 언어를 사용하게 되면 사유하는 정신은 장애를 받을 수밖에 없다. 사실 존재하지도 않는 것을 존재하는 것으로 오인하는 경우가 그런 사례들이다. 세상에 떠도는 악성 루머는 물론이거니와 운명, 부동의 원동자, 운명의 여신 등이 존재한다고 믿고 숭배하는 것이 대표적인 시장의 우상이다.

넷째, 극장의 우상은 극장에서 연출되는 각본처럼, 사실과 다르거나 사실보다 더 그럴듯하게 꾸며진 것을 정신이 그대로 받아들이는 것을 뜻한다. 그릇되게 전승되어 온 전통적인 학설이나 이데올로기적인 체계가 대표적이다. 요컨대 역사적인 사건이나 학설 등은 극장에

좌정관천坐井觀天

서 무대를 위해 그럴듯하게 꾸며진 각본처럼 기술되기도 하는데, 인간이 극장의 우상에 빠지는 까닭은 자신이 직접 탐구하거나 관찰하는 것에 의존하기보다는 권위 있는 이론이나 전통적인 학설에 의존하는 경향이 많기 때문이다. 극장의 우상은 그릇된 학설이나 이데올로기를 그대로 따르지 말고, 자신이 직접 탐구하고 실험 관찰하여 그것을 진리로 받아들여야함을 경계한 것이다.

베이컨은 관찰을 통한 귀납추리(induction)에서 과학적 지식을 획득해야 한다고 주장한다. 귀납추리란 반복된 사실들을 관찰하여 일반적인 지식을 창출하는 일이다. 이것이 철학이 가야할 길이라는 얘기다. 그는 자신이 쓴 『신기관(Novum Organum)』에서 "참된 철학은 오로지 이성의 힘에만 의존하는 것도 아니고, 박물학이나 실험을 통해서 수집한 것을 그저 그대로 받아들이거나 기억 속에 저장하지도 않는다. 오히려 그것을 변화시켜서 지성 속에 저장하는 것이 참된 철학이다."고 말한다. 달리 말하면, 학문적인 지식의 탐구는 경험에서 출발해야 한다. 경험적 지식은 감각적인 실험관찰을 통해 사실들을 수집하고 정리하며, 이 사실들의 원인과 형식을 발견하여 일반적인 귀납추리를 수행해야 한다. 이와 같은 귀납추리만이 모든 학문의 기본이 되고 적용되어야 한다는 것이 베이컨의 주장이다.

2) 로크Locke의 소박한 실재론

성인이라면 누구나 할 것 없이 지성 속에는 너무도 많은 앎이 소장돼 있을 것이다. 이러한 지식은 어떻게 형성된 것일까? 지식의 기원에 대한 접근방식은 합리주의와 경험주의가 있는데, 경험주의는 무엇보다도 합리주의 선각자라 할 수 있는 데카르트가 말한 "본유관념(innata idea)"을 배격하면서 시작한다. 본유관념이란 우리가 태어남과 동시에 선천적으로 구비하여 가지고 나온 지식이란 뜻이다. 그런데 갓 태어난 어린 아이에게도 그런 관념이 있어야 하는데, 이는 그렇지 않다. 따라서 본유관념과 같은 지식이란 없다는 것이 로크의 입장이다.

백지설tabula rasa

로크에 의하면 지식의 기원은 관념이다. 그럼 우리가 갖고 있는 관념의 기원은 어디에서 비롯되는 것일까? 로크는 관념이란 전적으로 "생득적生得的"인 것이라고 말한다. 생득적이라 함은 태어난 아이가 성장하면서 감각기관이 발달하고, 감각기관을 통하여 관념이 형성되어 소유하게 됨을 뜻한다. 한마디로 '지식의 기원은 모두 감각적 경험으로부터 나온다.'는 얘기다. 이러한 입장을 지지하는 자들을 경험론자라 한다. 그래서 로크가 제창한 생득적 관념론은 곧 경험론자들의 기본 토대를 이루게 된다.

로크는 인간의 의식이란 처음에는 "아무 것도 쓰여 있지 않은 백지白紙"와 같은 것이라고 한다. 의식의 하얀 백지에 처음으로 감각이 뭔가를 쓰기 시작할 때 관념이 생기기 시작한다는 것이다. 백지와 같은 의식에 뭔가를 기록하는 우리의 감각은 두 종류의 통로를 통해서다. 하나는 외적인 감관으로서의 5관(눈, 귀, 코, 피부, 혀)을 통한 감각感覺(sensation)이고, 다른 하나는 내적인 감관으로서의 반성反省(reflection)이다. 이들 두 감각능력을 통해 우리는 감각적 경험을 가지게 되는 것이다. 이러한 감각적 경험으로부터 우리의 의식 속에 생겨난 관념은 곧 지식이 된다는 얘기다.

정신에는 어떤 관념들이 감관을 통해 형성되는 것일까? 우리가 사물을 보게 되면, 외적 감관을 통해 사물의 색깔이나 움직임 등과 같은 어떤 시각적 관념을, 높고 낮은 또는 조용하거나 시끄러운 소리를 들음으로써 생기는 청각적 관념을, 매끄럽고 까끌까끌한 느낌 등과 같은 촉각적 관념을, 고통스럽거나 향기로운 등과 같은 후각적 관념을, 혀에 의한 쓰고 달콤하며 떨떨함 등과 같은 맛의 관념을 가진다. 내적 감관을 통해 우리는 의지하고, 의욕하며, 의심하고 상상하는 마음의 활동으로써 여러 관념들을 가지기도 한다. 로크는 이를 반성적 관념이라고 했다. 이 각각의 것들을 그는 직접적인 경험에 의한 "단순관념 (simple idea)"이라고 했다. 이처럼 감각능력을 통해 여러 방면으로 경험함으로써 우리는 마음속에 어떤 종류의 관념을 가지게 되는데, 이것이 곧 지각을 형성한다.

또한 우리의 정신은 감각적 경험으로부터 형성된 관념들을 비교하고 추상하고 총괄하여 어떤 종류의 "복합관념(complex idea)"을 형성하기도 한다. 우리가 사물에 대하여 파악할 때 처음에는 감각 기관을 통해 직접적인 어떤 관념을 형성하고, 형성된 관념을 마음속에 보존하여 기억해 둔 다음, 기억된 관념들을 여러 모로 상상하여 체계적으로 조직함으로써 다른 관념을 형성하기도 한다는 것이다. 예컨대 '사람'이나 '인어 人魚' 등과 같은 개념이 그렇다.

'사람'이란 관념은 우리가 사람을 체험하여 사람의 크기나 모습, 냄새,

인어 동상(코펜하겐)

소리 등의 감각관념을 형성하고, 이 관념들을 일정한 것으로 조직하여 '사람'이라는 하나의 개념으로서의 관념을 가지게 되며, 이 관념이 실제로 존재한다는 신념을 가지게 되는 것이다. 마찬가지로 '인어人魚'라는 관념도 있는데, 이는 먼저 '사람'이라는 관념의 반쪽과 '물고기'라는 관념의 반쪽만을 떼어가지고 지성의 상상력을 동원하여 두 관념을 결합하여 만든 것이다.

그러므로 모든 관념의 기원은 감각경험으로부터 나온다는 것, 지식이란 다양한 종류의 관념늘로 이루어져 있다는 것, 우리가 가지고 있는 관념들은 결국 직접적인 감각과 반성이라는 두 관문을 거쳐서 지성에 형성된 단순관념과, 이것들의 결합으로 형성된 여러 가지 복합적인 복합관념에 지나지 않는다.

감각적 "모사설模寫說"

로크의 인식론은 감각적 "모사설"을 따르고 있다. 감각적 모사설은 카메라에 찍힌 사진에 비유하여 말해볼 수 있을 것이다. 요컨대 카메라에 끼워진 필름은 백지상태의 지성이고, 렌즈가 열려서 광선이 들어와 필름 위에 영상이 찍힌 것은 관념으로 볼 수 있다. 지성에 찍힌 관념이 곧 지식이다. 다시 말하면 일차적으로 지성 바깥에 감각 대상들이 주어지고, 다음으로 외적인 감각과 내적인 반성의 통로를 통해 우리의 지성에 대상들의 영상이 찍혀서 관념이 형성되고, 이 관념으로부터 지식이 나온다는 얘기다.

여기에서 짚고 넘어가야할 문제가 하나 있다. 필름에 영상이 찍히는 것은 빛의 힘으로 이루어진다. 만일 반사되는 빛이 들어오지 않는다면 영상이 찍힐 수가 없게 될 것이다. 그렇다면 지성 밖에 있는 대상으로부터 영상이 지성에 관념으로 찍힌다면, 찍히도록 하는 어떤 힘 내지는 성질을 그 대상이 갖고 있어야 하지 않을까?

로크는 대상 자체가 가지는 그러한 성질을 관념의 제1성질(primary quality)이라고 했다. 그리고 대상이 실제적으로 소지하고 있지는 않지만, 우리의 주관적인 지성에서 생겨난 성질이 있는데, 이것을 관념의 제2성질(secondary quality)이라 했다. 객관적인 대상이 갖는 제1성질은 사물의 크기, 형태, 수, 운동, 정지, 견고성 등과 같은 관념들이다. 주관적인 지성에서 생겨난 제2성질은 사물의 색깔, 맛, 냄새, 소리, 접촉에 따른 차가움과 따뜻함, 단단함과 부드러움 등의 느낌들이다.

만일 책상 위에 빨간 사과 한 개가 놓여있다고 해보자. 우리가 이것을 감각할 때, 우리는 사과의 모양은 둥글고, 크기는 주먹만 하고, 수적으로는 한 개이고, 책상 위에 정지한 채 놓여있고, 어느 정도의 견고성을 가진 것이라고 말할 수 있다. 이러한 성질들은 사과 자체가 가지는 객관적인 제1성질들이다. 이러한 제1성질들은 우리의 지성 속에 객관적인 사실 그대로 반영되어 감각적 지각의 관념을 형성한다는 것이다. 이러한 입장을 철학에서는 감각적 모사설의 인식론이라 부른다.

반면에 사과는 빨갛고, 새콤한 맛이 나며, 만져보면 차갑고 퍼석퍼석한 느낌의 관념을 가지는데, 이것들은 사과 자체가 본래부터 갖고 있는 성질이 아니라 우리가 감각할 때 지성 속에서 생겨난 주관적 관념들이다. 왜냐하면 사과가 빨갛다고 의식하는 것은 사과 자체가 빨간색을 가지고 있어서 그런 것이 아니라 빛의 파장에 의해서 지성이 느끼는 인간 나름대로의 표현이기 때문이다. 따라서 이러한 성질들은 지성의 주관에서 생겨난 것이므로 제2성질들이며, 감각적 모사설에 적용되지 않는 주관적 관념론의 단면이라 볼 수 있다.

3) 버클리Berkeley의 "존재는 지각된 것esse est percipi"

주관적 관념＿＿＿＿＿＿＿＿＿＿＿＿＿＿＿＿＿＿＿＿＿＿

경험적 관념을 '제1성질'과 '제2성질'로 구분하여 놓은 로크의 인식론도 문제가 없는 것은 아니다. 사물의 색깔, 맛, 냄새, 소리, 접촉으로 나오는 제2성질의 관념은 사람마다 각기 다른 주관적인 것이므로 별문제가 없다. 그러나 사물의 크기, 모양, 부피 등에서 비롯된 제1성질의 관념이 사물 자체에 객관적으로 속해있다고 주장한 것은 문제다. 이는 지성과 사물의 일치에서 진리인식의 근거로 삼았던, 전통적으로 유지되어 왔던 "대응설(correspondence theory)"적 인식론에 대한 문제이기도 하다. 무엇이 문제가 되는 것일까?

틈만 나면 아무데서나 책을 읽는, 독서광인 꼬마아이가 있다고 해보자. 눈이 나빠질까 아니면 허리가 뒤틀릴까 염려한 엄마가, "애야! 책상 앞 의자에 똑바로 앉아 책을 보렴?" 하고 말하자, 꼬마아이는 얼른 책상 앞으로 달려가 의자에 앉아 책을 읽는다. 꼬마아이는 눈앞에 놓인 책상을 보고서 '책상'이라는 관념을 분명히 갖고 있었을 게다. '책상'이란 관념을 꼬마아이는 어떻게 갖게 된 것일까? 이에 대해서 로크는 지성 바깥에 책상이 객관적으로 존재하고, 이에 대응해서 감각을 통해 '책상'이라는 실체관념이 꼬마아이의 인식주관에 형성됐다고 주장할 것이다. 여기에서 철학적 사고를 가진 사람이라면, 꼬마의 인식주관에 형성된 책상의 '관념'은 자기 앞에 놓인 '책상이라는 사물'과 일치하는가, '책상이라는 사물'은 정말 객관적으로 실재하는가의 물음을 던질 수 있을 것이다. 이런 질문에 대하여 로크는 어떻게 대답할 수 있게 될까?

꼬마아이가 책상 앞으로 달려갈 때는 인식주관에 이미 '책상'이라는 관념을 갖고 있었다. 그 관념은 '이러저러한 형태의 책상들'로부터 추상抽象(공통적인 성질을 뽑음)하여 형성된 추상관념이다. 추상관념은 보편적인 것이기 때문에 시간의 흐름에도 불구하고 자기동일성이 확보되어 있다. 그런데 감각되는 객관적인 책상은 유사한 형태의 것들로 존재할 수도 있고, 시간의 흐름에 따라 순간순간 여러 가지 형태로 변형될 수도 있다. 그렇다면 엄격히 말해서 조금 전에 본 '책상'의 관념과 조금 후에 본 '책상'은 명백히 다르다. 왜냐하면 시간의 흐름이 있었고, 그만큼 변화가 일어났기 때문이다. 따라서 꼬마아이의 인식주관에 동일성을 유지하고 있는 '책상'의 관념과 정신 밖에 객관적으로 존재하는 '책상'은 명백히 다른 것이다.

로크가 주장한 관념의 '제1성질'은 어떤 근거에서 그렇게 객관적인 대상으로 실재하는 것인지, 또한 그런 관념의 성질은 도대체 무엇이라고 설명될 수 있을 것인지에 대한 합리적인 설명이 필요했을 것이다. 그러나 로크는 이에 대한 적절한 해법을 찾지 못했다. 이런 문제들을 해결하기 위해서 감각적 경험으로부터 출발한 로크의 관념론은 버클리에 이르러 객관적으로 사물에 속한다고 했던 관념의 '제1성질'도 인식주관의 산물에 지나지 않는다는 주관적 관념론으로 들어가 버린다.

존재는 관념다발

버클리는 객관적으로 존재한다는 실체관념이나 제1성질의 관념은 추상관념을 단순히 실제화한 것에 불과하다고 본다. 즉 제1성질의 관념은 객관적으로 실재하는 것이 아니라 단순히 지각된 관념의 집합에서 추상화된 관념에 지나지 않는다는 얘기다. 소리가 있다는 것은 소리로 들려진 지각물이며, 물체에 색깔이 있다는 것은 색깔에 대한 지각물이 지성 속에 있다는 것이고, 사물의 형태나 모양이 있다는 것은 시각이나 촉각에 의해 지각된 지각물의 덩어리가 지성에 존재할 뿐이다. 따라서 우리가 실재한다고 믿고 있는 객관적인 사물은 모두 지각된 관념에 지나지 않는다. 한마디로 "존재하는 것은 지각된 것이다(esse est percipi)."

지각된 것은 감각을 통해 얻어낸 관념들이다. 책상 위에 빨간 '사과'가 하나 있고, 우리가 그것을 감각할 때, 사과가 존재한다는 것은 사과가 빨갛고, 둥글며, 먹으면 맛이 새콤하고, 씹으면 사각사각한다는 '관념들의 묶음(bundle of ideas)'일 뿐이다. 그렇다면 우리가 경험적으로 관찰하는 사과, 나무, 자동차, 사람, 의자, 집 등이란 각기 '관념들의 묶음'에 지나지 않는다. 이런 관념들은 정신 밖에 실재하는 것이 아니라 오직 '우리의 마음속에 있는 것들'이다. 이러한 주장은 참 우스꽝스러운 것처럼 들릴 수도 있겠지만, 곰곰이 생각해서 따져보면 전혀 터무니없는 주장은 아니다.

요컨대 우리의 눈앞에 실제로 '책상'이 존재할 때, 책상의 존재를 확인하기 위해서는 일단 책상이라는 관념이 지성에 형성돼 있어야 한다. 만일 책상에 대한 감각지각이 전혀 없다면 책상이 있다고 주장하는 것은 어불성설이기 때문이다. 역으로 태어나면서부터 아무것도 감각하지 못하는 사람은 '책상'에 대한 관념이 전혀 없을 것이다. 또한 책상의 색깔, 매끈매끈한 표면, 사각형의 모난 모습 등은 마음속의 경험적 사실로부터 독립해서 따로 존재할 수 없다. 왜냐하면 책상에 대한 관념이 마음으로부터 초월해서 따로 존재한다는 것은 도대체 '주장'될 수 없고, 오직 책상에 대한 관념으로서의 '앎을 소유하고 있는' 한에서만 "책상이 있다"고 말할 수 있기 때문이다.

대상들은 지각되는 한에서만 관념으로 존재한다. 인식주관에 그런 지각이 없다면, 어떤 것이 존재하는지 아닌지 조차도 아무도 모르게 된다. 즉 관념이란 감각지각을 수행하는 감각의 주체 속에 있고, 주체를 떠나서 존재할 수 없기 때문에, 우리는 이것을 '주관적 관념(subjective idea)'이라 한다. 따라서 주관적 관념론자는 감각지각된 관념이 주관 밖에 존재하는 객관적인 사물과 일치하거나 대응하는지의 여부에 대해서는 문제 삼지 않는다. 아예 처음부터 주관 밖에 있는 객관적인 사물을 존재로 인정하지 않고 오로지 인식주관에 지각된 관념만을 인정한다는 얘기다. 이런 입장에서 버클리는 지식이란 단지 마음속에 있는 관념의 내용일 뿐이며, 이것만이 인식일 수 있다고 한 것이다.

버클리의 이러한 주관적 관념론도 문제가 없는 것은 아니다. 지각된 것만이 존재한다는 논의는 '지각되지 않은 것은 존재하지 않는다.' 는 논리를 함축하기 때문이다. 요컨대 꼬마 아이가 책상 앞에 앉아서

책을 읽고 있을 때, 책상은 객관적으로 실재하는 것이 아니라 꼬마 아이가 책상을 지각하고 있는 한에서 존재할 것이다. 그러나 여기에 두 문제가 있다. 하나는 지각을 통해 책상의 관념을 갖고 있는 꼬마 아이의 인식주체가 '존재하는가? 그렇지 않은가?'이고, 다른 하나는 만일 꼬마 아이는 물론이고 어느 누구도 책상을 지각하지 않는다면 책상이 '존재하는가? 그렇지 않은가?'이다. 이에 대해서 버클리는, 만일 어느 누구에게도 책상의 관념이 없다면, 전지전능한 신의 관념으로 있을 것이고, 꼬마 아이의 인식주체 또한 신의 관념으로 존재한다고 대답할 것이다.

이러한 논의를 종합해 보면, 버클리에게서 객관적으로 실재하는 것은 무한정신으로서의 신과 유한정신으로서의 주관적 자아뿐이다. 만일 감각될 수 없는 미시적인 것이나 지구에서 멀리 떨어져 있어서 우리가 지각할 수 없는 것들이 있다면, 이것들은 인간이 지각하지 못할지라도 신이 지각하기 때문에 관념으로 존재한다는 얘기다. 이러한 주장을 철학사에서는 주관적 관념론 혹은 유심론(Spiritualism)이라 부른다.

지각된 관념의 '원인'은 무엇일까?

버클리는 사물의 색깔, 소리, 맛, 촉각 및 냄새와 같은 관념의 제2성질이란 사물에 속하는 것이 아니라 우리의 정신에서 비롯된 것이라고 주장했다. 심지어 그는 사물의 '크기', '운동,' '모양' 등과 같은 사물의 제1성질조차도 객관적으로 사물이 가지는 것이 아니라, 사물의 색깔, 소리 등과 마찬가지로 지각된 관념으로만 존재하는 것으로 받아들였다.

여기에서 우리는 이런 감각지각을 일으키는 어떤 '원인'이 최소한 마음 바깥에 있는 사물들이 아닌가 하고 의문을 제기할 수 있지 않을까? 이런 의문에 대해서도 버클리는 관념의 '원인'이 객관적인 물체일 수 없다고 단호하게 주장한다. 마음 안에 있는 관념과 마음 바깥에 있는 물체 사이에는 아무런 유사성도 없다는 것이 그 이유다. 즉 마음속에 있는 관념은 비물질적인 것이고 마음 바깥에 있는 것은 물질적인 것이므로, 물질이 비물질적인 관념을 산출한다는 것은 논리적으로 불가능하다는 얘기다. 이는 상당히 논리적인 주장이다. 이점에서 합리주의자 데카르트의 "심신 상호작용"론은 정면으로 부정되고 있음을 알 수 있다.

그럼 마음속에 형성된 관념의 '원인'은 어디에서 유래된 것일까? 버클리에 의하면, 인식주관 속에 형성된 관념은 내가 만든 것일 수도 없고, 다른 유한자에 의해서 산출된 것일 수도 없다. 왜냐하면 유한적인 존재로서의 내 마음이나 다른 사람의 마음은 그토록 다양하고 복잡한 엄청난 수의 지각적 관념들을 질서 있게 산출할 수 없기 때문이다. 따라서 버클리는 이들 관념의 '원인'이란 결국 무한하며 완전한 신神의 정신 속에 이미 존재해 있어야 한다고 말한다. 여기로부터 버클리는 무한정신으로서의 신이 지각하는 인간의 정신 속에 관념을 낳게 하고, 감각을 통해 인식주관이 받아들이는 관념이란 모두 신 속에 있는 것이라고 말할 수 있게 된다.

우리는 버클리의 이러한 주관적 관념론을 전적으로 타당하다고 볼 수 있을까? 예컨대 우리의 신체가 뜨거운 불에 닿았을 경우 고통이란 관념이 일어난다는 사실을 버클리는 어떤 방식으로 정당화할 수 있을지가 문제다. 고통이란 관념의 원인이 신의 관념으로부터 나온 것일까? 더 큰 문제는 우리가 동일한 대상을 같은 조건하에서 감각할 경우 동일한 지각 내용을 가지는 것이 아니라는 사실이다.

사물을 관찰할 때 관찰자의 경험은 눈 속에 들어온 정보에 의해서만 결정되는 것도 아니고 망막에 맺힌 상에 의해서만 결정되는 것도 아니다. 관찰자의 망막에 맺힌 상으로부터 나오는 관념은 관찰자의 지식의 정도나 문화적인 상황의 배경에 따라 다르게 형성될 수도 있다. 즉 관찰자가 어떤 대상을 볼 때 주관적인 경험은 외부의 대상이 사진기처럼 망막에 맺힌 상에 의해 결정되지 않고 관찰자의 경험, 지식, 기대, 내적인 상태에 의해 결정될 수 있다는 것이다. 따라서 관찰자의 망막에 맺힌 상은 우리가 보는 것의 원인의 일부이며, 마음이나 의식 상태도 감각적 경험의 원인이 된다는 것이다. 이런 근거에서 관찰자 각자가 동일한 대상을 본다는 것으로부터 동일한 감각경험을 갖는다는 것은 전적으로 이끌어낼 수 없다. 이러한 난관을 배경에 깔고서 흄의 새로운 경험적 인식론이 등장하게 된다.

4) 극단적인 경험론을 제시한 흄Hume

영국 경험주의 인식론은 로크와 버클리에 이어 흄에 이르러 절정에 도달한다. 흄은 '감각 속에 존재하지 않는 것은 어떤 것도 지성 속에 없다'는 감각적 경험주의 슬로건을 철저하게 지키지 못한 로크와 버클리를 비판하면서 자신의 경험론을 새롭게 전개한다. 그는 특히 인식주관으로서의 경험적 자아가 실재한다고 주장한 버클리의 주장을 비판하면서 주관적 관념론을 극단에까지 철저하게 밀고나가 경험적 자아도 관념적인 존재임을 내세운다.

흄의 극단적인 경험론은, 모든 것들에 대한 지각을 "인상(impression)"

과 "관념(idea)"으로 해소함으로써 종래의 형이상학과 자연과학에 대한 확실한 인식론이 성립할 수 있는 가능성마저 부정하기에 이르렀고, 결국 진리인식에 대한 회의주의에 빠지고 만다. 흄의 감각적 경험론은, 비록 진리인식의 회의론에 빠지게 됐을지라도, 독일의 칸트로 하여금 독단의 잠에서 깨어나게 했을 뿐만 아니라, 근대 연상심리주의聯想心理主義와 독일 실증주의의 선구적 면모를 제시하는 동기가 되기도 했다.

감각적 경험은 '인상'과 '관념'

경험주의 인식론을 체계화한 로크는 관념의 기원을 외적인 '감각'과 내적인 '반성'을 통한 경험으로부터 유래한다고 주장했다. 여기로부터 흄은 감각을 통한 모든 지각 내용을 '인상'과 '관념'으로 나눈다. 흄은 또한 버클리가 감각지각을 보유하고 있고, 관념들을 능동적으로 가공하는 능력으로서의 인식주관(주체적 자아)을 부정한다. 그렇기 때문에 흄에게 있어서는 인식주관이나 정신의 존재 따위란 없고 오직 감각을 통한 '인상'과 '관념'만이 존재할 뿐이다.

'인상'은 감각에 의해 우리가 직접적으로 생생하게 지각하는 표상이고, '관념'은 직접적인 감각지각으로부터 나온, 즉 '인상'이 사라진 뒤에 기억이나 상상에 의해 우리의 의식에 나타나는 '보다 덜 생생한 지각'을 의미한다. 다시 말하면, 우리의 지성에 최초로 나타나는 감각, 감정, 정서 등은 현재 마음에 직접적인 경험으로 나타난 것이기 때문에 인상이고, 반면에 관념은 이미 경험한 '인상'을 기억이나 상상에 의해 마음에 모사해 둔 보다 덜 생생한 영상映像을 의미한다. 요컨대 식탁 앞에 놓인 사과를 직접 보고 있는 것은 직접적인 경험으로

'인상'이고, 눈을 지그시 감고 사과에 대해서 생각할 때 인상의 재현이나 잔상은 '관념'이다. '인상'과 '관념'은 항상 대응해서 나타나며, 모든 '관념'은 '인상'에서 유래함을 알 수 있다.

그러므로 흄은 '인상'이 우리의 감각기관을 통해서 들어오는 감각 내용으로 모든 지식의 기초라고 말한다. 만일 감각이 없으면 아무 것도 주어질 수 없고, 아무 것도 주어지지 않는다면 '인상'도 없고 '관념'도 없으며, 따라서 지식은 없다. 그런데 감각기관을 통해서 생겨난 '인상'의 원인은 무엇인지를 알 수 없다. 왜냐하면 사물 자체는 알 수 없고, 오직 '인상'과 '관념'만을 알 뿐이기 때문이다. 그러면 자연과학적 지식은 어떻게 가능하게 되는 것일까?

지식은 관념들 간의 연합

우리는 많은 과학적 지식을 갖고 있다. 그렇다면 이러한 지식은 어떻게 나오게 된 것일까? 흄에 따르면, 감각을 통해 받아들여진 생생한 '인상'은 보다 덜 생생한 '관념'으로 지각 속에 머물게 된다. 지식은 바로 지각 속에 머물고 있는 "관념들 간의 연합(association of ideas)"에 의해 형성된 것이라고 흄은 주장하게 된다.

관념들 간의 연합은 어떻게 가능한가? 버클리가 말한 것처럼, 인식주관이 있어서 관념들을 결합시킴으로써 지식이 산출되는 것일까? 아니다. 왜냐하면 흄에게 있어서 인식주체가 능동적으로 활동하여 관념들을 결합시키는 '자아의 존재'란 없고, 오직 생생한 '인상'과 보다 덜 생생한 '관념'만이 존재하기 때문이다. 그렇기 때문에 흄은 관념들 상호간의 어떤 인력과 힘이 작용함으로써 지식이 형성된다고 주장할 수밖에 없었던 것이다.

어떤 힘에 의한 관념들 간의 연합은 당연히 무질서하게 이루어지는 것이 아니라 일정한 법칙에 따라 계기적契機的이며 기계적機械的으로 이루어진다. 여기에는, 마치 물체의 운동이 질량에 따라 달라지는 경우와 같이, 이와 비슷한 심리적인 질량의 법칙이 깔려있다. 관념의 심리적인 중력이 관념들 간의 연합작용을 일으키게 된다고 흄은 말한다. 관념연합의 법칙은 ①유사(resemblance) 법칙, ②인접(contiguity) 법칙, ③인과(cause and effect) 법칙이다.

①유사법칙 : 이는 유사한 관념들 사이에서 이루어지는 법칙이다. 요컨대 한 폭의 아름다운 풍경화가 우리들 생각을 그려진 대상과 연결시켜주듯이, 하나의 유사한 관념에서 다른 관념으로 생각이 옮겨질 수 있다.

②인접법칙 : 이는 시간과 공간에 있어서 인접해 있는 관념들 간의 결합이다. 요컨대 시골 마을의 어떤 초가집을 생각하게 되면, 이웃 마을의 초가집도 자연히 연상하게 되는데, 이것은 관념의 인접법칙 때문이다.

③인과법칙 : 이는 원인과 결과의 관계에서 일어나는 관념 상호간의 결합을 의미한다. 요컨대 상처를 보게 되면 육체의 고통을 연상한다든가, 혹은 연기를 보게 되면 거기에 불이 났음을 연상하는 것과 같다.

그러므로 우리의 모든 지식은 이러한 관념들 간의 연합법칙에 따라서 형성된 관념들 간의 결합이며, 이러한 결합은 질서에 따라 언제나 계기적이고 기계적으로 이루어진다.

이성의 진리와 사실의 진리_____

지식은 학문을 구성한다. 흄은 학문의 대상을 크게 두 종류로 구분하는데, 하나는 관념들 상호 간의 논리적 관계만을 따지는 학문으로 이성의 진리이고, 다른 하나는 경험적 사실을 다루는 학문으로 사실의 진리이다. 이성의 진리에 속하는 것은 기하학, 대수학, 산술적인 것들을 다루는 학문으로 수학이고, 사실의 진리에 속하는 것은 자연적인 대상을 다루는 학문으로 과학이다.

수학은 자연적인 사물에 대한 사실을 완전히 도외시하고 오직 관념 상호간의 관계만을 다룬다. 이는 심리적으로만 이해하는 지식이라 볼 수 있다. 심리적으로 이해된 명제들은 모두 직관적으로 혹은 논증적으로 확실하다. 왜냐하면 논리적인 지식은 개념을 분석하여 그 속에 포함된 다른 개념을 드러내는 것이기 때문이다. 따라서 수학적 지식은 분석적인 진리이고 절대적으로 필연적인 진리일 수밖에 없다. 분석적 진리는 "모순률矛盾律"에 근거한다. 요컨대 "삼각형의 내각의 합은 2직각이다"라는 수학적 진리를 "삼각형의 내각의 합은 2직각보다 크거나 작다"로 바꾸면, 이 수학적 명제는 필연적으로 모

순을 범하게 된다.

반면에 경험적 대상에 대한 사실에 관계하는 학문은 사정이 다르다. 왜냐하면 경험적 대상에 관계하는 학문은 관념에만 의존하는 것이 아니라 사실의 경험에 의존하기 때문이다. 이러한 명제는 종합적이라고 한다. 종합명제는 반대의 명제도 타당하다. 요컨대, "모든 까마귀는 검다"는 경험적 사실을 "모든 까마귀는 검지 않다"고 부정하여도 필연적인 모순이 되지 않는다.

그러므로 경험적 사실에 의존하는 과학적 진리는 항상 수정될 가능성을 내재하고 있기 때문에 개연적蓋然的이고 종합적인 지식이 된다. 하지만 이성에 의한 수학적 진리는 논증적으로 수정될 가능성이 전혀 없기 때문에 분석적이고 절대적인 필연적 지식이 된다.

흄은 경험적 사실에 의존하는 과학적 지식을 다시 둘로 나눈다. ① 경험적 사실을 그대로 서술하는 기술적技術的 지식, ②경험적 사실을 근거로 해서 미래의 사실을 추리하는 보편적普遍的 지식이다. ①의 기술적인 지식은 관념연합의 인접법칙을 근거로 해서 사실을 시간적, 공간적 질서에 따라 기술하는 지식이다. "나무에 불이 붙었다."와 "나무에 연기가 난다."는 두 사실이 시간적, 공간적으로 연달아서 일어나는 것("나무에 불이 붙으면 연기가 난다.")을 직접 경험하여 기술하는 지식이 그것이다. ②의 추리하는 보편적 지식은 인과법칙을 근거로 해서 보편명제를 찾아내는 지식이다. "나무에 불이 붙으면 연기가 난다"는 지식은 불이 원인이고 연기가 나는 것은 결과로 주어진다고 믿고서 이러한 사실을 반복으로 경험하여 불과 연기가 나는 것을 필연적인 인과관계로 믿는 보편적 명제의 지식이 그것이다.

과학적 지식은 주관적인 신념 귀납추리에 대한 흄의 회의주의

흄은 "경험을 바탕으로 전개되지 않는 사고과정을 적은 책은 불속에 던져라. 왜냐하면 그 책은 환상과 궤변에 불과하기 때문이다."라고 말한다. 여기에서 우리는 흄이 감각적 사실에 근거한 철저한 경험론자이고, 감각으로 확인될 수 없는 전통적인 형이상학적 진리를 환상이나 궤변으로 취급하고 있음을 분명히 알 수 있다. 그렇다고 해서 흄이 감각을 통한 경험적인 사실을 100% 확실한 진리라고 주장하는 것은 아닐 것이다. 왜 그럴까?

감각적 경험은 주관이 언제(시간) 어디서(공간) 직접 실험 관찰하는 것을 뜻한다. 경험적 사실에 관한 학문은 반복적인 실험 관찰을 통해 보편명제로 표기되는 것인데, 보편명제는 언제 어디에서나 누가 보아도 항상 타당한 사실로 존재해야 한다. 만일 인과적인 진리로서 "불이 붙으면 연기가 난다."는 보편명제가 있다면, 문제는 학문의 법칙인 보편명제가 어떻게 성립하는 것이며, 이 명제가 얼마만큼 확실성의 정도를 가지는가이다.

흄에 의하면 인과적 지식은 관념연합의 인접법칙에서 나온다고 했다. 불이 일어나고 연기가 나는 것을 감각적으로 몇 번이고 실험관찰하면 경험적인 사실의 관념이 생기고, 경험적인 사실의 결과가 반복적으로 확인이 되면, 불의 관념이 떠오를 때 연기의 관념이 연상되고, 연기의 관념이 떠오르면 불의 관념을 연상하는 습관을 가지게 된다. 따라서 불의 관념을 가지면 자연히 연기가 난다는 것을 습관적으로 기대하게 되고, 이것이 여러 번 되풀이하여 경험되면, 결과적으로 두 관념간의 결합에 대한 믿음을 가지게 된다. 이로부터 우리는 "불이 나면 반드시 연기가 난다."는 인과적인 보편명제를 서슴없이 주장하게 되는 것이다.

　그럼에도 흄의 인과적 지식은 두 관념, 즉 불(원인)과 연기(결과)의 관념이 시간과 공간상에서 인접하여 연상되어 나타나는 것이기 때문에, 심리적으로 미래에도 그럴듯하게 기대하고 예상하는 경험적 신념의 지식에 지나지 않는다. 그러나 기대감이나 신념은 꼭 같은 경험이 반복으로 일어난다는 확실한 인식을 제공하지 않는다. 즉 과거에 "불이 붙으면 연기가 난다."는 사실을 몇 번이고 경험했다고 해서 미래에 있어서도 '불이 붙으면' 필연적으로 '연기가 난다.'는 사실은 따라 나오지 않는다는 얘기다. 불이 붙으면 '아마도' 혹은 '곧' 연기가 날 것이라는 막연한 기대감 내지 주관적인 신념을 가지게 될 뿐이다. 따라서 경험적 사실을 토대로 하는 모든 사실과학이나 과학적 지식은 이성의 증명이나 필연적으로 논증되는 것이 아니기 때문에 기껏해야 개연적인 지식에 머물 수밖에 없다. 여기로부터 흄은 결국 자연과학적 지식에 대한 진리 회의론에 봉착할 수밖에 없었던 것이다.

나무와 불, 그리고 연기

경험적 지식에 대한 흄의 사고방식은 객관적으로 존재하는 것으로 믿어왔던 실체實體의 관념에도 그대로 적용이 된다. 실체관념은 심리적인 것이지 사실적인 것이 아니라는 얘기다. 사물의 실체이니 정신의 실체이니 하는 관념은 양태(modus)관념과 마찬가지로 감각적 관념들이 상상에 의해 연결지워지고, 이것들이 습관적으로 묶어짐으로써 객관적으로 존재하는 것처럼 믿는 심리적인 사실에 지나지 않는다. 따라서 흄은, 신의 존재니 영혼이니 자아실체니 하는 것도 내적인 관념들의 총화로서 습관적으로 믿고 확신하는 '지각다 발'의 총화에 지나지 않기 때문에, 진리인식에 대한 철저한 회의주의 로 빠질 수밖에 없었다.

5) 방황하는 과학적 탐구 법칙

사실의 지식에 관한 한, 현대과학은 경험론의 출현으로부터 본격적 으로 진보하기 시작했다. 이는 경험적 사실을 바탕으로 하는 귀납추 리歸納推理에 의거한다고 볼 수 있다. 과학을 신봉하는 자들은 정상적 이고도 충분한 관찰과 진술을 통하여 귀납에 이를 수 있으며, 귀납추 리 자체가 객관적이라는 사실에 근거하여 과학의 탐구가 객관적이라 는 판단을 내린다. 오늘날 우리가 상당히 많이 신뢰하고 있는 학문이 란 바로 과학적 지식이라는 사실이 그 이유다.

과학의 이론은 경험적 '사실' 위에 세워진 구조물로서 감각을 통한 실험 관찰로부터 엄격한 방법을 통해 이끌어 내어진 지식이다. 실험 관찰을 통해 얻어낸 이러한 지식은 명제로서 진술되는데, 가장 기본 적인 진술은 단칭명제이다. 사실에 대한 단칭명제는 개인적인 의견이 나 기호가 개입되지 않고 객관적으로 입증되는 지식이다. 단칭명제의 진술이 참인지 거짓인지의 여부는 정상적인 자라면 감각을 통해 관찰 함으로써 검증될 수 있기 때문이다. 귀납추리는 검증된 단칭명제들로 부터 보편명제를 어떻게 추리해 낼 수 있는가를 주요 과제로 삼는다. 귀납추리에 의하면 단칭적인 관찰명제로부터 어떤 일정한 조건만 충족이 된다면 일반화된 법칙, 즉 보편명제를 이끌어 낼 수 있다는 것이다. 귀납추리는 과연 일반화된 법칙의 반열에 들어올 수 있을까?

귀납추리는 왜 문제일까

귀납추리는 해결하기 어려운 문제를 안고 있다. 과학적 지식의 중요한 특징은 설명하고 예측하는 것이다. 다시 말하면 새로운 과학의 법칙이 확립되면 이를 토대로 우리는 미래에 대한 명확한 예측을 할 수 있어야 한다는 얘기다. 예측은 추리를 통해서 가능하다. 추리에는 연역추리와 귀납추리가 있는데, 연역적 논증은 두 전제가 주어지면 필연적으로 결론도 참이 나오지만, 그러나 귀납적 논증에서는 결론이 언제 어디서나 항상 필연적으로 참일 수 없다는 것이 문제다.

귀납추리를 통해 확립되는 과학적 지식은 미래에 대한 명확한 예측을 가져다 줄 수 있는 것일까? 예컨대 다양한 조건하에서 개별적인 많은 까마귀들이 검은 것으로 관찰되었고, 지금까지 관찰된 까마귀가 예외 없이 모두 검다면, 귀납추리로 얻어낸 결과는 "모든 까마귀는 검다"는 보편명제이고, 일반적인 과학적 지식으로 확립된다. 문제는 이 귀납추리가 절대적으로 확실한 진리가 아니라는 데 있다. 따라서 "모든 까마귀는 검다"는 보편적인 법칙은 미래에 대한 예측을 줄 수 없게 된다. 만일 미래에 핑크빛 까마귀가 출현한다면 이 명제는 여지없이 거짓으로 판명되기 때문이다. 그렇기 때문에 귀납추리의 결론은 "아마 모든 까마귀는 검을 것이다" 라든가 아니면 모든 "까마귀가 검다는 것은 아주 개연성이 높다"고 해야 마땅하다.

이런 근거에서 본다면 경험주의 탐구방식에서 확고한 원리로 도출한 귀납의 원리는 정당화될 수 없다. 만일 귀납의 원리를 정당화해보라는 제안이 들어온다면 경험주의자들은 당황하게 마련이다. 귀납의 원리자체는 증명되지도 않았고 될 수도 없는 것이기 때문이다. 결국 귀납에 의해 도출해 낸 어떤 보편명제의 원리가 미래에도 적용될 수 있음을 보이게 하는 것은 기껏해야 과거의 경험에서 나온 것에 의지할 수밖에 없을 것이다.

따라서 귀납의 원리에서 우리가 알 수 있는 것은 "자연의 과정이 항상 동일한 것을 반복해 왔다"는 것이지, "자연의 과정이 항상 동일한 것을 반복하고 있다"는 것이 아니다. 즉 자연적인 사건들의 진행방식이 과거에는 어느 정도 한결같은 것이었으나 미래에는 과거와 근본적으로 다를 수 있다는 얘기다. 이런 난관들 때문에 귀납추리는 후에 "확률론"으로 대체되기에 이른다. 경험에 의한 과학적 지식은 증명된 지식이 아니라 확률적으로 참인 것을 나타내고, 사례가 많고 관찰 조건이 많으면 많을수록 도출된 일반적인 명제는 참이 될 가능성이 그만큼 커질 뿐이라는 얘기다. 이러한 의미에서 과거에 통용된 경험적 관찰에 의한 과학적 지식은 소박한 귀납추리라 불렸다.

반증주의反證主義의 출현

현대의 과학자들은 과거의 경험적 관찰에 바탕을 둔 소박한 귀납추리를 극복하고자 새로운 대안을 제시하기도 하였다. 새로운 제안이란 과학의 설명이 귀납에 근거한다는 입장을 버리고, 귀납에 의존함이 없이 사실을 확증하기만 하면 된다는 주장이다. 새로운 보편명제에 대한 가설假說적 방법이 그것이다. 이 가설적 방법에 타당성을 주기 위해 "반증주의"가 도입되고 있는데, 최초의 반증주의는 포퍼K. Popper를 중심으로 제기된 이론이다.

가설적 방법은 무엇인가? 미지의 자연을 설명하기 위해서 지성은 가설적인 이론을 창안하여 설정하고, 그 이론이 관찰과 실험에 의해 엄격하게 테스트를 받도록 한다. 관찰이나 실험에 의한 테스트를 잘 견뎌내지 못하면 그 이론은 폐기되고 다른 대담한 가설이론이 그 자리를 대신한다. 예를 들면 "모든 광선은 직진한다."는 보편적인 가설적 명제

가설적 방법을 도입한 포퍼

가 설정되었다고 하자. 만일 태양에 접근하여 통과하는 광선이 태양의 중력 때문에 곡선으로 휘어 지나간다면(단칭적 관찰) 이 명제는 반박될 수 있는 새로운 가설적 명제로 대치된다. 이와 같이 과학은 시행착오 및 추측과 반박을 통하여 진보하며, 반박을 잘 견뎌야만 가설적 이론은 살아남는다. 이것이 포퍼를 중심으로 하는 반증주의 입장이다.

반증주의 입장은 어떤 과학법칙에 대해서도 절대적인 참이란 없고 오직 더 나은 이론이 있을 뿐임을 말한다. 과학은 '관찰'에서 출발하는 것이 아니라 '문제'에서 출발하며, 이어서 대담한 가설적 이론으로, 가설적 이론에 대한 비판과 반증으로, 반증에서 또 새로운 문제에로 나아가는 과정에서 과학은 진보한다는 것이다. 즉 새로운 문제에 봉착하면 가설이 주어지고, 그 가설은 엄정한 테스트를 받아 반증되지 않는 한에서만 참된 과학적 지식으로 남는다. 이는 아리스토텔레스의 철학에서 기원한 운동법칙이 뉴턴I. Newton(1642~1727)을 거쳐 아인슈타인A. Einstein(1879~1955)의 상대성 이론이 나오기까지 많은 반증을 거쳐왔음을 예로 들 수 있다. 아인슈타인의 상대성 이론은 뉴턴이나 아리

스토텔레스의 이론을 잘 설명해 주지만 그 역은 아니다. 그렇다면 반증주의 입장에서 볼 때, 만일 상대성의 이론이 반증된다면, 새로운 물리학의 진보가 이뤄질 것이라는 기대는 역시 당연한 귀결이다.

그러나 이러한 반증주의가 절대적으로 올바른 과학적 탐구만은 아닐 것이다. 반증주의 과학이론에도 한계가 있다. 반증주의자들은 가설적 이론에 위배되는 관찰명제를 찾아내어 이론을 반증하려는 시도가 과학적 활동이라고 하지만, 여기에서 이론에 대한 반증이 성립하려면 반증할 확실한 관찰명제가 주어져야 한다. 그러나 확실한 관찰명제란 없다. 그렇다면 반증주의자들의 과학적 탐구활동의 핵심논의는 무의미해질 수 있다. 또한 어떤 가설적 이론이 실험을 통해 검증될 때, 실험에 사용되는 도구와 연관된 다른 이론과 법칙 등이 필요하다. 이때 사용되는 여러 가지 도구들의 조건과 법칙 등이 하나라도 잘못되었을 경우가 발생할 수도 있기 때문에, 그 가설적 이론이 틀렸다고 성급하게 폐기해서는 안될 것이다.

이와 같은 반증주의의 부적합성에 대한 역사적인 근거들은 많이 있다. 뉴톤의 '중력 이론'이나 맥스웰J. C. Maxwel(1831~1879)의 '동력학 이론'은 당시에 반증되는 것이 많이 있었지만 훗날에야 비로소 반증이 잘못되었음이 판명되었다. 마찬가지로 고대에 지구 중심의 운동을 전개한 프톨레마이오스C. Ptolemaeos(83~168)의 '천동설'을 뒤집어 놓은 코페르니쿠스N. Copernicus(1473~1543)의 운동이론은, 갈릴레오Galileo Galilei(1564~1642)의 '지동

동력학 이론을 창시한 맥스웰

설', 케플러J. Kepler(1571~1630)의 '행성은
태양 궤도를 회전한다는 것', '태양에
서 행성에까지 그은 선은 같은 시간에
같은 면적을 그린다는 것', '행성이 태
양 궤도를 한 바퀴 도는데 걸리는 시간
의 제곱은 태양으로부터 평균 거리의
세제곱에 비례한다는 것' 등의 이론,
뉴턴의 '등속도', '가속도', '만류인력
법칙' 등이 나오고 나서야 비로소 증명

케플러Kepler

되었다. 이러한 과학적 이론들은 귀납주의나 반증주의에 의해 나온
것도 아니다. 따라서 주의 깊은 실험 관찰에 의존하는 귀납주의나 대
담한 추측과 반증에 의한 것만이 꼭 올바른 과학적 탐구는 아니라는
것이 명백해진다.

과학적 탐구의 패러다임 전환

이런 까닭에 현대의 과학적 탐구의 방법론으로 포퍼의 반증주의를
개선하여 새로운 주장이 등장하는데, 구조적 전체로서 파악되어야 한
다는 라카토스I. Lakatos(1922~1974)의 "연구 프로그램" 이론, 토마스 쿤T.
S. Kuhn(1922~1996)의 "과학의 진보"라는 패러다임이 그것이다.

토마스 쿤에 의하면, 과학의 진보는 "전 과학-정상과학-정상과학의
위기-새로운 정상과학-새로운 위기-"라는 불연속적인 단계로 진행
된다. 이를 요약하면 성숙한 과학은, 정상과학 집단의 '문제 풀이' 활
동이 한 패러다임의 지배하에 진행되다가, 문제에 대한 해결이 거듭
하여 실패할 경우 심각성이 높아지면, 패러다임이 중대한 위기에 봉

착하여 기존에 있는 패러다임의 거부와 동시에 새로운 패러다임이 그 자리를 대신해야 함을 요구하게 된다. 이것이 과학의 '위기'이다.

과학에 있어서 위기시대의 특성을 분석하려면 역사가의 능력과 정신분석가의 능력도 있어야 한다. 변칙사례가 패러다임에 심각한 문제를 야기시키면 문제해결의 시도는 더욱 격렬해지고, 과학자들은 철학적이고 형이상학적인 논쟁을 벌이다가 자신감을 상실하게 된다. 이때 새로운 패러다임이 등장하면 이런 고조된 위기감이 결국 해소되고 만다. 과학자가 기존의 패러다임에서 새로운 패러다임으로 옮기게 되는 변화를 쿤은 '게슈탈트Gestalt 변화'라고 했다. 이와 같이 패러다임 A에서 패러다임 B에로의 교체는 심리학적, 사회학적 탐구가 요청되는 문제이다. 이것이 바로 과학의 혁명이다.

그러나 이러한 이론에 결정적으로 반기를 든 학설이 또 다시 등장한다. 파이어아벤트P. Feyerabend(1924~1994)의 "애너키즘적 인식론(Anarchistic Theory of Knowledge)"이 그것이다. 여기에서 그는 과학적 탐구의 방법론을 제시하는 것이 불가능함을 보여주고 있다. 그에 따르면 지금까지 소개된 과학적 탐구의 방법론은 모두 성공을 거두지 못했으며, 과학자들의 활동을 지지하는 적절한 규칙을 제시하는 데에 실패했다. 과학이 고정적이고 보편적인 규칙에 따라 진행돼야 한다는 생각은 현실적이지 못할 뿐만 아

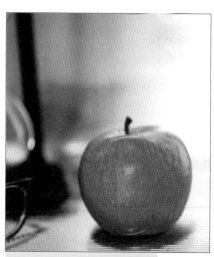

파이어아벤트의 애너키즘적 인식론

니라 바람직하지 못하다는 주장이다. 과학 내부의 복잡한 상황과 과학발전에 관한 미래가 예측될 수 없는 것으로 보아 합리적인 과학자가 A라는 이론을 버리고 B라는 이론을 선택해야 하는지의 방법론을 희망하는 것은 부당하다. 과학적 탐구의 모든 방법론은 나름대로의 한계를 갖고 있으며, 지속적으로 유지될 수 있는 유일한 규칙은 "어떻게 해도 좋다."는 것이다. 이와 같이 파이어아벤트의 과학적 탐구의 방법론은 탐구 규칙에 얽매어서는 안된다는 것을 가르치고 있다.

4

합리론과 경험론을 종합한
칸트Kant의 인식론

　18세기에 접어들면서 데카르트Descartes에서 시작한 대륙의 합리론과 베이컨Bacon에서 출발한 영국의 경험론은 각기 극단적으로 나아가면서 한쪽만을 고집하는 기형적인 사상으로 변모되어 갔다. 이에 합리론과 경험론을 종합하여 인식론적 체계를 새롭게 세운 인물이 등장한다. 바로 고대 플라톤 이후, 근대 가장 위대한 철학자 중의 한 사람 독일의 임마누엘 칸트Immanuel Kant(1724~1804)다.

칸트

칸트의 생애

　칸트는 누구인가? 그의 할아버지는 스코틀랜드 출신이지만 동프로이센으로 건너온 이주민이었다. 그의 아버지는 수공업 마구馬具 제작자인 요한 게오르그 칸트이고, 어머니는 평범한 인품과 지성을 갖춘 느 레기나 도로시아 류터née Regina Dorothea Reuter이다. 1724년 4월에 칸트는 동프로이센의 쾨니히스베르크(königsberg in Preussen)에서 11명의 자녀 중 넷째로 태어났다. 그는 "에마누엘Emanuel"이란 이름으로 세례를 받았으나 후에 히브리어를 공부한 후 자신의 이름을 "임마누엘Immanuel"로 바꾸었다. 부모가 루터교 경건파의 독실한 신자였기에 그는 어려서부터 검소한 내적인 삶과 겸손함 그리고 도덕법을 철저하게 지키면서 성장한다.

1740년에 칸트는 쾨니히스베르크 대학교 신학생으로 입학했으나, 그의 관심은 수학과 물리학에 매료되어 있었다. 학창시절 그는 특히 합리론의 철학을 체계화한 크리스티안 볼프Christian Wolff(1679~1754)를 연구했으며, 동시에 과학자 아이작 뉴톤I. Newton의 과학을 맹신하기도 했다. 1744년 '운동력'을 주제로 최초의 책을 썼으며, 이때부터 그는 학자의 길을 가기로 결심하게 됐다. 1746년에 대학을 졸업하고, 대학부속학교에서 조교직을 얻지 못하자 9년간의 가정교사를 한다. 1755년에 대학에서 "일반자연사와 천체이론(Allgemeine Naturgeschichte und Theorie des Himmels)"을 주제로 박사학위를 마치고 그는 무급無給으로 15년간 대학 강사생활을 시작한다.

칸트가 강의와 저술가로서의 명성을 얻기 시작한 것은 15년간의 무급 강사시절이었다. 그가 자연과학 관련주제들에 지대한 관심을 기울였으나 초기의 강의주제는 수학과 물리학에 관한 것이었다. 해가 지나면서 강의 주제는 점차 논리학, 형이상학, 도덕철학, 자연지리학 등으로 확대되었다. 그는 명성이 자자했음에도 쾨니히스베르크 대학의 교수직에 지원하여 2번이나 낙방의 고배를 마시기도 했다. 다른 대학에서 특권을 부여하면서까지 그를 대학교수로 초빙하려고 무던히도 애썼으나 칸트는 일언지하에 모두 거절한다. 그러던 중 1770년에 15

년간 무급으로 해오던 대학 강사생활을 마감한다. 쾨니히스베르크 대학교에서 칸트를 논리학, 형이상학 교수로 임용한 것이다.

1770년 교수취임논문을 낸 이후 그는 11년간의 공백기를 거친다. 아무런 글도 발표하지 않고 9년 동안 연구에만 전념한 것이다. 대기만성大器晩成이라고나 할까. 1781년 마침내 독창적인 비판철학의 저술들이 세상에 빛을 보게 된다. "나는 무엇을 어떻게 알 수 있을까?"에 대한 인식론을 다룬 『순수이성비판(Kritik der reinen Vernunft)』을 출간했고, 1788년에 "나는 어떻게 행동해야 하나?"에 대한 윤리학을 다룬 『실천이성비판(Kritik der praktischen Vernunft)』이, 1790년에 "나는 무엇을 바랄 수 있을까?"의 미학에 대한 『판단력비판(Kritik der Urteilskraft)』이 쏟아져 나왔다. 이로 인해 서구 근대 사상사의 혁명이 일어나게 되고, 철학이 장차 나아갈 방향이 결정되는 계기가 마련된 것이다.

역대 철학자들 중에 칸트만큼 규칙적이고 도덕적인 삶을 보낸 이가 몇 명이나 있으랴! 칸트는 쾨니히스베르크를 단 한 번도 떠나본 적이 없었다. 평화로운 고향에서 조용히 사색하면서 자신의 철학적 시유를 더욱 심화하고 진작시키고자 했기 때문이다. 또한 그는 평생 동안 규칙적인 일상생활을 영위하면서 철학적 사유와 강의에만 전념했다. 그는 아마도 선천적으로 왜소한 키에 기형적인 가슴을 가졌고, 몸이 튼튼하지 못하여 평생 규칙적이고도 엄격한 식생활을 해야 했기 때문이었을 것이다. 그가 일상의 삶을 얼마나 규칙적으로 살았느냐는 쾨니히스베르크에 "철학자의 산책로"라고 이름이 붙여진 거리를 보면 가히 짐작되는 바다. 사람들은 그의 산책 시간을 기준으로 시간을 맞추었다고 한다.

말년에 그는 몸이 쇠약해지면서 고통스런 나날을 보내다가 1804년

2월 향년 80세의 나이로 쾨니히스부르크에서 생을 마감한다. 그의 마지막 말은 "그것으로 좋다(Es ist gut)"는 것이었다. 그의 묘비에는 『실천이성비판』 결론에 나오는 "내가 자주 그리고 계속해서 성찰하면 할수록 더욱더 새롭고 점점 더 큰 경탄과 외경으로 내 마음을 채우는 두 가지가 있다. 그것은 내 머리 위에 별이 빛나는 하늘과 내 마음 안의 도덕 법칙이다."는 문구가 새겨져 있다.

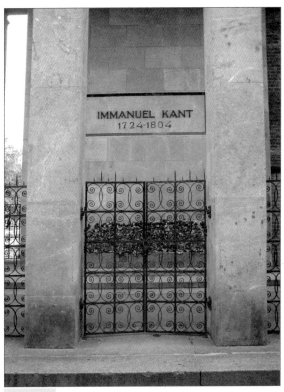

칸트의 무덤

1) 『순수이성비판Kritik der reinen Vernunft』의 과제

합리주의 사유는, 감각적인 경험을 바탕으로 해서 나오는 '후천적' 관념을 도외시하고 '선천적'으로 구비되어 타고난 '본유관념'을 토대로 하여 오직 이성의 연역추리에 의해서만 지식론을 전개하기 때문에, 필연적 진리인식을 얻어내게 되지만, 경험적 사실에 관한 지식을 확장해 가는 데에는 실패하고 말았다. 반면에 경험주의 사유는, '선천적'으로 구비되어 있는 이성의 탐구 방법론을 도외시하고 오직 실험관찰에 의한 감각적 경험에서만 찾으려고 한 나머지 자연과학의 사실적인 지식을 얻어냈지만, 필연적이고 확실한 진리인식을 확보하지 못하고 개연적인 지식에만 머물러 결국 회의론에 빠지게 되었다.

칸트는 합리주의와 경험주의 접근방식이 모두 학문적 인식의 성립조건을 올바로 고찰하지 못한 데에 기인한다고 지적하면서 인식의 '이성능력 비판'에 착수한다. 여기에서 '이성능력 비판'이라 함은 이성자체의 그릇된 사고를 비판하는 것이 아니라, 이성능력 일반에 대한 비판, 즉 이성이 할 수 있는 일과 할 수 없는 일을 명확히 밝혀내는 작업을 말한다. 이러한 '비판'을 통해서 칸트는 정당하게 판단하고 주장하는 이성을 보호하고, 전통적인 형이상학적 이론들이 아무런 근거도 없이 부당하게 판단되고 주장되었음을 밝혀낼 수 있었다. 이는 전통적인 형이상학에 대한 전반적인 혁명이라 볼 수 있을 것이다.

『순수이성비판』에서 그는 사실에 관한 보편타당한 학문적 인식의 가능근거를 밝힌다. 즉 필연적이고 확실한 인식능력이라는 이유로 이성의 만능을 독단적으로 믿는 합리론과 인식의 근원이 사실적인 경험세계에 있다는 이유로 보편타당한 인식에 도달하지 못한 경험론을 종합하여 새로운 인식론을 정립해 간다. 이러한 철학을 칸트는 스스로 비판철학(kritische Philosophie)이라 불렀다. 양자의 인식론을 종합 통일한 칸트의 비판철학은 근대철학의 분수령이거니와 18세기 계몽주의 철학사상을 완성한 것이기도 하다. 이제부터 칸트가 어떻게 이 두 인식론에 접근하여 종합을 시도하는가를 살펴보기로 하자.

독단獨斷의 잠에서 깨어난 칸트

진리인식에 대한 합리주의 접근방식은 근본적으로 플라톤 철학의 "상기설(anamnesis)"에 기원을 둔다. 합리주의 사유방식은 "선험적(a priori)"으로 구비되어 있는 관념으로부터 연역추리를 수행하는 데에 있다. "선험적"이라는 것은 "후천적(a posteriori)"으로 주어지는 감각적 경험으로부터 얻어지는 것이 아니라 본래부터 타고난 "본유관념"임을 뜻한다. 즉 이성능력이 본래부터 가지고 태어난 '본유관념'을 직관적으로 파악하고, 여기로부터 이성의 규칙에 따라 논리적으로 추리해 내면 모두 확실하고 참된 인식이 된다는 것이다. 이는 이성만이 필연적인 인식능력을 가진 것임을 뜻하고, 또한 감각을 통한 경험이 조금도 개입되지 않은 선험적인 진리로 인도함을 의미한다.

선험적 진리인식은 이성의 고유한 기능인 순수사유에서 찾아지는데, 논리적인 연역추리에 의해서 나온 지식은 두말할 것도 없이 필연적인 진리요 보편타당하다. 보편타당하다고 일컬어지는 진리는 항상 언제 어디에서나 시간과 공간을 초월하여 어느 누구에게도 타당하다. 만일 순수사유를 통해서 얻은 이성적 지식이 보편타당하지 않다면 이성의 사유 활동이 외부로부터 작용하는 감각적 지각이나 또는 감정에 의해 방해를 받아 정확한 판단을 내리지 못한 탓일 게다. 그러므로 이성에 의한 진리는 필연적으로 보편타당함을 그 생명으로 한다.

절대적인 이성에만 전적으로 의존하는 합리주의 인식론은 논리적 법칙인 모순율矛盾律에 의존하는 분석판단이다. 분석판단은 참과 거짓[眞僞]의 근거가 모순율에 위배되는가 그렇지 않은가에 달려있다. 요컨대 "삼각형은 둥글다"와 같은 명제는 모순율을 위배하므로 항상 거짓이다. 그러나 "삼각형의 내각의 합은 2직각이다"와 같은 판단은 모순율을 위배하지 않으므로 항상 참일 수 있다. 왜냐하면 삼각형은 내각의 합이 180도(2직각), 즉 원래 주어개념(삼각형)의 영역 안에 이미 술어로서 진술되는 내용이 포함되어 있기 때문이다.

그런데 문제는 "황금 산"이나 "날개 달린 말" 등과 같은 개념이다. 이런 개념들은 경험세계에 현실적으로 대응해서 존재하는 것이 아니지만, 자체로 아무런 모순이 없다. 그렇다고 해서 이 개념들이 타당한 진리인식이라고 누가 자신 있게 말할 수 있을까. 다시 말해서 이 개념들이 경험적으로 확인될 수 없음에도 단지 무모순적이라는 근거에서 진리인식이라고 한다면, 이는 누구에게나 부당하다는 생각이 들 것이다. 그렇다고 이 개념들이 진리인식이 아니라는 것을 이성은 과연 확신할 수 있을까? 아마 없을 것이다. 이는 합리주의 탐구방식에서 진리인식의 규준으로 삼고 있는 이성의 논리적인 무모순성이 진리인식의 필요조건이 될지언정 충분조건이 아니기 때문이

날개 달린 말

다. 따라서 진리탐구에 관한 합리주의 접근방식에만 의존한다면, 탐구된 진리는 사실에 대한 내용이 없고 공허空虛하여 독단獨斷이 될 수밖에 없었던 것이다.

칸트로 하여금 합리주의 접근방식의 결과로 빚어지는 독단의 꿈에서 깨어나게 한 것은 영국 경험주의 접근방식이었다. 경험주의에 따르면, 지식의 원천은 감각적인 경험에 근거한다. 감각적 경험으로부터 출원하는 지식은 현실적인 사실에 부합하는 것이기 때문에 후천적으로 얻어지는 것들이다. 합리주의 방식을 따르는 지식은 순수이성의 사유에만 의존하는 것이므로 필연적이고 확실성을 지닌 인식일 수 있으나 사실적인 내용이 전혀 없으므로 공허한 것이었다. 반면에 경험주의 방식에 따른 감각적인 지식은 내용이 풍부한 사실적인 지식일 수 있다.

그러나 자연적인 사물에 대한 우리의 지식이 오직 감각적인 경험을 통해서만 얻어지는 것이라면, 이는 필연적일 수 없고 또한 확실하고 보편타당한 인식일 수 없기 때문에, 단순한 개연적 지식에 귀착한다. 왜냐하면 우리가 동일한 대상을 반복해서 경험한다 하더라도, 그렇다고 '미래'에도 반드시 그렇다고 확신할 수 있는 필연적인 보편명제는 따라나오지 않기 때문이다. 그래서 흄은 감각적 경험을 통한 지식은 기껏해야 주관적이고 개연적인 지식에 지나지 않는다고 주장했다. 이런 사실을 근거로 삼는다면 감각적인 경험은 실제적인 사실의 내용을 제공해 주지만 보편타당한 필연적인 지식을 제공할 수 없으므로 진리의 필요조건이기는 하지만 충분조건이 못된다. 진리는 객관성을 가져야 할뿐만 아니라 필연성과 보편타당성도 요구하기 때문이다. 이로부터 칸트는 진리인식에는 분석판단만이 아니라 경험적인 사실을 우리에게 알려주며 확장해주는 판단, 즉 종합판단을 요구하기에 이른다.

『순수이성비판』 서문에서 밝힌 비판철학의 목표

칸트는 고전 물리학을 토대로 자연과학을 체계적으로 종합한 뉴톤의 시대에 살았다. 그 덕분에 그는 사실세계를 바탕으로 세워진 자연과학적 지식이 현실적으로 타당하다는 것과, 그리고 자연과학이 수학적 지식의 필연적이고 확실한 진리성을 그대로 인정하여 통용하고 있다는 사실에 대해 공감하게 된다.

가령 자연과학에서 발견해 낸 뉴톤의 낙하법칙落下法則이라든가 혹은 "불이 붙으면 연기가 난다"와 같은 감각적인 경험을 토대로 해서 얻은 인과지식은 상식적으로 통용되는 진리라는 것과, 수학에서 주장하는 "7 + 2 = 9"라는 것은 사물들의 수를 계산해 내는 기준으로서 확실성의 인식이고, "삼각형의 내각의 합이 2직각이다"라는 기하학

불과 연기

적인 확실성의 지식은 명백히 자연적인 것들에 적용되고 있다는 것을 칸트는 확신하게 되었다. 이러한 지식이 확실하다는 엄연한 사실을 놓고서 우리는 어떻게 해야 양자의 진리성을 합당하게 주장할 수 있을까?

과학적 지식 및 수학적 지식과 관련하여 칸트는 사실事實의 문제와 권리權利의 문제로 구분한다. 자연세계에 '참된 지식이 있는가 없는가, 있다면 그것은 어떤 것인가' 하는 것은 사실의 문제이고, 곧 과학이 다루어야 할 문제이다. 반면에 이와 같은 참된 지식이 존재한다는 사실을 시인하고, 이 사실이 확실한 진리인지 아닌지를 구분하여 주장할 수 있는 근거를 제시하는 것은 권리의 문제이다. 다시 말하면 어떤 사물에 대하여 확실하게 알았고, 이 지식이 참된 인식임을 주장할 수 있는 근거를 제시하는 것이 권리의 문제인데, 이 권리의 문제를 따지는 것이 비판철학의 과제라고 칸트는 주장한다. 그래서 칸트의 비판철학은 참된 인식이 성립하는 과정을 해부하여 진리구성의 필수요건을 찾아내는 작업이라고 말할 수 있을 것이다.

인식론에 관한 획기적인 전환을 가져온 주요 저서는 칸트의 『순수이성비판』이다. 이 책의 서문에서 칸트는 합리주의 방식의 탐구에서 초래한 독단론과 경험주의 방식의 탐구에서 결과한 회의론을 배제하고, 진정한 의미의 형이상학적 인식이 어떻게 가능한가의 근거를 제시하려는 이유를 밝히고 있다. 진정한 철학은 형이상학의 신, 불멸하는 영혼과 같은 초경험적인 것에 대해서

삼각형

도 순수사유를 통해 진리인식에 도달할 수 있다는 독단적인 형이상학에 매달려도 안되고, 단순히 경험적 관념만을 인식의 범주 안으로 끌어들이면서 형이상학을 부정해서도 안된다는 것이다. 철학적 탐구는 이성에게 정당한 권리를 보장해 주면서 동시에 근거 없는 것을 이성의 진리인식에서 배제해야 한다는 것이다.

따라서 칸트의 비판철학의 과제는 순수이성이 감각적인 경험과는 상관없이 모든 인식을 얻어내려는 시도에 대하여 이성 전체에 대한 비판이고, 형이상학적 탐구의 체계가 어떻게 가능한가의 가능근거를 밝히면서 형이상학적 인식론의 원천과 그 범위 및 한계를 규정하는 것이다. 모든 진리인식은 비록 감각적인 경험으로부터 출발한다 하더라도 '선험적'으로 주어지는 형이상학적 인식론의 판단에 내포되어야 한다. 이것은 순수이성이 요구하는 정당한 권리이며 인식원천의 선천적 특성이다. 그리고 모든 판단은 선험적 지식으로서의 분석판단이 아니라 지식을 확장하는 그런 것이어야 하므로 경험으로부터 나오는 종합판단이어야 한다는 것이다.

『순수이성비판』의 본래적인 과제는 어떻게 해서 선험적이면서 종합적인 판단이 가능한가라는 가능근거를 제시하고 확립하는 것이 목적이다. 다시 말하면 진리인식은 선험적이면서 종합적인 판단이어야 한다는 것이 칸트의 입장이다. 요컨대 "모든 삼각형은 세 선분으로 이루어져 있다."는 판단은 경험으로부터 분리되어 있는 선험적인 것으로 필연적이다. 왜냐하면 "세 선분"이라는 개념이 "삼각형"이라는 주어에 포함되어 있기 때문이다. 반면에 "모든 까마귀는 검다"는 판단은 경험과는 분리될 수 없는 후천적인 것으로 종합적이다. 왜냐하면 "검다"는 개념은 까마귀에 덧붙여서 까마귀들이 서로 관계되어 있는 개념을 전제하기 때문이다. 그래서 칸트는 선험적 종합판단이 어떻게 가능한가의 문제를 밝히는 것을 『순수이성비판』의 근본 문제로 보았던 것이다.

선천적 종합판단의 요구

칸트는 인식에 관한 한 합리주의 접근방식으로써 순수이성이 사유를 통해 '선천적'으로 구비되어 있는 보편타당한 필연적인 명제를 확보해 준다는 것을 받아들이고, 반면에 '우리의 모든 지식은 경험과 더불어 시작한다.'고 주장하는 것처럼 경험주의 접근방식으로써 감각을 통해 들어오는 경험적인 사실들을 받아들인다. 그에 의하면 참된 지식의 성립은 이성이 확실성의 진리를 제공해 주는 보편타당한 법칙성을 요구하기 때문에 선천적인 판단, 즉 모든 감각적 경험으로부터 독립된 판단이어야 하며, 우리의 지식을 확장해 주는 사실적인 판단이어야 하기 때문에 종합판단, 즉 분석판단과는 달리 주어의 개념 속에 사실적인 의미 내용을 포함하는 술어가 덧붙여지는 판단이어야 한다. 학문적인 모든 진리인식은 양자를 종합한 선천적 종합판단이어야 한다는 얘기다.

합리적인 탐구방식과 경험적인 탐구방식을 결합한 선천적 종합판단은 어떻게 가능한가? 이 가능성은 칸트에 의하면 순수수학과 순수물리학의 영역 안에 이미 있다고 한다. 예를 들면 순수 수학적 명제란 "7 + 2 = 9 이다" 혹은 "직선은 두 점 사이의 최단거리의 선이다"라는 기하학적인 명제와 같고, 순수 물리학적 명제는 "물질세계의 모든 변화에 있어서 물질의 양은 일정불변이다"(질량 불변의 법칙) 혹은 "사물들은 중력重力에 의한 자유 낙하한다." 등의 법칙과 같다. 순수 수학적 명제는 사실적인 경험세계에 적용될 수 있는 것이고, 순수자연과학적 명제는 수학의 도움으로 그런 법칙적 명제를 얻어낸 것이기 때문에, 어느 것이나 종합판단이면서 항상 필연성을 가지는 선천적인 판단일 수 있다.

칸트에 의하면, 보편타당한 확실성의 인식을 얻어내는 중심과제는 '선천적 종합판단이 어떻게 가능한가'의 근거를 제시하는 것이다. 순수수학이나 순수자연과학이 성립하는 가능근거를 해명하는 것은 결국 선천적 종합판단의 가능근거를 해명하는 것과 같다. 만일 이러한 선천적 종합판단의 가능근거를 해명할 수 있다면, 수학이 항상 내용이 없는 공허한 것도 아니고 자연과학이 항상 맹목적인 지식이 아니라는 근거도 밝혀지고, 또한 형이상학적 인식론의 성립 여부가 해명될 수 있음과 동시에 인식의 타당성 또한 확립될 수 있을 것이라는 얘기다.

고공 낙하

사고혁명思考革命으로서의 "코페르니쿠스적 전회kopernikanische Wendung"___

소위 판단이라고 하는 지식이 성립하려면 먼저 인식의 대상이 주어져야 할 것이다. 인식의 대상이 주어지지 않았는데도 '무엇'을 안다고 함은 어불성설이기 때문이다. 그런데 대상이 주어졌을 경우 이를 안다고 함은 인식의 주관이 인식하는 것이다. 그래서 인식은 인식대상과 인식주관의 관계에서 성립한다고 볼 수 있다.

인식의 대상과 인식주관의 관계를 살펴볼 때, 칸트는 종래의 생각과는 달리 사고의 변혁이 있어야 한다고 주장한다. 종래의 사고방식은 인식주관이 대상을 인식함에 있어서 수동적으로 받아들이는 입장, 즉 "인식은 모두 대상을 따르지 않으면 안된다"는 "모사설"적 입장을 취하고 있었다. 모사설적 사고를 뒤집기 위해서 칸트는, 자연과학 분야가 종래의 아리스토텔레스나 프톨레마이오스C. Ptolemaeos가 주장한 천동설로부터 근대의 코페르니쿠스의 지동설로 '사고의 변혁'이 일어남으로써 자연의 운동현상을 보다 참되게 설명했던 것처럼, 인식주관이 대상을 수용하는 것이 아니라 "대상이 우리의 인식에 따라야 한다고 가정함으로써 보다 나은 결과를 이룰 수 있지 않을까"하고 시험해 본다.

사고의 전환은 인식에 있어서 패러다임paradigm 전환이라 볼 수 있다. 칸트는 이것을 인식론에서 이른바 "코페르니쿠스적 전회"라고 말한다. 이는 마치 자연과학자가 어떤 '가설적 이론'을 전제한 후 이를 자연현상에 적용하여 설명하려는 방식과 같은 의미를 가진다. 즉 가설적 이론이 자연의 변화에 잘 맞아떨어지면 진리인식으로 확정하는 원리와 같다는 얘기다.

자연과학자들이 사용하는 가설적 이론은 자연의 창조변화에 대해

보다 더 잘 이해할 목적으로 설정하는 전제이다. 이는 자연적인 대상들을 그저 우리의 감각에 주어지는 대로 응시하는 것에 그치지 않고 과학적 가설을 설정하여 이를 자연에 투입하여 자연을 보다 더 확실하게 설명하고 인식하려는 방식이다. 마찬가지로 칸트는 철학에 있어서도 인식주관이 주관 밖에 주어진 대상을 그대로 모사하는 것이 아니라 우리의 인식주관 안에 선천적으로 구비되어 있는 형식을 인식대상에 투입하면서 대상을 구성하여 인식하는 입장을 취한다. 만일 인식주관에 선천적으로 구비되어 있는 필연적인 형식이 없고, 인식의 대상 또한 주관 밖에 독립적으로 존재해서 우리의 인식주관이 대상에만 따른다고 가정한다면, 칸트의 선천적 종합판단의 가능성은 성립할 수 없었을 것이다.

만일 인식주관에 선천적인 어떤 형식이 있고, 대상이 인식주관의 선천적 형식에 의해서 구성된다면, 대상에 대한 선천적 종합판단은 가능하다. 이는 인식주관이 선천적으로 구비되어 있는 명증적인 형식에 의해 외부의 대상들이 명확한 인식으로 구성될 적에 이 대상들은 선천적이면서 종합적인 인식일 수 있다는 뜻이다. 이러한 인식방법은 대상들에 관한 인식인 만큼 단순한 개념의 분석이 아니라 지식을 확장하는 종합판단이 되기 때문이다. 그러므로 칸트의 인식론은 인식주관이 자신 속에 구비하고 있는 선천적 형식에 따라 인식되어지는 대상들을 적극적으로 구성한다고 보는 "구성설構成設"적 입장을 취하고 있다.

인식론에 관한 칸트의 구성설적 입장을 우리는 어떻게 이해하는 것이 좋을까? 구성설은 로크가 제시한 소박한 실재론實在論적인 접근방식도 아니고 그렇다고 자연을 그대로 모사하는 감각적 모사설模寫設

의 접근방식도 아니다. '구성설'은 객관적으로 주어진 자연에게 우리가 질서를 투여하여 개념적으로 인식하는 것이다. 여기로부터 인간은 "자연의 입법자"란 주장이 나온다. 요컨대 인식능력을 갖추지 않은 토끼는 산속에 살면서 소나무, 밤나무, 상수리나무, 진달래 꽃, 바위 등 단순히 사물 그대로를 느끼면서 살겠지만, 인간은 이것들에 질서를 매겨서 개념으로 인식하고, 이것들을 다양하게 유용하면서 살아간다.

2) 진리인식의 두 형식선험적 감성형식과 선험적 지성형식

칸트의 구성설적 인식론에 따르면 우리의 인식주관은 선천적으로 구비하고 있는 어떤 형식을 통하여 인식대상을 능동적이고 자발적으로 구성한다는 것이다. 대상을 인식으로 구성하려면 인식주관으로서의 사유주체가 있어야 한다. 이 사유주체는 선천적으로 구비한 어떤 형식에 관계하면서 대상에 관계할 수 있는 그런 기능을 수행해야 할 것이다.

사유주체가 구비하고 있는 앞의 사유능력은 소위 이성理性이라고 하는 것이다. 칸트는 이성을 그 작용능력에 따라 세 부분으로 나누고 있다. "감성感性(Sinnlichkeit)", "지성知性(Verstand)", "이성理性(Vernunft)"의 세 기능이 그것이다. 여기에서 감성과 지성은 넓은 의미의 이성으로 일컬어지고, 좁은 의미의 이성은 변증론에서 다뤄지고 있다.

감성과 지성

감성이란 무엇인가? 그것은 인식주관의 외부로부터 주어지는 감각적인 경험의 소재를 받아들이는 수용收容능력이다. 만일 감성이 마비되어 있다면 눈을 뜨고 밖을 보아도 대상에 대한 시각視覺이 형성될 수 없게 된다. 그러나 감성이 작동하더라도 때(시간)와 장소(공간)라는 선행조건이 없다면 대상은 감각될 수 없다. 그래서 칸트는 감성에 선천적으로 구비하고 있는 형식이 있어야 한다고 말한다. 이것이 바로 시간과 공간이라는 감성형식이다. 시간과 공간의 형식이 있기 때문에 감각은 대상들을 받아들일 수 있게 되는 것이다. 달리 말하면 감각이 받아들인 감각적인 직관들은 이미 시간과 공간의 선천적 형식에 의해 일단 통일적인 내용들로 정리되어 우리의 주관에 들어온다는 것이다.

다음으로 지성은 무엇인가? 인식주관에 들어온 감각적인 다양한 직관내용들은 체계적으로 정리가 되어있지 않아서 아직 확실한 인식이 될 수 없다. 인식이 되기 위해서는 다시 일정한 개념으로 종합 통일되지 않으면 안된다. 이러한 감각적 직관내용들을 개념으로 통일시키는 능동적인 사유능력이 바로 지성이다. 그러나 지성 또한 일정한 기준 없이 제멋대로 사유할 수 없다. 그래서 지성에도 선천적으로 구비하고 있는 형식이 있어야 한다. 칸트는 그것을 바로 순수 지성개념 혹은 범주範疇라고 말한다. 이 범주형식이 인식주관에 선천적으로 구비

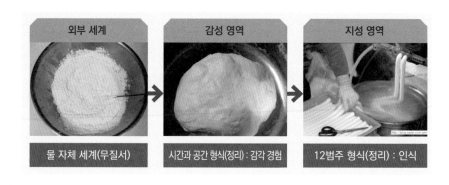

외부 세계	감성 영역	지성 영역
물 자체 세계(무질서)	시간과 공간 형식(정리) : 감각 경험	12범주 형식(정리) : 인식

되어 있기 때문에 감성과 지성의 두 기능이 결합하여 경험적 대상들에 대한 선천적 종합판단의 인식을 가능하게 한다.

감성과 지성이 결합하여 인식이 성립한다는 것은, 감성이란 감각적인 대상들의 실질적인 직관내용을 얻어내는 기능이고, 지성은 실질적인 감각적 직관내용들을 필연적이고 보편타당한 개념적 진리로 산출해 주는 기능임을 의미한다. 감성과 지성의 협력으로부터 자연세계에 대한 감각적 경험으로부터 나온 지식은 확실하고 객관적이며 보편타당한 인식임을 보증받을 수 있게 된다는 것이 칸트의 주장이다.

감성적 직관형식(선험적 감성형식)

칸트는 경험주의 입장을 받아들여 "모든 인식은 경험과 더불어 시작한다."고 선언한다. 이 선언은 만일 경험의 대상이 아니라면 인식의 영역에 들어올 수 없음을 함의하고 있다. 그런데 우리의 인식주관이 감각기관을 통하여 외부의 어떤 것들을 경험한다면 외부에 어떤 것들이 미리 주어져 있어야 한다. 이 어떤 것들이 장차 인식으로 성립될 감각적 소재素材들이다.

감각적 소재들이란 무엇을 의미하는가? 칸트는 이 소재들을 "질료(material)"라고 말하고 있다. 그러나 질료는 아직 '무엇이라고' 할 수도 없고, 자체로 아무 것도 아니다. 다만 인식주관에 의해 장차 어떤 것으로 감각되어질 소재에 불과할 뿐이다. 이러한 소재를 칸트는 "잡다한 것(das Mannigfaltige)"들로 표현하고 있다. 잡다하다는 것은 일정한 방식으로도 정돈되어있지 않아서 질서가 없고 아직 감각될 준비가 되어있지 않음을 뜻한다.

이러한 잡다한 질료들은 우선 일정한 표상에까지 끌어올려져야 인식의 대상이 될 수 있다. 외부세계의 사물들이 일정한 감각적 표상으로 끌어올려지기 위해서는 무질서한 질료에 일정한 질서를 부여해서 정돈되어야 가능하다. 다시 말해서 감성이 수동적인 수용능력이라고 해서 잡다한 질료들을 그대로 받아들이는 것이 아니라 일단 어떤 일정한 "형식(form)"의 기능을 통해서 정돈된 상태여야 질료들을 감각적인 표상으로 반영할 수 있다는 얘기다. 감성이 이렇게 감각적인 표상으로 받아들일 수 있도록 능동적으로 질서를 부여하고 정리하는 형식을 칸트는 감성형식이라고 말했다.

이러한 감성형식은 어디에서 비롯되는 것일까? 그것은 경험적으로 주어지는 잡다한 질료들에 능동적으로 작용하여 질료들을 직관할 수 있도록 하는 것이기 때문에 경험에 앞서 선천적으로 주어져 있어야 한다. 선천적이라 함은 경험으로부터 독립해 있는 원리라는 뜻이다. 칸트는 감각적 경험에 앞서서 미리 감성에 구비되어 있다는 의미에서 감성형식을 '선천적(a priori)'이라고 말했고, 또한 동시에 후천적으로 주어지는 무질서한 감각적 소재들에 능동적으로 관계해서 질서를 부여하고 정돈해 줌으로써 실질적인 감각적 직관표상을 가능하게 한다는 의미에서 "선험적(transcendental)"이라고 했다. 다시 말해서 감성형식은 먼저 외부로부터 경험적으로 주어지는 것이 아니므로 '선천적'이요, 그러면서도 경험적으로 주어진 질료를 정리하여 직관 표상으로 성립시키는 기능이므로 글자 그대로 '선험적'이다.

그러면 선천적으로 감성에 구비되어 있어서 잡다한 질료들에 질서를 매기는 선험적 감성형식은 구체적으로 무엇을 말하는 것일까? 칸트는 이것을 시간時間과 공간空間이라고 했다. 그런데 우리는 상식의 수준에서 시간과 공간을 말할 때, 우리의 주관적인 의식과는 독립적으로 실재하는 것으로 생각할지 모른다. 왜냐하면 공간과 시간은, 우리가 존재하든 그렇지 않든, 사물이 존재하는 장소와 사물의 운동변화가 일어나는 시간의 순서라고 믿어지기 때문이다. 이러한 상식의 수준에 머물러 있는 한 칸트의 인식론을 이해할 수 없을 것이다.

칸트에 의하면, 우리가 대상을 인식할 적에, 인식의 주관 밖에 완성된 사물의 존재가 인식주관의 의식에 그대로 사진 찍히듯이 받아들여지는 것이 아니라 일정한 형식에 의해 일단 가공되고 정리되어야 인식될 수 있다는 것이다. 다시 말하면 질료로서 주어지는 내용이 우리 안에 있는 형식과 결합해야 어떤 감각적 표상을 우리가 소유할 수 있다는 얘기다. 우리 안에 있는 선천적으로 주어진 형식이 바로 시간과 공간이다. 시간과 공간의 형식은 인식주관 밖에 있고 이를 우리가 받아들여서 있는 것이 아니라 오히려 반대로 인식주관의 내부에 존재하기 때문에, 이를 통해 감성적 표상을 얻어 낼 수 있게 되는 것이다. 이런 의미에서 칸트는 공간과 시간을 객관적인 실재가 아니라 인식주관의 선험적 형식이라고 말했던 것이다.

공간과 시간이라는 선험적 감성형식은 감성의 주관적 조건으로서 모든 감각적 지각에 관계하는 '보편적 제약'이다. 제약을 가한다는 것은 일단 어떠한 방식으로 조직하고 정리한다는 뜻이다. 이러한 시간과 공간의 제약 하에서만 감성적 표상이 나오게 되기 때문에, 공간과 시간은 감성적 직관에 필수요건이 되는 것이다. 이러한 감성적 직관형식으로서의 공간은 외적감각에 제약을 가하는 외감外感 형식이고, 시간은 내적감각에 제약을 가하는 내감內感 형식이다. 이러한 선험적 외감성형식인 공간과 선험적 내감형식인 시간은 직관형식으로서의 몇 가지 특성을 가진다.

감성형식으로서의 공간과 시간_____

감성형식으로서의 공간과 시간은, 인식주관의 외부에서 추상을 통해서 얻어지는 어떤 사고의 개념이 아니라, 인식주관 내부에 존재하는 것이어서 감성의 직관으로 얻어지는 관념觀念이다. 그렇기 때문에 우리가 일정한 물체를 인식한다고 할 때, 만일 물체의 병렬이나 사건의 전·후를 말해주는 공간과 시간을 이끌어 내려 한다면, 병렬과 전·후라는 관념은 감성이 직관한 공간과 시간의 관념 외에 아무도 아니라고 할 수 있다.

이러한 공간과 시간은 실재적이 아니라 항상 관념적이다. 이는 시간과 공간이 먼저 밖에 존재하고 인식 주관이 이것을 받아들여서 관념으로 형성된 것이 아니라, 반대로 감성적 표상을 성립시키는 선험적인 관념형식임을 의미한다. 만일 인식주관 안에 이러한 선험적인 관념형식이 없다면, 주관 밖의 대상들을 순서적이고 일정한 모양의 것으로 직관할 수 없게 된다. 이러한 의미에서 볼 때, 우리가 만일 감각적인 직관 대상들을 인식주관에서 모두 제거한다면, 남는 것은 시간과 공간의 어떤 관념 외에 아무도 없다고도 할 수 있다. 그러므로 공간과 시간은 실재적이 아니라 선험적 관념형식이다.

공간과 시간은 추상적이고 보편적인 개념이 아니라 개별적인 관념들이다. 물론 각각의 사물들에 대하여 말할 때 각각의 부분들을 점유하고 있는 개별적인 공간과 하나하나 병렬로 순서를 가지는 시간을 말할 수 있다. 그럼에도 공간과 시간은 항상 질적으로 동일한 하나의 공간과 하나의 시간만이 있다고 할 수 있다. 이런 의미에서 보자면, 공간과 시간은 단일한 표상의 직관적 관념이다.

단일 표상으로서의 공간과 시간은 무한한 표상이다. 그러나 자체

내에 여러 가지 공간과 시간을 내포한다. 그러기 때문에 공간과 시간은, 개별적인 공간과 시간 안에 있는 것이 아니라, 개별적인 공간과 시간이 전체로서의 단일한 직관공간과 직관시간 안에 있다. 그러므로 공간과 시간은 전全 포괄적 무한공간이며 무한시간이다.

지성의 직관형식_{선험적 지성형식}

칸트에 의하면, 경험적 대상들에 대한 인식은 두 줄기, 즉 감성과 지성의 종합으로 이뤄진다. 감성은 감각적 직관들을 받아들이는 수용능력이고, 지성은 감성으로부터 받아들여진 감각적 직관표상들을 자발적이고 능동적으로 사유하여 대상들을 보편적이고 필연적 개념으로 '구성'하여 인식하는 능력이다.

예컨대 우리가 테라스에 앉아 화단의 '장미꽃을 본다'고 하자. 감각을 통해 우선적으로 '화단'에 피어 있는 장미꽃의 '그러그러한 모양',

화단에 핀 장미꽃

'크기', '빨간색', '향기로운 냄새', '줄기에 가시가 나 있는 상태' 등의 다양한 직관표상들이 주관 속에 들어온다. 이러한 표상들이 생기게 된 까닭은 우리의 인식주관이 외부에 존재하는 질료적인 것에서 감성적 직관형식인 시간과 공간을 통해 정돈되었기 때문이다. 만일 감성적 직관형식인 시간과 공간이 없다면 인식주관에는 다양한 직관표상들이 존재하지 않을 것이다.

그러나 감각한 다양한 직관표상들은 아직 명확한 대상으로 정돈되지 않은, 인식을 위한 무질서한 자료들에 불과하다. 우리는 주관 속에 다양하게 있는 감각적 직관표상들이 일정한 개념으로 정돈되어야만, '화단에 수십 송이의 장미꽃들이 피어 있다'는 사실을 인식하게 되기 때문이다. 이 때 다양한 감성적 직관표상들을 일정한 개념으로 구성하는 것은 주관 속에 있는 지성의 사고규칙을 통해서다. 지성의 사고규칙 또한 본래부터 구비되어 있는 선천적인 형식이다. 선천적인 형식은 다양한 감성적 직관들을 종합 정리하여 인식을 산출하는 것에 관계한다는 의미에서 칸트는 이를 지성의 '선험적 지성형식'이라고 했다.

공간과 시간이 선험적 감성형식이라면, 선험적 지성형식은 무엇인가? 그것은 12가지의 범주範疇(Kategorie)이다.

칸트가 제시한 12범주는 어떻게 해서 나오게 된 것일까? 그는 그리스의 철학자 아리스토텔레스Aristoteles가 설정해 놓은 10가지 범주에서 힌트를 얻어낸 것으로 보인다. 아리스토텔레스의 범주는 실체의 운동변화를 인식하기 위해 고안된 것이다. 그것은 우리가 사용하고 있는 일상적인 언어체계로 정리되었는데, 실체를 드러내어 인식하기 위해 수행된 술어분석의 결과였다. 그가 술어를 분석함으로써 얻어낸 범주는 실체 범주, 질의 범주, 양의 범주, 시간의 범주, 공간의 범주, 능동의 범주, 수동의 범주, 소유의 범주, 관계의 범주, 상태의 범주로 도합 10개의 범주이다.

칸트가 제시한 12범주는 기본적으로 말하면 4가지 범주에서 확장된 것이다. 4가지 기본 범주는 질의 범주, 양의 범주, 관계의 범주, 양상의 범주이다. 4가지 범주는 사고의 4가지 판단(양의 판단, 질의 판단, 관계의 판단, 양상의 판단)에서 나온 것이다. 이를 각기 3종류의 판단으로 확대하여 말하면 12판단이 나온다. 칸트는 사고의 12판단으로부터 형이상학적으로 12범주형식을 도출해 낸다. 이와 같이 12판단에서 12범주를 도출해 내는 것을 칸트는 "선험적 존재론"이라고 했다.

칸트에 의하면, 선험적 존재론으로부터 도출된 12범주형식은 사실 우리의 지성이 이미 선천적으로 구비하고 있다는 것이다. 이에 우리의 지성은 12범주형식에 따라 감성적으로 주어진 다양한 직관 표상들에 자발적이고 능동적으로 관계하여 개념의 인식에로 종합 통일할 수 있다는 얘기가 된다.

그럼 4가지 범주형식에서 도출된 12가지 선험적 범주형식은 무엇인가. 그것을 열거하면 다음과 같다. :

ⓐ 분량범주는 대상이 하나인가(단일성의 범주 - 단칭판단에서 옴), 총체적인가(총체성의 범주 - 전칭판단에서 옴), 몇 개인가(수다성의 범주 - 특칭판단에서 옴)에 따라서 셋으로 확대된다. 요컨대 장미꽃이 한 송이라면 단일판단이기에 단일성의 범주로, 장미꽃 전체라면 전칭판단이기에 총체성의 범주로, 두개 이상이라면 특칭판단이기에 수다성의 범주로 분류된다.

ⓑ 성질범주는 대상의 성질이 실제로 존재하는가(실제성의 범주 - 긍정판단에서 옴), 성질이 실제로 없는가(부정성의 범주 - 부정판단에서 옴), 성질이 제한적

으로 있는가(제한성의 범주 - 제한판단에서 옴)에 따라서 셋으로 확대된다. 요컨대 장미꽃이 현실적으로 있다면 긍정판단이기에 실제성의 범주로, 현실적으로 없는 것이라면 부정판단이기에 부정성의 범주로, 제한적으로 있는 것이라면 제한판단이기에 제한성의 범주로 구분된다.

ⓒ 관계범주는 실체로서 존재하는가 아니면 속성으로서 존재하는가(실체성의 범주 - 정언판단에서 옴), 원인과 결과의 관계인가(인과성의 범주 - 가언판단에서 옴), 실체들 간에 상호 어떤 관계가 있는가(상호성의 범주 - 선언판단에서 옴)에 따라서 셋으로 확대된다. 요컨대 장미꽃이 개별적인 존재의 경우라면 정언판단이기에 실체성의 범주로, 장미꽃에 인과관계가 성립한다면 가언판단이기에 인과성의 범주로, 장미꽃이냐 다른 꽃이냐의 선택에 있어서는 선언판단이기에 상호성의 범주로 구분된다.

ⓓ 양상 범주는 어떤 것이 가능한가 아니면 불가능한가(가능, 불가능의 범주 - 개연판단에서 옴), 실재하는가 실재하지 않는가(실재, 비실재의 범주 - 실연판단에서 옴), 필연적으로 있는가 우연적으로 있는가(필연성, 우연성의 범주 - 필연판단에서 옴)에 따라서 셋으로 확대된다. 요컨대 하얀색 까마귀의 존재가 가능한가의 경우는 개연판단이기에 가능이나 불가능의 범주로, 영혼의 존재가 실재하는가의 경우는 실연판단이기에 실재나 비실재의 범주로, 예기치 않은 사건이 발생한 경우는 필연판단이기에 필연성이나 우연성의 범주로 구분된다.

3) 진리인식은 선험적 연역선험적 관념론

칸트는 오직 경험적 대상들에 한에서만 인식이 가능하다는 입장이다. 그의 인식론적 체계는, 경험적인 인식의 대상이 인식주관 밖에 이미 객관적으로 실재하고 있고, 이들을 인식주관이 그대로 반영하는 모사설적 입장이 아니라, 인식주관이 지성의 사유작용에 의해 대상을 조직하는 '구성설'이다. 구성설에 따르면 인식의 대상은 미리 주어져있는 것이 아니라 대상의 인식이 이뤄짐으로써 비로소 성립한다는 것이다. 왜냐하면 인식주관 외부에 실재하는 객관적 대상은 "물자체(Ding an sich)"로서 전혀 모르는 세계이기 때문이다.

인식의 영역에 들어온 것은 우리의 감각이 촉발되어 얻은 무질서한 감각적 직관표상들이고, 이것들이 인식대상이다. 이 무질서한 표상들은 인식주관이 선천적으로 구비하고 있는 지성형식(범주형식)에 따라 정리되어 인식으로 구성되는 것이다(konstruieren). 대상의 인식을 능동적이고 자발적으로 구성해 가는 작업을 칸트는 "선험적 연역先驗的 演繹(traszendentale Deduction)"이라고 말한다. 선험적 연역의 과정에서는 다양한 감성적 직관표상들이 선험적 범주형식에 따라 인식주관에 의해 정돈되고 통일되는데, 이것은 "선험적 통각先驗的 統覺(traszendental Apperzeption)"의 통일성이라고 말해진다. 선험적 통각의 통일성의 주체는 물론 인식주관으로서의 "나(Ich)"이다.

인식주관으로서의 '나'는 어떤 존재인가? '나'는 인식의 종합을 수행하는 최고형식으로서의 순수자아(순수지성)이다. 그러나 대상에 대한 인식을 구성하는 순수자아로서 '나'는 현실적으로 감각을 통하여 바라보고 있는 주관적인 나, 즉 이 순간에 경험적으로 체험하는 개인적인 나로서의 주관이 아니다. 인식주관의 '나'는 나의 앎의 모든 것을 궁극적으로 묶어 주는 '전체적인 나'로서 논리적 구속력과 객관적 타당성을 가진 그런 '나'이다. 왜냐하면 감성과 지성은 인식주관의 두 기능이고, 감성형식과 지성형식은 선천적으로 주어지는, 그래서 누구에게나 공통적이고 객관적으로 구비하고 있는 인식주관의 형식이기 때문이다. 이러한 인식주관을 칸트는 "순수통각純粹統覺" 혹은 자아의 "의식일반意識一般(Bewustsein überhaupt)"이라고 했다. 즉 적극적인 개념의 인식을 산출하는 순수통각은 논리적인 주관 혹은 인식론적 내지는 선험적 주관이라고 할 수 있다.

이제 인식을 객관적으로 구성하고 조직할 논리적 주관 혹은 인식론적 내지는 선험적 주관으로서의 '나'가 확립되었다. 그럼 '나'는 개별적이고 주관적이 아닌, 확실하고 객관성을 가진 타당한 인식을 어떤 방식에서 산출할 수 있게 되는가? 그것은 의식의 종합, 재현의 종합, 인식의 종합이라는 세 단계를 거쳐 이루어진다.

먼저, 의식의 종합이란 무엇을 말하는가? 이는 선험적 인식주관인 내가 다양하게 주어진 감성적 직관표상들을 하나의 의식 속에 묶어 놓을 수 있음을 의미한다. 그럼으로써 '나'는 직관표상들 자체에 대한 의식의 동일성을 확보할 수 있게 되는 것이다. '나'는 그 표상들에 대한 의식의 동일성을 확보하기 때문에, 통각의 분석적 통일은 종합적인 통일이 가능하다. 의식의 종합적인 통일은 모든 지성이 사용하는 선험철학이 성립하는 곳이며, 이런 능력은 바로 순수지성 자체이다. 인식능력으로서의 순수지성은 감성적 직관표상들로부터 개념적 표상을 형성하는 곳이기 때문이다.

다음으로, 재현의 종합이란 무엇을 말하는가? 지성의 선험적 범주 형식과 선험적 통각으로서의 인식주관인 '나'는 객관적 타당성을 가진 '나'이다. 재현의 종합이란 이러한 선험적 인식주관으로서의 내가 한번 주관에 표상했던 것을 그대로 재현하는 그런 '나'일 수 있음을 의미한다. 만일 '이 물체가 무겁다'고 진술한다면, 이는 지성의 선험적 범주형식을 통해서나 순수 통각으로서의 자아의식일반에 의해서나 선험적인 종합의 산물이기 때문에 가능하다. 그렇기 때문에 지성일반은 분명히 객관적인 타당성을 가진다.

마지막으로 인식의 종합이란 무엇을 말하는가? 인식의 대상들은 인식주관 밖에 객관적으로 미리 존재하는 것이 아니라 시간과 공간이라는 인식주관의 구성적인 사고형식을 통해서 지각되었을 때에만 존재할 수 있다고 했다. 인식의 종합은 지성의 인식주관이 감각을 통해 형성된 모든 감성적 직관표상들에 대하여 의식의 종합과 재현의 종합을 통하여 선험적 종합판단이 가능하게 됨을 뜻한다.

결과적으로 우리는 인식의 종합에 이르러서야 감각적 경험으로부터 주어진 소재들에 선천적으로 구비되어 있는 선험적 형식을 부여하여 질서를 매기고, 이로부터 개념의 인식에까지 끌어올리는 선험적 종합판단의 진리인식에 도달하게 되는 것이다. 이러한 과정은 결국 인식주관이 자연에 법칙성을 부여하여 객관적인 대상을 인식하는 것을 설명한 것이나 진배없다. 이렇게 선험적 주관의 작용에 의해서만 대상의 인식을 인정한다는 의미에서 칸트의 인식론은 선험적 관념론이라고 말해진다.

외부세계	인식주관(나)				
	감성		지성		
물자체	감성형식	감각	지성형식	선험적 연역	순수통각(의식일반)
	시간과 공간	다양한 직관표상	12범주	범주에 직관표상 성리	개념 산출(인식) 선험적 종합판단

4) 변증법적인 가상의 세계들

칸트의 『순수이성비판』에 따르면, 모든 인식은 감성에서 시작하여 지성에서 개념으로 구성되고 이성에서 매듭지어진다. 순수이성비판의 핵심은 경험적으로 주어지는 사실세계에 대하여 우리의 인식주관이 확실하고 참된 진리인식에 어떻게 도달할 수 있는가의 근거를 밝히는 것이었다. 사실세계에 대한 확실한 인식은 인식주관이 감각적인 다양한 감성적 직관표상들을 대상으로 삼아 선험적인 지성이 종합적으로 사유하여 구성한 것이다. 이는 어디까지나 시간과 공간 안에서 성립하는 경험적인 대상들에만 관계된다. 즉 인식은 경험적으로 주어지는 대상들에 관해서만 타당하다는 얘기다.

칸트가 제시한 인간의 사유능력은 세 부분, 즉 감성적 사유, 지성적 사유, 이성적 사유다. 앞서 감성과 지성은 넓은 의미의 이성에 포함되고, 이성의 고유한 사유능력은 좁은 의미의 '이성'이라고 밝힌 바 있다. 이제 남은 것은 경험의 가능성을 넘어선 초감각적인 세계에 대하여 사유하는 좁은 의미의 '이성', 즉 이론이성의 사유를 비판적으로 검토해볼 차례다.

칸트는 경험의 대상이 아닌, 초감각적인 것들까지 사유할 수 있는 사유능력이 인간에게 선천적으로 구비되어 있다고 말한다. 이론이성의 사유 활동이 바로 그것이다. 이론이성의 사유대상은 감각으로 확인될 수 있는 것이 아니라, 선천적으로 구비되어 있는 개념들, 즉 선험적 "이념들(Ideen)"이다. '이념'은 무엇을 뜻하는가? 그것은 우리가 일반적으로 생각할 수 있는 '관념'을 말하는 것도 아니고 일반적인 개념을 뜻하는 것도 아니다. 경험의 가능성을 넘어서 선천적으로 생겨난 '개념(Begriff)'을 말한다. 이러한 초감성적인 개념들이 진리인식에 대립해 있다는 의미에서 칸트는 이를 "이념"이라고 말했던 것이다.

이념은 어떻게 해서 나오게 된 것일까? 이성의 고유한 활동은 논리적인 모순을 범하지 않는 추론推論이다. 추론은 전제前提로부터 결론結論을 이끌어내는 작업이다. 즉 '사람은 죽는다'는 명제가 진리임을 증명하기 위해서는 '모든 동물은 죽는다'는 대전제로부터 추론하면 되는 것이다. 여기에서 만일 '모든 동물은 죽는다'는 대전제가 또한 증명될 필요가 있다면, 이보다 '더 큰 대전제'를 깔아야 한다. 더 큰 대전제가 증명되려면 '가장 큰 대전제'를 깔아야할 것이다. 이성의 활동은 결국 가장 큰 전제를 탐구하는 요구, 즉 존재자 전체의 통일성을 만들어내는 원리라 할 수 있는 근원적인 '이념'에 대한 사유에 이르게 된다.

이념은 직관을 개념으로 만들어나가는 구성적인 원리가 아니다. 이념은 감각에 주어지지 않는 초감성적인 것이고, 반면에 진리인식은 직관과 사고의 결합이기 때문이다. 감각을 넘어선 선험적인 이념에 대해서는 우리는 아무 것도 인식할 수 없다. 이런 의미에서 보면 이념은 허구일 수도 있을 것이다. 그렇다고 해서 이론이성이 사유하는 이념은 우리가 인위적으로 만들어낸 대상은 아니다. 이성은 사고하는 지성 위에 자리 잡고 있다. 이로써 이념은 지성이 사용하는 것을 실현시켜나가게 하는 규제적인(regulativ) 원리가 될 수 있게 되는 것이다.

그런데 이념은 오직 총체적인 조건들 속에서 통일성을 추구하나 아직 통일성을 가지지 못한 것들이다. 예를 들면 이론이성은 영혼의 현상을 전제로 삼아 이것들을 통일시켜 묶어서 영혼이라고 생각한다. 이러한 영혼은 이론이성이 그저 발견해 낸, 순수사유 내용으로서 발견해낸 영혼이지, 대상적으로 실재하는 것이 아니다. 그럼에도 합리주의 인식론자들은 순수이성의 진리성을 확고하게 믿은 나머지 사고의 내용과 대상적인 존재가 일치하는 것으로 생각하여 독단적인 형이상학에 빠지게 되었던 것이라고 칸트는 비판한다.

그럼 규제적인 원리로서 어떤 종류의 이념들이 있을까? 칸트는 이념들을 '관계범주의 형식'으로부터 선험적으로 이끌어낸다. 즉 관계범주의 여러 형식으로부터 선험적으로 이끌어낸 것은 사고와 경험적 인식을 최고의 종합으로 높일 수 있는 통일적인 개념으로 영혼, 세계, 신이라는 세 가지 위대한 이념들이다. 이것들이 이론이성의 사유대상이 되는 셈이다. 영혼은 합리주의자들이 독단적 형이상학으로 수립했던 내적인 규제적 제1원인으로서의 심리학적 이념이고, 세계는 자연학자들이 탐구해온 모든 외적경험의 목표로서의 우주론적 이념이며, 신은 존재의 근원적인 실재로서 탐구해온 모든 경험의 내외적인 목표로서의 신학적 이념이 된다.

과거의 철학자들은 이론이성의 사유대상인 이념들을 실재하는 대상으로 생각하고 형이상학적인 실체로서 탐구했다. 요컨대 합리주의 선구자 데카르트는 "나는 생각한다. 그러므로 나는 존재한다(cogito ergo sum)"고 하여 사유하는 주체로서 영혼의 실체를 주장했다. 영국의 경험론자 로크는 지성 밖의 사물 자체에서 비롯되는 객관적인 '제1실체'를 내세웠다. 반면에 흄은 영혼이란 실체가 아니라 지각의 묶음이라고 했다. 칸트는 영혼이 실체라고 말하지 않는다. 그는 영혼의 실체성을 증명하는 작업이 곧 그릇된 추리(Fehlshluß)에 빠진다고 보기 때문이다.

그래서 칸트는 이론이성의 대상을 과거의 철학자들이 탐구했던 것과는 달리, 『순수이성비판』에서 변증법辨證法적인 "가상假象의 세계"라고 규정하고 있다. 여기에서 칸트는 순수이성의 "이율배반二律背反"을 예시하고 있다. 칸트는 세계 전체에 관한 이성의 사유에서 이율배반이 성립함을 보여주고 있다. 이것은 질, 양, 관계, 양상의 범주에 따라 네 가지 점에서 이율배반이다 :

① 양의 측면에서 고찰할 때, 세계는 시간적으로 시초가 있고 공간적으로 한계가 있다.(명제) – 세계는 시작도 없고 한계도 없는 무한의 연속이다.(反명제)

② 질의 측면에서 고찰할 때, 세계의 모든 통일적인 실체들은 단순한 것으로 이루어져 있고, 실재하는 것은 단순한 것이거나 이것으로 결합되어 이루어진 복합체들이다.(명제) – 실재하는 것은 복합체가 아니고, 세계 어느 곳에서도 단순한 것은 실재하지 않는다.(反명제)

③ 관계의 측면에서 고찰할 때, 세계에는 자연법칙에 따르는 인과율만이 유일한 것이 아니라 자유에 의한 인과관계가 있는 것도 인정해야 한다.(명제) – 자유란 없고 오직 자연법칙에 따른 인과율의 필연법칙만이 있을 뿐이다.(反명제)

④ 양상의 관점에서 고찰할 때, 세계의 모든 것들의 궁극적인 원인으로서 절대적이고 필연적인 존재가 실재해야 한다.(명제) – 궁극의 원인으로서 절대적이고 필연적인 것은 세계 안에도 밖에도 없다.(反명제)

이와 같이 칸트는 네 쌍의 명제와 반명제를 증명해 간다. 만일 명제가 참이면 반명제는 거짓이다. 그래서 둘 다 동시에 참이라고 주장하는 것은 모순이기 때문에 이율배반이다. 이러한 이율배반은 왜 존재하게 되는가? 이는 감성의 대상을 초월해 있기 때문에 이와 같은 모순이 발생하는 것이다. 왜냐하면 이론이성은 원래 경험적인 세계를 떠나서 초감성적인 대상에 관계해서 사고하는 기능이기 때문이다. 만일 우리가 감성에서 받아들인 것만을 사유한다면 모순은 없고 오직 실제적인 진리인식을 얻게 될 것이다. 이런 주장을 근거로 삼는다면, 이론이성의 대상인 이념들은 감성적인 직관에 의해 뒷받침되지 않기 때문에 공허하다고 볼 수 있다. 이들은 논리적으로 증명될 수 있지만 참된 인식이 될 수 없다는 얘기다.

그러므로 칸트는 이러한 이념들에 대해 『실천이성비판』을 내면서 적극적인 탐구를 시도한다. 그에 따르면, 실천이성은 목적이 지배하는 이념의 세계를 요청한다(postulat)는 것이다. 왜냐하면 실천적인 학문이 성립하기 위해서는 이념이 승인되지 않으면 안되는 요청이 있기 때문이다. 즉 그는 이론이성으로는 해결하지 못한 세계(자유), 영혼, 신의 존재와 같은 형이상학적인 이념들을 실천이성이 실천적으로 요청하여 해결하려 한다. 이러한 의미에서 볼 때, 칸트는 '이론이성'보다 '실천이성'을 우위優位에 두고 있음을 볼 수 있다.

19세기와 20세기의
철학적 사유

서양의 문명이기文明利器는 천상문명을 본받은 것이니라. 그러나 이 문명은 다만 물질과 사리事理에만 정통하였을 뿐이요, 도리어 인류의 교만과 잔포殘暴를 길러내어 천지를 흔들며 자연을 정복하려는 기세로 모든 죄악을 꺼림 없이 범행하니 신도神道의 권위가 떨어지고 삼계三界가 혼란하여 천도와 인사가 도수를 어기는지라 (『道典』 2:30:8~10)

이성의 절대적인 신뢰를 바탕으로 전개된 인식론은 대륙의 합리론이 대표적이다. 반면에 진리인식이 감각적 경험에 절대적으로 의존해야 한다는 주장은 영국의 경험론을 꼽을 수 있다. 그러나 두 진영에서 주장된 내용에 나름대로 장단점이 있다는 사실이 밝혀지면서 양자를 비판적으로 종합하여 새로운 인식론을 체계화하려는 시도가 있었다. 칸트의 비판철학이 그것이다. 칸트의 인식론은 선험적 관념론에서 꽃을 피운다. 독일 관념론은 칸트의 선험적 관념론에서 태동하여 헤겔의 절대관념론에 이르러 그 정점을 이룬다.

헤겔 이후 19세기 중반은 자연과학의 진보에 따른 기술혁명이 무르익어가고 있었다. 그 시대의 사조 또한 인간의 정신적 가치보다는 물질적 가치를 중시하는 풍조로 바뀌어 갔고, 지성사에서는 관념론이 밀려나고 유물론(Materialism)이 철학의 권좌를 차지하여 득세하게 된 것이다. 즉 인간의 삶에 결정적으로 중요한 것은 고귀한 정신의 관념이 아니라 신체적인 생명을 보존하는 물질이었고, 물질적 가치의 창조와 변형은 기술의 진보에 따른 산업과 경제가 중심이 됐던 것이다.

유물론의 득세는 시대와 역사를 바꿔놓았다. 국가체제는 강대국으로 진입할 수 있도록 하는 제도로 바뀌었고, 물질문명에 따른 국부는 자본주의 경제에 대한 갈망을 증폭시키게 되었다. 결국 헤겔의 관념적 정신사精神史는 유물론에 의해 산산이 부서진 이름이 되어버리고, 이로부터 또 다른 새롭고 다양한 사상이 출범하게 된다. 대표적인 사조를 거론해보면, 헤겔 좌파의 유물론, 인간 중심으로 전개되는 실존철학의 태동, 진리의 기준이 감각적 경험에 의존하는 실증, 공리, 실용성을 내세우는 현상주의, 감각적 경험에 바탕을 둔 귀납적 형이상학을 꼽아볼 수 있을 것이다.

19세기에 등장한 새로운 사유

1) 헤겔 좌파와 유물론Materialism

감각주의와 유물론을 철학의 권좌로 끌어올린 포이에르바흐_____

19세기 중반은 헤겔 좌파의 유물론이 출범하는 시기였다. 헤겔 좌파의 사상적인 혁명은 슈트라우스David Friedrich Strauß(1808~1874)가 1835년에 『예수의 생애(Leben Jesu)』를 출판하면서 비롯된다. 이 책에서 그는 초자연적인 것, 즉 영혼이나 초월적인 신 등이 모두 사라지고, 시간과 공간 안에서 존재하는 사물들과 그 변화의 법칙들만이 남는다고 주장한다. 이를 근거로 해서 신의 계시가 해석되고 인간이 종교적인 심판을 받게 된다는 것이다. 이러한 세속적인 자연종교가 말해주듯이, 19세기에는 유물론이 득세하게 되는데, 여기에 결정적으로 공헌한 일등공신은 바로 루트비히 포이에르바흐

슈트라우스

Ludwig Feuerbach(1804~1872)이다.

포이에르바흐

세상을 바라보는 포이에르바흐의 사고는 어떠했을까? 그는 1839년에 "절대자"란 아무런 의미가 없다는 뜻을 담은 논문을 발표하면서 헤겔철학에 정면으로 대립하게 된다. 당시 헤겔의 철학은 독일사회를 이끌어가고 있었는데, 중심이념은 절대정신이었다. 역사와 사회의 발전과정이란 절대정신을 향해 나아가는 과정이며, 국가란 절대정신의 대변이자 실현도구로 간주되었던 것이다. 즉 절대정신이라는 관념이 현실적인 모든 것을 전적으로 규정한다고 여겨졌던 것이다. 이에 대해 극적으로 반기를 든 철학자가 등장한다. 바로 헤겔을 극단적인 관념론자라고 비판한 포이에르바흐이다. 그는 헤겔이 말하는 절대자란 자신의 철학적 사고 안에서 말라죽어버린 채 유령처럼 떠돌아다니는 빈껍데기의 신학적 성령聖靈에 지나지 않는다고 비판했다.

절대관념론을 강렬하게 비판하고 나선 포이에르바흐는 헤겔의 사상과는 정반대의 길로 향하게 된다. 포이에르바흐는 모든 존재란 원초적으로 개념이 아니라 감각을 통해 알려지는 물질이고, 물질적인 토대에서 철학적 사유가 비롯된다고 보았던 것이다. 이러한 사상을 전개하기 위해서 그는 우선 신체를 통해서 들어오는 감각의 권리를 부활시키게 될 수밖에 없었고, 로마시대에 스토아학파 창궐 이후 오래 동안 경멸을 당해왔던 유물론을 철학적 사유의 최고봉으로 끌어올릴 수밖에 없었다.

인간을 이루고 있는 정신(영혼)과 물질(신체)의 관계에 대해서도 포이에르바흐는 '신체가 영혼에 우선한다'는 입장을 취함으로써 헤겔의 근본철학에 대립한다. 헤겔의 관념론에서 보면, 현실적인 인간의 모든 것은 영혼과 정신으로부터 나온 관념에 지나지 않기 때문에, 정신이 육체적인 것을 형성하고 규정하는 것으로 나타난다. 따라서 헤겔은 인간의 정신적인 사고가 인간 삶의 전반에 전적으로 영향을 미치고 있다고 주장하게 된 것이다. 반면에 포이에르바흐는 "인간이란 그저 먹는 바의 것"이라고 선언한다. 이 선언의 핵심내용은, 정신이 육체를 의식적으로 규정하지만, 정신 자체가 이미 육체에 의해 무의식적으로 규정되고 있기 때문에, 육체가 정신에 영향을 미치고 정신을 규정한다는 것이다.

포이에르바흐는 유물론의 입장에서 헤겔의 관념론을 "위장된 신학"에 지나지 않는다고 비판한다. 즉 절대이념의 외적전개[外化]로 인해 현실적인 존재가 형성된다고 하는 헤겔의 주장이란 단지 절대자인 '신에 의해 자연적인 모든 것이 창조되었다'고 하는 전통적인 신학적 학설을 합리적으로 표현한 것에 지나지 않는다고 그는 생각했기 때문이다. 이러한 사고를 토대로 해서 포이에르바흐는 헤겔이 말한 "무한자(das Unendliche)" 또한 현실적으로 유한한 것, 감각적인 것, 정해진 것이 추상화되고 신비화되어서 그리된 것이라고 비판한다. 헤겔의 종교적인 관념의 세계조차 포이에르바흐에 의해 감각적인 요인들로 해체되기 시작한 것이다. 이는 진정으로 실재하는 현실적인 것이란 신도 아니고, 추상적인 존재도 아니고, 관념도 아니며, 오직 감각에 직접적으로 주어져 있는 것임을 말해준다.

따라서 포이에르바흐는 감각주의와 유물론적인 입장에서 전통적인 유신론(theism)을 버리고, 무신론(Atheism)을 바탕으로 인간주의를 내세우게 된다. 그는 최고의 존재를 신이 아닌 인간이라고 주장하기 때문이다. 즉 인간적인 것은 신적인 것이요, 인간에게는 곧 "인간이 신이다(homo homini deus)"라는 얘기다. 만일 신이 인간의 주主라면 인간은 인간을 신뢰하지 않고 신을 믿을 것이다. 그러나 인간의 '주'는 신이 아니라 인간이다. 이러한 주장은 포이에르바흐가 인간의 존재를 신의 지위에까지 올려놓았다고 볼 수 있을 것이다. 그렇다면 국가의 기초 또한 신이 아니라 인간이다. 인간이 국가를 만들고 역사를 만들기 때문이다.

포이에르바흐의 감각주의와 유물론은 19세기의 새로운 질서가 개벽될 수 있도록 하는 토대를 마련했다. 이를 바탕으로 해서 칼 마르크스Karl Heinlich Marx(1818~1883)는 유물론을 전개하였고, 이로 인해 세계의 정치와 문명사가 결정적으로 바뀌어버리게 된다.

칼 마르크스라는 인물

칼 마르크스는 누구인가? 그는 독일의 유서 깊은 로마가톨릭 도시 트리어Trier에서 태어났다. 그의 아버지는 유태교 랍비의 후예였고, 개신교로 개종한 변호사였다. 아버지는 마르크스가 변호사가 되기를 희망한 나머지 그를 본Bonn 대학의 법학과로 보냈다. 그러나 마르크스는 법학에 도무지 관심이 없고 오직 인문학에 심취해 있었다. 결국 그는 진로를 바꾸어 아버지의 뜻에 따라 베를린 훔볼트Humboldt 대학교로 전학하

마르크스

여 역사와 철학의 배움에 몰두하게 된다. 당시 베를린에는 헤겔의 기본사상의 틀을 수용하면서도 절대정신을 인간의 합리적인 이성으로 해석하여 인간성의 해방을 주도하려는 모임이 결성되어 활동하고 있었다. 청년헤겔학파가 그것이다. 베를린에 온 마르크스는 이 학파에 속한 인물들과 교제하였다.

학창시절부터 마르크스는 포이에르바흐의 사상에 물들면서 헤겔 좌파의 길로 발을 옮기게 된다. 1841년 마르크스는 예나대학교(Universität Jena)에서 "데모크리토스와 에피쿠로스의 자연철학의 차이점"이란 제목으로 철학박사학위를 받았고, 1843년에는 유물론적인 입장에서 헤겔의 법철학에 대해 비판적인 글을 써서 발표했다. 여기에서 그는 인간의 생존에 물질적 조건의 중요성을 강조하면서 뜬구름 잡는 관념론을 비판하게 된다.

독일에서 급진적인 좌파에 대한 탄압이 점점 심해지자 마르크스는 프랑스 파리로 이주한다. 파리에서 그는 사회주의 혁명론자들과 직접적으로 접촉하게 된다. 그리고 행동주의적, 급진적 혁명의 성격을 띠

엥겔스

고 있는 비밀결사단체인 "정의의 동맹(Bund der Gerechten)"에 가입한다. 1844년 말경에 파리에서 그는 프리드리히 엥겔스Friedrich Engels(1820~1895)를 만나 함께 노동운동의 세계관을 완성하게 되고, 이것이 인연이 되어 그와 평생의 동지가 되었다. 이후 마르크스는 프랑스에서 급진적인 인물로 찍혀 추방될 위기에 처하게 됐고, 결국 그는 영국으로 망

명하게 된다.

영국으로 건너간 마르크스는 무엇을 했을까? 그는 청년헤겔주의자들과 결별을 선언하고 독자적인 노선을 구축하기 시작한다. 먼저 자본주의 자체에 사회주의 혁명이 발발할 수밖에 없는 조건이 잉태되어 있다고 보고, 이로부터 역사유물론에 대한 체계를 세우기 시작한 것이다. 1846년에는 "독일 이데올로기"를 발표하게 됐는데, 여기에서 유물론의 기본적인 원칙을 정해놓은 "사적 유물론(Historical Materialism)"을 확립한다. "소외론疎外論(Entfremdung)" 또한 이 시기에 작성된다.

1947년에는 엥겔스와 함께 혁명적 노동자 정당인 '공산주의 동맹(Bund der Kommunisten)'을 결성하고, 1848년에는 프랑스 2월 혁명 직전에 런던에서 공산주의 동맹을 위한 강령으로 삼기위해 『공산당 선언문(Manifest der Kommunistischen Partei)』을 출판하게 된다. 여기에서 그는 프롤레타리아 계급의 혁명적 역할과 생산과정에서 그 역할에 대한 중요성을 강조하는데, 자본주의가 필연적으로 몰락하고 프롤레타리아의 승리가 도래한다는 것이 내용의 핵심이다. 이것이 그의 역사유물론의 시론이다.

1850년에는 계급투쟁이 경제적 시각이 아닌 정치적 차원에서 어떻게 전개될 수 있는가를 내용으로 하는 『프랑스에서 계급투쟁』을 출간했다. 이후 미국 경제의 영향으로 공산주의 동맹이 분열되자, 이로 인해 마르크스는 경제적 어려움에 직면하게 된다. 그러자 그는 수년에 걸쳐 영국 대영박물관의 도서관에 출입하면서 정치경제학을 완전히 습득하게 되고, 경제에 관련된 집필을 구상해 나간다. 드디어 1860년에 역사유물론의 핵심을 담은 『자본론(Das Kapital)』이 출간된다.

당시에는 과학기술의 발전으로 생산과 소비가 급증하고 있었다. 그럼에도 사람들 간의 빈부의 격차는 점차 한계상황으로 몰려가고 있었다. 인간은 경제적 이윤에 몰두한 나머지 자본의 도구로 전락해 가고 있었고, 인간의 고귀한 주체성과 존엄성은 점점 사라져가고 있었다. 심지어 자본의 사회적 불평등과 모순은 인간 삶의 생존 자체를 위협하고 있었던 것이다. 이런 상황에서 마르크스가 자본주의를 냉철하고 객관적으로 분석 비판했다는 것은 아주 높은 평가를 내리지 않을 수 없게 된다.

절대관념론을 뒤집어버린 마르크스의 실천적 유물론_____

마르크스의 사상은 헤겔에서 출발했지만 헤겔의 절대관념론과는 정반대인 유물론을 바탕으로 해서 전개된다. 그는 헤겔의 이념철학을 땅으로 끌어내리고 대신에 물질적인 현실을 그 위에 올려놓은 것이다. 우리의 삶의 조건을 바꾸려면 정신의 관념을 바꿔야한다는 것이 헤겔이라면, 물질의 경제적인 상황을 바꿔야한다는 것이 마르크스의 입장이다. 이념적인 것이 물질적인 것을 규정한다는 헤겔의 관념론을 뒤집어놓은 것이다. 왜냐하면 물질적인 조건과 변화가 바로 인간의 정신과 의식을 결정한다고 보았기 때문이다. 즉 물질적인 존재와 그 현실이야말로 진정으로 참된 존재가 된다는 얘기다. 따라서 관습, 윤리, 법, 종교나 문화 등의 이념적인 것은 물질에 따라 부차적으로 생겨나는 현상에 지나지 않는다는 것이다. 이러한 주장이 "유물론적 사고"의 핵심이 된다.

마르크스가 제시한 "유물론(Materialism)"은 어떤 의미일까? 유물론은 현실적인 모든 것이란 관념이나 의식이 아니라 오직 물질적인 것임을 전제한다. 물질은 가장 근원적인 존재요, 감각, 표상, 의식 등은 물질로부터 이끌어내어진 부차적인 것이라는 얘기다. 왜냐하면 우리의 사고思考라는 것은 뇌腦라는 물질의 산물이기 때문이다. 한마디로 말해서 자연, 실재, 물질의 세계가 1차적인 것이고, 의식과 사고는 제2차적인 것이다. 그렇다면 사회의 물질적인 생활과 그 존재가 일차적인 근원이며, 정신적인 삶과 사고는 거기로부터 이끌어내어진 부차적인 것이다. 따라서 모든 의식과 사유와 이데올로기(관념)는 물질적인 생활조건 안에서 찾아져야 한다. 인간의 실천적인 활동은 바로 사회의 물질적인 생활의 발전을 요구하는 데에 그 바탕을 두고 있기 때문이다.

헤겔의 관념론을 유물론으로, 헤겔의 유신론을 무신론으로 전환한 것이 포이에르바흐였다면, 마르크스는 포이에르바흐의 사상을 그대로 수용하면서도 실천적인 유물론으로 발전시켜나간다. 즉 헤겔이 체계화한 종교적인 관념의 세계를 감각적인 요인들로 해체시킨 것이 포이에르바흐의 공헌이었다면, 마르크스는 한걸음 더 나아가 인간의 감각적인 활동이란 실천적이며, 곧 공동적인 활동의 산물이라고 주장한다. 이로부터 그는 능동적이며 실천적인 개혁을 자신의 과제로 삼은 것이다.

실천적인 유물론은 어떤 의미를 가지는가? 인간이 감각으로 보는 것, 정신으로 생각하는 것, 몸으로 행위하는 것 등은 인간역사의 전 과정을 규정하는 조건들이다. 이것들은 관념적인 것이 아니라 물질적인 것이다. 말하자면 역사적인 생성의 기초는 생산관계의 총체인데, 이는 법률적이고 정치적인 상부구조(Überbau)를 가진 사회의 현실적인 바탕이 된다. 정신적인 상부구조에 따라 역사, 철학, 종교, 예술, 정치 등은 그의 부수현상으로 생겨나게 되는 것이다.

마르크스의 역사적 유물론

마르크스의 실천적 유물론은 "변증법적 유물론(Historical Materialism)" 과 "역사적 유물론(Dialectical Materialism)"으로 구분된다. 변증법이란 우리가 자연현상을 어떻게 볼 것인가에 대한 태도와 그 현상을 연구하는 방법을 말하는 것이고, 변증법적 유물론이란 자연현상에 대한 파악과 해석을 유물론적으로 이론화한 것을 뜻한다. "역사적 유물론"이란 변증법적인 주된 명제들이 사회적인 생활현상이나 사회적인 역사에 확대된 것을 말한다.

마르크스 유물론의 핵심과제는 "역사적인 유물론"에 있다. 마르크스에 의하면 역사란 곧 왕이나 국가의 정복자들에 의해 만들어지는 것이 아니라 사회의 물질적인 생활조건으로 만들어진다. 역사를 이루는 물질적인 생활조건은 사회의 생산양식(사회의 경제)에서 찾아져야 한다. 사회의 생산양식은 도구, 인간, 생산경험을 일컫는 "생산력(Produk-tivkräfte)"과 인간이 그 안에 모여서 생산하는 집단인 "생산관계(Produc-tionsverhältness)"로 분석된다. 중요한 것은 역사적 유물론이란 단순히 비인간화된 물질이 아니라 물질적인 생산관계 안에 있는 인간을 전제하고 있다. 이러한 사상을 바탕에 깔고서 역사과정이 전개되는데, 이는 원시공동체사회, 노예제 사회, 봉건제 사회, 자본주의 사회, 이상적 공산사회(사회주의 사회)로 진행된다고 마르크스는 주장한다.

인간의 전체적인 사고와 행위를 규정하는 것은 곧 물질적인 경제에 관계하는 인간이다. 마르크스가 말한 역사적 유물론은 바로 인간의 감각 안에서 물질과 인간이 서로 적응해가는 과정이기 때문에 언제나 실천적인 면이 요청되고 있다. 다시 말해서 산업사회에서 역사적 유물론은 역사적인 경제론이라 할 수 있겠는데, 그것은 단순한 존재론적인 유물론이 아님을 뜻한다. 여기에서 그는 경제적 관계에서 인간의 경험과 정신생활에 미치는 영향을 다루게 되는데, 그의 역사적 유물론의 새로운 특징은 바로 계급투쟁론階級鬪爭論(Klassenkampf)으로 집약된다.

계급투쟁론이란 무슨 의미인가? 계급투쟁론의 기초는 잉여가치론剩餘價値論(Mehrwert)에 있다. 잉여가치란 상품생산에 들어간 비용을 제외하고 남은 이윤을 말한다. 노동의 생산품에 대한 효용가치가 크면 클수록 잉여가치는 많아진다. 그런데 자본가는 노동력을 유지하기 위한 수단으로 노동자들에게 최소의 임금만 지불한다. 잉여가치는 모두 자본가의 손에 들어간다. 즉 자본주의에서 생산수단을 소유하고 있는 자본가는 노동자의 이윤을 착취하게 마련이고, 노동을 하지 않고서도 점점 더 큰 부富를 축적해나간다. 자본가는 이윤착취로 인한 부의 축적으로 말미암아 부르주아지(Bourgeoisie) 유산계급이 되고, 이윤을 빼앗긴 노동자들은 프롤레타리아트(Proletariat) 무산계급으로 전락한다.

그러나 유산계급과 무산계급은 서로 대립해 있으면서 결국 모두 인간의 "자기소외自己疏外(Selbstentfremdung)"에 직면하게 되는데, 마르크스는 상품세계에서의 소외와 자본주의적 생산에서의 소외를 문제 삼았다. 여기에서 '자기소외'란 인간다운 삶이 노동 이외의 장場에서 일어난다는 것을 뜻한다. 이러한 소외를 제거하기 위해서는 이른바 사적소유私的所有와 사적노동을 버리고 사회적 소유와 공동노동이 이루어지는 사회가 실현돼야 한다는 것이다. 이것이 마르크스가 꿈꿔온 진정한 인간의 삶이다. 그러한 삶이 이루어지는 사회를 마르크스는 대립도 없고 계급도 없는 이상적 공산사회라 부른다.

마르크스는 급진적인 경제 개혁론자이다. 세계사의 과정에 있어서 관념의 영원한 생성, 대립의 지양止揚, 새로운 것에로의 전진을 내세운 헤겔의 관념변증법을 이어받은 마르크스는 물질에 바탕을 둔 자본의 사회질서(These), 프롤레타리아 계급의 사회질서(Antithese), 계급 없는 이상적 공산사회(Synthese)로의 전진이라는 실천적인 역사유물론을 내세운 것이다. 그렇기 때문에 마르크스는 역사적 유물론의 아버지라 불리게 된 것이다.

자연과학적인 유물론

17세기 영국의 경험주의와 18세기 프랑스의 계몽주의는 자연과학의 발전에 밑거름이 되었고, 이로 인해 19세기에 이르러 유물론적인 자연과학적 세계관이 유럽 전역에 퍼지게 된다. 1854년에 괴팅겐에서 열린 자연과학자회의는 19세기 유물론의 시대정신을 확증하는 계기가 됐다. 결국 유럽인들의 사고는 감각적인 데이터(datum)라고 하는 부분에만 머물러 있었기 때문에, 물질적인 가치의 증대와 인간성의

An Assembly Line
of the
Ford Motor Company

내적인 빈곤은 사회적 병리현상으로 나타나게 된다. 이러한 상황은 많은 사람들이 유물론에 입각해서 사고한다는 것을 입증해 주고 있고, 유물론이 탄생하게 되는 간접적인 동력원으로 작용하게 된 것이다. 헤겔 좌파의 유물론은 이러한 사회적 풍조의 영향으로부터 출범하게 된 것이다.

유물론적인 사고를 대변하는 자연과학적 저서로는 1845년에 나온 카알 포크트Karl Vogt의 『생리학적인 편지들(Physiologische Briefe)』, 1852년에 출간된 야콥 몰레쇼트Jakob Moleschott의 『생명의 순환(Kreislauf des Lebens)』, 1855년에 나온 루우트비히 뷔히너Ludwig Büchner의 『힘과 물질(Kraft und Stoff)』, 1855년에 나온 하인리히 쫄베Heinlich Czolbe의 『감각론 신설(Neue Darstellung des Sensualismus)』 등이 유명하다.

당시의 자연과학적 저술은 고대 데모크리토스의 원자론에서 볼 수 있는 유물론적 사고가 기본바탕에 깔려있다. 세계는 생성의 과정에 있으며, 물질과 운동의 힘만이 실재한다는 것이다. 자연과학적 유물론의 입장에서 보면, 운동변화의 궁극적인 원인으로 제시된 아낙사고라스의 "정신(Nous)", 플라톤이 말한 "이데아(Idea)"나 이를 본떠서 세계를 창조한 "데미오우르고스Demiourgos 신神", 아리스토텔레스가 궁극의 운동인으로 제시한 "부동의 원동자", 그리스와 로마에서 받아들여지고 있던 모든 신들은 아무런 의미가 없는 헛소리에 불과하게 된다.

또한 학문을 탐구하는 인간의 의식이나 영혼은 물질과는 별도로 존재하는

몰레쇼트

것이 아니라 물질적인 뇌腦의 작용으로부터 파생된 것에 지나지 않는 다. 자연과학적 유물론은 정신에서 나오는 사상과 물질적인 뇌의 관계를 육체에서 흐르는 땀[汗], 간에 붙어 있는 쓸개, 콩팥에서 생성되어 나오는 오줌에 비유하기도 한다. 다시 말해서 사유하는 정신은 신체적인 감각과 유기적으로 연결되어 있는 뇌 활동의 부수적인 산물에 지나지 않는다는 것이다.

생물학의 진보는 유물론적 사고를 더욱 더 극단으로 치닫게 했다. 1858년에 차알스 다윈Charles Darwin(1809~1882)은 『자연도태에 바탕을 둔 종의 기원(On the origin of species by means of natural selection)』을 간행하여 모든 종은 하나의 유일한 원세포로부터 발전해 나왔다는 진화론을 도입했다. 1871년에 그는 『인간의 기원과 종에 관한 선택(The descent of man and selection in relation to sex)』을 출판하여 인간도 진화해 왔음을 주장했다. 이는 인간이 하나님의 형상에 맞게 창조된 것이 아니라, 다른 동물들과 마찬가지로 생물학적 진화의 산물에 지나지 않았음을 말해 준다.

19세기 말의 시대정신은 유물론적인 "일원론(Monismus)"으로 고착화되기 시작했다. 즉 1906년에 발족된 "일원론자협회(Monistbud)"는 '많음이 근원의 하나(das Eine)에서 비롯한다'는 것을 부르짖었다. 근원의 '하나'를 에른스트 핵켈Ernst Haeckel(1834~1919)은 "실체(Substanz)"라고 했고, 빌헬름 오스발트Wilhelm Oswald(1853~1932)는 "에네르기(Energie)"라 했다. 특히 핵켈은 원자가 기계론적으로 진화하여 오늘날의 인간에 이르렀다고 함으로써 다윈보다 더 급진적인 진화론을 주장했다. 그는 1868년에 펴낸 『자연적인 창조의 역사(Natürliche Schöpfungsgeschichte)』에서 생명의 변종은 저절로 생긴다는 것, 원생동물이 계속적으로 분화함으로써 고등생물이 생겨났다는 것, 인간의 직접적인 조상은 유인원類人猿이라는 것 등을 주장했다.

다윈

유물론에 바탕을 두고 있는 자연과학적 유물론은 범신론汎神論(Pantheismus)으로 흐르는 계기가 되기도 하였다. 즉 전통적으로 분리되어 각자 유지되어왔던 정신과 물질의 이원론, 즉 초월적인 신과 현실세계라는 이원성은 하나로 융합되어 기계론적 일원론으로 변질되어버렸다. 일원론은 오직 하나의 실체만을 인정할 수밖에 없었기 때문이다. 즉 일원론에서는 물체와 정신, 신과 세계는 분리될 수 없는 하나만이 실재할 뿐이라는 얘기다. 그 하나는 바로 신이요 곧 세계이다. 그런데 만일 초월적인 신과 자연세계가 분리된다면, 인격적 유신론이 설 자리가 있겠지만, 일원론의 입장에서는 무신론으로 흘러갈 수밖에 없게 된다. 근대에 발생한 범신론의 부활은 이런 입장을 그 배경으로 깔고 있다.

2) 실존주의實存主義Existentialism의 태동

정신적인 것과 물질적인 것, 영원한 것과 시간적인 것, 시민적인 것과 인간적인 것, 그리스도교적인 것과 세속적인 것, 교회와 국가라는 대립적인 것을 조화하여 시민사회의 안정성을 추구한 헤겔의 절대관념론은 19세기에 이르러 마르크스의 실천적 유물론(변증법적 유물론, 역사적 유물론)에 의해 와해되었다. 심지어 헤겔철학의 절대이념에 반

키에르케고르

기를 든 쇠렌 키에르케고르Sören Kierkegaard(1813~1855)는 그리스도교에 대한 전복轉覆을 꾀함으로써 보편적인 개념적 사고를 무너뜨렸고, 프리드리히 니체Friedrich Wilhelm Niezsche(1844~1900)는 신에 기원하는 도덕적 가치를 뒤집음으로써 신[主]과 인간[客]에 대한 주객을 전도顚倒시켰다.

키에르케고르는 주체主體의 철학을 전개함으로써 인간의 실존實存을 드러냈고, "신 앞에 선 단독자單獨者"라 하여 유신론적 실존주의를 태동시켰다. 이러한 사상은 후에 프로테스탄트의 "변증법적 신학"과 카알 야스퍼스Karl Jaspers(1883~1969)의 실존주의에 많은 영향을 주게 된다. 반면에 니체는 초인超人의 철학을 내놓음으로써 인간의 실존을 드러냈고, "신은 죽었다"고 하여 전통적인 가치를 전적으로 부정하고 새롭게 창조하는 무신론적 실존주의의 선구자가 되었다. 이러한 사상은 후에 "실존주의는 휴머니즘이다"는 슬로건을 내세운 장폴 사르트르Jean Paul Sartre(1905~1980)의 실존주의에 지대한 영향을 준다.

키에르케고르의 신 앞에 선 단독자

키에르케고르는 1813년에 덴마크의 코펜하겐에서 태어나 자랐고, 그곳에서 철학과 신학을 연구했다. 1841년에는 베를린에서 셸링의 강의를 들었고, 그 후에 문필가로서 활동했다. 그는 자신이 다니는 교회와의 논쟁에 휘말려들었고, 교회와의 타협을 보지 못하자 결국 교회에서 쫓겨나고 만다. 이후 그는 고독한 삶을 보내다가 얼마 살지 못하고 42세가 되던 1855년에 젊은 나이로 코펜하겐에서 죽음을 맞이한다.

그가 살아가는 동안 가장 절실했던 것은 무엇이었을까? 그것은 아마도 '자신이 어떻게 행위해야 신이 진정으로 바라는 것일까'를 깨닫는 것이었다. 이것이 그에게는 진리에 대한 깨달음이었던 것이다. 다시 말해서 그에게 있어서 진리는 헤겔이 말한 절대적인 이념이 아니라 자신이 진리를 위해 살고 죽을 수 있는 그런 것을 발견하는 것이었다. 그러한 진리는 전통적인 학문에서 밝혀져 전수되어온 것도 아니요, 영원한 존재에 대해 인식하는 것도 아니며, 그리스도의 신앙으로 짜여진 교리를 깨닫는 것도 아니었다. 결국 자신 앞에 당당하고 적나라하게 드러난, 객관적으로 규정된 진리란 찾아볼 수 없었던 것이다.

중요한 것은 자신이 진리를 인정하고 그것을 자신 안에 생생하게 받아들이는 것이다. 그것이야말로 자신이 '완전한 인간적인 삶을 살 수 있도록 하는 것'이라는 얘기다. 완전한 인간적인 삶은 무엇을 말하는 것일까? 한마디로 말하면 그것은 "실존實存"의 가장 깊은 뿌리에 연결되어 있는 것인데, 그것은 동양의 불가佛家에서 말하는 '천상천하 유아독존天上天下 唯我獨尊'과 유사한 존재가 되는 것이다. 키에르케고르에게서 진리는 바로 신적인 것 안으로 성장해 들어가 실존자實存者가 되는 것을 뜻한다.

키에르케고르에게서 "실존"이란 무엇을 말하는가? 인생은 단 한번뿐인 삶을 살아가기 마련이다. 오직 일회적 존재인 각자는 내면에 바탕을 둔 삶을 살아야 실존자가 될 수 있다. 보다 깊은 내면에 이른 자신의 존재는, 빛이 모여들고 내어주는 광원光源과 같으며, 신이 받아들이고 내어주는 중심체와도 같은 것이다. 즉 모든 것들이 모여들고 거기로부터 퍼져나가는 독자적인 자기활동의 주체적인 개별자는 바로, 어느 누구도 삶을 대신해 줄 수 없는, 신 앞에 선 "단독자(Das Einzelne)"이다. 단독자야말로 진정으로 현실적인 실존자가 되는 셈이다.

실존을 말하기 위해 키에르케고르는, 아리스토텔레스가 플라톤의 보편적이며 추상적인 이데아에다 생명을 가진 개별자를 맞세웠듯이, 헤겔의 사고로부터 추상된 보편자에다 개별적인 의미인 "이것이냐, 저것이냐"를 맞세운다. 개별자는 절대로 보편자에 의해 규정되는 존재가 아니라, 스스로 결단하고 행동하는 주체적인 존재이다. 그래서 개별자는 존재하고 있다는 것을 스스로 알고 깊숙한 내면內面에 이름으로써 언제나 자립적으로 실존하며, 고유하게 활동하는 존재로 규정되는 것이다.

그러한 개별자는 완결되지 않은 채 언제나 고유하게 행동하는 존재이다. 고유하게 행동하는 개별자는 항상 "비약飛躍(Sprung)"을 감행敢行하도록 되어 있다. 왜냐하면 개별적인 삶의 과정이란 한 상태에서 다른 상태로 옮겨감으로써 전진前進하는 것이기 때문이다. 이러한 전진에는 하나하나의 결단決斷이 있어야 한다. 그러한 결단에는 '가능성'이 언제나 현존해 있다. 거기에는 '이리할까 저리할까'하는 선택의 망설임이 있고, 절망과 한계에 부딪힌 좌절 등이 도사리고 있다.

그런데 결단에는 항상 불안不安이 따라다니고, 신앙信仰이 떠오른다. 불안은 결과가 생겨나기 전에 이미 앞질러 가있고, 앞질러 가 있는 불안의 바탕에는 자유自由가 버티고 있다. 자유는 의지의 선택으로 무한한 것이며, 무無에서 생겨난다. 여기에서 키에르케고르는 신앙이 없이는 비약을 감행하는 것에 아무런 의미가 없다고 한다. 이와 같이 세계에 대한 기분, 감행, 불안, 무에 바탕을 두고 있는 자유 등은 키에르케고르의 실존범주들이다.

하나하나의 상태에서 순간순간 확고한 결단을 주도하는 것은 내면의 주체이고, 주체적 결단은 곧 비약을 감행함으로써 정해지는 것이다. 그러한 내면에 이르는 길은 세 방식이 있다. 첫째는 이미 있었던 것을 아무런 행동도 하지 않고 순수하게 명상하는 "감성적인 길"이다. 둘째는 결단을 내리는 행위와 자유로운 선택, 즉 개별자의 독자적인 가능성을 스스로 선택하는 것으로 나아가는 "윤리적인 길"이다. 여기에는 이미 자신이 혼자[單獨]라는 것을 알고 불안에 마주치게 된다. 불안은 완전히 혼자인 인간이 개인적인 책임과 의무를 홀로 감당해야하므로 결단이 요구된다. 세 번째는 완전히 자기 자신에게 맡겨짐으로써 궁극적인 내면에 이른 "종교적인 길"이다.

종교적인 신앙은 현존재(Dasein)와는 완전히 다른, 절대적으로 완전한 하나님[神]에 매달려 그와 하나가 되고자하는 것이 목적이다. 역설(Paradox)은 여기에서 나온다. 역설적이면 역설적일수록 신앙은 그만큼 더 커지는데, 하나님에 대한 신앙은 무조건 순종順從하는 행위이다. 그래서 역설은 이해될 수 없는 그런 것이다. 이 때의 인간은 절망의 상태로 떨어지게 되는데, 이럴 때 신앙을 한다면, 이것이야말로 신앙에서 최고의 확증이라고 키에르케고르는 말한다. 이러한 개별적인 실존자는 결국 좌절 속에서 스스로를 발견하고 세계에서 풀려나 하나님에게 이르게 된다. 여기에서 인간은 신 앞에 선 단독자로서 진정한 실존자가 되는 것이다.

"신은 죽었다"고 선언한 니체의 말

프리드리히 니체는 누구인가? 그는 1844년 프러시아Prussia의 뤼쎈에서 태어났다. 그는 슈울포르타를 졸업한 후 라이프찌히에서 고전학을 공부했다. 이 때에 그는 쇼펜하우어Arthur Schopenhauer의 철학에 심취해 있었고, 22살쯤부터 바그너R. Wagner와 친하게 지냈으며, 24세에 바아젤Basel 대학의 고전어학 교수가 되었다. 1870~1871년에는 지원병으로 전쟁에 참가하여 위생병으로 몇 달을 지냈는데, 이 때 이질과 디프테리아에 걸려 호되게 앓게 되자 휴가를 얻어 제대했다. 그는 휴양하러 여러 곳을 돌아다니기도 했지만 결국 1889년에 진행성마비증에 걸려 정신착란에 빠지고 말았다. 어머니와 여동생이 그를 극진히 간호했지만 그는 결국 1900년 8월에 별세하고 만다.

니체의 초기 사상은 새로운 교양(Bildungsideal)을 형성하는 데에 집중한다. 그의 이상은 아름답고 영웅적인 인간상에 있었고, 그 원형을 고대 소크라테스 이전에 살았던 사람들, 즉 헤라클레이토스, 테오그니스, 아이스킬로스 등의 비극적인 시대성에서 찾았다. 특히 그는 쇼펜하우어와 바그너의 영향을 받아 그리스의 예술과 비극을 새로이 해석하려고 애썼다. 그러한 비극은 두 요소, 즉 현실적인 삶의 근원적인 의지를 상징하는 "디오니소스Dionysos"적인 요인과 삶의 근원적인 의지를 찢어버리는 표상을 상징하는 "아폴론Apollon"적인 요인이 포함되어 있다. 그러나 결국 그는 디오니소스적인 삶에 푹 빠져 있었고, 진정한 삶의 가치자리에다 디오니소스를 올려 놓았다.

니체

그는 『힘에의 의지(Wille zur Macht)』를

내놓음으로부터 새로운 삶의 세계를 제시하게 된다. "힘에의 의지"란 새로운 가치창조를 암시하는 신호탄이다. 이는 1883년 이후에 나온 『짜라투스트라는 또한 말하였다(Also sprach Zarathustra)』에서 "초인(Übermensch)"을 등장시켜 극명하게 제시되고 있다. 짜라투스트라는 새로운 가치가 무엇인지를 알려주는 자이고, 초인은 이 가치들을 창조하는 자이고, 디오니소스는 이 가치들을 상징하는 자이다. 이 가치에 대립하는 것은 모두 십자가에 매달린 죽은 자로 상징된다.

디오니소스Dionysos 동상

니체의 고민은 진정한 철학자란 어떻게 해야 하는가, 진정 인간이 나아갈 길이란 무엇인가를 제시하는 것이었다. 이에 대한 대답으로 그는 새로운 가치창조의 세계를 열어주게 되는데, 그러기 위해서 그는 먼저 "신은 죽었다(Gott ist tot)"고 외치면서 기존의 모든 가치를 파괴하는 망치를 든 철학자로 변신한다. 그는 기존의 모든 도덕적 규범들을 파괴하고, 인간의 새로운 목표를 설정하여 가치창조로

아폴론Apollon 동상

나아가는 삶을 제시하게 된 것이다.

전통적으로 철학이나 그리스도교의 역사 전체를 통해서 그가 부수고자 하는 확립된 기존의 도덕적 가치는 무엇이었을까? 그것은 "인간은 이러저러해야만 한다."고 가르치는 도덕적 규범이었다. 니체는 이러한 도덕적 규범이 생명의 고귀함과 삶의 풍부한 가치를 마비시켜왔다고 보았다. 또한 니체는 그리스도교에서는 하나님을 발명하여 삶의 본능, 삶의 기쁨과 풍부함을 억압하였고, 천국이라는 저세상(피안彼岸)을 발명해내어 이 세상(차안此岸)의 가치를 말살하였으며, 구원받는 영혼을 발명해내어 신체적인 모든 것을 비방하였고, 죄와 양심을 발명해내어 삶의 창조의지를 빼앗아 버렸다고 말한다.

삶은 일회적이요 살과 피로 형성된 하나밖에 없는 현실이다. 기존의 도덕은 새로운 삶을 부정하는 것이다. 그러한 도덕은 허구요, 참되지 않은 것이라는 얘기다. 니체는 도덕현상이란 없다고 한다. 즉 열등한 사람들이 삶과 삶의 현상을 잘못 해석한 것이 도덕으로 규정된 것이라는 얘기다. 니체에 의하면 본래적으로 가치 있는 것은 적나라한 생존 자체요, 순수한 자연적인 모든 생성이다. 또한 사랑, 동정, 겸손, 자신을 낮춤, 희생정신을 강요하는 그리스도교의 가르침은 노예의 도덕이요, 삶에 적대가 되는 것이라고 한다. 심지어 그는 '십자가에 매달린 자는 삶에 대한 저주'라고까지 말한다.

기존의 도덕적 규범이나 이념이 모두 부서졌으니, 이제 참된 것은 아무도 없다. '신은 죽었다'. 모든 것은 허용된다. 초인은 신의 죽음을 확신하는 자이다. 사실 이 초인 안에 니체의 의욕 전체가 응집해 있다. 초인은 살아 있는 것이다. 그러나 초인은 유일한 것이며, 인간도 아니고 괴로워하는 자도 아니고, 가장 착한 자도 아니다. 초인은 이상

理想으로서 나타나는 일체의 피안의 세계란 환영에 불과하다는 것을 알고 있으며, 대지大地를 위하여, 생生 자체를 위하여 스스로를 바치면서 이에 기꺼이 순응하는 자이다.

니체는 그리스도의 자리에다 "디오니소스"를 올려놓는다. 초인은 세계가 존재의 근원으로부터 영원히 새로 솟아오르는 '디오니소스'적 세계라는 것을 알고 있으며, 인식과 창조의 가치 확립을 가져오지만 스스로 파탄에 직면하리라는 것도 알고 있었다. 또한 초인은 모든 가치란 삶을 위해서이고, 진정한 삶이란 "힘에의 의지"라고 말한다. 초인은 자신이 이 세계의 한 부분인 동시에 "힘에의 의지"를 뜻한다는 것을 의식하고 있었던 것이다. 나아가 초인은 생生 자체의 가장 요원하고 가장 해결하기 힘든 모순을 견디어낼 줄도 알고 있었다.

끝으로 초인은 "영겁회기永劫回歸(die ewige Wiederkunft)"의 사상도 체득할 수 있는 인간이다. "모든 것은 지나가게 마련이지만 동시에 그것은 되돌아올 수밖에 없다. 존재의 수레바퀴는 영원한 윤회輪迴를 거듭한다."(『짜라투스트라는 또한 말하였다』제3부). 다시 말해서 세계란 일정한 크기를 지닌 힘의 덩어리며, 여기에는 무수하게 많은 존재자가 있다. 이것들은 모두 무한히 지속하는가? 아니다. 무한한 것이 있다면 그것은 시간뿐이다. 세계의 모든 것들은 무한한 시간 계열에서 수없이 생겨나고 없어진다. 만물은 반복적으로 영원히 회귀하는데, 이것이 바로 생이라는 것이다.

3) 현상주의現象主義Phänomenalismus 출현

19세기의 철학은 한마디로 "현상주의現象主義"라고 해도 과언은 아닐 것이다. 현상주의란 사물의 배후를 드러내는 본질적 탐구도 아니고 근원의 존재를 탐구하는 형이상학도 아닌, 말 그대로 현실적으로 감각의 영역에 들어오는 것이 진정한 실재라고 여기는 입장이다.

사상적인 틀에서 보자면, 존재란 현상現象일 뿐이라는 19세기 현상주의는 프랑스에 일어난 실증주의(Positivism)와 독일에서 일어난 유물론(Materialism), 영국의 경험론(Empiricism)에 바탕을 둔 공리주의(Utilitarianism)를 포함하며, 그리고 미국에서 붐이 일어난 실용주의(Pragmatism)와 변질된 귀납적 형이상학이 현상주의에 속한다.

프랑스의 실증주의實證主義

오늘날에는 자연과학뿐만 아니라 인문학 분야까지도 실증주의 사상이 파고들어 널리 유포되어 있는 상황이다. 심지어 역사관 또한 실증주의에 물들어 있다. 이러한 실증주의는 어떻게 태동해서 오늘날 인류의 정신사에 막대한 영향력을 행사하게 된 것일까?

실증주의 사상을 개념적으로 정립한 사람은 오구스트 꽁트August Comte(1798~1857)이다. 그는 인류의 정신사를 검토하여 세 시기로 나누는데, 1단계는 신화적인 시기, 2단계는 형이상학적인 시기, 3단계는 실증주의 시기가 그것이다. 마지막 실증주의 시기에 이르러서야 인간은 과학적 탐구의 중요성을 간파하게 된 것이라고 한다.

1단계의 시기 : 역사가 시작된 이래 인류는 원시적인 상태에서 맨 먼저 신화적인 혹은 신학적인 단계에 접어든다. 이는 자

꽁트

연의 모든 현상이 보다 높은 인격적인 힘을 가진 존재에 의해 이루어진다고 믿었던 시기이다. 먼저 인격적인 힘이 특별한 사물 안에 살아 있다고 믿는 페티시즘(Fetischismus), 다음은 그 힘을 가진 인격적인 신이 여러 영역을 지배하고 있다고 믿었던 다신교(Polytheismus), 마지막으로 전능한 유일신이 온 세계를 지배한다고 믿는 유일신교(Monotheismus)가 여기에 속하는 시기로 나타난다.

2단계의 시기 : 다음은 인간이 비판적 탐구능력이 발현되면서부터 시작한 형이상학적 시기이다. 대표적으로 아테네시대의 철학적 탐구 시대가 그것이다. 철학은 신화적인 시대에서 탈피하여 창조변화의 힘을 추상적인 개념, 즉 사물의 본질, 형상, 영혼 등으로 바꾸어 놓는다. 그러나 이러한 형이상학적 개념들은 꽁트의 눈에 여전히 허구인 것으로 취급되었다.

3단계의 시기 : 마지막 단계는 실증적으로 주어져 있는 것, 즉 현실적인 경험적 대상으로 주어져 있는 것만을 인간이 진리탐구로 간주하게 되는 시기이다. 실증적인 것들만이 실재이고 허구가 아니라는 것이다. 실증주의에 바탕을 두고 있는 학문이 바로 과학이다. 과학은 두 가지 업무에 주력하게 되는데, 첫째는 현상들로부터 언제나 반복적이고 동일한 것을 밝혀내어 개념을 창출하는 것이고, 둘째는 현상들이 규칙적이고 질서 있게 일어나게 되는 법칙을 정립하는 것이다. 이러한 사상을 토대로 하여 20세기에 새롭게 일어난 신실증주의新實證主義가 등장한다.

영국의 공리주의公理主義

영국 경험주의 철학자인 흄D. Hume 이후 경험론은 새롭게 변질되어서 그 명맥이 유지되는데, 이는 프랑스의 실증주의와 마찬가지로 공리주의적 현상주의이다. 공리주의적 현상주의는 존 스튜어트 밀J.S. Mill(1806~1873)의 사상에서 확인해 볼 수 있다.

밀은 철학에서 추구하는 객관적인 본질이나 무시간적으로 타당한 존재란 없고, 또한 지성의 선천적인 내용이나 개념도 없으며, 오직 순간적으로 지각되는 것만이 실증적으로 주어져있는 것이라고 한다. 이는 전적으로 경험론의 입장을 깔고 있다. 그에 의하면 과학에서 다루는 것이란 경험적인 자료들뿐이고, 이로부터 귀납적인 법칙을 얻어내는 것이 과학이라는 것이다. 그러나 귀납추리가 보편적인 법칙으로 받아들이기에는 한계가 있음이 밝혀졌다. 그래서 밀은 그 보완책으로 "자연의 과정이란 한결같다"(자연의 제1성질)는 전제를 새롭게 제기하고, 이로부터 경험적 명제로부터 귀납추리의 학문적 타당성에 상당한 관심을 갖고 연구했던 것이다.

경험적 진리를 토대로 해서 전개되는 영국의 공리주의는 근본적으로 인간이 '어떻게 사는 것이 가장 좋은 삶인가'의 물음에서 기원한다고 볼 수 있겠다. 대표적인 인물은 벤담Bentham, J.(1748~1832)과 밀을 꼽을 수 있다. 벤담이나 밀은 인간이 어떻게 살아가야 '행복한 삶을 누리게 되는가'에 대해 상당한 관심을 갖고 있었다.

사실 인간의 행복한 삶에 대한 문제는 고대 그리스 철학자 소크라테스의 사상에 근원을 두고 있다. 어떻게 하면 인간은 행복幸福한 삶을 누릴 수 있을까, 행복은 어디에서 나오는 것일까? 이에 대해서 소크라테스는 행복이란 궁극적으로 선善(good)한 삶에서 나오는 것이라고 밝힌다. 즉 선이 무엇인가를 인식하고, 선에 대한 인식으로부터 나오는 삶이야말로 즐거움[快樂]이 함께 따라다니고, 곧 행복을 가져다준다는 것이다. 이는 선한 삶을 살기 때문에 즐겁고 행복한 것이지, 즐겁게 살기 때문에 선하고 행복한 삶을 누리게 됨을 뜻하지 않는다.

그러나 벤담이나 밀은 행복한 삶이란 심리적이든 육체적이든 고통苦痛이나 악惡을 피하고 즐거움[快樂]을 추구함에서 비롯된다는 입장이다. 이는 인간이 취할 수 있는 쾌락이 유일한 선이고, 고통이

벤담

유일한 악으로 규정되기 때문이다. 이 규정으로부터 쾌락만이 유일하게 행복을 가져다준다는 주장이 나오게 된 것이다.

공리주의는 쾌락이 선이요 곧 행복이라는 등식에서 출발한다고 볼 수 있다. 공리주의는 인간의 쾌락을 최대한으로 늘리고 불쾌는 최소한으로 줄이는 것을 원칙으로 삼는다. 달리 말하면 인간이 따라야할 윤리적인 삶의 목적은 바로 "최대 다수의 최대 행복"이다. 이것이 곧 공리公利의 준칙準則이다. 그래야만 인간 모두가 최대의 행복을 누릴 수 있기 때문이다. 이러한 입장은 흄이 마련한 행복주의幸福主義와 일치하고 있다. 이러한 행복주의는 벤담과 밀의 윤리학적 토대에 그대로 스며들고 있는 것이다.

공리주의가 최대다수의 행복론을 말하지만, 벤담과 밀의 행복론은 근본적으로 다르다. 벤담은 모든 쾌락이란 질적으로 동일하다고 본다. 그는 쾌락의 양量만이 다를 뿐이지, 질적으로 고급의 쾌락이나 저급의 쾌락이란 없다는 입장이기 때문이다. 이로부터 벤담은 행복의 척도를 쾌락의 양으로 계산해 낸다. 쾌락의 강도, 지속성, 확실성, 근

접성, 반복성, 순수성, 빈도성이 그것이다. 쾌락의 양이 많으면 많을수록 그것은 더 좋은 것이요 더 옳은 것이기 때문에 더 많은 행복을 가져다준다는 것이다.

쾌락의 양을 최대한으로 늘리고 불쾌를 최소한으로 줄여야 한다는 벤담의 공리주의는 사람들을 과연 행복하게 만들어줄 수 있었을까? 요컨대 나라를 폭력으로 통치하는 독재자가 가난에 찌들어 굶주린 삶을 살고 있었던 국민에게 먹을 것을 충분하게 공급해주는 조건으로 자신에게 여러 면에서 절대적으로 복종하기를 요구했다고 해보자. 독재자는 실제로 사람들에게 먹을 것을 풍부하게 공급해주자 많은 사람들은 많은 양의 쾌락을 누려 모두 행복해 했다. 최대다수의 최대행복이 실현된 것이다. 그러나 세월이 지나자 사람들은 복종을 거부하고 자유를 달라고 불만을 터트리기 시작했다. 먹는 것만으로는 쾌락을 충족시키지 못했던 것이다. 즉 인간은 빵만으로 살 수는 없다는 것을 깨달았던 것이다. 결국 독재자는 사람들이 요구하는 쾌락을 충족

시키지 못하자 쫓겨나고 말았을 것이다.

그래서 밀은 벤담이 제시하는, 감각적으로 충당되는 양적 쾌락을 거부하고, 정신적으로 충당되는 질적인 쾌락을 내세우게 된다. 배부른 돼지보다 배고픈 소크라테스가 훨씬 더 많은 쾌락을 향유할 수 있고, 따라서 그만큼 더 행복할 수도 있다고 주장한다. 요컨대 진리에 대한 갈급증에 시달려온 사람에게는 물질적으로 충당되는 쾌락보다 정신적인 쾌락이 훨씬 더 많은 기쁨을 주고 더 많은 행복감을 줄 수 있다는 얘기다. 그래서 밀은 감성적인 만족을 통해서 계산되는 벤담의 양적인 쾌락보다 정신적인 만족을 통해서 느끼는 질적인 쾌락이 더 강도가 있고, 쾌락의 영원한 지속성과 순수성이 있음을 주장한 것이다.

미국의 정신을 세운 실용주의實用主義

실용주의 또한 전통적인 형이상학적 진리관을 거부하고 현상으로 드러난 경험적인 세계에만 관심을 둔다. 왜냐하면 실용주의 진리관은 인간의 자발적인 행위를 통해 '유용성이 있는 성과를 거둘 수 있는 것'에 의존하기 때문이다. 이는 행동과 실천을 중요시함을 뜻한다. 그래서 실용주의는 '삶의 행동이 인식을 결정짓는 것이지 인식이 삶의 행동을 결정짓는 것이 아니다'라는 점을 바탕에 깔고서 삶의 유용성을 추구하는 철학으로 나아간다.

실용주의적 사고를 처음으로 창시한 자는 차알스 퍼어스Charles Peirce(1839~1914)이고, 이를 발전시킨 자는 윌리암 제임스William James(1842~1910)라 볼 수 있다. 나아가 실용주의를 계승하여 새로운 철학, 일명 "도구주의(Instrumentalism)"로 전개해 나간 자는 존 듀이John Dewey(1859~1952)이다.

퍼어스

제임스

듀이

퍼어스는 사물을 지각하는 관념을 명료화하기 위해서 그리스어 "실천(pragma)"이란 개념을 처음으로 사용하게 되는데, 여기로부터 실용주의란 말이 나오게 된다. 왜냐하면 지성 속에 개념으로만 있는 관념은 아무런 의미가 없고, 관념이 실천으로 규정되어 현실적인 행동으로 드러나야 의미가 있기 때문이다. 행동으로 실현된 관념만이 의미가 분명해지고 알려질 수 있다. 이는 관념의 차이를 알기 위해서는 실천의 차이를 관찰하면 된다는 뜻이다.

퍼어스의 실용주의적 특성은 1877년에 발표한 "신념의 고정화(The Fixation of Brief)"란 논문에 잘 나타나 있다. 그에 의하면 '모든 학문은 의심에서 시작하여 탐구의 과정을 거쳐 신념에 도달하는 것'이라고 정의한다. 의심은 모르는 것, 생소한 것을 알기 위해서 탐구로 이끌기 때문이다. 탐구의 결과는 신념을 가지게 된다는 것이다. 따라서 탐구란 의심에서 시작하여 신념의 상태에 이르기 위한 사고과정이며, 그 목적은 신념의 확립에 있는 것이다. 퍼어스에 의하면, 신념의 확립에 기여하는 중요한 방법은 과학적 방법이다. 이와 같이 그는 '관념을 명료하게 하고 신념을 고정화하는 방법'을 제시하여 실용주의를 수립하는 데 기여하게 된다.

제임스는 퍼어스가 말한 관념이나 신념이 인간의 경험에서 어떤 몫을 하느냐에 관심을 갖고 진지하게 사고한 철학자다. 제임스는 미국 특유의 또 다른 실용주의적 사고를 내놓게 되는데, 실용주의를 어떤 연구 성과가 아니라 연구방법론으로 본 것이다. 그에 따르면, 어떤 학설이나 관념이 참된 것이냐 아니냐는 그것이 가져오는 실제적인 효과에 의해서 보증되지 않으면 안된다. 참된 학설이나 관념은 사람에게 유용하고 만족스런 효과를 주는 것이어야 하기 때문이다. 유용하고 만족스런 효과를 주는 것이야말로 실제적인 결과로서의 사실로 판명되는 것이다.

제임스는 경험으로 검증가능하면 그 관념은 참이고 그렇지 않으면 거짓이라고 주장한다. 검증이란 진리화의 과정이며, 진리는 관념이 경험에 의해 사실과 일치되는 것을 뜻한다. 진리는 항상 결과적 특성에 의해 결정된다. 왜냐하면 기존의 관념은 언제나 경험에 의해 부단히 검증되어 새롭게 수정될 수 있기 때문이다. 그런데 참된 관념은 개인에게 만족스런 결과를 가져오는 것, 구체적인 활동에 가치가 되는 것, 행위로 옮겼을 때 성공적인 결과를 만들어내는 것이다. 한마디로 말해서 관념은 개인에게 유용할 때 참이고 그렇지 못할 경우 거짓이라는 얘기다. 만일 실제적인 결과를 낳을 수 없는 관념이라면, 이는 무의미한 것이거나 공허한 것이 되고 만다.

듀이의 경험주의 철학은 전통적인 감각경험에 한정하는 것이 아니라, 더 넓게 확대된다. 경험은 감각적인 활동을 포함하여 생리적, 인류학적, 문화적 활동 모두를 포함하기 때문이다. 즉 경험한다는 것은 그에게 있어서 살아간다는 뜻에 가깝다. 경험은 과거에서 현재로, 현재에서 미래로 질서 있는 맥락을 가지고 연속되면서 성장한다. 경험이란 즉 유기체와 환경의 상호작용이면서 지속적인 것이라 할 수 있기 때문에, 듀이가 말하는 경험은 상호작용의 원리요 지속성의 원리라 할 수 있다.

인간은 다양한 환경 속에서 유기체로 살아간다. 생명을 유지하기 위해 환경에 적응하기도 하고, 환경을 개척해서 바꾸기도 한다. 이 경우에서 인간의 생명을 유지하는 수단 혹은 도구가 되는 것은 개념, 지식, 사고, 논리, 학문이다. 듀이에 의하면 지성의 인식작용은 환경에 대한 적응작용의 발전 형태이며, 관념이나 개념은 이러한 적응작용을 돕는 도구에 지나지 않는다. 만일 우리의 생명이 환경에 적응할 수 있도록 하는 데에 아무런 도움이 되지 않는 그런 개념이나 관념이라면, 이는 행위의 결과에 따라서 검증되고 끊임없이 수정돼야 마땅하다.

듀이는 환경에 적응하는 도구로서의 관념이나 개념이란 환경이 변화함에 따라 끊임없이 달라져야 한다는 입장이다. 진리로 인식되고

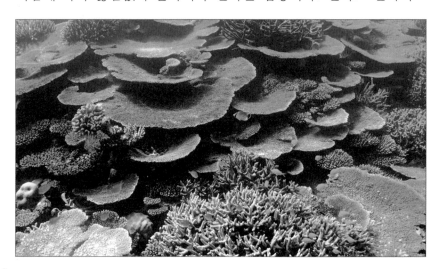

있는 개념이나 관념은 인간이 환경에의 적응과정에서 능동적인 지성이 만들어낸 경험의 산물이기 때문이다. 즉 그것은 환경에 접하여 적응하기 위해 개조된 실험적 행위의 성과로 얻어지는 것이다. 따라서 개념이나 관념은 고정된 것이 아니라 새로운 문제해결을 위한 도구로서 개조되어야 한다. 이런 면에서 볼 때 개념, 관념, 사상 등은 그 자체로 의미가 있는 것이 아니라, 인간의 삶을 위한 수단으로 도구와 같은 역할에 지나지 않는다는 것이다. 그러므로 듀이가 말하는 탐구는 우리의 경험을 통해서 어떤 관념을 적극적으로 실험하고 검증을 통해 진리화하는 작업에 지나지 않는다고 할 수 있다.

4) 변질된 귀납적 형이상학

19세기에는 유물론이 득세하고 자연과학적인 인식론이 유행하면서 관념론이 허물어지고 현상주의와 그 변형들이 유럽철학의 중심 무대가 되었다. 이런 학풍 속에서 철학의 꽃이라 불렸던 형이상학은 풍전등하風前燈下였고, 겨우 명맥만이 유지되었던 것이다. 형이상학의 명맥을 유지한 철학자는 소위 아리스토텔레스의 철학과 스콜라철학의 후광으로 새로운 형이상학적 방법을 창안한 독일의 페히너 Gustav Theodor Fechner(1801~1887), 여기에 동조한 롯체Rudolpf Hermann Lotze(1817~1881) 등이다. 이 노선에 속하는 학자들을 묶어서 귀납적 형이상학자라 부른다.

귀납적 형이상학자들은 시대정신에 맞추어 자연과학적 인식을 활용하여 전통적으로 많은 비난을 받아온 형이상학의 문제들을 다루게 된다. 그들은 당시 경험적인 연구내용을 광범위하게 이용하고, 정신

철학이 아닌 실증적인 경험이 언제나 인식의 근원이라는 것을 받아들이기 때문에, 근본적으로 모두 경험론자이지만 고전적 형이상학의 명맥을 이어 새로운 생명을 불어넣었다고 본다. 그럼에도 귀납적 형이상학은 경험에서 출발하지만 경험을 앞질러야 하기 때문에, 결국 경험적 연구를 앞질러서 완성한 가설적인 성격에 머물고 만다.

종교적인 입장의 페히너

페히너는 종교적인 신앙을 철학적으로 발전시키고자하는 소망을

페히너

롯체

형이상학에서 드러내고 있다. 그의 형이상학은 단순히 개념을 꾸며내는 것이 아니라 현실 전체를 하나의 세계관으로 파악하기를 원했다. 이를 위해 그는 세 가지 규칙을 정한다. 첫째의 규칙은 유비추리類比推理(Analogieschluß)를 권장하는 것이다. 유비추리의 결과가 근거가 있고, 확실한 과학적 인식에 모순되지 않을 때에는 개연적 진리로 받아들여야 한다는 것이다. 둘째의 규칙은 실용성의 원리에 바탕하고 있다. 즉 개념에 대한 믿음이 과학적인 근거가 있고 인간을 행복하게 하는 것이라면 우리는 그것을 받아들여도 좋다는 것이다. 셋째의 규칙은 하나의 믿음이 오래도록 폭넓게 알려지고 있는 것이라면, 그 믿음의 개연성이 더 크다는 것이다. 페히

너는 이러한 규칙을 통해서 형이상학적인 가설을 세울 수 있다고 주장한다.

페히너는 밝음[光明]과 어둠의 존재를 전제한다. 밝음 자체는 생명을 가진 전체적인 영혼이다. 전체적인 영혼은 하나님(Gottheit)이라 할 수 있으며, 모든 것에 깃들어 있다. 모든 것은 밝음의 정도에 따라 생명(영혼)이 있는 인간, 동물, 식물, 생명이 전혀 없는 물질적인 것이 구분된다. 따라서 생명을 가진 지구地球나 다른 별들, 즉 우주자연의 세계는 모두 영혼을 갖고 있고, 영혼이 깃들어 있는 개별적인 모든 생명은 전체적인 영혼의 한 부분이 된다.

전체적인 영혼 속에 있는 인간의 영혼은 계속적으로 표상작용을 한다. 페히너는, 여러 표상들이 인간 각자의 영혼 안에서 서로 관계를 맺고, 감각적인 지각들에 대해서도 각기 관계를 맺고 있듯이, 신체가 죽어 없어진다 하더라도 그 영혼이 표상으로서 하나님 안에서 살 수 있고, 그러는 한에서 서로 관계를 맺을 수 있고, 세상에 머물고 있는 영혼들과도 관계를 맺고 있다는 믿음을 떨칠 수 없다고 주장한다.

심신 이원론의 입장을 지지한 롯체

롯체는 형이상학을 부정하던 19세기에 살았던 자연과학도였다. 그러나 그는 자연과학의 연구결과를 응용하여 형이상학적 이론을 펼치게 된다. 특히 그는 자연적인 사건의 기계론적인 인과법칙을 인정하면서도 보다 높은 의미의 목적이 자연의 기계적인 인과론을 지배한다고 보았다. 그는 모든 인과적 힘이 궁극의 원인이요 존재의 근원인 신(인격적 하나님)으로부터 비롯된다고 본 것이다. 따라서 그는, 라이프니쯔의 예정조화설에서 보듯이, 세계의 모든 인과적 작용이란 결국 신의 목적을 실현하는 수단이라고 볼 수 있게 된 것이다.

근원으로 파고들어가는 철학적 탐구는 바로 세계의 구성과 과정에서 살아 있는 원리로 인정될 수 있는 것을 발견하고 확인하는 작업이다. 이는 근거 지워진 것으로부터 근거지우는 근원으로 거슬러 올라가는, 라이프니쯔와 플라톤의 방법과 같은 것이다. 이러한 방법적 토대 위에서 롯체는 하나의 절대자로부터 모든 것들을 이끌어내려고 한 피히테와 헤겔의 입장을 받아들이고 있다. 즉 그는 우주만물을 창조한 절대정신만이 피조물들에게 부여한 궁극의 목적을 알고 있고, 피조물들이란 절대정신이 부여한 목적을 실현하기 위해 계속적으로 발전해가는 모습에 지나지 않는다고 본 것이다.

라이프니쯔가 "활동할 수 있는 존재(être capable d'action)"로 영혼을 내세웠듯이, 롯체는 영혼의 실체성을 제시한다. 그는 영혼의 발생을 정신적인 세계의 근거가 작용함에서 비롯된 것이라고 생각하고 있다. 왜냐하면 세계의 근거는 물질적인 씨앗이 형성되는 것을 통해 영혼을 낳도록 자극을 받았기 때문이다. 비록 과학은 영혼이 죽지 않는다는 것을 증명해낼 수 없다고 할지라도, 영혼이 불멸한다는 것은 하나의 신념일 뿐이나 충분한 근거를 지닌 신념이다.

영혼과 신체의 관계는 어떻게 규정될 수 있을까? 이 문제에 대해서 롯체는 데카르트가 말한 심신 상호작용설을 받아들인다. 감각에 있어서는 육체가 영혼에 작용하고, 의지의 행위에 있어서는 영혼이 육체에 작용하는 것이라고 선언하기 때문이다. 중요한 것은 롯체가 19세기를 지배한 기계론적인 사고에서 나온 결정론을 반대했다는 것이다. 어떤 측면에서 보면 그는 라이프니쯔의 영혼론을 따라가고 있었다. 롯체의 영혼론은 후에 브렌타노Franz Brentano(1838~1917)의 행동심리학에 영향을 주었고, 논리적인 면에서는 훗설Edmund Husserl(1859~1938)의 현상학에까지 영향을 미친다.

19세기에는 귀납적 형이상학의 출현 외에도 신적인 세계정신을 내다볼 수 있게 하는 두 주류, 즉 신아리스토텔레스주의와 신스콜라철학이 등장하기도 한다. 즉 플라톤의 이데아론과 아리스토텔레스의 실체론을 실재론적으로 결합한 바탕위에서 존재에 대한 전체성을 파악하여 일원적인 유기체적 세계관이 구축되기도 하였던 것이다.

2

20세기에 대두한 다양한 서양철학

20세기에 접어들면서 19세기와는 다른 철학적 사유가 등장한다. 그것은 정신적인 영역이나 철학적 분야에서 예전과는 전혀 다른 양상의 사유가 부가되어 펼쳐지고 있었기 때문이다. 그 까닭은 어디에 있었을까? 그것은 당시 유럽의 지성인들을 사로잡은 인간성 상실과 삶의 위기의식이었다.

인간성 상실의 직접적인 요인은 기술문명의 발달과 산업화를 꼽을 수 있을 것이다. 당시의 지성인들은 인간이 거대한 기계문명의 조직 속에서 마치 개성이 없는 기계의 부품과 같이 되어 비인간화로 전락되어 가고, 또한 자기상실의 소외현상 속에서 살아갈 수밖에 없는 현실을 직시하기 시작했던 것이다. 즉 당시 인간의 존재는 조직 속의 일원으로서 기능하는 한낱 단위에 불과했으며, 누구나 같은 시간에 같은 방송을 들으며 같은 신문을 읽는 평준화로 전락했던 것이다.

삶에 대한 위기의식의 주요 요인은 과학기술문명으로 인한 생명파괴의 잔악성을 꼽을 수 있다. 유럽인들은 과학기술문명의 발전이 인류에게 지복한 세상을 제공하리라고 기대했지만, 유럽을 중심으로 일어난 제1차 대전(1914~1918)과 세계적으로 일어난 제2차 대전(1939~1945)의 참사를 겪으면서 낙관적인 기대가 무참하게 무너졌음을 실감하게 됐다. 이러한 위기의식은 인간의 존속마저도 기대하기 어렵게 됐다는 시대의식으로 유럽의 지성인들을 몰아갔던 것이다.

당시 지성인들은 인간의 자기성찰을 중심으로 사유의 방향을 잡게 된다. 그렇다고 해서 전통으로 내려온 철학적 사유와 전적으로 단절되어 있다는 것은 아니다. 19세기 철학의 연장선상에 있는 사유도 있고, 오래된 철학적 전통의 사유를 기저에 깔고서 좀 더 진보한 사상으로 탈바꿈하여 등장한 철학도 있다.

20세기는 위대한 철학자들의 시대였다고 할 수 있다. 철학적 사유가 다양하게 전개되었기 때문이다. 그 대표적인 사조의 특징을 꼽아본다면, 삶[生]의 철학, 실존철학, 현상학, 변종존재론, 분석철학, 사회철학, 관념실재론적 형이상학 등을 거론해볼 수 있을 것이다. 실존철학은 19세기에 태동하여 좀 더 새롭게 다듬어진 것이고, 삶의 철학과

세계대전

분석철학은 새롭게 등장한 것으로 볼 수 있으며, 현상학, 변종존재론, 사회철학, 관념실재론적 형이상학은 전통적인 학설의 연장선이거나 이를 바탕으로 하여 새롭게 다듬어진 철학이라고 볼 수 있을 것이다.

1) 삶의 철학Life Philosophy

19세기부터 20세기 초엽까지만 해도 유럽철학의 사조는 특권층만이 향유하는 귀족적인 철학, 대학에서만 통용되는 강단철학이 지배하고 있었다. 강단철학은 주로 철학자들의 사유 안에서만 숨 쉬고 있었지 대중들의 사유 속으로 파고들어 그들의 정신을 일깨우지를 못했던 것이다. 그러나 20세기 중엽으로 접어들면서 현실을 살아가는 대중들은 삶[生]에 대해 지대한 관심을 쏟기 시작했고, 이에 부응하여 삶의 철학이 대중매체를 통해 유럽 전역으로 퍼져 크게 유행하기에 이른다.

삶의 철학이란 무엇인가? 그것은 분명 인간의 삶에 관한 것이다. 하지만 대중들 각자의 삶이 다르듯이 삶의 방식은 수많은 형태로 존재

유럽 최초의 신문 렐라치온Relation

한다. 그러하기에 삶에 대해 사유하는 글은 출원되면 될수록 철학자의 관심에 따라 다양해지고 방만해지기 마련이다. 이 시대가 그랬다. 따라서 당시에 부흥한 삶의 철학을 한마디로 정리한다는 것은 매우 어려운 작업이 될 것이다.

그럼에도 삶의 철학에 대해 윤곽을 그릴 수 있는 대안이 있다. 그것

은 전통적인 사조와 대비해 보는 것이다. 전통적인 철학적 사유는 대체로 수학적이고 합리성을 주로 하는 이성적인 사고가 주류를 이루었고, 전체적으로 도식화되어 있는 사고를 하였으며, 표면적이고 정적인 존재에 대한 탐구였고, 기계론적인 세계관을 중심으로 사유했다. 반면에 새롭게 등장한 삶의 철학은 개별적이고 비합리적인 사유가 주류를 이루었고, 일회적이고 체험적인 사고를 하였으며, 내면적이고 영혼적인 존재에 대한 탐구였고, 역동적이고 돌발적인 사고가 그 중심을 이룬다.

삶의 철학에 대한 공통적인 특징을 요약해 보면 몇 가지로 압축된다. 첫째, 삶의 철학은 현실주의 입장을 표방하고 있다. 운동, 생성, 발전이란 어떤 규칙적이고 고정화된 원리에 따라 이루어진다고 보지 않는다는 얘기다. 둘째, 현실을 유기적인 존재로 보고 있기 때문에, 대체로 살아 있는 생명체에서 문제의 실마리를 찾는다. 셋째, 철학적 사유가 비합리적이어서 고정화된 개념이나 논리적 법칙 혹은 선천적 형식을 불변의 진리로 여기지 않는다. 오히려 이와는 반대적인 의미에서 사물에 대한 직관과 감성적 통찰, 관조와 이해, 직접적인 체험 등을 중요하게 여긴다. 넷째, 삶의 철학자는 대부분 다원적인 입장이다. 즉 하나의 근본원리만을 인정하는 것이 아니라 삶과 대치対峙되는 여러 원리들을 받아들이거나 그 이상의 원리들을 가정하는 입장이다.

삶의 철학자로는 생의 약동을 주장한 프랑스 출신의 앙리 베르그송Henri Bergson(1859~1941)과 우주적인 삶으로 파악한 모리스 블롱델Maurice Blondel(1861~1949), 해석학의 선구자라 불리는 독일출신의 빌헬름 딜타이Wilhelm Dilthey(1833~1911), 서구의 몰락을 예견한 오스발트 슈펭글러Oswald Spengler(1880~1936)를 대표적으로 거론해볼 수 있을 것이다.

생의 약동을 주장한 앙리 베르그송

베르그송은 프랑스 출신의 위대한 철학자 중의 한 사람이다. 그의 사유는 현상적인 물질에 근거하는 유물론적인 사유나 기계론적이며 결정론적인 사유를 반대하는 삶의 철학이다. 그는 존재를 "삶의 약동 (élan vital)"으로 해석하고 있기 때문이다.

삶의 철학적 의미를 드러내기 위해서 그는 먼저 실증주의나 현상주의 철학을 비판한다. 오직 텅 빈 공간과 물질적인 연장을 바탕으로 해서 드러나는 외부적인 것, 즉 사물의 표면적인 현상만을 탐구하게 된다면, 인간의 생명과 내면에서 비롯되는 의식생활, 자유와 자발성 등이 본래의 빛을 찾지 못하고 어둠 속으로 사장되어 버린다고 여겼기 때문이다. 그 이유는 어디에서 찾아볼 수 있을까?

전통적인 철학의 의미에서 볼 때 공간은 한결같이 동질적이다. 동질적인 무한한 공간 안에서 플라톤의 이데아처럼 존재는 정적이고, 비연속성이며, 전체적으로 도식적이 된다. 마치 원자들의 인과적 운동과 기계적인 필연성만이 되풀이될 수 있는 것처럼 말이다. 그러나 시간을 통해서 주어지는 개별적인 삶의 내적인 존재는 완전히 다른 어떤 것이다. 즉 삶에는 내면적인 의식의 흐름에 따른 시간이 있고, 의식의 흐름은 절대로 되풀이될 수 없기 때문에 내면적인 시간 또한 언제나 이질적으로 지속할 수밖에 없다는 것이다. 따라서 살아있는 것들에게서의 시간은 자유를 내포하고 있고, 지속적으로 일어나는 창의적인 발전이 있을 뿐이다.

베르그송

『의식에 직접적으로 주어진 것에 대한 시론(Essai sur les données immédi-ates de la conscience)』이라는 유명한 저서에서 베르그송은 '진정한 시간이란 인간의 시간이고, 인간의 시간이란 지속(durée)'이라고 하여 삶의 철학을 전개한다.

'지속'이란 어떤 의미를 내포하고 있는가? 베르그송에 의하면, 시간의 흐름 속에 있는 모든 존재는 되풀이될 수 없는 일회적인 것, 상대적인 것일 수밖에 없다. 인간의 삶 또한 계속적인 흐름 속에 있고, 흐름 속에서 생겨나는 것이란 이미 있는 것과 함께 규정되어 새롭게 되는 것이기 때문에, 언제나 일회적인 존재일 수밖에 없다는 것이다. 따라서 유기체는 살아 움직이면서 성장하게 되는 것이다. 이것이 바로 그가 말하는 '지속'이다.

우리의 이성은 도식적이며 언제나 개념화하여 고착화시킨다. 그러나 현실적인 삶은 사건의 시간적인 흐름 속에 감정이 이입移入되어 유동적으로 지속한다. 이렇게 되면 현실적인 삶은 고착화된 보편적인 개념의 옷을 입지 않고 오직 유동적인 실재에 대한 직관(intuition)으로만 드러나게 마련이다. 직관이란 관조적인 입장에서 인식행위에만 주력하는 지적인 것이다. 이것이 체험體驗이고, 체험을 통해 우리는 삶의 지속을 올바르게 파악하게 된다. 철학은 삶에 이러한 직관을 부여하기 때문에, 도식화된 표면을 꿰뚫고 나아가 내적이고 일회적인 삶의 지속으로 다가갈 수 있게 되는 것이다.

베르그송은 보편적인 인과의 사슬을 벗어던지고 일회성과 자유를 되찾으려한다. 왜냐하면 직관으로서의 의식은 곧 자유요 창의적이기 때문이다. 이러한 입장에서 그는 "모든 존재는 의식이다."라고 말한다. 이러한 의식은 이성적인 것으로 이해된 것이 아니라 바로 삶과 체

힘, 충동, 지속, 자유, 창의적인 에너지와 같은 것을 의미한다. 그렇기 때문에 세계의 근원을 이루는 것은 생성과 행위와 행동이고, 우리는 세계를 채우고 있는 물질과 삶의 모든 것 안에서 창조하는 힘들을 느끼게 되는데, 이것이 바로 "삶의 약동(élan vital)"이라는 것이다. 삶의 약동이야말로 존재의 핵이요 삶의 정수精髓이다.

삶의 약동은 자유롭게 흘러간다. 삶의 약동은 기계론적으로 흘러가는 것이 아니라 창조적으로 흘러가는 의식이기 때문이다. 또한 삶은 비약飛躍이고 언제나 새로운 것을 낳는다. 따라서 삶이 창조적으로 발전하는 곳에서는 삶이 만들어 내는 자유와 활동과 "약동躍動(Elan)"만이 있을 뿐이다. 반면에 삶이 창조적으로 발전하지 못하는 곳에는 언제나 퇴락만이 있을 뿐이다. 미래의 보다 높은 발전을 위한 시작과 근원 또한 기계적으로 생겨나는 것이 아니라 삶의 약동에서 나오는 것이다.

세계 전체를 조망해 보자면, 삶은 하나의 중심으로부터 뻗어나가는 파도처럼 생각되는 전진이다. 삶은 충동이요, 그 충동은 자유롭게 흘러가기 때문이다. 여기에서 베르그송은 삶의 의식이 인간에게서만 그 운동을 계속하여 전진하는 것이라고 주장한다. 식물의 경우는 모호한 의식과 물질의 세계를 겸하고 있어서 경직성이 있고, 동물의 경우는 많은 움직임과 의식이 있으나 종種과 환경의 습성에 얽매어있다는 것이다. 그러나 삶의 의식은 자유롭고 무한히 자발적이고, 인간의 입지를 드높이게 마련이다. 이러한 의식은 인간에게 무한한 지평이 열려 있는 것을 볼 수 있게 해주기 때문이다. 이러한 사고를 바탕으로 해서 베르그송은 다윈Charles Darwin(1809~1882)의 진화론을 뒤집고 바로 "창조적 진화"의 문제로 나아간다.

삶의 근원을 우주적으로 파악한 모리스 블롱델 _____

블롱델은 베르그송이 말한 '순수지속'과 '창조적 진화'에 반대하고, 삶의 근원을 밝히는 쪽으로 사유하기에 이른다. 그의 삶의 철학은 우선 "행위"에 초점을 맞추고 있지만, 그러한 '행위'는 급진적인 삶의 철학에서 흔히 볼 수 있는 충동적이고 비합리적인 것이 아니다. '행위'는 맹목적인 것도 아니고, 순수한 의지도 아니고, 이성에 대해 항거하는 그런 것도 아니고, 단지 '정신적인 삶'이라 할 수 있다.

블롱델에 의하면 "인식은 행위의 한 부분이요, 사고의 진보는 행위의 진보를 제약"하는 것으로 규정된다. 여기에서 행위는 보다 포괄적인 것이고, 합리적인 사고는 이것의 한 부분에 지나지 않는 것으로 규정된다. 문제는 그 행위의 진보를 제약하는 사고의 정체가 무엇인가이다. 사고는 근원의 존재도 아니다. 사고는 단순히 힘이며 정신적인 삶의 동력 안에서 무엇을 밀어내고 끌어들이는 것에 지나지 않는다. 여기에서 블롱델은 사고의 근원이 바로 정신적인 삶의 전체요 모든 부분들에 앞서서 '밀고 나아가는 것'이라고 말한다. 그래서 삶의 철학은 사고의 근원을 탐구하지 않으면 안된다는 입장이다.

블롱델

사고의 근원이 되는 '밀고 나아간다'는 뜻은 무엇을 말하는 것일까? 그것은 '행위' 속에 나타나는 밀고 나아감이다. 이 말은 고대 그리스의 플라톤과 아리스토텔레스, 중세의 아우구스티누스가 의도했던 의미와 유사할 것이다. 즉 플라톤의 철학에서 '모든 것이 이데아를 닮으려고 노력한다'고 했을 때, 아리스토텔레스의 철학에서 '질료가 형상을 실현하기 위해 형상을 그리워한다.'고 했을 때, 아우구스티누스가 '최고의 진리요 모든 형상들 중의 형상인으로 신神에게로 나아가려는 본성적인 욕구'라고 했을 때, 그런 의미의 밀고 나아감이라고 보면 적절할 것으로 보인다.

이러한 밀고나아감은 어디를 향하고 있을까? 그것은 근원이요 완성이라는 "하나"를 향하고 있다. 다시 말해서 우주세계는 하나다. 하나의 통일된 틀은 우주세계 전체를 한 덩어리로 묶어 놓고 있다. 이 틀은 결국 '우주세계를 이루는 여러 형상들의 형상[神]에 뿌리내리고 있는 질서'라 볼 수 있다. 따라서 우주세계는 고정적으로 이미 존재하고 있는 것이 아니라 완성을 향해 되어가고 있는 것이다. 되어감에 따라 완성의 진리는 역사 안에서 점진적으로 드러나게 되는 것이다. 왜냐하면 모든 생각들의 밑바탕에 깔려 있는 것은 완성에 대한 동경이고, 완성은 모든 피조물에게 생명을 부여한 신神의 사상이기 때문이다.

결국 인간의 주체는 우주적인 존재에 뿌리내리고 있다. 인간의 행위가 자연으로부터 벗어나 생명으로 나아가고, 생명으로부터 밀고 나가 정신으로, 정신으로부터 신으로 밀고 나아가려고 노력한다. 즉 정신은 자기 밑에 있는 불분명하고 혼란된 여러 단계를 벗어나 광명의 빛으로 나아가려고 노력한다. 따라서 행위의 철학적 과제는 정신과 가치질서의 원천을 자연 안에서 밝히는 것이고, 타당한 질서라 불리는 행위와 사고의 관계, 즉 행위에는 사고가, 사고에는 행위가 내재해 있다는 것을 밝히는 것이다.

해석학의 선구자 빌헬름 딜타이

딜타이는 베르그송처럼 "지속持續"이라는 개념을 도입하여 일회적인 삶의 문제를 다루거나 블롱델처럼 이를 우주적인 넓은 의미에까지 확장하여 파악하려고 하지 않는다. 그는 오히려 현실적인 삶에만 한정하여 그 자체로부터 이해하려고 한다. 딜타이는 '삶이란 현실적인 삶 자체의 재현에 지나지 않는다'고 생각했기 때문이다.

현실적인 삶이란 무엇인가. 삶의 과정은 시간에 따른 순간순간의 흐름일 것이다. 시간의 흐름 속에서 현실적인 모든 것은 반복되지 않고 일회적으로 지나가버린다. 현실적인 삶은 그러한 끝임없는 운동과 변화로 이루어지게 마련인 셈이다. 이러한 일회적인 삶의 문제를 우리는 어떻게 파악할 수 있는 것일까? 그것은 논리적인 지성에 의거해서 이해될 수 있는 것일까?

딜타이에 있어서 현실적인 삶은 전체와 부분이 서로 내적으로 연관되어 있는 그런 것이다. 전체 없이 부분은 없고, 부분 없이 전체는 없다는 논리가 현실적인 삶에 적용이 되고 있는 셈이다. 그런데 전체를 이루는 부분적인 삶은 일회적으로 주어진, 늘 새롭게 체험하게 되는 삶이다. 이러한 체험적인 삶의 바탕에는 실제로 무엇이 깔려 있는 것이 아닐까? 다시 말해서 현실적인 삶에는 새로운 체험에 스며들어 개별적인 특징을 이루는 그 무엇이 있다. 그것은 다름 아닌 인간의 "의식상태(Bewuβtseinsstand)"이다. 그래서 딜타이는 삶의 체험과 이해를 전개해감에 있어서

딜타이

먼저 인간의 심리적 구조(Struktur)의 분석으로 눈을 돌린다.

인간의 의식상태는 두 측면으로 구분된다. 하나는 의식의 횡적구조橫的構造인데, 내가 지금 이 순간에 어떤 생각의 내용을 체험하는가 하는 체험내용을 받아들이는 의식상태이다. 다른 하나는 의식의 종적구조縱的構造인데, 내가 나의 미래를 어떻게 받아들여 체험하는가(나는 이를 바탕으로 해서 장차 행위하게 된다) 하는 총체적인 바탕으로서의 의식상태이다. 이 의식의 상태도 일정한 의지의 태도 또는 특별한 감정의 상태로서 체험된다. 이러한 의식의 구조를 통찰하는 것이야말로 인간의 삶을 심리적(영혼적)으로 이해하는 것이다. 그러한 심리적(영혼적)인 이해는 지성의 힘으로는 부족하고 심성心性이 송두리째 투입된 체험에서 체득될 수밖에 없는 것이다.

결국 인간 삶이 무엇인가를 이해하는 방법은 삶의 과정에서 일어나는 역사적 현실에 대한 자기성찰을 통해서 이루어진다. 삶에 대한 이해는 바로 삶에서 삶에로의 운동이고, 삶의 과정은 곧 역사적 현실이기 때문이다. 달리 말하면, 삶은 자신 속에 있는 모든 심정적 힘의 협동과 그 연관에 의거해서 삶에서(정신과학의 역사) 삶에로의 운동이고, 이를 통해 이해된다는 얘기다. 우리는 이러한 이해방식을 토대로 하여 통찰의 목적을 달성할 수 있게 된다. 딜타이의 "해석학(Hermeneutik)"은 바로 이러한 정신과학과 특히 인간의 자기성찰이 요구되는 역사의 영역에서 그 진가를 발휘한다고 본다.

이러한 정신과학의 역사에서 심리적 구조에 적합한 것은 정신사적인 유형(Typus)이다. 유형이란 무엇인가? 그것은 삶 자체의 형식이다. 인간의 삶이란 이러한 형식(유형) 안에서 작용하고 있는 것이다. 요컨대 자연주의, 주관적 관념론, 객관적 관념론 등의 여러 유형이 있는데,

정신사의 여러 현상은 이러한 유형들에 적용하여 이해될 수 있는 것이다. 이러한 유형들은 개별적인 삶의 과정을 꿰뚫고 있고, 개별적인 정신의 역사를 만들어나가기 때문이다.

딜타이는 정신의 역사를 통하여 인간이란 도대체 무엇인가를 간파하려고 했으나 결국 개별적인 유형들과 다양한 입장들만 발견해내는 데에 그쳤다. 그는 이런 다양한 개별적인 유형들에서 정신적인 삶의 풍부함을 드러냈으나 포괄적이고 전체적인 뜻을 밝혀내지는 못했던 것이다. 요컨대 헤겔은 전체적이고 포괄적인 하나의 절대자를 드러냈으나 딜타이는 그렇게 하지 못하고 상대주의적 입장만을 드러냈을 뿐이다.

그러므로 딜타이는 '이해'와 '유형'에 관한 연구를 수행함으로써 정신과학적 방법이라는 큰 성과를 거둔 것으로 밝혀졌으나 상대주의 입장에서 생각하는 전형적인 역사주의자로 머물고 말았다. 다시 말해서 존재하는 것은 삶이고, 삶이란 오직 시간에 따라서 흘러가는 일회적인 것이고, 언제나 새로운 개별적인 것을 창조해 낸다는 것이 딜타이의 입장이다. 이는 삶이란 보편적이고 구속력을 가진 것이 아니라 하나의 상태에서 다른 상태를 더해주는 그런 것을 만들어 내고 있음을 의미할 뿐이다.

서구의 몰락을 예견한 오스발트 슈펭글러

"나는 생장염장生長斂藏 사의四義를 쓰나니 이것이 곧 무위이화無爲以化니라. 해와 달이 나의 명命을 받들어 운행하나니 하늘이 이치理致를 벗어나면 아무 것도 있을 수 없느니라. 천지개벽天地開闢도 음양이 사시四時로 순환하는 이치를 따라 이루어지는 것이니 천지의 모든 이치가 역易에 들어 있느니라." 『도전道典』 2:20:1~5

슈펭글러는 2차 세계대전 후에 지은 『서구의 몰락(Untergang des Abend-landes)』으로 유명세를 탔던 인물이다. 이 책에 의하면 "역사는 삶의 현상"이다. 삶의 현상은 다른 생물들과 마찬가지로 전형적인 형식을 갖고 있다. 그러한 전형적인 형식은 식물의 생장과정에서 분명하게 확인할 수 있다. 요컨대 봄철에 씨앗을 심으면 싹이 터서 잎들과 가지들이 돋아나고, 여름철이 되면 무성하게 성장하고 꽃이 피며, 가을철이 되면 꽃이 지고 열매가 무르익으며 잎이 떨어지고, 겨울철이 되면 열매를 저장하고 휴식으로 들어가 다음 해를 준비한다. 식물의 경우에서 생명의 현상은 생장염장生長斂藏이라는 순환과정으로 진행되고 있다.

식물과 마찬가지로 인간의 삶도 그렇게 진행된다고 본 것이 슈펭글러의 입장이다. 요컨대 삶의 현상은 어떤 일정한 형식에 따라 진행될 것이고, 이 형식들은 서로 비교될 수 있으며, 이를 통해 같은 과정으로 진행되는 순환법칙이 발견될 수 있다. 순환법칙은 인간의 생명이 탄생하면[生] 유아기를 거쳐 청년으로 성장하고[長], 청년기의 정점에 이르면 최고의 상태를 유지하는 장년이 되고[斂], 그 이후에는 반드시 쇠퇴의 길로 접어 노년에 이른다[藏]. 인간을 포함하여 모든 생명체는 이런 순환형식에 따라 진행되기 때문에, 지나간 것을 바탕으로 해서 다가올 것에 대한 예언을 할 수 있다는 것이 슈펭글러의 입장인 셈이다.

이런 생물학적인 태도는 삶의 역사현상이나 문화현상에도 그대로 적용된다. 슈펭글러는 문화라는 것도 살아있는 유기체로 보았기 때문이다. 이집트 문화, 그리스의 문화, 로마의 문화, 이슬람 문화, 기독교의 문화 등이 그 예이다. 요컨대 맨 처음에 종교와 신화를 중심으로 새로운 문화가 탄생하게 되면, 탄생한 문화에 대한 정신적 각성이 일어남으로써 개혁이 되고, 계몽주의 시대와 같은 문화의 성숙단계에 이른 다음에는 정신적인 창조성 고갈의 단계에 이르러 쇠퇴하는 주기를 반드시 거친다는 것이다.

슈펭글러는 새롭게 탄생하고 성장하여 전성기를 지나 몰락해버린 문화에다 오늘날의 서구문화를 적용함으로써 "서구의 몰락"을 예언한다. 그것은 그가 몰락한 문화에서 볼 수 있었던 "몰락현상(Verfallserscheinung)"이 서구문화에 이미 나타나 있다고 보았기 때문이다. 몰락현상으로 그는 합리주의와 기술의 우위를 들고 있다. 몰락한 문화에서 최후에 오는 것은 기술이기 때문이다. 그는 서구의 문화가 지금 반성과 물질적 안락의 단계에 접어들었고, 민주주의, 세계시민주의, 휴머

슈펭글러

니즘사상, 평화주의, 인권과 동포애 등이 새롭게 생겨남으로써 미래에 돌이킬 수 없는 서구의 몰락을 촉진하고 있다고 지적한다.

슈펭글러가 밝히는 삶의 철학은 오직 '흐르는 삶'에 기반을 두고 있다. 이는 헤겔의 철학에서처럼 하나의 절대자 안에서 모두 지양되는 삶도 아니고, 마르크스의 철학에서처럼 모든 사회적·역사적인 삶

이 오직 하나의 유물변증법에 예속되는 것도 아니다. 슈펭글러의 삶의 철학은 근본적으로 생물학적인 태도에 바탕을 두고서 역사의 과정을 추진해 나가는 원동력이다. 이러한 삶은 헤겔이 말한 절대적인 '이념'도 아니고, 베르그송이 말한 '삶의 약동' 또한 아니고, 오직 생물학적인 생명력으로 볼 수 있는 것이다.

그러므로 삶의 역사에 있어서도 가장 중요한 것은 무엇이 옳고 그른가를 따지는 문제도 아니고, 영원한 진리의 발견도 아니라는 것이 슈펭글러의 생각이다. 왜냐하면 세계의 역사는 항상 보다 더 강하고, 보다 풍족하고, 보다 더 자신 있는 삶에게 권리를 부여해 왔기 때문이다. 이때의 권리는 생존의 권리이다. 세계의 역사는 생존을 위해 진리와 정의를 권력과 종족의 희생양으로 삼았던 것이다. 따라서 삶의 철학에서 가장 중요한 것은 오직 원초적인 삶이며, 언제나 "종족과 권력을 지향하는 의지의 개진凱陣"뿐이다.

2) 실존철학Existential Philosophy

"실존實存(Existence)"이란 말은 어원적으로 라틴어의 "existentia"에서 유래한다. 이는 원래 '밖이란 뜻'을 가진 'ex'와 '나타나다'란 뜻을 가진 'sistere'의 합성어로 '밖에 나와 있는 것', '밖으로 나타나 있는 구체적인 현실적 존재'를 뜻한다. 이러한 구체적인 현실적 존재는 유한하며, 있다가도 없고 없다가도 있게 되는, 항상 변화의 도정에 있다. 이러한 현실적 존재와 대립하여 있는 말은 바로 "본질(essentia)" 개념이다. '본질'이란 개개의 구체적인 사물에 앞서서 영원히 존재함을 뜻한다. 왜냐하면 본질이란 있다가도 없고 없다가도 있는 그런 존재가 아니기 때문이다.

실존철학은 인간의 존재성격만을 "실존"으로 규정하고, 인간의 실존을 중심으로 사상을 전개한 학문을 일컫는다. 이러한 실존철학은 전통적으로 사유를 지배해온 합리주의^(이성주의)에 대한 반동으로 출현하지만, 결국 불안과 허무에 허덕이는 인간을 위한 사상으로 귀착한다. 이러한 실존철학은 19세기에 "신 앞에 선 단독자"를 제창한 유신론적 실존주의 철학자 키에르케고르Kierkegaard와 "신은 죽었다"고 선언한 무신론적 실존주의 철학자 니체Nietzsche에 의해 형성이 되어 유럽의 지성들을 사로잡은 바 있다.

그런데 20세기에 들어와 인간의 실존을 강조하는 철학이 새롭게 정리되어 다시 한 번 유럽의 지성사를 장식하게 된다. 실존철학은 왜 반복해서 또다시 등장하게 됐던 것일까? 그것은 당시 유럽인들이 처해 있던 상황이 불안했기 때문이었다. 불안한 상황은 인간성 상실과 삶의 위기의식으로 파악된다. 따라서 이러한 인간성 상실과 위기의식을 바탕으로 하여 유럽인들은 대중 속에 매몰되어 있는 자기존재에 대한 눈을 뜨게 되고, 자기존재의 존엄성에 대한 각성이 일어나면서 인간의 진정한 본질과 구조를 밝혀보고자 출현하게 된 것이 실존철학인 것이다.

실존철학은 몇 가지 공통적인 특성이 있다. 첫째, 실존이란 인간에게만 있는 특수한 존재양식을 뜻한다는 의미에서 언제나 '인간의 실존'을 지칭한다. 여기에는 동양의 유가儒家에서 말하는 '인본주의人本主義' 사상이 깔려 있다. 둘째, 실존은 개별적인 인간의 고유한 존재양식이므로 '개인의 실존'을 말한다. 이러한 점에서 볼 때 실존철학은 지극히 '주관주의'라 볼 수 있다. 셋째, 실존철학은 주관적이라 하더라도 개인 중심적이 아니라 '상호주관적相互主觀的'인 측면을 다룬다. 왜냐하면 인간은 구체적인 상황에서 언제나 타자他者와 함께 존재할 수밖에 없기 때문이다. 넷째, 실존철학은 사물을 기준으로 인간의 실존을 다루지 않는다. 왜냐하면 사물은 이미 확정된 성질로 고정되어 있지만, 인간의 존재는 자기 자신의 본성을 이룩하기 위해 그때그때마다 새롭게 부단히 노력을 기울이는 생명체이기 때문이다. 다섯째, 실존철학은 역동적力動的이다. 왜냐하면 실존이란 불변의 존재가 아니라 그 본질에 있어서 시간적 존재이기 때문이다. 여섯째, 실존철학은 구체적인 '체험體驗'을 중시한다. 왜냐하면 실존철학자들은 '실존적 체험'을 자신의 철학적 동기로 삼기 때문이다. 실존적 체험으로 거론되는 것은 죽음, 고뇌, 투쟁, 한계상황, 혐오감 등이다.

이러한 문제의식에서 출범하는 20세기의 실존사상은 실존문학, 실존예술, 실존철학 등 여러 분야에서 전개된다. 실존철학의 분야에도 많은 인물들이 있을 것이다. 그러나 특징적으로 두 철학자를 꼽아볼 수 있는데, 키에르케고르의 유신론적 실존철학의 연장선상에서 '영원한 현존'을 말한 칼 야스퍼스Karl Jaspers(1883~1969)와 니체의 무신론적 실존철학의 선상에서 "실존은 본질에 앞선다"고 한 장 폴 사르트르 Jean Paul Sartre(1905~1980)가 대표적이다.

영원한 현존을 제시한 야스퍼스의 실존

众은 善惡淸濁厚薄이 相雜한 從境途任走하야 墮生長消病歿苦하고
哲은 止感調息禁觸하야 一意化行하니 改妄卽眞하야 發大神機하나니
性通功完이 是니라
대중은 마음의 선악과 기운의 청탁과 몸의 후박함이 서로 뒤섞인 경

계의 길을 따라 제멋대로 달리다가 나고 자라고 늙고 병들고 죽는 고통에 떨어지고 철인은 감정을 억제하고 호흡을 고르게 하고 촉감을 억제하여 오직 한 뜻으로 행하니, 삼망을 바로잡아 삼신의 조화의 기틀을 발현하여 참 본성에 통하고 공덕을 완수하니 이것이니라." 『桓檀古記』「蘇塗經典本訓」

독일의 철학자 야스퍼스는 1960년대 초 일본을 방문한 적이 있다. 방문기간 중에 그는 교토에 있는 일본의 국보 제1호인 "목조미륵반가사유상"을 친견하고서 "이것은 지상의 모든 시간적인 것, 속박을 넘어 달관한 인간존재의 가장 정화된, 가장 원만한, 가장 영원한 모습의 상이라고 생각합니다. 이 불상은 우리들 인간이 가질 수 있는 마음의 영원한 평화와 이상을 실로 아낌없이 표현했다고 할 수 있겠습니다." 라고 하여 최고의 찬사를 보낸 바 있다. 야스퍼스는 그 불상에서 무엇을 보았기에 극찬을 아끼지 않았을까? 그것은 불상이 바로 인간 실존(Existenz)의 최고경지를 조금의 미혹도 없이 완벽하게 표현해냈기 때문이었을 것이다.

1920년대 후반부터 1933년에 독일의 나찌Nazi 정권이 들어서기까지 독일에는 야스퍼스를 중심으로 하는 실존철학이 풍미를 이룬바 있다. 야스퍼스의 실존철학이 인기가 있었던 까닭은 어디에 있었을까? 그가 말하는 인간의 진정한 실존은 현존재(Dasein)의 인간이 참다운 자아로 돌아가 일체一切의 존재양식을

야스퍼스

초월超越하여 "포괄자(Das Umgreifende)"에 도달함으로 규정해볼 수 있을 것이다. 여기에서 초월성이란 말은 비대상적非對象的으로 완전히 은폐되어 있어서 사유의 대상이 될 수 없고, 오직 실존자의 경지에 다다른 경우에만 상징적인 시사示唆를 통해서 그 의미가 드러나는 것으로 이해할 수 있다.

"포괄자"란 무엇을 뜻하는가? 포괄자는 존재의 모든 대상을 안에 포괄하는 무한한 지평地坪 쯤으로 이해하면 될 것이다. 우리가 사유를 통해 그런 무한한 지평의 한계를 넘어서려고 해도 넘을 수 없는, 언제나 새삼스럽게 우리를 그 안에 가두어 놓고 우리 앞에 나타나는 절대적 존재가 포괄자의 의미란 얘기다. 불교적인 의미에서 본다면 절대적 존재인 포괄자는 결국 매듭지어질 수 없는 무애无涯의 상태로 세계에 노정露呈시키고 있을 뿐이라고 말해볼 수 있다.

우리는 영구히 완결된 전체로서의 그런 존재를 조망眺望할 수 있는 그런 위치에 올라설 수 있을까? 야스퍼스는 현존재現存在를 포함하여 세계의 모든 존재가 궁극의 절대적인 포괄자에 의해 감싸인 상태에서 그 참뜻이 밝혀질 수 있을 뿐이라고 한다. 이것이 본래적인 의미에서 말하는 초월성이다. 결국 야스퍼스의 실존철학에서 포괄

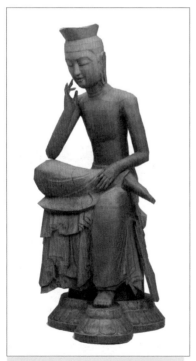

일본 광륭사에 있는 목조미륵반가사유상

자는 실존적인 인간이 그 경계에 도달해야할 궁극의 목적이라고 보면 될 것이다.

현존재인 인간은 어떻게 하면 진정한 실존자가 될 수 있을까? 야스 퍼스는 실존을 삶과 정신에 합쳐진 작용으로 보고 있다. 다시 말하면 포괄자의 모든 방식 안에서 현존재는 양극성을 갖고 있는데, 이성이 없는 실존(vernunftlose Existenz)과 실존이 없는 이성(existenzlose Vernunft)이 그것이다. 만일 이성이 없는 실존만을 고집하는 삶이라면 감정과 느낌, 본능과 충동에 충실하게 되지만 맹목적인 폭력이 될 수 있다. 반 면에 실존이 없는 이성만을 고집하는 삶이라면 지성적인 보편자, 도 식적인 체계를 세울 수 있을지언정 인격을 잃고 역사성을 잃을 수 있 기 때문에 공허하고 자의적이 될 수 있다.

이성과 실존은 분리될 수가 없다. 이성이 무너지면 실존이 상실되 고, 실존이 없으면 이성이 무너진다. 이성은 기존의 것을 고집하여 관 철하기 위해 실존을 보지 못해서도 안되고, 실존은 스스로를 투명성 으로 이끌기 위해 이성을 보지 못해서도 안된다. 실존은 이성에 의해 밝혀지고, 이성은 실존에 의해 내용을 가져야 한다. 이와 같이 실존이 란 한편으로 체험된 것, 삶으로부터 결단으로 받아들여진 것, 자유와 역사적인 일회성 속에서 개인적으로 얻어낸 것과 다른 한편으로는 논 리적인 것, 정신적으로 일관되어 있는 것, 학문적인 의식으로 높여진 것을 모두 포함한다.

그래서 야스퍼스는 "실존조명(Existenzerhellung)"의 길로 나아가는 방안 을 제시한다. 그는 실존이란 대상화될 수 없는 것이므로 '실존인식'이 라 하지 않고 '실존조명'이라 했던 것이다. 여기에서 실존을 조명한다 는 뜻은 "실존이 자기 자신이 된다(sich selbst werden)", "자기 자신을 의식한다(sich selbst bewußt werden)"는 뜻이다. 결국 실존이란 삶과 정신이 합쳐진 것이기 때문에 스스로 자기 자신을 밝혀감으로써 참된 자기존재를 파악하는 것이다. 그러나 이는 기존의 완결된 체계 내에서 활용되는 개념만으로는 설명될 수가 없다. 오직 실존철학에 고유한 범주를 통해서 실존이 "조명"될 수 있을 뿐이다. 야스퍼스에게서 실존 범주란 바로 '자유(Freiheit)', '상호관계(Kommunikation)', '역사성(Geschichtlichkeit)'으로 집약된다.

실존은 고정된 인식의 대상이 아니라 현실적으로 되어가는 가능적 존재이다. 이는 실존적인 인간이 자기상실과 자기보존을 겪으면서 끊임없는 선택의 도정道程에 있기 때문에 끊임없이 결단을 재촉받는 존재임을 의미한다. 한마디로 실존은 자유로운 선택의 순간에 이루어지는 원천으로부터의 자기창조自己創造가 되는 셈이다. 이것이 자유에 의한 실존조명이다. 또한 실존적인 인간은 어떤 독단적인 진리나 개념, 체계 등을 고집하지 않고 타인에게 항상 마음을 열어두어 배우고 받아들일 준비가 되어 있어야 한다. 이는 실존이 타자他者의 자아와 진솔한 유대관계를 통해서 실현될 수 있음을 뜻한다. 이것이 상호관계에 의한 실존조명이다. 그리고 실존은 언제나 직면할 수밖에 없는 어떤 '상황'에 처해 있는, 즉 역사성을 안고 있는 특수자로서의 자기존재를 의미한다. 역사성 안에 있다는 뜻은 단순히 시간성으로서의 역사성(필연적 계열을 의미함)만이 아니라 실존적 현존재가 자유의 가능성을 지닌 존재임을 의미한다. 역사성으로서의 실존적인 인간은 과거를 짊어지고 미래를 내다보는 현재의 순간에 대한 충실充實에, 즉 영원한 현재로 초월超越에 직면할 수 있게 되는 것이다. 이것이 역사성에 의한 실존조명이다.

　그럼 이와 같은 실존은 어떻게 자각되고 실현될 수 있을까? 야스퍼스에 의하면 그것은 "한계상황限界狀況(Grenzsituation)"에 대한 자각에서 출범한다. '한계상황'은 무엇을 말하는가? 현존재인 인간은 일정한 역사적 사회적 시대적 상황 속에 살고 있다. 인간은 자유로운 존재이므로 자신의 주체적인 노력으로 이러한 상황을 변경할 수도 회피할 수도 있겠지만, 그렇지 못한 상황도 있다. 다름 아닌 죽음, 고뇌, 싸움, 죄와 같은 특수한 상황이다. 이것을 야스퍼스는 '한계상황'이라 부른다.

　'한계상황' 속에 있는 인간은 자신의 유한성有限性을 절실하게 깨달을 수밖에 없게 된다. 유한적임을 깨달은 인간은 자신의 본질에 대한 질문을 하게 되는 동시에 포괄자가 주재하는 현실에 눈을 돌린다. 그렇게 함으로써 인간은 자신의 존재의식을 변혁시켜 본래의 자기존재에로 회생回生하게 될 수 있는 것이다. 따라서 '한계상황'은 인간의 실존을 각성하게 하는 근원적이고 본질적인 계기가 된다고 볼 수 있다.

　인간이 '한계상황'에 직면하여 좌절할 때 모든 것은 초월자를 지시하는 암호暗號로 나타난다. 암호란 실존이 청취할 수 있는 초월자의 언어라고 할 수 있겠는데, 그 종류는 무수하게 많다. 모든 현존재, 자연과 역사, 세계와 인간의 통일, 인간의 자유 등은 모두 초월자의 암호일 수 있다.

　초월자를 지시하는 이런 암호는 일반적인 해석으로 기술될 수도 없고, 논증될 수도 없고, 오직 실존의 참된 좌절에서 체험되는 것들이다. 이런 의미에서 본다면 암호 해독은 어디까지나 실존을 위한 것이고, 그것을 체험하는 실존에 따라 다양하면서도 독특하게 내려질 수 있다. 그러므로 진정한 실존은 '한계상황'에서의 좌절을 통해 초월자의 암호를 해독함으로써 초월자의 절대적인 현실을 확인하게 되고, 본래적인 자기존재로 회생回生하게 되는 것이다.

"실존은 본질에 앞선다"고 선언한 사르트르_____

독일의 실존철학은 1920년대부터 시작하여 1930년대까지 크게 유행하다가 1933년에 나찌 정권이 들어서자 쇠퇴하기 시작했다. 이후 제2차 세계대전이 끝난 1945년 9월에 프랑스 출신의 사르트르가 "실존주의는 휴머니즘이다."는 주제로 강연을 시작하자 이때부터 실존철학은 실존주의라는 이름으로 갑작스럽게 유럽 전역에서 유행하게 된다.

사르트르의 실존주의는 어떻게 해서 나오게 됐던 것일까? 그것은 그의 실존사상을 바탕으로 해서 출범하게 된다. 그의 실존사상은 1943년에 출간한 『존재와 무(L'Être et le Néant)』에서 구체적으로 밝혀지고 있다. 이 책에서 사르트르는, 1940년 나찌의 침공으로 패망한 프랑스인들이 적의 침략 앞에 어이없이 무릎을 꿇고 말았기 때문에, 프랑스사회에 대해 불신과 울분과 회의에 젖게 됐음을 드러낸다. 그러면서도 사르트르는 그들이 적을 물리치고야 말겠다는 항쟁심抗爭心에 불타 융합된 저항의 힘을 보여주었다고 밝힌다. 이러한 상황은 새로운 철학이 부정적 사고를 적극적인 행동의 가능성과 융합시킬 수 있는 기반을 마련하도록 한 것이다. 사르트르는 바로 이러한 새로운 철학을 창조하기에 이른 것이다.

사르트르의 실존철학은 인간의 존엄성과 극단적으로 자유로움을 바탕으로 해서 전개된다. 이러한 주장을 올바르게 이해하기란 다소 난해한 면이 있다. 그래서 사르트르와 평생 동안 "계약결혼"을 시작하여 끝을 맺었고, 1945년에 그와 함께 『탕 모데른(Le Temps Modernes)』이라는 월간지를 편집하였으며, 실존주의에 대한 주요 주제를 해설했던 시몬느 보봐르Simone de Beauvoir의 소설 『초대받은 여자(L'nvitée)』를 통독하면 실존주의를 이해하는 데에 많은 도움이 될 것이다.

우선 사르트르의 실존주의가 어떻게 출범하게 되는가에 대한 기본 토대를 잠깐 들여다보자. 그는 인간의 의식 밖에 자체로 존재하는 것과 대상에 관계하는 의식을 구분하고 있는데, 의식 밖에 자체로 존재하는 모든 것을 "즉자卽自(en-soi)"라 하고, 대상에 관계하는 의식을 "대자對自(pour-soi)"라고 말한다.

'즉자'는 무엇을 뜻하는 말일까? 사르트르에게서 '즉자'는 플라톤의 이데아나 아리스토텔레스의 잠세태潛勢態, 신神의 합목적성合目的性과 같은 어떤 존재근거로 만들어진 것이 아니라 그냥 자체로 거기에 존재하는 것을 말한다. 그것은 원인의 결과로 존재하거나 어떤 목적을 위해서 존재하는 것도 아니며, 창조되거나 다른 존재와 관계된 것도 아니고, 형이상학에서 말하는 진리, 신적인 것, 최고의 초월자 같은 것도 아니다. 그는 이러한 '즉자'를 무의미한 존재로 취급하고 있는데, 자신의 저서인 『구토(La Nausee)』에서 주인공을 통해 표현한 구토증으로 기술되고 있다.

사르트르와 보봐르

'대자'는 무엇인가? 그것은 의식의 특성을 지칭한다. 의식이란 항상 무엇에 대한 것으로 지향적 의식을 말한다. 이러한 의식은 원래 자기 자신을 벗어나 자기가 아닌 것을 향하기 때문에 탈자적인 초월적 특성을 갖는다. 따라서 의식은 그 자체로 존재하는 것이 못되고 언제나 즉자와의 관계에서 그의 존재성을 가질 뿐이다. 이러한 의식의 성격을 사르트르는 '대자'라 했다.

앞서 밝혔듯이 의식은 의식 밖에 있는 '즉자존재'에 관계해서만 존재할 수 있기 때문에 항상 대상에 대한 의식이다. 우리가 만일 의식만을 떼어내서 생각해 본다면 의식은 자체로 '없는 것[無]'이 된다. 사르트르의 실존철학에서 '무無'는 중요한 의미를 점유하고 있다. 왜냐하면 인간의 의식작용은 자신이 간직한 '무'를 즉자존재에 침투시켜 존재를 의식하게 되기 때문이다. 이는 의식의 무화작용(의식작용)에 의해서 존재의 의미가 규정됨을 뜻한다. 이러한 의식은 그 자체로 분열되어

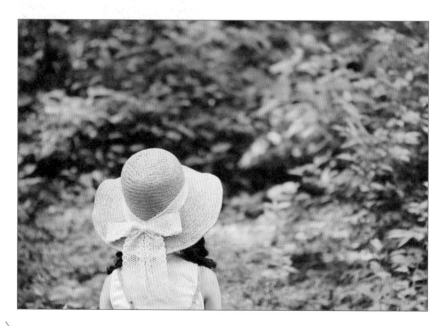

있다. 하나는 대상을 지각하는 의식과 다른 하나는 그 대상을 의식하고 있다는 사실을 의식함으로써 자신을 향하는 의식이다.

그러므로 '즉자'인 존재는 충실充實이지만, 분열된 의식은 존재의 충실을 결여하고 있다. 이는 '대자'인 의식이 무를 간직하고 있기 때문이다. 그렇기 때문에 인간은 존재의 결여이고, 그러한 결여(공허)를 메꾸기 위해 욕구하게 되는 것이다. 그럼에도 인간은 완전한 '즉자'가되기를 원하지 않고 '대자'로 있으면서 '즉자'로 되기를 원한다. 다시말하면 인간은 '즉자'로서의 충실성을 누리면서 의식적인 '대자'의 특권을 누리고자 하는 것이다. 이는 바로 인간이 신적인 존재가 되고자하는 욕망의 소산이라고 보는 까닭이다.

그러나 '즉자'이면서 '대자'인 신神은 존재하지 않는다. 왜냐하면 "즉자-대자(en-soi-pour-soi)"는 자기 모순적인 개념으로 절대 실현될 수없는 것이기 때문이다. 만일 신이 '즉자'라면 신은 존재의 충만성을소유하게 되겠지만 의식이 없으므로 선善의 실행이나 어떤 합목적적인 활동을 할 수 없다. 반대로 신이 '대자'라면 신은 의식을 갖고 있을것이고 '무'가 침투하여 결여를 메꾸고자 활동할 것이다. 이러한 신은완전성과 합목적적인 인격적 활동을 할 수 있을 것이라는 모순된 측면을 갖게 된다. 따라서 전통적으로 유지되어 왔던 완전한 신은 존재하지 않는다.

그러므로 사르트르는 창조주로서의 충만한 신이란 존재하지 않는다는 무신론적 입장에서 실존사상을 전개한다. 신이 없기 때문에 신이 설계한 세계도 없고, 신이 자신의 의지에 따라 결정하여 인간에게부여한 고정된 본질도 없다. 그래서 인간의 본질은 미리 정해져 있는것이 아니라 자유로이 만들어나가는 것이다. 즉 "인간은 자기 자신이 만드는 것 이외의 아무것도 아니다(L'homme n'est rien d'autre que ce qu il se fait)." 따라서 '대자'로서의 인간은 실존이며, 실존은 본질에 앞서는 자유롭고 창조적인 존재가 되는 것이다.

인간은 세계를 초월해 가는 자각적 주체로서 언제나 자기를 초월하는 존재이다. 이는 인간이 끊임없이 자기 밖으로 자기를 내던져 미래를 향해 현재를 뛰어넘는 기획하는 것을 의미한다. 다시 말하면 인간은 스스로 미리 내던진 가능태를 향해서 자유롭게 선택하고 계획하여 자기를 실현해 가는 존재이다. 이러한 입장을 사르트르는 인간이란 자유롭도록 저주받았다는 표현을 쓴다. 인간의 의식은 '무'를 간직하고 있어서 빈 공허를 메꾸려는 욕구가 있고, 이러한 욕구는 곧 자유에서 나오는 것이다. 인간의 자유는 인간이 자유로이 선택하는 그런 것이 아니라 운명적으로 주어진 자유다.

운명적으로 타고난 자유는 맹목적이거나 방종도 아니고, 맹목적으로 행동하는 것도 아니다. 여기에서 사르트르는 오히려 행동의 책임을 강조한다. 이는 각자의 실존이 스스로가 선택하는 존재이기 때문에 각자의 존재방식에 책임지지 않을 수 없는 존재임을 뜻한다. 이러한 책임과 관련하여 실존자는 각자의 선택과 동시에 전 인류의 존재를 선택한다. 왜냐하면 선택은 선택되는 것에 대한 가치평가를 전제하고, 이러한 가치평가는 개인에게만 적용되는 주관적인 것이 아니라 보편적이어야 하기 때문이다. 따라서 자신의 행위는 언제나 인류 전체의 선택이라는 귀결이 된다.

3) **현상학**Phänomenologie

20세기 초에는 전통적인 의미의 인식론을 극복하려는 새로운 철학적 사유의 운동이 일어난다. 바로 객관과 본질에로의 전환을 문제 삼은 현상학現象學이 그것이다. 현상학의 모토, 즉 "사태 그 자체에로 돌아가라(Zurück zu den Sachen selbst)"는 구호는 이를 말해주고 있다.

현상학은 본래 탐구 방법일 뿐이다. 이는 현상들이 본래 갖고 있는 본질, 즉 현상의 내용을 논리적으로 기술하는 작업을 말한다. 그럼 현상이란 무엇인가? 그것은 의식에 나타나 있는 것, 한마디로 "체험(Erlebnis)"이다. 이렇듯 현상학은 의식에 나타나 있는 것을 철학적 탐구의 영역으로 삼고 있다. 다시 말하면 사태에 충실하게 감정을 이입하는 직관과 발견의 도움을 받아 사태 그 자체의 본질 내용을 기술하는 처방이 바로 현상학이라는 얘기다.

이러한 의미의 현상학은 진리인식의 명증적인 지반을 찾고, 이 지반이 모든 인식의 최종적인 원천임을 철저하게 규명하는 작업이라 볼 수 있다. 이러한 작업을 발전시키는 데에 결정적으로 원동력이 된

철학자는 독일출신의 에드문트 후설 Edmund Gustave Albrecht Husserl(1859~1938) 이고, 그가 제시한 내재적인 의식 현상의 영역을 넘어서 가치, 인간, 세계, 신(하나님) 등의 커다란 주제에로까지 확대하여 현상학을 완성한 철학자는 막스 셸러 Max Scheler(1874~1928)이다.

후설

사태 그 자체에로 돌아가라고 역설한 후설

철학자로서 후설의 고민은 우리가 의식 밖의 대상을 어떻게 하면 진정으로 알 수 있을까 하는 문제였다. 그가 제창한 철학적 사유의 중심은 무엇이 참된 지식의 근거를 제공하는가 하는 인식認識에 있었던 것이다. 이 문제는 결국 사실과 사실에 대한 우리의 사고를 어떻게 일치시킬 것인가 하는 것으로 집약된다.

후설은 인식에 있어서 먼저 경험이 믿을만한 가치가 있는 자료임을 받아들인다. 이는 영국의 경험주의 입장을 따른 것으로 평가된다. 그리고 그는 우리에 의해 경험되는 사물에 집중할 것을 권장한다. 왜냐하면 현상학적 방법은 경험적인 사실을 있는 그대로 이해하는 것으로부터 시작하기 때문이다.

그런 다음 그는 "본질개념(Wesensbegriff)"에 대한 인식을 문제 삼는다. 여기에서의 본질은 전통적으로 형이상학에서 추구했던 그런 불변하는 실재, 즉 현상의 배후에 근원으로 실재하는 그런 것을 의미하는 것이 아니고, 논리적이고 관념적인 성격을 띤 객관적인 의미요소를 말한다. 이러한 의미요소는 바로 현상의 "사태(Sache)"와 짝이 되는 본질을 이루는 것으로 판단된다.

모든 본질은 현상으로 나타난다. 그래서 우리가 사물의 본질을 파악하기 위해서는 현상으로 드러난 사태를 정확히 파악하여 기술하는 쪽으로 방향을 잡아야 한다. 만일 의식에 아무 것도 없다면 사태는 없을 것이고, 현상 또한 없을 것이다. 이러한 의미에서 현상학은 의식에 주어져있는 사태를 직시하고 그것을 해명하면 되는 방법론이라 볼 수 있는 것이다.

현상학의 목표는 사태 자체를 드러내는 것이다. 이는 의식에 나타나는 현상을 정확히 파악하여 기술할 때 가능하다. 왜냐하면 우리의 의식은 항상 대상을 향해 있기 때문이다. 다시 말하면 우리의 의식은 무엇에 대한 의식, 즉 우리가 무엇인가를 보고 느끼고 생각하는 의식이다. 이것을 후설은 의식의 "지향성(Intentionalität)"이라고 했다. 그런데 의식의 대상은 우리의 의식과 독립하여 자체로 존재하는 어떤 것이라고 말할 수 없다. 의식에 없는 대상은 존재한다고 말하거나 사유될 수 없기 때문이다. 그러므로 사물의 본질을 파악하기 위해서는 그것을 구성하는 원천인 의식의 내부로 돌아가야 한다.

의식 내부로 돌아가는 것은 어떻게 가능한가? 그것은 인식론에 있어서 대상자체가 아니라 대상을 인식하는 의식주관으로 전환하는 선험적 태도를 필요로 한다. 여기에서 '선험적'이란 인식을 형성하는 궁극의 원천, 즉 주관으로 되물어가려는 동기를 의미한다. 이러한 방법을 후설은 "현상학적 환원(Phänomenologische)"이라 부른다. 이 방법을 통해 우리는 의식 내부로 돌아가 사태자체, 즉 사물의 본질을 밝힐 수 있다는 얘기다.

여기에서 말하는 '환원'에는 두 가지가 있다. "형상적 환원(eidetishe Reduktion)"과 "선험적 환원(transzendental Reduktion)"이 그것이다. "형상적 환원"은 사물을 인식비판적으로 검토함 없이 사물의 본질을 찾아내는 절차인데, 세 가지 태도로 구분된다. 자연적 태도, 인격주의적 태도, 자연과학적 태도가 그것이다. 자연적 태도는 대상을 자명한 존재로 확신하여 지각하지만, 지각의 주체인 인격을 아주 도외시하는 태도이고, 인격주의적 태도는 지각주체인 인격을 중심으로 사물을 지각하기 때문에 소박하게 확신하는 태도이고, 자연과학적 태도는 모든 대상을 일정한 방법이나 기구를 매개로 하여 정확하게 관찰하고 분석하여 성질이나 구조를 설명하는 태도이다. 이들 세 가지 태도는 경험적인 대상세계가 존재한다는 것을 자명한 사실로 확신하는 것에 지나지 않는다.

따라서 본질인식에 중요한 것은 "선험적 환원"이다. 선험적 환원은 자연적 태도의 일반정립을 비판하고, 모든 인식의 형성과 인식하는 자기 자신과 인식생활에 관한 자기반성의 최종근거를 반문하는 태도를 말한다. 후설은 철학을 엄밀한 학문으로 정립하기 위해 앞의 세 가지 태도를 비판하고 선험적 태도로 돌아가는 것이 꼭 필요하다고 주장한다.

선험적 태도에서 결정적으로 필요한 것은 판단중지(Epoche)이다. 여기에서 판단중지는 고대 그리스의 회의주의자 피론Pyrrhon(BCE 360~270년 경)이 말한 것을 의미하지 않는다. 피론의 회의론은 모든 사물에 대해 단지 속견俗見만을 가질 뿐 진리인식이란 불가하기 때문에 단정적인 판단을 중지하고 진리탐구를 체념함으로써 안심입명安心立命으로

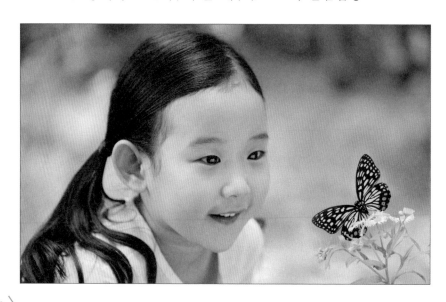

돌아가자는 것이었다. 하지만 후설이 제안한 판단중지는 객관적인 인식의 가능성을 입증하기 위해서였다. 요컨대 멀리서 개가 짖는 소리를 들었을 때, '낯선 사람이 지나간다,' '호랑이가 개에게 접근하고 있다', '개가 배가 몹시 고프다', '누군가 개를 괴롭히고 있다'는 모든 판단을 중지하고 의식 내부로 들어가 그 본질을 직시해 보라는 뜻이다.

후설의 판단중지는 앞서 말한 "형상적 태도(자연적 태도, 인격주의적 태도, 자연과학적 태도)"가 취하는 세계의 존재에 대한 확신을 배제하고 괄호 침(주체와 대상을 '한데 묶기')을 의미한다. 판단을 중지해야 일종의 사유실험을 통한 자유로운 변경이 가능하며, 자유로운 변경을 통해 같은 성질을 가진 요소들을 분류하여 이것들을 체계적으로 서술하도록 정리할 수 있게 되기 때문이다. 이러한 과정을 거친 후에 최종적으로 남는 것은 "현상학적 잔여(Residium)"라 부르는데, 이것이 바로 판단중지를 통해 얻어낸 불변하는 본질이다. 한마디로 말해서 "형상적 환원"이 이루어진 것이다. "형상적 환원"은 판단중지, 자유로운 변경, 기술을 통해 사물의 본질을 찾아내는 절차이기 때문에 본질적 환원이라 불린다.

"형상적 환원"을 통해 얻어낸 본질을 다시 의식내재로 환원하는 절차가 아직 남아 있다. 이것이 바로 "선험적 환원"이다. "선험적 환원"이란 무엇인가? "형상적 환원"은 사물의 본질을 찾아내는 것이기 때문에 경험적 현실성을 넘어서 초월적인 것이 되기 쉽다. 여기에서 후설은 초월적 존재를 순수의식으로 내재화하는 절차를 필요로 했던 것이다. 이 과정을 "선험적 환원"이라 하는데, 이는 '현상학적 잔여'들을 순수의식으로 직관하여 사상자체, 즉 순수의식의 보편적 본질을 파악하는 것을 목적으로 한다.

그렇다고 현상에 대한 참된 본질인식이 산출된 것은 아니다. 순수

의식은 각 개인의 주관적인 것이므로, 그 체험내용의 객관성을 아직 확보하지 못했기 때문이다. 그래서 후설은 이런 문제점을 '상호주관성'과 '생활세계의 이론'으로 보완하고 있다. '상호주관성'이란 사회 공동체적 의식을 말한다. 즉 우리의 인식 주체는 순수한 개인의식에 의해 결정되는 것이 아니라 궁극적으로 상호주관성에 의해서 결정된다는 것이다. 요컨대 우리가 어떤 대상을 인식하고 그것이 진리라고 인정된다면, 이는 진리임이 개인으로서의 자신에 의해 결정되는 것이 아니라 자신이 사는 공동체적 사회인식에 의해 결정됨을 말한다.

후설은 인식의 객관성을 확보하기 위해 '상호주관성'을 내세웠고, 그 기반이 되는 것을 "생활세계(Lebenswelt)"에서 찾고 있다. 생활세계란 어떤 세계인가? 우리의 판단의 근원적 토대는 개별적 대상이고, 개별적 대상이란 언제나 어떤 전체 속에 있는 개체인데, 개별적인 대상을 파악할 때는 그 대상이 이미 생활세계 속에 주어져 있어야 한다. 그러한 생활세계는 무질서하거나 막연하게 주어져 있는 것이 아니라 일정한 구조를 가지고 있다. 생활세계는 지평구조로서 우리에게 주어져 있는 것이다. 결국 개체는 생활세계 속에서 부각되어 개인에게 촉발되어 파악되는 것이다.

그러므로 우리의 경험은 이렇게 일정한 구조를 가지고 있는 생활세계 위에서 이루어지는데, 우리가 어떤 대상을 파악한다는 것은 이러한 생활세계 속의 동형으로서 파악되는 것이다. 따라서 인식의 명증적 토대를 찾고자 하는 현상학자는 모든 개별적 경험의 보편적 기반으로서 우리 눈앞에 주어져 있는 '생활세계'로 귀환하여야 한다. 본질에 대한 진리인식은 바로 그러한 기반위에서 이루어지기 때문이다.

셸러의 가치왕국_____

> "삼신 하나님께서 참마음을 내려주셔서[一神降衷] 사람의 성품은 삼
> 신 하나님의 대광명에 통해 있으니[性通光明] 삼신 하나님의 가르침
> 으로 세상을 다스리고 깨우쳐서[在世理化] 인간을 널리 이롭게 하라
> [弘益人間]." 「환단고기桓檀古記」「단군세기檀君世紀」

후설의 현상학적 방법을 극대로 확대하여 현상학을 완성한 철학자
는 막스 셸러Max Scheler이다. 왜냐하면 그는 후설이 의식 내부로 들어
와 사태의 본질을 밝히는 내재적 철학을 가치, 인간, 세계, 절대자(신)
의 영역에까지 넓혀나갔기 때문이다.

셸러가 수행한 철학적 주요 업적은 뭐니 뭐니 해도 가치의 영역을
발견하여 학문의 영역으로 끌어들인 점이다. 그에 의하면 원천적으로
낡은 가치도 새로운 가치도 없고, 그저 가치들만 있을 뿐이다. 이러한
가치는 인간이 창조한 것이 아니라 오직 '발견되는 것'이다. 이는 문
화와 역사의 진보에 따라 인간의 시야에 새롭게 들어오는 것이 가치
라는 얘기다.

그저 있는 가치가 무엇인지를 우리는 어
떻게 알 수 있는가. 가치를 알기 위해서는
그것을 단순히 쳐다보는 수밖에 없다. 쳐
다보더라도 가치를 볼 눈이 없는 사람은
가치를 알지 못한다. 요컨대 유물론적인
사고에 젖어있는 사람은 가치를 보는 눈
이 멀었다고 할 수 있을 것이다. 또한 어떤
형식에 얽매여 있어도 가치를 볼 수 없게

셸러

된다. 자신의 형식주의 때문에 윤리적인 선善의 가치내용을 간파하지 못했다고 셸러가 칸트Kant를 비판한 것도 이 때문이다.

셸러에 의하면 사물은 자체로 독자적인 가치를 지니고 있고, 오로지 그 내용을 통해서 그 가치가 정당화된다. 요컨대 인간의 어떤 행위가 윤리적으로 가치 있게 되는 것은 그것이 보편타당한 법칙으로 될 수 있기 때문이 아니라, 윤리적으로 가치 있는 행위이기 때문에 보편타당한 법칙으로 될 수 있다는 얘기다. 사회에서 봉사활동을 하는 경우에나 부모님께 효도하는 경우에도 마찬가지이다. 여기로부터 후설이 말한 현상학적 본질직관은 셸러에게 있어서 '가치직관'으로 전환이 된다고 본다.

그렇다면 인간은 가치에 대해 알 수 있는 능력이 구비되어 있을까? 셸러는 감각적인 사물이란 지각되는(wahrnehmen) 것이고, 그 개념이란 생각되는(denken) 것이고, 그 가치란 느껴진다(fühlen)고 말한다. 가치를 느끼는 것은 바로 가치들을 냄새 맡는 지향적인 작용 때문이다. 이것을 셸러는 가치감각이라고 한다. 그래서 인간에게는 누구나 가치를 느끼는 그러한 감각을 갖게 된다. 이는 심리학에서 즐거움[快]이나 즐겁지 않은[不快] 것을 느끼는 심리적인 상태를 말하는 것이 아니다. 오히려 동양의 유가儒家에서 "인의예지仁義禮智"와 같은 사단지심四端之心이 발현되는 상태에서 느껴지는 가치감각에 가깝다.

가치감각을 바탕으로 하여 인간은 인간다움이 형성된다. 인간다움에서 인격人格이 나온다. 인간은 여러 사물들 중의 하나에 지나지 않지만, 그럼에도 인간에게는 인격이라는 것이 있어서 다른 사물들과 현격하게 구분이 된다. 그러한 인격은 타고날 때부터 존재하는 것이 아니라 '되어가는 것'이다. 이는 인격이란 플라톤이나 아리스토텔레스의 형이상학에서처럼 인간의 본질적인 것으로 원래부터 존재하는 것이 아니라는 얘기다. 또한 인격은 심리적인 작용의 총화와 같은 것도 아니다. 왜냐하면 심리적인 작용이란 인격이 이용하는 수단에 지나지 않기 때문이다.

　인격은 가치감각이 있기 때문에 인간에게 형성될 수 있고, 끊임없는 행위로 그 전모가 드러난다. 인격을 드러내는 행위는 다른 사물들처럼 인과적 결정이나 유전인자나 어떤 환경에 의해 지배를 받지 않는다. 인격은 자유로움 속에서 가치들을 실현해 감으로써 형성되는 것이기 때문이다. 이러한 인격적인 행위만이 마음의 내적인 질서와 부합하게 된다. 그러한 사람은 가치의 세계에 참여하는 존재가 되고, 결국 최고의 가치존재인 근원의 인격적 존재, 즉 절대적인 신에 참여할 수 있게 된다.

　셸러가 제시한 인격주의는 우주 전체에 있어서 인간의 지위를 굳히는 학설이 되는데, 이는 인간이 가치감각과 본질에 대한 앎을 갖고 있기 때문이라는 얘기다. 이런 점에서 인간은 정신(Geist)이 되고, 이 정신

으로 말미암아 인간은 다른 동물들과 구분이 되는 것이다. 왜냐하면 여타의 동물은 비록 생각하고 목적을 헤아리는 성향을 가질지라도 진리와 가치세계에 대해서는 아무런 관심이 없기 때문이다. 오직 인간만이 본질과 가치를 직관하는 정신을 통해서만 인격적인 인간으로 되어가는 존재이다.

결과적으로 볼 때, 정신은 세계의 과정 전체에 관여하고 있다. 헤겔이 말한 이념과 마찬가지로 정신은 세계에서 생겨나는 것을 순화純化하게 함으로써 세계화과정이 완성된다. 그런 세계화과정을 이루는 한 단체團體가 인간이다. 우주적인 삶이 세차게 발전해가는 시간적인 지속 중에서 인간은 신적인 것 자체가 되어가는 과정에 짜 넣어져 있기 때문이다. 세계에서 신적인 것이 아직도 진행 중인 한, 빛과 어둠의 극적인 투쟁 속에서 가치실현은 진행되고 있는 것이다. 신적인 것이 완성되는 날 모든 가치실현 또한 완성되는 것이다.

4) 변종 존재론 – 하이데거Heidegger

하이데거

20세기에 동서양에 걸쳐 너무도 잘 알려진 사상가를 한 분 꼽으라 하면 마틴 하이데거Martin Heidegger(1889~1974)가 단연 선두를 점유할 것이다. 그의 철학적 사유에 대해서는 저술에서 보는 바와 같이 개념에 대한 조어造語로 말미암아 논쟁의 여지가 더러 등장할 수 있다. 문제는 그가 실존주의자인가 아니면 존재론자인가를 가름할 때, 후대의 사상가들이 서로 다른 견해를 제시한다는 것이다.

　1927년부터 연재되었던 『존재와 시간(Sein und Zeit)』만으로 그의 사상을 평가하게 되면, 실존범주의 개념들이 등장하면서 실존문제에 대한 해석이 중심을 이루고 있기 때문에, 그는 명백히 실존철학자로 불리는 이유가 될 수 있다. 그러나 그가 초지일관으로 다루고 있는 문제는 "존재란 무엇인가"하는 "존재"를 해명하는 것이었다. 1929년에 출간된 『형이상학이란 무엇인가(Was ist Metaphysik)』에서 다루어지는 핵심주제는 그가 실존철학자라기보다는 존재론자로 보기에 충분하다. 그렇다고 해서 그가 전통적인 의미의 존재론자라고 하기에는 상당한 거리가 있다. 아마 사상의 핵심주제가 다소 생소하게 전개되기 때문일 것이다.

존재자를 존재자이게 하는 존재

　고대 서양에서 철학적인 사유가 시작된 이래 탐구의 중심과제는 "존재란 무엇인가"를 묻는 존재론(Ontology)이었다. 최초의 철학자라 불리는 탈레스Thales로부터 시작하여 고대 자연철학자들은 역동적으로 생장하는 자연(physis)에 대한 존재를 물었고, 피타고라스Pythagoras는 이성에 의한 고도의 추리를 통해 탐구해낸 추상적인 수數를 존재로 보았고, 아테네 시대로 접어들면서 철학자들은 문명사적인 규범(nomos), 즉 윤리적인, 정치적(사회적)인 규범에 대한 존재를 사유하기 시작했다. 중세시대에는 신의 존재에 대해 체계적으로 탐구했고, 근대 이후부터는 인간의 삶에 관련된 존재문제를 드러내기 시작했다.

　하이데거는 이러한 전통적인 존재론의 역사를 뒤집어 관점의 전환을 구축하려고 시도한다. 그는 『형이상학이란 무엇인가』에서 "도대체 왜 존재자는 있고 오히려 무無는 없는가? 이를 묻는 것이 철학하는 것"이라고 하면서 자신의 연구과제가 존재에 대한 탐구임을 분명하게 밝힌다. 이어서 그는 유럽전통의 철학이 '존재자'에 대한 탐구였지 '존재'에 관한 사유가 아니었다고 하면서 존재론의 역사가 모두 존재망 각存在忘却의 길을 걸었다고 역설한다. 그에 따르면 아직까지도 존재일반이 자명하고 명석하다는 잘못된 생각 때문에 '존재'에 대한 물음은 한 번도 올바르게 제기된 일이 없었기에 존재망각의 역사 속에 내버려져 있었다는 것이다.

하이데거는 전통적인 존재론을 파괴하고, 존재자체의 의미를 물어 새롭게 밝히려 시도하게 되는데, 우선 "존재(das Sein)"와 "존재자(das Seiende)"를 명백히 구분 짓는다. 전통적인 의미에서 존재론은 모두 '존재자'에 대한 물음이었지만, 자신이 새롭게 제기하는 존재론은 존재자가 '무無' 가운데서 개시되는 '존재'의 의미를 해명하는 것이라는 얘기다. 여기에서 '존재자'는 사물의 현상이나 존재양식을 말하는 것

1929년에 출간된 『형이상학이란 무엇인가Was ist Metaphysik』

으로, 하늘, 땅, 바다, 책상, 나무, 행위 등, 개념으로 '존재하는 것'을 지칭한다. 반면에 '존재'는 "존재자를 존재자이게 하는 것"으로 규정된다.

'존재자를 존재자이게 하는 것'을 '존재'로 규정한다면, '존재'는 종래의 철학이 추구했던 전체적인 근원으로서 '신神'을 말하는 것일까? 하이데거에 의하면 '신'도 한낱 '존재자'에 불과하다. 한마디로 말해서 인간이 이성적으로 생

각하여 개념으로 만들어진 모든 것은 단지 '존재자'에 지나지 않는다는 얘기다. 여기에서 하이데거는 한 걸음 더 나아가 최고의 존재자인 신을 포함하여 모든 존재자가 어떻게 참다운 존재자일 수 있는가 하는 물음, 즉 존재자의 근원이 되는 의미의 '존재 자체'에 대한 물음을 제기한다.

존재 자체를 묻는 그러한 '존재'는, 단순히 객관적인 대상으로 존재하는 것이거나 일상적인 의미에서 존재하는 것과 구별되기 때문에, 개념화된 대상으로 객관화될 수 없는 공허한 것으로 보일 수 있다. 그렇기 때문에 '존재'는 언제나 간과되어 왔고 망각의 역사로 떨어졌던 것이다. 여기에서 하이데거는 존재망각의 역사를 종식시키고자 한다. 그것은 '존재론적 차이'를 명백히 드러내는 것이다. '존재론적 차이'란 이성적 사유의 영역으로 들어와 개념화된 일상적인 존재자와 근원적인 의미의 존재자체 사이에 드러나지 않은 본질적인 차이를 뜻한다.

현존재Dasein의 실존론적 분석_____

'존재론적 차이'를 명백히 드러내기 위한 작업의 일환으로 하이데거는 『존재와 시간』이라는 저서에서 '존재'의 참뜻에 좀 더 가까이 다가갈 수 있는, 존재를 그 자체로 파악할 수 있는, 어떤 존재자를 찾아낸다. 그런 존재자를 그는 "현존재(Dasein)"라 불렀다. 현존재란 '거기(Da)'에 있는 '존재(sein)'라는 뜻으로 구체적인 인간을 뜻한다.

인간이라는 현존재는 물론 책상, 집, 고양이, 나무 등과 같은 존재자에 불과하다. 그러나 모든 존재자들 중에서 인간만이 존재의 의미를 물을 수 있는 유일한 존재자이다. 다시 말하면 인간은 '존재란 무엇인가?'라는 질문을 받으면 명확하게 대답하기란 어렵지만 어렴풋이나마 조금 알고 있기에 그런 물음을 던질 수 있는 것이다. 인간 이 외의 다른 존재자들은 그런 물음을 던질 수 없기 때문에 하이데거는 '현존재'라 하지 않고 '도구적 존재'라 불렀다.

하이데거가 말하는 현존재는 어떤 인간을 두고 하는 말일까? 그것 은 단순히 주관적이거나 논리적이고 추상적으로 사유하는 그런 보편 적인 의미의 인간이 아니라 현실적으로 존재하는 구체적인 개별인간 을 지칭한다. 개별적인 현존재는 다른 존재자와는 달리 자신의 존재 를 언제나 문제 삼고 그것에 관심을 쏟는다. 이런 현존재를 하이데거 는 실존(Existenz)이라 부른다.

존재론의 근거를 확립하기 위해서 하이데거는 현존재의 근본 구조, 즉 인간에 대한 실존론적 분석을 시도한다. 이는 아리스토텔레스가 존재를 밝히기 위해서 제시한 '존재범주(Category)'에서가 아니라 "실존 범주(Existenzialien)"에서 다루어진다. 다시 말하면 존재가 무엇인지를 알 기 위해서는 인간이 존재이해를 갖고 있다는 점에 착안하여 현존재의 존재이해방식을 분석해야 하는데, 이는 존재이해를 내포하고 있는 인 간의 실존분석으로부터 시작해야 한다는 것이다. 오직 현존재의 존재 구조를 밝히는 실존분석만이 존재자체의 의미를 밝히는 존재론의 길 을 열어놓을 수 있다고 본 것이 하이데거의 입장이다.

첫째, 실존론적 분석에서 볼 때, 일상적인 생활을 영위하는 인간의 현존재는 본질적으로 "세계내존재(In-der-Welt-Sein)"이다. 이는 인간이 세계를 떠나서 존재할 수 없음을 의미한다. 즉 이 세계에는 다양한 사 물들이 존재하고, 인간은 이것들과 독립되어 존재하는 것이 아니라 이것들에 관심을 갖고, 이것들을 유용한 도구(Zeug)로 간주하여 필요 에 따라 적절하게 사용하면서 살아간다. 또한 인간은 사물들에 관심을 갖고 있으면서도 주변 사람들과의 관계 속에서 살아가기 때문에, 인간의 현존재는 본질적으로 공동세계존재(Mitweltsein)이다. 여기에서 하이데거는 현존재의 존재방식이 사물에 대한 "배려(Besorge)"이건 다른 사람에 대한 "염려(Fürsorge)"이건 결국 "관심(Sorge)"으로 환원될 수밖에 없다는 의미에서 "관심"을 세계 내에 있어서의 현존재의 존재방식이라고 규정한다.

둘째, 현실을 살아가는 인간은 대개의 경우 실존자가 아니다. 그것은 인간이 본래적인 자기로 살아가는 것이 아니라 통속적인 "세상사람"(das Man)으로 살고 있기 때문이다. 여기에서 세상 사람이란 어떤 특정한 사람이나 이 사람 저 사람이 아니라 어느 누구라도 상관없는, 어느 누구도 아닌, 그런 사람을 가리키는데, 대표적으로 아무런 책임도 느끼지 않고 그저 풍문이나 잡담에 귀를 기울이며, 유행이나 호기심에 사로잡혀서 그저 그렇게 살아가는 일상인을 가리킨다. 이런 일상적인 세상 사람으로서의 현존재는 본래적인 자기가 가리워져 있는 존

서울 남대문 시장

재방식으로 퇴락頹落한 사람이다. 퇴락한 사람은 비본래적인 자기로부터 본래적인 자기로의 실존을 회복하여야 하는데, 실존을 회복하거나 비본래적인 세상 사람으로 살아가게 되는 결정적인 계기는 바로 죽음에 대한 불안(Angst)이다.

셋째, 불안은 무엇이고 어디에서 오는 것일까? 그것은 공포恐怖와 다르다. 공포는 그 대상이 존재하지만 불안은 아무런 대상이 없다. 그럼에도 불안이 생기는 까닭은 현존재가 유한한 존재라는 것, 즉 죽음에의 존재(Sein zum Tode)이기 때문이다. 죽음은 외부로부터 현존재에게 다가오는 것이 아니라 애초부터 현존재에게 붙어 있다. 인간의 생존은 죽음이라는 한계에 부딪쳐 부서짐으로써 자신의 유한성을 그대로 드러내고 있다. 이러한 죽음의 불안은 인간에게 숙명적이다. 그렇기 때문에 비본래적인 세상 사람은 자신의 존재가 소멸될 것이라는 불안감에서 벗어나기 위해 오락, 스포츠 등의 즐거움에 탐닉하기 마련이다. 즉 죽음에 대한 불안이 현존재로 하여금 비본래적인 일상의 존재

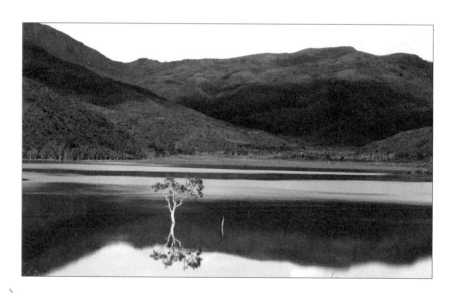

로 타락케 하는 것이다. 그런 사람은 자신의 죽음을 깊이 통찰하지 않고 그저 "사람으로 태어났으니 결국 죽는다"고 말할 뿐이다. 이러한 죽음에 대한 회피를 통하여 세상 사람은 불안을 잊어버릴 수 있을지라도 초극할 수는 없는 것이다.

넷째, 인생의 시작과 종말은 무無에 놓여 있다. 인간은 자신의 의사와는 상관없이 '무(Nichts)'에서 수동적으로 이 세상에 "던져진 존재(Geworfenheit)"이다. 출생 이전과 죽음 이후는 완전히 '무'이다. 무위에 떠 있는 유한한 존재는 죽음에의 존재이기 때문에 불안한 것이다. 그럼에도 인간은 능동적으로 미래를 향해 자신을 설계하는 존재 가능성을 가지고 있다. 이러한 인간의 특성을 "기투(Entwurf)"라 한다. 던져져 있음이 필연적이라면 기투는 미래를 향하여 기획하고 계획하는 가능성을 의미한다. 현존재는 '무'에서 그냥 던져진 채로 살아가기도 하지만 진지하게 자신의 미래를 결정하면서 살아가기도 한다는 얘기다. 미래를 기획하는 인간은 하이데거가 말하는 소위 "양심(Gewissen)"의 소리에 귀를 기울일 때 가능하다. 양심이란 세상 사람의 일상성 속에 잊혀져있던 본래의 자기 자신을 되찾으려는 부르짖음이다.

다섯째, 현존재는 앞으로 다가올 죽음을 앉아서 기다리거나 죽음의 불안을 도피하려 하지 않고 스스로 앞질러 죽음을 결의함으로써 죽음으로부터 자유를 찾을 수 있다. 죽음의 가능성을 앞당기는 것은 인간의 존재를 그 전체성에서 드러나게 하는 계기가 되는 동시에 양심의 결단을 통하여 자신의 본래성을 깨우치는 결정적인 요인이 된다. 이와 같이 죽음에의 선구先驅와 일상적인 자기의 비본래적인 모습을 버리고 자신의 본래성을 되찾으려는 결단성을 합친 것이 "선구적 결단(vorlaufende Entschlossenheit)"이다. 이러한 태도는 현존재의 근거가 '무'임을 그대로 받아들이는 자세이다. 이와 같이 현존재의 실존은 유한성의 자각을 토대로 하여 죽음에의 선구를 결의함으로써 본래적인 자기로서 드러나게 되는 것이다.

무無를 꿰뚫어가는 탈존자脫存者

인간을 포함하여 세계에 존재하는 일체의 존재자가 아무리 발버둥쳐도 결국엔 '무無'로 돌아가게 된다는 것은 기정사실이다. 그럼에도 실존적인 인간만은 어디론가 사라지게 될 대상이 없는 불안 속에서 마침내 텅 빈 '무'와 마주치게 된다. 텅 빈 '무'의 상태와 마주한 현존재는 일체의 존재자를 벗어나 초탈超脫한 상태일 것이다. '무'를 향해 초탈한 현존재의 실존은 스스로 '무' 속으로 함몰해 있다는 의미에서 "탈존자(Ek-sistenz)"라고 할 수 있다. 탈존자는 일체의 존재자에게서 초연超然한 상태로 있으면서 존재자의 근원을 묻는 자로 임하게 된다.

존재자의 근원에 대한 탈존자의 물음은 종교적인 의미에서 완전한 '신神'의 존재로 귀착되는 것일까? 그렇지 않다. 왜냐하면 신의 존재마저도 사유를 통해 대상화되는 '존재자'에 속하며, 신도 결국 '무'에 근원하는 존재자여야 하기 때문이다. 따라서 탈존자는 신의 존재 근원에 대해서도 같은 물음을 던질 수밖에 없다. 이런 맥락에서 볼 때 하이데거는 무신론의 입장을 취하고 있다는 주장이 가능하다. 그는 정말 무신론자였을까?

어쨌든 탈존자는 모든 존재자의 근원을 묻는 상태에서 '무'를 꿰뚫어나가는 과정에 처할 것이고, 이럴 때 비로소 '존재' 그 자체를 체험할 수 있는 가능성이 열리게 되는 것이다. 이 때의 '무'는 존재자에 대한 무화無化로서의 '무'이고, 일체의 존재자와 전적으로 상이한 극단적인 타자他者를 뜻한다는 의미에서 하이데거는 "존재의 면사포(der Schleier des Sein)"라고 표현했다. '존재의 면사포'란 탈존자가 '무'를 꿰뚫어가는 과정에서 존재가 스스로 참모습을 드러내기도 하고 은폐하기도 하는 단면을 표현한 것이다. 이와 같이 면사포에 감춰진 '존재자체'는 대상화될 수도 없을뿐더러 존재자로 규정되는 여하한 개념이나 표상적인 사유에 의해서도 파악될 수 없다. 하지만 '존재자체'는 모든 존재자를 근원적으로 밑받침하는 지주支柱이며, 만유 속에 깃들어 있는 진정한 존재의 의미이다.

존재의 가르침과 부름에 응답하는 철학자

철학이 참 진리를 추구한다는 것은 명백한 사실이다. 그렇다고 해서 철학이 논리학에서처럼 정확성이나 사리事理에 일치하는 것만을 탐구해야한다는 것은 아니다. 이런 학문만이 지혜를 추구하는 철학은 아니기 때문이다. 하이데거는 존재자가 아닌 존재 그 자체를 돌이켜 사유하는 "추념(Andenken)"이란 뜻에서 존재의 가르침과 그의 부름에 충실하려는 사유(Denken)를 철학이라고 말한다.

존재의 가르침이나 부름이란 무엇을 뜻하는가? 우선 가르침이나 부름을 받는 탈존자는 사유를 전제한다. 탈존자의 사유란 무엇이고, 무엇이 사유하도록 하는 것일까? 사유는 "이성(Vernunft)"이 한다. '이성'은 "귀담아 듣는다(Vernehmen)"라는 뜻에서 나왔다. 무엇을 귀담아듣는 것일까? 그것은 진리眞理에 대한 것이다. 진리는 바로 스스로를 은폐하면서도 동시에 살짝 드러내 보이는 존재이다. 따라서 사유는 '존재에 대한 사유'라고 말할 수 있다. 역으로 본다면 존재가 그 진리를 이성으로 하여금 사유하도록 한다고 볼 수 있다는 얘기다.

　그래서 '존재에 대한 사유'는 존재의 가르침과 부름이라는 두 방식으로 구분하여 의미를 해석해볼 수 있다. 전자는 소극적인 방식으로 사유가 존재를 바탕으로 하는 것이기 때문에 존재에로 귀속될 수밖에 없는 사유이고, 후자는 적극적인 방식으로 사유가 존재에 귀속되어 있으면서 존재의 소리에 귀를 기울이기 때문에 존재가 걸어오는 말에 대한 사유다. 가르침과 부름은 언어를 통한 소통이다. 그러므로 언어는 단순한 의사소통이나 교제의 수단으로만 그치는 것이 아니고 존재를 파악할 수 있는 존재의 집이다. 존재의 집은 탈존자가 몸담고 있는 집인 셈이다. 다시 말해서 언어는 존재로 하여금 스스로 빛을 발하면서 말을 하도록 하는 매개체가 되는 것이다.

　탈존자의 사유란 오직 존재의 가르침과 부름에 응대하는 것이기 때문에 존재를 경모하는 사유이다. 만일 사유를 통해서 흘러나오는 존재의 말이 일상적인 언어적 표현으로 형용될 수 없는 것이라면, 하이데거는 시詩의 세계로 접근해갈 수 있다는 입장이다. 그래서 하이데거는 독일의 시인 횔더린Friedrich Hoelderin(1770~1843)의 시어詩語를 오랫동

횔더린

도연명

안 연구하여 다양한 해석을 내리게 되었다. 아마도 그는 위대한 시인들 중에서도 휠더린을 동양의 도연명陶淵明(365~427)만큼이나 최고로 위대한 시성詩聖으로 여겼고, 휠더린이 존재자체가 걸어오는 말을 가장 순수하게 시어로 표현했다고 보았기 때문이었을 것이다.

5) 분석철학Analytic Philosophy

20세기의 사상을 특징지우는 또 다른 하나는 분석철학이다. "분석 分析(analysis)"이란 복잡하게 얽혀있는 것을 풀어내어 최후로 남는 본래의 요소나 성분을 확실하게 밝힌다는 뜻이다. 이때의 분석은 사상이나 사고가 주로 언어에 의해서 전개되고 표현되는 것이므로 언어분석을 가장 중요한 탐구로 삼는다. 이런 의미에서 분석철학은 종래의 사변적인 철학방법을 거부하고, 언어로 표현되는 모든 과학과 일상적인 지식, 개념, 명제의 진리에 대해 분석적 방법을 거쳐서 엄밀하게 밝히는 것을 목적으로 하는 새로운 철학이다.

어찌 보면 분석철학이 등장하기 훨씬 이전부터 진리탐구를 향한 철학적 활동은 언제나 언어분석에서 출발했다고 볼 수 있을 것이다. 요컨대 '진정한 선이란 무엇인가', '성스러움이란 무엇인가', '용기란 무엇인가', '정의란 무엇인가'하는 물음들에 직면하여 플라톤이 언어분석에서 탐구를 시작했다고 보는 것은 논란의 여지가 없을 것이다. 이런 의미에서 철학자들은 실제로 언어의 개념적 의미를 분석해왔고, 진술형식으로 어떻게 정의하는가에 대해 고심했던 것으로 보인다.

철학적인 오류는 일어난 사건과 말해진 것들을 잘못 이해하는 데서 발생한다. "신은 절대적인 존재이다", "진정으로 존재하는 최고의 존재자는 만유생명의 존재 근거이다"라는 경우들이 그렇다. 분석철학자는 진술의 의미를 논리적인 정신으로 이해하려고 시도하게 되는데, 의미를 전달하는 가장 기본적인 언어적 명제가 문장론적 규칙에 따라 구성되어야 한다는 것이다. 대표적인 예가 "삼각형은 세 선분으로 이루어진 다각형이다"와 같은 분석명제이거나 "홍길동은 청바지를 입고 있다"와 같은 종합명제이다. 분석철학에 의하면, 대상을 위한 경험적인 징표나 의미를 제시하지 못하는 명제, 즉 하이데거가 말한 "무는 무화한다(Das Nichts nichtet)"와 같은 명제는 경험적인 징표도 없고, 아무런 의미를 던져주지도 못하기 때문에 진리탐구의 대상이 아니라는 얘기다.

현대의 분석철학은 처음에 영국과 독일에서 출범하였으나 오늘날 미국 등 각 지역에서 유행하는 사상이다. 분석철학에서 수행하는 철학적 태도는 탐구에 있어서 먼저 경험주의 입장에 동조하면서 종래의 관념적인 형이상학적 사유를 배제하고 실증주의 입장을 따른다. 그러면서 개념이나 명제의 논리적 분석을 통하여 문제를 명료하게 하여 그 해결을 꾀하려고 시도한다.

유럽에서 활동하는 분석철학의 그룹은 참으로 많다. "분석의 케임브리지 학파(Cambridge School of Analysis)", "비엔나 학단(Wiener Kreis)", "일상언어 학파(Ordinary Language School)", "의미론자(Semanticist)", 그리고 각국의 많은 과학자 집단을 꼽을 수 있을 것이다. 그러나 여기에서는 분석철학의 효시嚆矢라 불리는 무어G. E. Moore(1873~1958)와 논리적 원자론을 제시한 러셀B. Russel(1872~1970), 일상 언어학파의 대표자라 할 수 있는 비트겐슈타인Ludwig Wittgenstein(1889~1951), 비엔나 학단의 논리실증주의 철학만을 간단하게 소개해볼 것이다.

분석철학의 효시라 불리는 무어

분석철학의 선구자라 할 수 있는 철학자는 영국출신의 무어일 것이다. 그의 철학적 동기는 전통적으로 주장되어온 형이상학적인 명제들, 즉 "신은 존재한다"와 같은 명제의 오묘한 비밀을 풀어내기 위해서가 아니다. 그는 논리적인 언어분석을 통해서 그 명제들이 터무니없음을 지적하여 시정하고자 함이었다. 그가 헤겔을 비롯하여 관념론의 기본전제들을 반박하기 위해서 1903년에 발표한 "관념론 반박(The Refutation of Idealism)"은 이를 잘 대변하고 있다.

요컨대 "존재하는 것은 지각된 것이다(Esse est percipi)"라고 말한 버클리G. Berkeley(1685~1753)의 주장에서 무엇이 잘못됐는지를 검토해 보자. 이 명제는 논리적으로 말해서 어떤 것이 '존재한다'는 것을 알 때, 우리가 그 존재의 '의미를 안다'는 것으로 분석될 수 있다. 여기에서 어떤 것이 '존재한다'는 것과 '지각된다'는 것은 서로 넘나들 수 없는 거리가 있다. 그렇다면 버클리는 존재하는 대상을 의식 속에 병합함으로써 대상과 지각을 혼동하고 있다고 무어는 비판한다.

우리가 무엇을 지각한다는 것은 의식 외부에 있는 객관적인 대상이 존재하고 이것을 경험하여 안다는 뜻이다. 이를 무어는 일상적인 경험으로 증명할 수 있음을 제시한다. 요컨대 "이것이 나의 한쪽 손이고, 이것이 또 다른 한쪽 손이다"라는 진술은 직접 경험함으로써 증명될 수 있는 사실이라는 얘기다. 이러한 사례들은 지극히 상식에 맞는 명제들이다. 이러한 방식에서 무어는 영국 경험주의 전

무어

통에서 관념론을 분석적으로 비판한 것으로 사료된다.

논리적 원자론을 제창한 러셀

오늘날까지 유럽에서 가장 잘 알려진 철학자는 단연코 영국 케임브리지 대학의 러셀을 꼽을 수 있다. 그는 원래 수학자로서 출발했으나 수학의 근본 원리가 흔들리게 된 후로 새로운 기초정립에 진력하면서 철학적 문제들을 아주 간명하고 명쾌하게 서술한 자로서 그 명성을 날리게 된 인물이다.

러셀은 현실세계에서 일어나는 것을 그대로 반영하는 것이 언어의 본질적 기능이라고 주장한다. 그런데 일상생활에서 사용되는 자연언어는 애매모호하게 되어있기 때문에, 이것을 가지고 세계의 구조에 대해 추리했을 경우 누구나 오류를 범하기 쉽다. 그러나 자연언어가 애매할지라도 조심스럽게 분석하면 세계에 대응하는 언어의 논리적 구조를 발견할 수 있다는 것이 러셀의 입장이다.

논리적 분석을 통해 자연언어의 올바른 구조를 보여줄 수 있다는 주장은 러셀에 의해 제기되었다. 그것은 자연언어의 구조를 인공ㅅㅗ 언어로 이루어진 기호논리체계로 환원하는 방식이다. 러셀은 화이트

화이트헤드

헤드Alfred North Whitehead(1861~1947)와 함께 저술하여 1913년에 펴낸 『수학의 원리(Principia Mathematica)』에서 이를 제시하고 있다. 이 책의 첫머리에서 그들은 세계의 본질적인 구조에 대한 파악이 수학적인 논리를 통해서 가능하다는 입장을 보여주고 있다.

러셀은 단연코 영국 경험주의 전통을 기저에 깔고서 무어의 영향을 받아 철학적 사유로 뛰어들었다고 할 수 있다. 그에 따르면, 현실적인 것이란 보편적 관념이 아니라 오직 개별적인 "감각사실 (sense-data)"들 뿐이다. 이들 각각은 서로 아무런 논리적 연관성도 없다. 어떤 고정적인 물질이나 절대적인 정신 또는 자아

러셀

도 존재하지 않고 오직 감각사실만이 존재한다고 여긴 러셀은 흄의 경험론적 입장을 연상시킨다. 이로부터 그는 객관적인 감각세계가 상호 독립적인 원자적 사실들과 그 결합으로 구성되어 있다고 보고, 이에 대응하는 언어체계의 구조를 분석하게 된다.

러셀의 분석철학은 논리적 원자론에서 출발한다고 볼 수 있다. 논리적 원자론의 기본체계는 원자적 사실들과 그 결합이 언어로 진술될 수 있다는 데에 바탕을 두고 있다. 그에 따르면, 언어적 진술의 최소단위는 "원자적 명제(atomic Proposition)" 혹은 "요소명제(elementary Proposition)"들이다. 원자적 명제는 언어체계이고 원자적 사실은 객관적인 세계인데, 양자는 일대일 대응관계에 있다는 얘기다. 원자적 사실들의 결합에 대응하는 명제는 복합명제이고, 복합명제는 원자적 명제들이 '그리고', '또한', '혹은' 등의 연결사에 의해 결합된 것들이다.

그러므로 언어와 실재의 세계가 서로 대응관계라는 것은, 대상의 세계와 언어세계의 구조가 같기 때문에, 언어를 통해 대상의 실재세계가 참인지 거짓인지가 밝혀질 수 있음을 의미한다. 다시 말하면 대상의 실재세계가 아무리 복합적이라 하더라도, 그에 대응하는 복합명

제는 논리적인 분석을 통해 원자명제로 분해될 수 있고, 원자명제의 참과 거짓에 따라 그 진위眞僞가 결정된다는 것이다.

만일 "홍길동과 손오공은 요술을 부린다"(p·q)는 복합명제가 있다고 하자. 이 명제의 진위를 알아내기 위해서는 일단 원자명제로 분해해야 한다. "홍길동은 요술을 부린다"(p)와 "손오공은 요술을 부린다"(q)라는 원자명제가 그것이다. 원자명제인 "홍길동은 요술을 부린다"(p)와 "손오공은 요술을 부린다"(q)가 모두 참이라면 복합명제의 진술은 참이다. 만일 한쪽만 참일 경우, 즉 "홍길동은 요술을 부린다"(p)는 참이지만 "손오공은 요술을 부린다"(q)가 거짓이든가, 아니면 (p)는 거짓이고 (q)가 참일 경우, 혹은 양쪽 모두가 거짓일 경우에 복합명제의 진술은 거짓이 된다.

러셀에 의하면, 세계를 구성하는 모든 복잡한 사실들은 상호 독립적이고 개별적인 원자적 사실들로 환원될 수 있고, 언어적 표현은 최소한의 의미체인 원자적 명제로 분석될 수 있기 때문에, 세계의 원자적 사실은 원자적 명제로 진술될 수 있다. 따라서 러셀은 철학의 과제가 이러한 원자적 명제들 간의 관계와 구조를 밝힘으로써 이로부터 세계의 본질적인 구조에 대해 드러내는 작업이라고 주장한다.

일상 언어학파의 대표자 비트겐슈타인

1889년 4월 오스트리아 수도인 비엔나Wien의 명문가에서 언어분석철학의 천재가 탄생했다. 바로 비트겐슈타인이다. 어린 시절부터 그는 수학과 자연과학에 지대한 관심을 갖고 있었고, 2년 동안 베를린에서 기계공학도 공부했다. 그는 1908년에 항공공학 연구소에 잠깐 있다가 영국으로 건너가 맨체스터Manchester 대학에서 공학을 공부했다. 그러던 중에 엄청나게 어려운 러셀의 『수학의 원리』(1903)를 읽고서 감명을 받아 1911년에 공학을 포기하고 러셀이 교수로 재임하던 케임브리지Cambridge 대학에 들어갔다.

러셀과 비트겐슈타인의 운명적인 만남은 케임브리지 대학의 강의실에서 이루어졌다. 러셀은 철학을 가르치는 교수였고 비트겐슈타인은 철학을 배우는 학생의 신분이었다. 고대 아테네시대에 플라톤이 아크로폴리스 광장에서 소크라테스를 운명적으로 만나 제자가 되었듯이, 러셀은, 자신의 삶에서 "가장 흥미로운 지적모험 가운데 하나"가 바로

비트겐슈타인

비트겐슈타인을 알게 된 것이라고 극찬할 만큼, 철학의 천재를 제자로 삼게 된 것이다. "비트겐슈타인은 내가 가르쳐야할 모든 것을 금방 알아버렸다"고 러셀이 술회했을 정도로 비트겐슈타인은 철학의 천재였다.

프레게

비트겐슈타인은 러셀의 수제자로서 연구 활동을 하다가 독일로 건너가 예나Jena 대학에 들어간다. 거기에서 그는 수학자이며 논리학자였던 프레게F. L. G. Frege(1848~1925)의 철학을 배우게 된다. 프레게는 명제논리와 술어논리의 기호화 및 공리화를 이룩하여 근대 수리철학과 분석철학의 기초를 마련한 인물이다. 1차 세계대전이 일어나자 비트겐슈타인은 조국인 오스트리아군에 입대하였고, 이

탈리아 군의 포로로 수감되었을 때 그 유명한 『논리철학논고(Tractatus Logico-Philosophicus)』를 저술하여 친구의 도움을 받아 1922년 세상에 내놓게 된다.

이 책이 출간된 후 비트겐슈타인은 케임브리지 대학에서 연구활동을 하다가 "자신은 더 이상 분석철학을 할 것이 없다"고 선언한 후 고향 오스트리아 시골마을로 돌아가 초등학교 교사가 되었다. 초등학생들과 생활하면서 그는 새로운 언어세계를 체득하고, 지금까지 자신의 철학이 오류가 있음을 깨닫게 되자 1929년에 다시 영국 케임브리지 대학으로 돌아간다. 거기에서 그는 1947년까지 제자들을 가르치면서 새로운 분석철학의 장을 열게 되는데, 이것이 그의 후기사상이다. 그리고 그는 거기에서 1951년에 생을 마감하게 된다. 그의 후기사상은 사후 1953년에 출간된 『철학적 탐구(Philosophical Investigation)』에 집약돼 있다.

비트겐슈타인의 언어분석철학에 대한 논의는 크게 전기사상과 후

케임브리지 대학교 전경

기사상으로 나뉜다. 전기사상은 그가 전쟁터에서 작성하여 출간한 『논리철학논고』에 체계적으로 서술되어 있는데, 스승의 논리적 원자론을 토대로 나온 "언어의 그림이론(picture theory of language)"이 핵심이다. 후기사상은, 그가 오스트리아 시골 초등학교에서 어린이들과 어울리면서 깨달은 것인데, 논리적 원자론을 토대로 하여 전개된 자신의 언어분석철학이 잘못됐음을 지적하고, 언어의 "의미 용도론(use theory of meaning)"을 토대로 하여 새롭게 전개되는 "언어게임(language game)" 이론이 핵심이다.

언어의 그림이론

러셀의 영향을 받은 비트겐슈타인의 초기사상은, 언어와 세계가 서로 대응하고 있고, 언어의 논리적 구조가 세계의 논리적 구조를 반영한다는 입장에서, 일상 언어 속에 숨어있는 논리를 밝혀내는 것에 주력한다. 그에 의하면 세계에서 일어나는 것은 원자적 사실이고, 이를 기술하는 언어는 "원자적 명제"로 이루어져 있고, 그 속에는 실재세계가 담지되어 있다는 것이다. 따라서 언어는 실재세계의 논리적인 그림이라고 할 수 있고, 언어의 본질은 실재세계의 논리적 구조를 자신의 논리적 구조 속에 그리는 것이다. 이것이 바로 그가 말하는 "언어의 그림이론"이다.

언어의 그림이란 무엇인가? 그림은 어떤 것의 그림이다. 이는 언어의 명제적 그림이 논리적 공간에서 표상하는 상황과 세계가 똑같은 논리적 형식을 가져야 함을 의미한다. 다시 말하면 하나의 명제는 대상세계에 대한 그림이고, 그림이 사태와 일치한다는 것은 그림의 구성요소와 실재의 구성요소 사이에 논리적 구조가 같음을 의미한다.

그러므로 세계에 대한 인식은 언어의 논리적 분석이다. 말해질 수 있는 것(can be said)만을 말해야 하고, 말해질 수 없는 것(cannot be said)은 침묵해야 한다. 요컨대 존재자체는 말해질 수 없기 때문에 명제화 할 수 없다. 분석명제는 동어반복이다. 명제로 표현되는 의사소통은 언어의 명제적 그림이 보여주는 논리적 구조를 서로 교환하는 것이다. 만일 명제적 그림이 보여주는 구조가 대상의 실재와 일치하게 된다면 참이고, 일치하지 않게 된다면 거짓이 된다. 『논리철학논고』에서 보여주는 이러한 사상은 진리의 대응설적 입장에서 논리적 원자론을 집대성한 것으로 보인다.

언어게임 이론

비트겐슈타인은 오스트리아 시골학교에서 어린이들을 가르치면서 『논리철학논고』에서 일상 언어 속에 숨겨진 논리적 구조가 있다는 언어관이 잘못되었음을 깨닫게 된다. 즉 총체적인 세계가 상호 독립적인 원자적 사실들로 이루어져 있고, 또한 모든 명제가 원자적명제로 분석될 수 있고, 원자적 명제들의 복합과 일반화로 학문이 구성될 수 있다고 보았던 초기 사상이 그릇되었다는 것을 알았던 것이다. 왜냐하면 언어적 분석을 통해 최종적으로 얻어낸 원자적 명제도, 복합적인 세계가 원자적 사실로 환원되는 것도, 절대로 단순한 것이 아니었기 때문이다.

'단순하다', '복잡하다'는 뜻은 사태나 사태의 전체적인 맥락에서 말해야지, 그 속에 내재된 절대적인 성질의 것이 아니다. 그래서 비트겐슈타인은 『논리철학논고』에서 절대적으로 단순한 사태나 명제를 찾던 논리적 원자론의 사상을 후기에 내놓은 『철학적 탐구』에서 비판적으로 거부하고, 언어의 의미개념도 수정한다.

언어를 그림으로 보는 이론은 언어를 하나의 단일한 사실을 지시하는 기능으로만 보았던 것이 잘못이라는 얘기다. 이와 같이 언어의 의미가 사실을 지시하는 것에 불과하다는 지시대상의미론은 언어의 기능을 아주 협소하게 제한한 것이다. 우리가 언어의 의미를 안다는 것은 그 '언어를 어떻게 사용할 줄 아느냐', '그 언어가 어떻게 사용되었느냐'를 파악한 것이다. 즉 언어의 의미는 그것이 지시하는 대상이 아니라 사용되는 용법에 따라 다르게 쓰인다는 것이다. 이것이 바로 언어의 "의미 용도론"이다.

언어가 어떻게 쓰이는가의 의미 용도를 사람들은 어떻게 터득하게 되는가? 비트겐슈타인은 언어의 용도를 배우는 것이 곧 게임을 배우는 것과 같다(언어 게임론)고 한다. 말이란 의미를 전달하는 것이 목적인데, 말의 의미를 파악하기 위해서는 그 말이 쓰이는 게임이 어느 테두리에서 이루어지고 있고, 어떻게 사용되고 이해되고 있는지를 관찰해야 한다는 것이다.

게임에는 무수하게 다양한 종류가 있다. 축구선수는 공을 가지고, 바둑은 바둑알을 가지고, 궁도는 활[弓]을 가지고, 야구는 공과 방망

이를 가지고 게임을 한다. 이들 게임의 경우에서 유사점은 있을지언정 공통적인 게임규칙은 없다. 요컨대 세계적으로 유명한 축구선수 호날도C. Ronaldo(1985~)가 규칙에 따라 축구를 잘한다고 해서 같은 규칙에 따라 야구를 잘하는 것은 아니다. 언어게임에서도 사정은 마찬가지다. 누군가 "거시기를 좀 가져다주세요."라고 했을 경우, '거시기'란 말은 다양한 의미에서 적용이 되고 있다. 구덩이를 파는 농부에게서는 '거시기'가 삽을 의미할 수 있고, 벽돌을 쌓고 있는 미장이에게는 '벽돌'을 의미할 수 있다.

세상에는 각자 규칙과 행동양식을 갖는 무수한 게임이 있을 뿐이다. 이러한 규칙은 고정불변한 것이 아니고 항상 게임의 틀에 따라 변화될 수 있다. 그러므로 우리가 말의 의미를 이해하기 위해서는 그 말의 대상을 찾는 것이 아니라 그 기능을 찾아 사용자에게서 어떻게 사용되고 있는가를 이해해야한다. 따라서 언어의 의미를 정확하게 알기 위해서는 그 언어를 사용하는 사람의 구체적인 생활환경까지도 알고 있어야 한다. 왜냐하면 언어는 사람의 여러 활동과 밀접하게 관련되어 있기 때문이다. 이런 맥락에서 비트겐슈타인의 후기 언어분석철학은 일상 언어가 구체적인 생활 속에서 사용되고 있는 그대로를 서술하고 이해하려는 방식에 집중하고 있다.

비엔나 학단의 논리적 실증주의

금세기에 내적으로 단단하게 짜여진 하나의 학파를 이루어 철학적 운동을 새롭게 전개한 단체가 있다. 바로 비엔나 학단의 논리적 실증주의가 그것이다. 이 단체는 1929년 비엔나에서 『과학적 세계관(Wissenschaftliche Weltanschauung)』이라는 기관지를 발간하게 되었는데, 여기에 일군의 철학자들이 동참하면서 논리적 실증주의가 출범하게 된다. 자칭 비엔나 학단이라 칭하는 이 단체는 논리학자이자 철학자였던 프레게와 러셀의 논리학의 영향을 지대하게 받았다. 그 학단의 중심에는 세미나를 주재해가던 저명한 학자 슐리크 Moritz Schulick(1882~1936)가 있었다. 슐리크는 독일에서 출생하여 물리학으로 박사학위를

슐리크

받았고, 귀납적 과학철학의 교수로 활동한 인물이다.

비엔나 학단을 주도적으로 이끌어간 학자는 카르납Rudolf Carnap(1891~1970)이다. 이 학단은 1930년부터 『인식(Erkenntnis)』이라는 정기 간행물을 기관지로 삼고 있었지만, 그 간행물은 1938년에 오스트리아가 독일의 히틀러 정권 치하로 병합되면서 중단되었다. 상황이 그렇다 보니 비엔나 학파의 저명인사들은 각국으로 흩어져서 활동하게 된다. 카르납은 1931년부터 프라하에 정착하여 그곳의 독일계 대학에서 강의를 맡고 있었는데, 정치적으로 난경에 처하자 1935년에 유럽을 떠나 미국 시카고로 이주하여 교수생활을 새로 시작하였다. 1954년 이후에는 로스앤젤레스의 대학교수로 활동하다 생을 마감했다.

비엔나 학단을 중심으로 활동한 논리실증주의의 철학적 주요업무는 어떤 웅장한 이론체계를 새롭게 창조하는 것이 아니라 언어로 진술되는 사상의 의미를 보다 논리적으로 분명하게 하는데 있었다. 왜냐하면 일상 언어라는 것은 다의적이어서 애매하게 표현되어 사유에 많은 혼란을 일으키기 때문이다. 그래서 논리적 실증주의는 이런 애매한 언어로 표현된 철학적 명제를 논리적으로 정밀한 언어로 환원함

으로써 명제의 논리적 구조를 명확하게 하는 것을 그 목적으로 했다.

논리실증주의의 첫 번째 작업은 검증할 수 없는 형이상학적 주장을 무의미한 것으로 일언지하에 폐기처분하는 것이다. 전통적인 형이상학은 우주의 근원적인 실재, 우주의 존재 목적, 절대적인 신의 존재나 영혼의 불멸성 등 초감성적인 영역을 탐구대상으로 삼았다. 이에 대해 실증주의 선구자라 할 수 있는 프랑스 출신 꽁트Auguste Comte(1798~1857)는 경험될 수 있는 실증적인 사실들만을 실재하는 것으로 받아들이고 형이상학적인 명제가 거짓임을 증명하려 했지만, 논리실증주의자들은 이러한 형이상학적 주제들을 단숨에 거부한다. 결정적인 이유는, 형이상학적인 주제가 사변적이거나 초경험적인 것이어서가 아니라 참과 거짓을 가릴 수 없는 명제이기 때문에, 인식론적으로 전혀 무의미하여 학문으로서의 지위를 가질 수 없다는 데에 있다.

다음으로 논리실증주의자들은 언어의 논리적 분석을 통해 "정의적인(emotive) 명제를 정면으로 거부한다. 그들에 의하면, 언어로 표현되는 진술이 의미가 있으려면 참과 거짓을 가릴 수 있는 명제여야 하는데, 이러한 명제는 자연과학에서 추구하는 '종합명제綜合命題'와 수학

이나 논리학에서 다루는 '분석명제分析命題'뿐이다. 이외의 다른 명제들은 형이상학적인 명제이거나 단순한 정의적인 감정표현에 불과하므로 모두 참과 거짓을 가릴 수 없는 진술이라는 얘기다.

진위를 가릴 수 있는 명제는 경험적으로 검증 가능한 종합명제와 의미 있는 분석명제이다. "철수는 청바지를 입고 있다"

꽁트

는 진술은 종합명제의 예이다. 이 진술이 참인지 거짓인지는 실험이나 관찰을 통해 철수가 과연 청바지를 입고 있는지 아닌지를 가려낼 수 있다. 분석명제는 그 진술에 사용된 개념의 정의(definition)에 의해서 타당성이 증명될 수 있다. "삼각형은 세 선분으로 이루어진 다각형이다"는 진술이 그 예이다. 이 진술의 진위여부는 '삼', '선분', '다각'의 개념 정의로 인식되는 명제다.

논리실증주의는 종합명제도 아니고 분석명제도 아닌 명제란 인식론적으로 무의미한 사이비 진술들이라고 주장한다. 요컨대 "저 여자는 정말 아름답다"와 같은 미학적 진술, "저 여자는 참으로 착하다"와 같은 윤리적 진술, "전지전능한 신은 인류에게 전적으로 자애롭다"와 같은 종교적 진술 등은 모두 그 타당성이 검증될 수 없기 때문에 무의미한 주장이므로 폐기되어야 한다는 것이다.

인식론적으로 볼 때 의미 있는 진술은 오직 자연과학의 언어들뿐이다. 그렇다면 철학이 밝혀야할 탐구주제는 오직 과학적 언어의 용법에 나타나는 개념을 분석하여 명료하게 하는 것으로 한정된다. 이런 의미에서 보면 논리실증주의는 철학이란 단지 과학의 논리학일 뿐이라는 얘기가 된다. 이런 맥락에서 카르납은 "과학의 명제 이외에 철학만의 고유한 명제가 따로 있는 것은 아니다. 철학을 탐구한다는 것은 과학의 개념 및 명제를 논리적 분석을 통하여 명확하게 하는 것 이외에 아무도 의미하지 않는다. 그것을 위한 도구가 새로운 기호 논리학이다."(『Erkenntnis』)라고 주장한다.

논리실증주의의 두 번째 작업은 검증의 원리(the verification principle)를 확정하는 것이다. 우리가 어떤 진술을 안다는 것은 그 진술이 참이될 조건과 거짓된 조건을 아는 것이며, 그것을 경험적으로 검증할 수 있는 방법이 있다는 것이다. 그렇지 못하면 그 진술은 무엇을 의미하는지를 알지 못하는 것이다. 요컨대 "이 약은 달콤하지만 생명을 죽이는 독약이다"라는 진술의 의미를 안다는 것은 이를 검증해보면 된다는 것이다. 검증은 바로 경험을 통한 실험 관찰이다. 그러나 "신은 존재한다"와 같은 진술의 의미를 안다는 것은 검증할 방법이 없다. 경험으로 검증될 수 없는 이러한 명제는 언제 참이고 언제 거짓이 될 수 있는지를 알지 못한다. 다시 말해서 이 명제는 분석해 보면 '신'과 '존재한다'라는 단순한 단어의 나열에 불과하기 때문에 무의미하다는 얘기다.

논리실증주가 제시하는 의미 있는 진술과 무의미한 진술의 구분, 참과 거짓을 가려낼 수 있는 실험 관찰을 통한 검증원리는 후대의 사상과 학문적 탐구에 많은 영향을 끼쳤다. 특히 오늘날 철학적 활동에 있어서 검증될 수 없는 주장이란 무의미한 헛소리에 지나지 않는다는 사고가 팽배해 있는데, 이는 바로 논리실증주의 사고방식에 기원한다고 볼 수 있을 것이다.

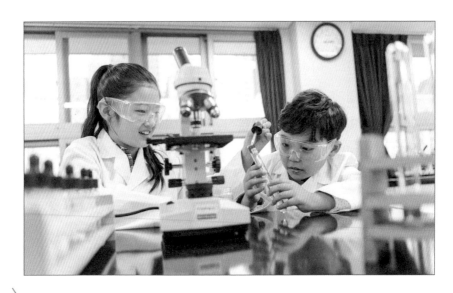

6) 사회철학Social Philosophy

> "선천에는 수명壽命 복록福祿이라 하여 수명을 앞세우고 복록을 뒤
> 로하였으나 복록이 없이 수명만 있으면 산송장이라 마찬가지니라.
> 나는 복록을 먼저 하고 수명은 다음이니 그러므로 후천에는 걸인이
> 없느니라. 이제는 복록을 먼저 하라. 녹祿 떨어지면 죽느니라." (『道典』
> 2:25:5~7)

1997년대에 우리는 IMF 관리체계를 거치는 과정에서 사회 각 부
분의 구조조정으로 말미암아 직장인들이 일터에서 쫓겨나야 하는 수
난을 겪은 바 있다. 최근에는 일터로 뛰어들어 왕성하게 활동해야 할
젊은 청년들이 직업난으로 말미암아 또 한 번 고충을 겪고 있다. 외연
을 확장해 보면 지구촌에는 인종갈등, 이념의 대립, 산업화에 따른 기
술과 무역경쟁 등으로 말미암아 전란이 소용돌이치고 있다. 이러한
혼란의 배후에는 정의롭지 못한 사회질서와 공정하지 못한 생업활동
의 문제가 작용하고 있는 것으로 보인다. 이러한 문제들을 다루는 철
학의 분과는 사회철학의 범주로 규정될 수 있을 것이다.

철학의 역사를 조망해볼 때 사회철학의 발단은 인간이 존재하는 목
적을 밝혀, 줄기차게 실현하려고 노력해온 한 가지 주제에서 시작한
다. 그 주제는 바로 고대 그리스의 플라톤이 궁극으로 구현하고자 했
던, 정의로운 인간, 정의로운 사회 혹은 정의로운 국가 건설에서 보는
"정의"이다. 왜냐하면 정의는 어떻게 하면 사회구성원 모두가 인간다
운 삶을 살 수 있는가에 대한 판단규준을 제공하기 때문이다.

인간다운 삶을 영위하는 데에 충족되어야할 기본적인 조건이 있다.

그것은 인간 삶의 생존권 보장, 다양한 인간에게서 표출되는 적절한 욕구충족, 각자에게 부여되는 자아실현의 기회를 보장받는 삶이어야 한다는 것이다. 이러한 기본적인 조건을 본질적이고도 통합적으로 담지하고 있는 것은 바로 경제적 가치의 공정한 분배일 것이다. 다시 말해서 인간이면 누구나 먹고 살아야하는 생존욕구와 각자의 자아실현을 위해서는 경제적인 물질적 가치가 기본적으로 확보되어야 하고, 이를 근간으로 해서 정의롭게 살아갈 수 있는 사회정의가 실현될 수 있는 길이 열리게 된다는 얘기다.

경제의 물질적 가치에 대한 분배문제는 산업혁명 이후 자본주의 사회로 접어들면서 본격적으로 대두하기 시작한다. 초기 자본주의 사회정책은 '자유방임적 시장경제'를 원칙으로 내세웠다. 대표적인 학자는 사회철학자이자 고전경제학자로 불리는 스미스Adam Smith(1723~1790)이다. 그는 1776년에 출간된 『국부론(The Wealth of Nations)』에서 최초로 자유방임주의를 표방했다. 자유시장이야말로 '보이지 않는 손'으로 개인은 각자 사익을 추구하고, 자원 또한 효율적으로 배분되고, 이로부터 사회전체 또한 생산성이 높아져 이익이 증진된다는 것이다.

스미스

그러나 자유방임주의 사회정책은 결국 '가난한 노동자는 더욱 가난해지고, 자본가는 더욱 부자가 되는'[貧益貧 富益富] 기형적 현상으로 나타났다. 이에 극단적으로 반대적인 평등주의 사회정책이 출현하게 된다. "공동생산 공동분배"를 이념으로 하는 공산주의 사회정책이 그것이다. 이러한 사회정책도 결국 인간다운 삶을 보장하는 정의로운 사회를 이루지 못하고 실패로 돌아갔다. 그래서 최근에는 평등주의를 기반으로 하는 수정자유주의 사회정책이 등장한다. 대표적인 이론가는 롤즈John Rawls(1921~2002)이다. 그는 1971년에 출간한 『정의론(A Theory of Justice)』에서 빈부의 격차를 줄일 수 있는 대안으로 소득 재분배 정책을 제시하게 되는데, 이는 오늘날 여러 국가에서 검토되고 있는 편이다.

　자본주의 사회체제에서 '어떻게 하면 인간다운 삶을 살 수 있는가'의 문제를 다루는 것은 사회철학의 주요 과제 중의 하나일 것이다. 그것은 산업사회에서 노동의 문제와 물질적인 재화의 재분배 문제로 집약된다. 사유재산을 기본으로 하는 자본주의 경제체제에서 노동과 관련된 허점을 날카롭게 파헤치면서 마르크스K. Marx(1818~1883)는 "소외 疏外(Entfremdung)"의 문제를 제기하였고, 자유주의 사회에서 경제적 재화의 분배문제를 다룬 롤스는 『정의론』에서 어떻게 하면 공정한 재분배가 실현될 수 있는가를 제기한다. 여기에서 필자는 이 두 인물이 내세운 중심내용을 간략하게 소개하는 것으로 만족할 것이다.

자기 자신으로부터의 "소외"를 분석한 마르크스

　현대 자본주의 사회는 상품소비의 만능시대다. 자본가는 온갖 종류의 새로운 상품을 창출하여 소비자의 구매를 유혹하고 있고, 유혹을 뿌리치지 못한 소비자는 원하는 대로 상품을 소비함으로써 기호 가치를 표현하면서 자유를 누린다. 다시 말해서 이러한 상품들은 소비자에게 자아실현의 물질적 조건으로 여겨지게 되는 셈이다. 그러나 상품소비의 자유는 아무에게나 주어지는 것이 아니라 구매력이 있는 소비자에게만 허용된다. 그런 물질적 조건을 충족함으로써 자아실현의 추구라고 믿는 소비자는 결국 시장경제의 발달과 더불어 돈이면 최고라는 황금만능주의에 물들어버리게 마련이다.

그런데 자아실현의 물질적 조건이 되는 금전의 사익추구는 인간본연의 의식과 태도를 변화시켜 이기심과 탐욕을 더욱 부추기게 되고, 이기심과 탐욕에 물든 인간은 순수한 사랑, 고귀한 명예심, 꺼림칙한 마음을 일으키는 양심, 지극히 존귀한 사람의 가치조차도 오직 돈벌이를 위한 수단으로 여기게 된다. 자본가는 경제주의 입장에 충실하여 최소의 비용으로 최대의 이윤을 창출하는 데에 인정사정을 두지

바흐

프롬

않으며, 이윤 증식을 위해서는 무엇이 바람직하고 그렇지 않은지를 따지지 않고 새로운 상품시장을 개척한다. 반면에 무한한 물질적 욕망을 충족함으로써 자아를 실현한다고 믿는 소비자는 돈벌이에 동분서주하게 되는데, 바로 여기에 마르크스가 말하는 인간의 "소외疏外"라는 심각한 문제가 도사리고 있다.

"소외"란 어떤 것으로부터 떨어져 나가 소원疏遠해진 것을 일컫는다. 인간의 소외란 본래의 자기 자신으로부터 멀어진 것을 의미할 것이다. 인간의 소외에 대해 헤겔G. W. Hegel(1770~1831)은 대자태對自態인 자연으로 외화外化된 의식을 말했고, 포이에르바흐L. Feuerbach(1804~1872)는 소외를 종교宗敎

에서 찾았으며, 프롬E. From(1900~1980)은 인간의 우상숭배에서 소외를 언급했고, 마르크스는 노동자가 겪는 산업자본주의 경제체제에서 소외를 통찰했다.

자본주의 시장경제체제에서 마르크스는 인간의 소외를 일으키는 근원과 그 특징을 어떻게 파악하고 있는가? 간략하게 요약해 보면 다음과 같다.

첫째로, 자본주의 사회에서는 사유재산을 인정하는데서 인간의 소외가 비롯된다고 마르크스는 지적한다. 자본주의에서 돈의 가치는 소유주에게 무한한 힘을 부여하는 전능한 신과 같은 존재다. 왜냐하면 돈의 가치는 모든 가치를 지배하여 전도시킬 수 있기 때문이다. 요컨대 성실을 불성실로 불성실을 성실로 전도시킬 수 있다든가, 미덕을 죄악으로 죄악을 미덕으로 바꿀 수 있다든가, 무지를 지성으로 지성을 무지로 전환시킬 수 있다든가, 노예를 주인으로 주인을 노예로 탈바꿈시킬 수 있는 신적인 힘이 바로 돈이라는 얘기다. 이와 같이 가치의 정상에 군림하는 돈의 위력은 인간의 존재 전체를 지배하는 비인간적인 힘으로 작용한다. 이로 인하여 인간은 본래의 자기 자신으로부터 소외되고, 자유를 박탈당하며, 비인간화로 전락한다. 이와 같이 돈의 가치에 대한 숭배는 소외의 토대이자 근원이 된다.

둘째로, 임금노동자는 노동의 이윤으로부터 소외가 발생한다. 자본주의 사회에서 사회계급은 자본가와 임금노동자로 양분될 수 있는데, 자본가는 최소의 비용으로 최대의 이익을 올리기 위해 혈안이 된다. 특히 자본가는, 생산수단을 합리적으로 배치하려고 한다면, 임금노동자나 새로운 기계의 도입을 고려하게 될 것이다. 만일 임금노동자를 선택하였을 경우 자본가는 생산비를 최소화하기 위해 생존에 필요한 만큼만 노동자에게 지불하고 잉여분을 챙긴다. 임금노동자는 인간다운 삶을 영위하기 위해서 더 많은 시간을 투자하여 노동을 하지만, 잉여가치는 결국 자본가에게로 돌아가고 만다. 따라서 임금노동자는 노동을 하면 할수록 이윤으로부터 소외되고, 자신의 내면적인 가치가 더욱 빈약해지기 때문에 자신으로부터의 소외를 피할 수 없게 된다.

셋째로, 임금노동 자체가 소외의 원천이 된다. 사실 노동은 인간이 자신의 본질을 표현하는 행위로서 육체적으로나 정신적으로나 건강을 유지할 수 있게 하고, 삶의 보람과 행복을 느낄 수 있게 한다. 그러나 자본주의 시장경제체제에서 임금노동자는 자발적이고 능동적인 노동이 아니라 생계를 유지하기 위해 억지로 하는 고역이고, 자발적으로 행하는 창조적인 노동이 아니라 타의에 의해 기계적이고 즐거움이 없는 반복적인 작업의 연속일 뿐이다. 따라서 노동은 인간에게 자유로움과 보람을 제공하지 못한다. 이러한 강요된 노동은 노동자 자신의 표현이 아니기 때문에 노동을 하면서도 자기 자신과 무관함을 느끼게 된다. 결국 이런 노동자는 동물처럼 단지 먹고 마시고 번식하는 기능을 할 때만 오히려 편안하고 행복감을 느끼게 된다.

넷째로, 자본주의 사회에서 노동자가 산출해낸 상품은 노동자 자신과 전혀 무관하게 독자적으로 존재하거나 다른 사람에게 팔려 소비되기 때문에, 임금노동자는 노동자 자신의 생산물로부터 소외된다. 이런 상황에서 노동자는 다른 기계와 마찬가지로 자본가의 생산도구에 지나지 않는다. 따라서 임금노동자는 자기와 같은 종족을 생산해내는 데 필요한 만큼의 임금을 받아 생존해 나갈 뿐이다.

다섯째, 임금노동자는 생산 활동과 자신의 본질로부터 소외되고, 결국엔 본질이 속하는 유적존재類的存在로부터 소외된다. 마르크스에 따르면, 인간은 고립된 개인의 집합이 아니라 상호간의 유대관계를 통해 사회적인 유類를 반영하는 유적존재이다. 그러한 인간은 노동을 통한 생산과정에서 자신을 발견하고 자신의 본질을 실현시키게 되지만, 노동으로부터 소외된 인간은 창조적인 자기 활동성과 자유로운 활동성이 사라지고, 오직 삶을 위한 노동만이 있을 뿐이기 때문에, 인간의 본질로부터 소외된다. 결국 그러한 인간은 이기적이고 개인적인 존재가 되고, 다른 사람들과 서로 분리되어 사회적 관계인 유적존재로부터 소외된다.

여섯째, 유적존재로부터 소외된 인간은 동료들로부터 소외된다. 특히 노동의 분업은 노동자들의 소외를 더욱 가속화시키기 마련이다. 즉 노동의 분업으로 인하여 개인의 이익은 공동체의 이익으로부터 분리되고, 개인들의 관계는 이기적인 타산의 관계로 변질되기 때문에, 보편적인 인간행위로부터 소외되어 결국 인간은 서로서로 이방인으로 전락하고 만다. 이방인으로 전락한 인간들 간의 관계는 인격으로 맺어지는 것이 아니라 상품으로 맺어지게 마련이다.

일곱째, 인간의 소외는 노동자만의 특권이 아니고 노동자를 상품으로 취급하는 자본가도 마찬가지이다. 임금노동자는 노동이 자신의 것이 되지 못한다는 점에서 소외되고, 자본가는 노동을 하지 않는다는 의미에서 소외된다. 결과적으로 말해서 자본주의 사회에서 발생하는 인간의 자기 소외는 결국 인간이 자주성을 상실하는데서 비롯됨을 의미한다.

그러므로 마르크스는 사유재산을 기본으로 하는 자본주의 시장경제체제에서 인간이 자유롭지 못하고, 자기 자신으로부터 소외될 수밖에 없음을 지적한다. 즉 인간은 자유롭고 능동적인 창조활동이나 자기 본질의 표현으로서 노동해야 하는데, 노동으로부터 산출된 상품으로부터 소외될 수밖에 없고, 인간의 본질이 유적존재로부터 소외되어 인간들로부터의 소외가 초래될 수밖에 없게 된다는 지적이다. 이러한 사상을 바탕으로 하여 마르크스는 사유재산을 폐기하여 노동자와 인류를 해방시키고자 했던 것이다.

인류의 정의사회구현은 가능한 것인가

어떻게 하면 정의로운 사회(국가)를 이룰 수 있는가에 대해 일찍이 세심하게 분석한 최초의 인물이 있다. 바로 고대 그리스의 철학자 플라톤이다. 그는 『국가론(Politeia)』에서 '누가 정의로운 사람인가'를 알아내기 위해 정의正義가 무엇인지를 탐구하기 시작했다. 그러나 이성의 분별력이 딸리는 사람은 '정의'를 알아내기란 그리 쉽지 않은 것으로 드러난다. 정의를 쉽게 알아내기 위한 방편으로 플라톤은 우선 덩치가 커서 식별하기 쉬운 정의로운 국가를 논리적으로 분석했던 것이다. 결과적으로 그는 생산자 계급, 무사 계급, 통치자 계급이 맡은 바 업무를 질서 있고 통일적인 조화로서 수행함으로써 정의로운 사회가 이룩될 수 있다고 보았다.

롤스의 정의관은 플라톤의 입장과 다르다. 롤스는 개인적인 차원에서가 아니라 사회적인 차원에서 구현된 정의가 바람직한 사회를 이루는 중요한 덕목이라고 믿고 있었다. 다시 말하면 사회 구성원 모두에게 실질적인 기회

롤스

평등을 보장하여 각자가 최선의 자아실현을 기할 수 있도록 돕는 것이 사회정의라고 본 것이다. 그러한 정의를 구현하기 위해서는 우선 사회의 기본구조가 공정한 원칙에 입각해서 짜여져야 하고, 다음으로는 모든 제도가 공정한 원칙에 따라서 정립돼야 한다고 롤스는 주장한다. 그렇다면 정의로운 사회가 어떤 것인지를 탐구하는 학자는 사회의 기본구조를 위한 규범을 밝힐 수 있는 정의의 원칙을 제시하여야한다. 정의의 원칙이란 규범체계에 있어서 직위와 직책이 규정되고, 그에 대한 책임과 권리와 의무를 할당하는 방식으로 여러 제한사항을 정식화하는 것이다.

롤스가 말하는 정의의 원칙은 인간의 삶에 미리 주어져 있다고 보지 않고, 인간이 주체적으로 구성해야할 것으로 보았던 것이다. 그에 의하면 사회의 기본구조에 대한 정의사회의 원칙은 원초적으로 사회구성원들의 합의로부터 나온다. 즉 정의사회의 원칙은 각계각층의 이해관계를 고려할 수 있는 합리적인 사람들이 대표하여 자유롭고 평등한 입장에서 공정하고 타당성이 있는 공동체의 기본조건을 규정하기 위해 채택하는 원칙들이다. 사회정의의 원칙은 두 측면으로 압축할 수 있는데, "평등한 자유의 원칙"과 "차등의 원칙(difference principle)"이 그것이다.

첫째, '평등한 자유의 원칙'이란 무엇을 뜻하는가? 그것은 시민의 기본적인 자유가 모든 사람에게 동등하게 적용돼야한다는 것이다. 시민의 기본적인 자유란 요컨대 정치적 자유(선거권과 피선거권), 언론과 집회의 자유, 양심과 사상의 자유, 사유재산 및 신체의 자유, 그리고 법의 테두리로 규정되어 있는바 부당한 체포 및 구금을 당하지 않을 자유 등이다. 정의로운 사회의 시민들은 누구나 동등하게 적용되는 기본적인 자유가 보장돼야 한다.

둘째, '차등의 원칙'이란 무엇을 의미하는가? 이는 사회적 내지 경제적 불평들을 규정하는 체계를 말하는데, 소득 및 재산의 분배와 권한, 책임과 명령계통 등에서 차등을 두는 규정이다. 롤스는 첫 번째의 기본적인 자유에 관한 평등의 원칙을 설정하였지만, 사회적 지위나 경제적 분배문제에 있어서는 차등을 두는 것이 더 바람직한 사회를 이룩할 수 있다고 본 것이다. 여기에서의 차등은 직위와 직책상의 차별이 아니라 그것에 직간접적으로 결부되는 특권이나 부, 혹은 과세에 대한 부담, 강제적 봉사 등의 이득과 부담을 달리하는 것을 의미한다. 이러한 차등이 적용됨으로써 사회적 경제적 배분에 있어서 더 많은 불평등이 해소될 수 있다고 본 것이다.

'차등의 원칙'은 다시 "기회 균등의 원칙"과 "최소 수혜자 최대 이익의 원칙"으로 세분하여 살펴볼 수 있다. 우선 '기회균등의 원칙'은 일률적인 분배를 시행하는 것이 아니라, 사회구성원들에게 공정한 게임이 되도록 정당한 경쟁조건을 마련하여 실질적인 기회를 평등하게 보장하자는 것이다. 요컨대 특수한 이익을 가져오는 직책에 오르는 것을 공정한 경쟁을 통해서 실행될 수 있도록 한다든가, 특별한 재능을 가지고 있는 자가 그 능력을 발휘하여 사회에 공헌할 수 있도록 함에 있어서 균등한 기회를 보장하는 것이다. 그 결과 불평등이 초래된다 하더라도 개인의 능력과 노력여하에 의한 것이므로 문제될 것은 없다.

다음으로 '최소 수혜자 최대 이익의 원칙'은 사회적으로 불우한 처지에 놓인 사람들의 생존을 보장하고, 이들의 처지가 개선될 수 있도록 실제적인 기회균등을 제공하는 것이 목적이다. 이 원칙에 근거해서 자신의 처지를 스스로 개선하기 힘든 빈민이나 실업자, 노령이나 장애인 등과 같이 사회적으로 가장 불리한 처지에 있는 사람들에게 최대의 이익이 돌아가도록 하기 위해 역차별적逆差別的인 분배를 실시할 수 있게 된다. 역차별적 분배란 이들에게 무상교육이라든가, 각종 연금을 통한 생계유지라든가, 최대한의 의료보장 등의 혜택을 누리도록 하는 것이다.

그런데 사회정의의 원칙에 문제가 하나 있다. 그것은 이런 원칙들이 요구하는 것 사이에 충돌이 일어났을 경우 어떻게 해결해 나갈 수 있느냐이다. 이에 대해서 롤스는 충돌을 해결하기에 필요한 우선순위의 규칙을 마련한다.

첫 번째의 '평등한 자유의 원칙'은 두 번째의 사회적, 경제적 가치분배에 있어서 '차등의 원칙'에 절대적으로 우선한다. 이는 부와 소득의 분배 및 권력의 계층화는 반드시 동등한 시민권의 자유와 기회균등을 보장하는 한에서 이루어져야 함을 의미한다. 한마디로 정의사회 구현에 있어서 기본적인 자유는 사회적 경제적 이익과 교환될 수 없다는 얘기다. 두 번째의 '차등의 원칙'은 효율성이나 이익의 극대화를 동반하는 어떠한 원칙보다 절대적으로 우선한다. 또한 '차등의 원칙'에서 '기회 균등의 원칙'은 '최소 수혜자 최대이익의 원칙'에 우선한다.

결론적으로 말해서 롤스의 정의론은 평등주의가 아니라 자유주의의 입장에서 공정한 사회를 이루어 모두가 행복하게 인간다운 삶을 살도록 하는 것이 목적이다. 그런데 자유주의를 토대로 하는 현대 자본주의 사회에서는 경제적 불평등을 비롯하여 불공정한 사회문제들이 우후죽순 발생하기 마련이다. 그래서 롤스는 정의의 원칙을 제시하여 수정자유주의를 옹호하게 됐던 것이다. 특히 사회구성원의 기본적인 자유가 평등하게 보장된다는 전제하에 국가의 개입을 인정하게 되고, 국가의 업무란 누진세, 상속세, 직접세를 늘려 경제적 자본을 확보하여 이를 사회구성원들의 복리증진에 힘쓰도록 촉구하는 것이다. 그럼으로써 공정한 정의사회구현이 가능하다고 본 것이 롤스의 입장이다.

Part V

서양의 정신문화를
이끌어온 신^{God}

"예수를 믿는 사람은 예수의 재림을 기다리고 불교도는 미륵의 출세를 기다리고 동학신도는 최수운의 갱생을 기다리나니, '누구든지 한 사람만 오면 각기 스승이라.'하여 따르리라. '예수가 재림한다.'하나 곧 나를 두고 한 말이니라. 공자, 석가, 예수는 내가 쓰기 위해 내려 보냈느니라." (『道典』2:40:1-5)

우리가 살고 있는 지구촌에는 다양한 민족이 살고 있다. 각 지역에 분포하여 살고 있는 민족은 오랜 습속과 생활방식을 이어오면서 각기 다른 신앙문화를 창출해왔다. 이슬람 사원에서 무릎을 꿇고 경건하게 기도하는 사람, 교회나 성당에서 소망을 고백하는 사람, 정화수 떠놓고 가정의 안녕을 기원하는 사람, 지독한 가뭄이 들어 농작물이 바싹바싹 타들어갈 때 비를 내리게 해달라고 하늘에 기도하는 농부, 이러한 모습들은 그 방식과 절차가 다르고 목적이 각기 다를 수 있겠지만 모두 인간사에 관여하는 신神을 숭배하는 신교문화神敎文化의 표본이다.

신교문화란 신의 가르침을 중심으로 형성된 문화다. 지역과 시대에 따라 서로 다르게 출현한 신교문화는 각기 다른 체계를 갖추어 종교문화로 자리를 잡아 개인이나 민족, 국가의 정신을 선도해 가기도 했지만, 지성知性의 논리적인 사고와 학문의 진보로 인해 우주 자연의 신비가 점차 벗겨지면서, 한 시대를 풍미하

에티오피아 하라트에서 기우제를 지내고 있는 주민들

다가 퇴색하여 사라진 것도 있다.

오랜 세월동안 신교문화의 전통을 고수하면서 오늘날까지 맹위를 떨치고 있는 종교가 있다. 이는 보다 강력한 일신—神이 존재하고, 이 분이 현실세계에 직접 관여하면서 나약한 인간의 기도를 듣고 응답하고, 소망을 들어주며, 신실한 믿음을 가진 인간에게 무한한 혜택을 주리라는 공통적인 확신에서 형성된 것이다. 강력하게 영향을 미치고 있는 신교문화의 대표적인 경우는 오늘날 그리스도교와 이슬람교를 꼽을 수 있을 것이다.

서양에서 탄탄한 논리적 체계성을 갖춤으로써 무려 2000여 년 동안 세력을 떨쳐 왔고, 인류의 문명사에 많은 영향을 끼치면서 현존하는 유일신 종교는 이슬람교보다는 아무래도 그리스도교를 우선으로 꼽아볼 수 있을 것이다. 그리스도교는 오랜 동안 그리스적 사유로부터 결정적인 공격을 받아오면서 적절한 논리의 대응과 나름대로 체계성을 확립해왔기 때문이다.

그래서 필자는 "1. 세계화된 그리스도교의 유일신론Monotheism"에서 유대교의 단일신론Henotheism 신앙이 어떻게 발원하여 범세계적인 '그리스도교의 유일신론'으로 정착하게 되었는가를 개괄해 볼 것이다. 그런 다음 "2. 유일신론의 빛과 그림자"에서 지성의 논리적 사유로부터 도전挑戰을 받은 유일신론이 서구 지성사에 어떤 방식으로 전개되었는가를 검토해 볼 것이다. 마지막으로 "3. 인격적 유일신은 논증될 수 있을까"에서 최고의 신에 대한 증명이 어떻게 진술되었는가를 간략하게 소개해볼 것이다.

1

세계화된 그리스도교의 유일신론 (Theism)

서양의 지성사를 들여다 볼 때, 종교문화가 융성했던 시대가 있었다. 서양의 중세문화, 거슬러 올라가면 그리스-로마의 문화, 더 거슬러 올라가면 고대 이집트의 문화가 이를 말해주고 있다. 왜냐하면 그 시대의 사람들은 신들이 존재하고, 신들이 우주자연의 변화무쌍한 현상들을 각 분야별로 관장한다고 믿고 있었기 때문이다.

고대 이집트, 그리스-로마 시대에는 다신多神이 활동하던 시기였다. 이집트에는 절대적인 창조자란 뜻을 가진 태양신 라Ra, 개의 머리를 한 저승사자 아누비스Anubis(이집트어로 인푸inpu), 영생과 부활을 상징하는 저승의 신 오시리스Osiris, 이집트를 지배하는 매의 모습을 닮은 신 호루스Horus 등이 숭배되었고, 그리스에는 올림포스 12신을 대표하는 신들의 제왕이자 하늘과 날씨를 주관하는 제우스Zeus, 태양과 빛의 신 아폴로Apollo, 학문의 여신 아테나Athena, 전쟁과 파괴를 관장하는 신 아레스Ares, 바다의 신 포세이돈Poseidon 등이 숭배되었으며, 로마에는 로마로 건너간 그리스 신들 외에 신들 중의 신 쥬피터Jupiter, 로마의 시조 신 로물루스Romulus, 하늘의 문지기 신 야누스Janus, 꽃의 여신 플로라Flora 등이 등장한다.

그럼에도 서양의 중세기에는 창조주인 유일신을 숭배하는 그리스도교의 종교문화가 찬란한 꽃을 피웠고, 오늘에 이르기까지 세계적인 종교로 맹위를 떨치고 있다. 근본적인 이유는 어디에 있을까?

유일신 종교는 광막한 사막을 배경으로 유대인Yehudim들 사이에서 출범한다. 유대인들은, 자신들이 처한 악조건의 자연환경과 타민족의 기나긴 압제 속에서 고통스럽게 살았기 때문에, 일찍부터 인간의 의지보다는 오히려 비이성적인 신앙을 통하여 구원과 행복을 구가하려고 몸부림쳤다. 그 결과 그들은 초월적인 창조주 단일신單一神을 확고하게 정립하고, 메시아Messiah에 대한 믿음을 굳건히 했던 것이다.

그러나 유대인들의 배타적인 민족종교가 쇠퇴하면서 이를 새롭게 개혁하려는 예수(Jesus of Nazareth)가 등장한다. 예수는 유대인의 민족 중심적 종교관을 타파하여 범세계적인 유일신(God) 중심적 신앙으로 전환시킨 인물이다. 그리스도교의 유일신 중심적 사고는 당시 통일제국의 수도였던 로마로 침투되었고, 철학적 사유와 조우하면서 중세 종교문화의 꽃을 피우게 되었으며, 근대로 접어들어 그리스도교는 지구촌 각 지역으로 퍼지면서 범세계적인 종교가 됐던 것이다.

1) 창조주이며 유대민족의 단일신 야훼 하느님

그리스도교의 발원은 고대 유대 지방에서 숭배되어온 부족신 '야훼Yahweh'로부터 시작한다고 볼 수 있다. 다신多神이 난무하던 옛 시절에 유대인들은 자기 민족만을 보호하고 수호하는 신으로 야훼를 택하여 숭배하게 된다. 야훼신은 유대민족의 숱한 역경과 고난의 행보에 동참하면서 창조주 야훼 하느님의 구세사상으로 거듭나게 되고, 논리적인 사고의 날카로운 도전과 정치적인 탄압을 극복하면서 유대민족사에 정착하게 된다.

유대인이 선택한 전쟁의 신 야훼_____

유대민족의 단일신 신앙은 오래전 이야기로 거슬러 올라간다. 『구약』「창세기」 11장을 보면, 대략적으로 기원전 약 2000년경 초엽 북부 아라비아 지역(메소포타미아 문명의 지역)에 거주하는 부유한 가계의 족장이었던 아브라함Abraham은 가신家神(Teraphim)의 부름을 들은 후, 자기가 태어난 우르Ur(이라크 지방에 있는 땅)를 버리고, 약속의 땅을 향해 자기의 부족을 이끌고 지중해의 동쪽 끝으로 길을 떠난다. 아브라함이 전혀 알지도 못하는 낯선 땅을 향해 고독한 길을 계속 갈 수 있었던 것은 자신의 부족을 비옥한 땅으로 이끌어줄 신에 대한 신앙 때문이었다. 그는 신과의 약속이 반드시 이루어질 것이라고 믿었는데, 그 계약은 「창세기」 12장에 기록되어 있는 내용이다.

아브라함이 찾아갔던 약속의 땅은 당시 가나안Canaan이라고 불렸다. 거기에는 이미 페니키아인, 블레셋인(팔레스타인), 히타이트인 등이 살고 있었고, 이들은 다양한 신들을 숭배하고 있었다. 다신 가운데 고대 유대인이 숭배한 강력한 신들을 꼽으라면, "엘El", "바알Baal", "야훼Yahweh"이다. "엘"은 신과 인간의 아버지, 혹은 시간의 아버지란 뜻이지만, 셈족 언어로는 신들 중 으뜸가는 신을 의미하며, 후에는 자신의 민족을 염려하며 생사화복을 주관하는 신이었고, "바알"은 원래 폭풍과 비의 신으로 다산多産과 풍요를 상징하며, 가나안 지역에서 널리 숭배되었던 신이었다. 그리고 "야훼"는 하늘의 신, 유대인의 부족신, 전쟁의 신이었다.

기원전 1600년경에 이스라엘 지역 전역에 기근이 겹치자 이를 피해 많은 이스라엘인들은 이집트의 애급埃及으로 이주해 갔다. 이주해온 유대인들은 대부분 노예의 신세를 면하지 못했고, 비참한 삶을 영위할 수밖에 없었다. 이러한 상황을 목도한 모세Moses는 기원전 1300~1250년경에 유대인들을 이끌고 이집트를 떠나 약속의 땅 가나안으로 향한다. 이것이 모세의 출애급出埃及 사건이다.

모세는 이들을 데리고 사막을 건너서 시나이Sinai 반도에 도착했고, 시나이 산에서 유목민의 신 야훼Yahweh(처음에는 YHWH)란 이름을 가진 신을 부족의 신으로 택했다. 야훼는 나중에 여호아Jehovah로 바뀐다. 그는 야훼로부터 십계명十誡命을 받는다. "너희 하나님은 나 야훼다.

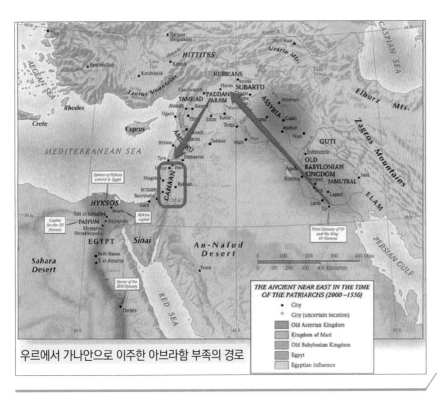

우르에서 가나안으로 이주한 아브라함 부족의 경로

바로 내가 너희를 이집트 땅 종살이하던 집에서 이끌어 낸 하나님이다. 나 이외의 다른 신을 섬기지 마라."(「신명기」5-6) 유대인들은 율법을 받은 후 약속의 땅 가나안으로 향했다.

그러나 그들은 약속의 땅을 목전에 두고 40여 년을 황량한 광야에서 방황해야만 했다. 끝내 모세는 광야에서 죽게 되었고, 모세를 대신해서 여호수아Yehoshua가 유대인들을 이끌게 된다. 도덕적 지도자이자 유능한 군사 전략가였던 그는 마침내 요르단 강을 건너서 가나안으로 입성하게 됐던 것이다.「출애굽기」3장에 "너의 선조들의 신 야훼"라고 기록하였듯이, 야훼가 유대민족의 절대적인 숭배 신으로 등장하면서 이스라엘민족은 이때부터 미래의 피비린내 나는 역사를 열어가게 된다.

여호수아는 가나안으로 들어오자마자 이스라엘 군대를 신속하게 조직하여 중앙의 고원지대, 남쪽의 도시국가들, 그리고 팔레스타인 북부지역을 차지하여 수세기 전에 아브라함과의 계약을 통해 이루어진 약속의 땅을 차지하게 됐던 것이다. 가나안 땅을 정복한 이후에도 야훼신은 이스라엘인들에게 원주민에 대한 믿을 수 없을 만큼의 잔혹한 지배와 살육을 지시했다. 야훼신은 페니키

모세의 언약

아의 몰록Moloch 신보다 훨씬 더 잔인한 면을 보여준 것이다. 이처럼 현저하게 잔인한 야훼신의 관념은 피로 얼룩졌던 기나긴 전쟁 기간을 지나면서 더욱 강하게 형성된 것이다.

팔레스틴을 정복한 이후, 이스라엘의 전반적인 정치체제는 물론이고 종교사회는 엄청난 변화를 겪게 된다. 이스라엘인들은 토착민들과 섞이면서 서로 결혼했고, 여러 신들, 말하자면 다신들 종교숭배가 유포된 시기를 맞이하기도 했다. 이스라엘 왕국은 12지파로 나뉘어져 거의 200년 동안 모세를 통해 전해진 율법이 다스리는 신정정치가 행해지기도 하였다. 이후 도덕적 결함을 지녀 거룩한 땅을 서슴없이 더럽힌 사울Saul 왕, 뒤를 이어 야훼 하느님과의 신실하고도 친밀한 관계를 맺어 나라를 잘 다스린 다윗David(BCE ?~962?) 왕, 지혜가 출중했으나 쾌락에 나라를 말아먹은 솔로몬Solomon(BCE 971~931) 왕도 나왔다. 솔로몬이 죽자 이스라엘은 남쪽의 유다와 북쪽의 이스라엘로 분열되기도 하였다. 기원전 722년 아시리아Assyria는 북 이스라엘을 휩쓸었고, 기원전 597년 바빌론의 느브갓네살Nebuchadnezzar 왕의 침략을 받은 남 유다는 10년 후에 멸망하였다. 이 때문에 예루살렘의 성전이 파괴되었고, 느브갓네살 왕은 많은 유대인들을 바빌론의 포로로 잡아갔던 것이다.

창조주 유일신관 등장

유대의 종교사를 보면, 유대인들은 기원전 7~6세기경 바빌론Babylon 포로기와 페르시아Persia의 통치기간에 획기적인 변화를 맞이한다. 이 시기를 통상 포로기 이후 또는 제2차 성전시대라고 불린다. 이때에 유대 요시아Josias(BCE 621~?) 왕은 종교개혁을 단행하고, 의례의 집중화에 힘쓴다. 여기에서 중요한 것은 유일신 야훼만을 숭배해야 한다는 엄격한 원칙이 책정되었다는 점이다. 요시야 왕은 예루살렘 성전에서 야훼를 제외한 다른 모든 신들의 숭배를 제거 내지 금지시켰던 것이다.

기원전 586년 바빌로니아 왕은 예루살렘을 정복하면서 성전 파괴와 더불어 귀족 및 사제들을 대거 포로로 잡아갔고, 이후 페르시아의 키루스Cyrus(BCE 590?~530) 왕은 바빌로니아를 정복하여 기원전 538년에 5만여 명의 포로들을 귀환시켰다. 이때부터 이스라엘은 느헤미아 Nehemia(기원전 5세기에 활동한 유대인 지도자)의 도움으로 성전 재건에 힘쓰고, 토라(율법)에 대한 글을 수집하고 편집하였으며, 국가 재건에 힘쓴다. 이러한 시대적 상황은 단일신관의 강화로 이어진다.

이 시기에 처음으로 야훼가 우주를 지배한다는 초보적인 유일신 사상이 등장한다. 전통적이고 고유한 민족적 특성으로 간주되었던 단일신론이 보편적인 신론으로 첫발을 떼게 된 것이다. 이러한 종교적인

이스라엘 야훼 하느님 성전

의례의 집중화와 거룩한 문헌의 경전화를 개척하기 시작한 것은 나사렛Nazareth 교도이다. 나사렛교도는 유일신교를 발아시킨 역사상 최초의 종교집단의 중심에 서 있다고 볼 수 있다.

특히 기원전 586년 바빌론의 포로기 중에 고대 근동 지방의 창조 설화를 접하게 되면서부터 이스라엘 민족은 우주 창조에 대한 비전을 갖게 되었고, 자신들이 고백하던 출애굽기의 야훼 하느님이야말로 우주만물을 창조한 초자연적 존재라는 사실을 고백하기 시작했던 것이다. 그 결과 이전에는 부족의 조상신에 지나지 않았던 야훼가 이제는 세계를 창조한 창조주이며 주권자로서의 위상을 갖추기 시작한 것이다.

창조주는 「창세기」 첫 장에 등장한다. 창세기의 내용은 우주창조의 기원에 대한 바빌론 신화로부터 직접적인 영향을 받아 나온 것으로 보인다. 또한 성서에서 말하는 최초로 창조된 인간 아담Adam의 이름은 바빌론 신화나 근동신화에서 채용한 아다파Adapa(첫 번째 인간이란 뜻)와 유사하다. 유대교의 랍비들은 이러한 창조신화를 끌어들여 자신들의 민족 수호신으로 받아들인 출애굽기의 야훼 하느님을 초월적인 창조주로 그 위상을 승격시킨 것이다. 따라서 야훼신은 범세계적인 신으로 지위가 드높여지고 있었다.

특히 예언자 집단은 창조와 율법, 그리고 역사 속에서 야훼신이 계시되고 활동한다는 믿음을 갖기 시작했다. 이러한 믿음으로부터 초월적인 창조주 야훼신에 대한 유대인들의 독특한 제의와 율법은 더욱 강조되고 세련되어갔던 것이다. 그러나 오랜 기간 동안 식민지 탄압으로부터 받은 그들의 삶은 고난과 고통의 연속이 아니었던가! 그럼에도 그들은 야훼신이 내려준 계명을 어기고 죄를 지었기 때문에 그러한 징벌을 받는 것으로 이해했고, 언젠가는 야훼신이 자기의 민족을 용서하여 지구상의 다른 민족보다 더 높이 들어 올릴 날이 올 것이라고 확고하게 믿고 있었다.

야훼신이 비록 자기민족에게 가혹한 징벌을 내렸지만 모세를 통해 내려준 율법은 본질상 거룩하고 의롭고 선한 것이다. 유대교의 랍비들은 세계를 초월한 야훼신이 세계를 창조하고, 율법을 내려주었으며, 그리고 역사 속에서 자신을 계시한다고 믿었기 때문에, 이러한 계시 속에서 야훼신을 인식할 수 있다고 확신했다. 그러한 인식은 야훼신의 본질이 아니라 그 의지에 대한 깨달음을 뜻한다. 그래서 랍비들은 깨달음을 통해 초월적 야훼신의 진정한 뜻이 이 땅에 이루어지리라는 기대를 확립시켜 나갔던 것이다.

2) 세계를 초월한 유일신과 구세messiah 사상

국권을 잃은 이스라엘

수세기 동안 유대인들은 타국의 지배를 받아왔으며, 그로 인해 정치적으로 독립을 하지 못하고 혹독한 압제와 핍박을 벗어나지 못했다. 특히 마케도니아 알렉산더Alexander(BCE 356~323) 대왕이 대제국을 건설하자 동방세계에 헬렌화(hellenization)가 이루어진다. 이런 상황에서 기원전 300년경부터 유대교의 랍비들은 구약舊約을 작성하기 시작한 것이다. 그 시기에 헬렌화로 인하여 유대교에는 전혀 없었던 새로운 내세관과 영혼불멸 사상이 생겨났고, 또한 사후 보상과 심판에 관한 조로아스터교(Zoroastrianism)의 영향으로 종말론이 유대교에 유행하기도 하였다.

헬렌화의 과정에서 예루살렘 성전은 이방인 종교집단에게 빼앗겼던 적도 있다. 유대인들은 예루살렘에서 그리스의 제우스Zeus 신을 숭배하도록 강요받기도 하였고, 유대교가 법으로 금지되기도 하였으며, 엄청난 박해를 받기도 하였다. 그러자 기원전 165년에 마카베우스(Judas Maccabeus)는 유대교를 헬레니즘식으로 바꾸는 것에 반란을 일으키게 되었는데, 이것이 유명한 '마카비(망치라는 뜻) 반란이다. 이 반란으로 유대인들은 종교적 자유와 예루살렘 성전을 되찾게 되어 야훼 하느님께 제사를 드릴 수 있게 되었다.

그 이후에도 그들은 몇 번에 걸쳐 독립운동을 하였지만, 기원전 165년에 잠깐 독립한 마카베우스 반란의 경우를 제외하고서는 성공했던 적은 거의 없었다. 특히 로마의 억압적 통치에 유대인들은 빈번히 저항해 보았지만 정복자의 군대에 의해 잔혹하게 진압되었다. 그 결과 유대인들은 미래 역사에 대한 희망을 포기할 수밖에 없었다. 역사를 믿고 신뢰하기에는 그들이 당하는 현실적인 고통이 너무나도 컸기 때문이다.

구세Messiah 사상 정착

로마의 통치기에 지중해 연안에는 무자비한 압제와 현실적으로 당하는 고통과 좌절로부터 벗어나게 해주리라는 메시아(구세주라는 뜻) 사상이 널리 퍼져 있었다. 고대인들은 왕王을 메시아로 여겼는데, 이런 메시아에 대한 신앙은 특히 유대인들의 정신에 강하게 터를 잡는다. 민족의 지도자와 같은 구세주가 나타나 자신들을 억압자로부터 해방시켜줄 것이라는 믿음은 유대종교에 매우 중요한 특징을 제공해 주었던 것이다. 다시 말해서 메시아에 대한 초기의 믿음은 주님께서 기름 부은 자(왕)로 나타나 타국의 지배로부터 유대 민중을 구원해줄 것이라는 것이었다. 특히 헬렌화로 인하여 미래에 대한 종말론적 역사의식이 증폭되면서 세상 속으로 들어온 구세주(왕)는 유대민족을 초월적인 야훼 하느님 나라로 인도하리라는 종교적 믿음으로 자리 잡게 된다.

　이러한 역사적인 배경으로부터 유대인들은 초기에 민족의 신이었다가 후에 창조주로까지 승격하여 숭배했던 단일신 야훼 하느님을 더이상 편협한 신으로만 여겨서는 안된다는 점을 깨닫게 된다. 또한 헬렌화 시기에 「구약」을 쓰기 시작한 유대의 랍비들은 조로아스터교의 영향을 받아서 창조주 야훼 하느님이 이렇게 불완전한 현실세계, 끔찍한 악의 세계를 창조해서는 안된다고 믿었다. 이런 시점에서 헤브라이즘Hebraism 전통과 그리스의 플라톤Platon 철학이 만나게 되고, 두 전통이 융합하여 유대종교의 사상적 체계가 창출되기에 이른다. 여기에 기여한 대표적인 이론가는 알렉산드리아의 유대인 필로Philo of Alexandria(BCE 25~ CE 40)이다.

　필로는 유대교의 전통에서 형성된 야훼 하느님에 대한 믿음이 독실하였고, 또한 매우 논리적으로 전개되는 그리스 철학에 정통했던 인

물이다. 신앙과 철학으로 무장한 그는 자기 민족에게 계시된 구약에 뿌리를 두고 창조주에 대한 엄격하고 일원론적인 유대교적 가르침을 고수하였고, 동시에 전적으로 선善하고 완전한 인격자 야훼 하느님을 제기하기에 이른다.

　필로의 신앙체계에서 야훼 하느님은 세계에 대하여 절대적으로 초월해 있는 유

필로의 모습

일신이다. 그에 의하면, 모든 것을 초월해 있는 유일신에는 어떤 말이나 특성도 덧붙일 수 없다는 것이다. 유일신은 선한 것보다 더 선하며, 완전한 것보다 더 완전하다. 그래서 신은 '존재'라고만 말할 뿐이라는 얘기다. 반면에 물질적인 것은 악의 원리이다. 현실세계는 죄악의 원인이고, 육신은 영혼의 무덤이기 때문에, 인간은 육체로부터 벗어나 정화되어야 한다는 것이다. 이러한 사상은 밝고 선한 신의 세계와 고통으로 가득 찬 어두운 현실세계의 이원적 투쟁을 전제로 한 것이다.

완전한 선의 세계와 불완전한 악의 세계, 신국과 지상국, 밝음과 어두움 등으로 분리된 이원론二元論적 사고는 바로 플라톤의 철학에 기원한다. 이러한 이원론은 변함없이 진짜로 있는 실재의 세계(이데아의 세계)와 끊임없이 유동하면서 변화하는 현실세계(그림자의 세계)에 바탕을 둔 것이다. 비유하건대 두 세계는 하늘에 떠 있는 실재하는 달(moon)과 물 위에 비친 달 모습의 관계와 같다. 실재하는 달은 그대로 있는데, 구름이 가리면 물 위에 떠 있는 달이 없어지기도 하고, 물이 출렁거리면 달의 모습이 요동치는 형상을 보이는 관계와 같다는 얘기다. 이와 같이 필로는 유대인의 민족 신앙과 순수한 그리스 철학을 결합하여 인간의 창조와 타락과 같은 「구약」의 이야기를 유비(allegories)로 해석하기에 이르렀던 것이다. 즉 살아 있는 육체 안에 갇힌 영혼은 죄악과 고통의 연속이지만, 이를 벗어나 신의 경계로 고양되면 선과 진리에 접하게 된다는 신앙이 나오게 된 것이다.

구세사상을 정립한 필로

문제는 초월적인 완전한 야훼 하느님이 악에 물든 현실세계를 어떻게 창조하였고, 현실적인 인간을 어떤 방식으로 구원하느냐가 관건이다.

논리적인 사고에서 볼 때, 창조주 야훼 하느님은 완전한 존재이기 때문에 불완전하고 요동치는 현실세계를 초월해 있어야 한다. 창조주가 초월해 있다면, 피조被造된 현실세계와는 아무런 관계가 없게 된다. 왜냐하면 완전한 창조주가 불완전한 현실계와 관계를 맺는다는 것은 자신이 곧 불완전을 함축하기 때문이다. 따라서 인간세계와 창조주와는 서로 넘나들 수 없는 단절된 상태가 될 것이고, 인류의 구원이란 불가능하게 된다. 여기에서 필로는 초월자 유일신과 현실세계 간에 관계의 다리를 놓는다. 그 다리가 이른 바 구세사상과 동일선상에서 이해되는 "로고스Logos"의 개념이다.

'로고스'란 어원적으로 볼 때 '말하다'에서 파생된 명사로 "말"이란 뜻이지만, 종교적인 측면에서 볼 때, '말'은 유일신 야훼 하느님의 "말씀"으로 신성화되었다. 이 "로고스"가 곧 현실세계로 들어와서는 지혜 내지 정신으로 발휘된다. 여기로부터 필로는 세계 안으로 들어온 "로고스"가 초월적인 완전한 유일신과 불완전한 현실세계를 매개하여 천지만물을 창조하고, 불완전한 인간이 창조주 유일신 하느님을 믿고 따르게 하는 역할을 한다고 가르친다.

세상 안으로 들어온 "로고스"는 하느님의 의지를 실행하는 심부름꾼, 대표자, 천사 또는 정령精靈으로 불리기도 했다. 그래서 "로고스"는 세계의 대사제로서 인류를 위해 기도하는 자요, 위안을 가져다주는 자로서 야훼 하느님 앞에서 세계를 대표하며, 현실세계 속에서 작용하는 힘으로 지칭되기도 했다. 즉 "로고스"는 힘들 중의 힘이며, 최고의 천사이며, 하느님의 대리자요, 하느님의 장남이며, 제2의 하느님이 되기도 했던 것이다. 이러한 사상은 로고스가 곧 구세주(Cristos)라는 믿음으로 정착되면서 로마시대에 성자聖子 하느님으로 정착된다.

생멸을 거듭하는 현실 속에서 "로고스"는 어떤 의미를 가지는가? 천지만물은 유일신 하느님의 "로고스"에 의해 창조되었다. 그리고 로고스는 천지만물에 생명을 부여하는 영혼靈魂이다. 인간도 로고스에 의해 창조되었으므로 그 안에는 영혼이 내재한다는 뜻이다. 살아 있는 인간을 육신과 영혼으로 구분해볼 때, 로고스는 정신적인 영혼의 척도이며, 육체는 영혼의 무덤이 된다. 고통과 좌절로 뒤범벅이 된 인간 삶의 과제는 오직 육체에서 벗어나 영원한 신의 지혜인 로고스와 하나가 되는 것이다. 이는 인간이 로고스를 통해서 구원을 받아 신과 일체[神人合一]가 됨으로써 영생을 얻을 수 있다는 사상으로까지 확대된다.

그러나 인간은 나약하고 유한한 존재이다. 나약한 인간의 힘으로는 로고스가 내재한다고 하더라도 신과의 합일에 도달하기가 어렵다. 신과의 합일에 이르기 위해서는 오직 유일신으로부터 흘러나오는 힘, 신의 프뉴마Pneuma(생명의 진리인 영)가 있어야 한다. 여기에서 생명의 진리인 영(프뉴마)은 다른 동물에서 보다도 인간에게서 돋보이는 지혜의

영에 가까운 뜻이다. 그래서 필로는 인간이라면 누구에게나 신의 진리를 깨우쳐 그 경계에 도달할 수 있는 지혜를 잠재적으로 갖추고 있다고 한다. 이러한 사상은 후에 성령聖靈이라는 믿음으로 확대되고, 로마시기에 성령 하느님으로 정립된다.

그러므로 필로는 플라톤 사상을 토대로 하여 헬레니즘 전통의 신관, 창조관, 구원관을 끌어들여 유대교에 뿌리를 두고서 출범하는 그리스도교 교리 정립에 기본적인 토대를 마련했던 것이다. 우선 유대인의 민족신에 국한되었던 야훼 하느님 신앙을 초월적인 창조주 및 유일신 하느님 신앙으로 고양하여 보편적인 종교로 탈바꿈하는 작업에 결정적으로 기여했다. 다음으로 신의 지혜요 대리인이며 아들이 되는 로고스가 유대교의 메시아사상과 결합되면서 새로운 왕이 나와 자신의 민족을 구원하리라는 믿음으로 공고화하는데 기여하였다. 그리고 유일신으로부터 출원하는 프뉴마(진리의 영)로부터 성령의 의미가 정초되는 것에 많은 영향을 준다. 그리스 철학과 유대민족의 종교를 통합하려는 필로의 노력은 새롭게 등장하는 그리스도교의 시대, 즉 성부 하느님의 대리자로 등장하는 구세주의 성자 하느님의 시대를 여는 데에 결정적인 밑거름이 된 것이다.

3) 범 세계화된 삼위일체The Trinity 하느님

마케도니아 제국이 분열되고 로마가 다시 세계적인 통일제국을 건설하기까지의 시대적상황은 끊임없는 전쟁으로 말미암아 시민들의 삶이 점점 피폐해져 갔고, 이민족의 통합으로 말미암아 사회적인 정서가 와해되어가는 시기였다. 이러한 상황에 처한 로마인들은 고통과 번뇌로부터 안녕과 마음의 평온을 갈망하게 됐을 것이다. 이는 불완전한 존재로서의 인간이 절대적 존재인 신에로의 귀의를 갈구하게 되고, 세속적인 삶에서 초월적인 영원한 삶을 욕망하게 되었음을 함축한다. 이런 시기에 예수가 출현했고, 예수 그리스도Jesus Christ가 침투해 들어간다.

예수 그리스도교는 유대인들에게 예언되어온 메시아를 예수로 간주하면서 출발한다. 그리스도교가 비록 유대교의 한 종파에서 시작하였지만, 종파간의 투쟁은 그리스도교를 하나의 공동체로 만드는 것을 도왔고, 그리스도 교회의 조직형태를 강화하는 데 도움이 되었다. 나아가 로마 황제의 극심한 탄압과 박해를 받으면서도 다양한 민족적 계급적 배경을 가진 새로운 사람들의 필요와 욕구를 점차 채워줌으로써 그리스도교는 점진적으로 세계적인 종교로 변모되어간다. 그렇게 되기까지 가장 중심에 있는 핵심교리는 바로 **삼위일체 하느님**의 정립이었다.

예수의 출현

광활한 로마제국의 통치하에 있던 변방의 외진 곳 유대의 땅, 그 중에서도 베들레헴Bethlehem이라는 마을에 요셉Joseph과 약혼녀 마리아Mary 사이에서 한 사내아이가 태어났다. 그 아이의 족보族譜를 따져 올라가다보면 아브라함과 다윗까지 올라가지만, 정작 자신을 낳아준 어머니와 아버지에 대해서는 알려진 바가 거의 없다. 단지 어머니 마리아는 결혼하기 전에 처녀의 몸으로 성령에 의해서 아이를 가졌다는 것과 아버지 요셉은 목수였고 대단히 너그러운 사람이라는 것만이 알려져 있을 뿐이다.

마리아가 결혼하기도 전에 아이를 잉태했다는 사실을 알게 된 요셉은 화가 나고 창피해서 은밀히 파혼하고자 하였다. 그런데 어느 날 요셉은 꿈에 천사가 나타나서 그 아이는 하느님이 보내신 아이이며 결혼해야 한다는 이야기를 듣게 된다. 예수가 태어나 두 살쯤 되었을 때, 요셉은 유대지방을 통치하던 헤롯Herod 왕이 어린 애들을 모두 죽인다는 천사天使의 가르침에 따라 이집트로 이주한다. 거기에서 그는 몇 년을 살다가 안전을 확인한 후에 팔레스티나 갈릴리 지방으로 돌아와 나자렛Nazareth에 정착생활을 하게 된다. 당시 유대인들은 하느님에게 헌신하는 사람들을 나자렛 교도라 불렀다.

나자렛에 살고 있던 유대인들은 헤롯의 폭정과 로마의 무단 통치에 신음하며 절망의 나날을 보내고 있었다. 정신적인 지주가 되어야 할 유대교는 전통과 율법과 형식에만 치우쳐서 유대인들의 고통과 갈증을 해소해 주질 못했다. 유대인들은 역사상 최대의 왕국을 건설했

예수의 탄생 모습

던 다윗의 업적에 대한 향수를 그리면서 오로지 '한 사람의 영웅적인 왕<u>(메시아)</u>이 출현하여 행복한 시대를 연다'는 희망만을 간직한 채 나날을 보내고 있었을 뿐이었다. 이렇게 메시아를 너무도 애타게 기다린 유대교의 한 종파가 바로 나자렛 교도였던 것이다.

헤롯 왕 부조

　예수가 젊은 시절을 어떻게 살았는가에 대한 자세한 기록은 없지만, 대략 30세쯤 되어서야 현실적으로 역사 속에 등장하기 시작한다. 그의 삶의 행적과 사역의 과정은 그때부터 복음서에 기록되었기 때문이다. 그가 특히 사람들 앞에 등장하게 되는 것은 사도 요한John에게 세례를 받은 후부터다. 세례자 요한은 요르단 강가에서 메시아의 시대가 왔음을 알리고 회개悔改의 복음을 베풀었는데, 예수 또한 그 강가에서 요한에게 세례를 받겠노라고 요청하였다. 요한은 그가 메시아임을 단박에 알아보고 처음에는 거절하였으나 예수는 그렇게 하는 것이 옳다고 강변하였다. 예수가 세례를 받고 물에서 나오자 하늘로부터

요한이 내리는 세례 모습

"이는 내 사랑하는 아들, 내 마음에 드는 아들이다."(「마태복음」 3:17)는 목소리가 들려왔다고 전한다.

예수는 유대인이 숭배하는 민족의 수호신과는 차원이 다른 전지전능한 인격적 인 유일신 하느님을 믿었다. 그는 믿음, 사랑, 구원을 내세우면서 3년 동안(27~30년) 팔레스티나, 사마리아, 그리고 주변국을 두루 다니면서 설교하였고, 하느님의 나라가 도래함을 본격적으로 선포하면서 회개하라고 복음을 전파했다. 이때부터 유대인들이 목메어 기다리던 메시아는 곧 예수라는 말이 유포되기 시작했고, 그의 복음은 주변에서 로마의 심장부로 확산되어 갔다.

그러나 유대교 측에서는 예수를 이단자로 취급하였고, 예수의 복음을 민족 종교의 수치로 간주하기에 이른다. 예수 또한 유대인들이 율법 위주에 꽁꽁 매인 민족 신앙을 혐오했고, 유대교의 신앙을 고수하는 율법학자들과 바리새인Pharisee들을 위선과 거짓으로 똘똘 뭉쳐 있다고 거리낌 없이 규탄했다. 심지어 예수를 따르던 무리들은 바리새인들을 극적으로 자극하게 되었는데, 가장 모독적인 장면은 예수 자신이 약속된 메시아, 즉 '율법을 폐기하기 위해서가 아니라 완성하

예수의 설교 모습

기 위해서 세상에 온 성육신 하느님'이라고 한 대목이다. 이로부터 바리새인들은 예수를 모함하기에 이르렀다. 예수가 유대인의 메시아가 아니라는 사실이 유포되자 민중들은 예수에게서 등을 돌렸던 것이다.

민중들로부터 버림받은 예수는 최후의 만찬을 마치고 제자들과 함께 겟세마네Gethsemane 동산으로 기도하러갔다가 신성모독 혐의로 체포된다. 로마 총독 빌라도Pontius Pilate는 예수의 혐의가 없음을 알고 헤롯에게 보냈는데, 헤롯은 이 사건에 휘말리기 싫어서 다시 빌라도에게 넘겼다. 빌라도는 광분하는 민중들 때문에 어쩔 수 없이 십자가형을 언도하였으나 예수는 죽은 지 3일 후에 부활하였다고 전한다.

예수가 그리스도라는 이데올로기

초기 예수의 추종자들은 스스로를 "믿는 자들" 혹은 "형제"라 불렸는데, 이들의 적대자들은 이들이 새로운 신앙을 한다는 이유로 경멸했다. 적대집단은 이들을 모멸하고 경멸한다는 의미에서 그리스도교도라 불렀다. 이것이 기원이 되어 예수가 죽은 후 2세기 후반부터 예수의 추종자들은 스스로를 그리스도교도라 자칭했던 것이다. 여기에

최후의 만찬〈레오나르도 다빈치 그림〉

서 "예수 그리스도"란 말이 자연스럽게 형성되었던 것이다.

복음서는 나자렛교의 예수가 구세주임을 끊임없이 가르친다. 특히 오순절Pentecost을 기념하기 위해서 여러 사람들이 모여들었는데, 그곳에서 베드로Saint Peter는 첫 번째 설교를 했다. 그는 "예수 그리스도는 약속된 메시아다. 그가 불의하게 죽임을 당한 것은 종교 지도자들의 책임이다. 무덤은 예수를 집어삼킬 수 없었고, 예수는 죽은 자들 가운데서 살아났다. 그를 믿는 자는 모두 구원이 거저 주어진다."고 하면서 3000명이나 되는 사람들에게 세례를 주어서 교회로 인도했다. 나중에 베드로는 십자가형 형틀에 거꾸로 매달려 죽었는데, 예수와 동일하게 죽을 자격이 없어서 자청해서 그랬다고 한다.

나자렛 예수가 신의 아들로서 진정한 구세주이며, 예수 그리스도를 신앙의 대상으로 삼아야 함을 너무도 강력하고 전적으로 설파한 인물은 사도 바울Saint Paulos이다. 바울의 히브리어 이름은 사울Saul이다. 그는 눈이 멀었었는데 후에 그리스도교로 개종하여 눈을 뜨게 되고, 복음전파의 전사로 나섰던 것이다. 즉 그리스도교로 개종한 바울

베드로의 모습

은 구약을 근거로 예수가 왜 그리스도일 수밖에 없었는가를 청년기 이후부터 죽을 때까지 로마의 여러 도시를 돌아다니면서 전파했던 것이다.

바울은 심지어 소아시아, 마케도니아 등지로 돌아다니면서 그리스도교가 팔레스타인과 유대교를 넘어 그리스 및 로마 세계로 확장되어 가도록 복음을 전파했으며, 그곳들에 그리스

도교 공동체를 설립하도록 무던히 애썼던 인물이다. 바울의 복음전파는 실로 엄청났다. 특히 코린트 지방에서 그는 「로마서」를 작성하여 신앙의 기초를 세우기도 하였다. 결국 그는 로마에 체포되어 재판을 받았는데, 사도행전은 바로 재판을 받기 위해 기다리는 바울의 이야기로 끝을 맺는다.

그리스적 정신으로 무장한 바울

그리스도가 로마의 중심부로 침투하여 교리와 복음이 전파되자 교인들의 세력이 확장되었고, 이를 염려한 로마제국은 그리스도교도들을 박해하기 시작했다. 이러한 박해로부터 그리스도교인들은 자신들의 신앙을 유지하고 신자들을 잃지 않기 위해서 필사적인 노력을 기울였을 것이다. 그러기 위해서 그들은 계시啓示를 통해서 뿐만 아니라 그리스적 사고의 이성에 의해서도 신에 대한 진리가 파악될 수 있어야 함을 깨닫게 됐다.

바울

예수의 복음이 사도 바울에 의해 그리스적이며 영지주의(Gnosticism)적 색채를 띠게 되었다는 것은 당연한 사실일 것이다. 그것은 그리스도교 신앙이 그리스의 정신세계 속으로 들어감으로써 새로운 사상적인 언어와 개념체계로 재정돈되어야 함을 절실히 필요했기 때문이었다.

그리스적 사고에서 신앙적인 측면을 고려할 때, 예수는 완전하고 초월적인 신

(God)과 불완전한 존재인 현실적 인간 사이의 중간적인 위치에서 양자를 매개하는 신인神人으로 등장할 수밖에 없었을 것이다. 요컨대 예수는 생물학적인 존재로서의 육신을 가진 존재이면서 초월적인 존재로서의 신성을 가진 존재이다. 그렇다면 예수는 초월적인 진리와 인간의 이성적 진리, 초자연의 세계와 현실 세계와의 매개자이다. 그리스적 사고에서는 이성적으로 사유할 수 있는 것만이 존재하는 것으로 간주되었지만, 이제 예수 그리스도를 통하여 자연세계와 이성을 초월한 신의 세계가 구체적이고 현실적인 삶 속에 개입해 들어온 것이다.

예수는 차안과 피안, 이성과 신앙 간의 매개자가 된다. 그래서 바울은 그리스도교를 그리스 문명권에 전파하면서 신적 존재로서의 주님[王]이란 개념을 선호했다. 그리고 그는 예수를 유대교의 전통에서 형성된 메시아(그리스어 번역은 그리스도)이자 다가올 새 시대의 왕으로 간주했다. 그는 오로지 예수가 구세주이며, 예수 그리스도를 신앙의 대상으로 삼아야함을 전적으로 설파했던 것이다. 또한 그는 육체와 영혼의 이원론이 자리 잡은 그리스적 사상 위에서 유대교적 부활사상을 접목시키는 데에 기여하였다고 볼 수 있는데, 이는 그리스도교에서 곧 예수의 죽음과 부활로 전환시킨 것에서 확인할 수 있다.

바울에 의해 그리스적 사고로 무장된 그리스도 복음의 흔적은 어디에서 찾아볼 수 있을까? 죽음과 부활에 대한 그리스도의 가르침이 그것이다. 신이 죽었다가 되살아난다는 것은 동방의 의례에서 나온 것인데, 그리스도교의 부활절은 아티스Attis 신의 죽음과 부활의례復活儀禮를 모방한 것이다. 미트라Mithra 신앙 역시 그리스도교에 많은 영향을 끼쳤다. 왜냐하면 예수의 탄생은 본래의 탄생일과는 상관없이 미트라 신이 태어난 동짓날을 상징하여 12월 25일로 기념하였기 때문이다. 예수 그리스도가 성령에 의해 동정녀 마리아로부터 순결하게 태어났다는 사상은 유대교의 전통에는 없었던 것이고, 오히려 동방의 의례에서 광범위하게 퍼져있던 신과 여성 사이의 성적 관계를 반영한 것이었다. 즉 동정녀 마리아 숭배는 이집트의 이시스Isis 신 숭배를 베낀 것에 지나지 않았던 것이다.

예수가 죽은 이후, 다양한 종파들 간의 계속적인 투쟁에서 예수가 그리스도의 중심인물이 된 까닭은 어디에 있었을까? 그것은 인류의 시원적인 인간 아담의 타락으로부터 원죄의 관념이 그리스도교에 흘러들어왔고, 이를 바탕으로 해서 하느님 나라에 대한 내세관이 정착되면서 구세사상으로 정립되었기 때문이었다. 요컨대 그들은 신이면서 동시에 인간인 구세주 예수가, 원죄를 짊어진 채 태어난 모든 인간의 죄를 대속하고, 인류의 죄를 사하여 성부 하느님에게로 인도한다고 믿었던 것이다. 이러한 사상은 고대의 다른 종교들이 다 그렇듯이, 신의 노여움을 달래기 위해 희생 제물을 드리는 것을 구원의 방편으로 차용한 것에 지나지 않을 것이다.

아티스 신

미트라 신

이시스 신

그러므로 복음서의 전체적인 관점은, 바로 갈릴리의 설교자 예수의 위대한 사역과 많은 설교가 기다려왔던 메시아요 그리스도임을 믿게끔 하는 것으로 보인다. 그리하여 원죄의 개념과 인류 구원이라는 토대 위에서 신인이면서 동시에 인간이 되는 예수는 구세주가 될 수 있었고, 아담으로부터 물려받은 죄는 예수의 자발적인 희생을 통해 단번에 사라진다는 믿음으로 정착된 것이다. 여기로부터 구원을 얻기 위해서는 예수 그리스도를 믿어야 하고, 그의 가르침을 따르기만 한다면, 인간은 누구나 죄에서 행방된다는 믿음이 점차 확산되어 정착되기 시작한 것이다.

신의 아들 예수 그리스도

로마 초기에 종교에 대한 박해가 심했음에도 불구하고 유대교의 한 종파에서 떨어져 나온 그리스도 교회는 로마제국의 전성기로 접어들자 거대한 코스모폴리스Cosmopolis적인 세계에 뛰어들음으로써 로마 전역과 이방인의 세계에까지 신속하게 퍼져나가게 된다. 그것은 예수 그리스도라는 복음이 그리스적 사고로 무장하여 이교도들의 끊임없는 도전에 대한 응전으로 세련되어 갔기 때문이다.

예수 그리스도의 복음은 "로고스"가 유일신 하느님의 의지를 실현하는 대리자요, 심부름꾼이며, 제2의 신으로 아들이라는 것이다. 신의 아들인 로고스는 세계의 대사제이고, 고통을 겪는 인류를 구원하여 밝고 영원한 신의 세계로 인도하는 구세주이다. 그러나 예수가 바로 신의 아들로 구세주라고 줄기차게 외치고 믿어 의심치 않았던 예수 그리스도 교인들은 그리스도교가 세계화되면서 내외적인 많은 도전에 직면하게 된다. 영지주의자들의 도전이 대표적이다.

사도시대에 영지주의가 그리스도교회 안으로 유입되었을 것이다. 유입된 영지주의는 예수가 그리스도의 화신化身이요, 신의 아들로 죽었다가 부활했다는 성육신成肉神임을 근본적으로 부정했다. 이로부터 1세기 말부터 2세기 중엽까지 교회의 지도자들은 12개 정도의 영지주의 분파와 싸웠다. 영지주의자들은 자신들만이 진정한 종교의 비밀을 가지고 있다고 자부하고 있었는데, 그 비밀스런 지식의 핵심은 예수란 신의 아들인 그리스도가 아니며, 물질세계란 악하고, 단지 몇몇 선택된 사람의 영혼만이 물질로부터 벗어나기 위해 투쟁할 수 있고, 성령의 도움으로 신의 세계에까지 다다를 수 있다는 믿음이었다. 이러한 믿음을 바탕으로 해서 영지주의자들은 로마교회를 자신들만의 비밀 종교로 바꾸려고 끊임없이 획책했던 것이다.

그러나 예수가 곧 그리스도임을 지키려는 교회 지도자들 또한 만만치 않았다. 특히 그리스도교로 개종한 그리스 지성인 마르키온Marcion(85?~160?)은 소아시아 출신으로 137년경 로마 교회에서 두각을 나타낸다. 그는 영지주의의 비밀스런 믿음을 강조하는 대신에 여러 영지주의자들의 관념을 자신의 성서비판과 결합하였으며, 그리스도교에서 유대교적인 뿌리를 떼어내려고 그리스 사상과 융합시켰다. 마르키온은 바울이야말로 가장 참된 그리스도의 복음을 전파한 사도로 보았으며, 바울의 서한을 제외한 다른 복음서들을 인정

마르키온

하지 않았고, 영지주의 노선을 극복하면서 그리스도교의 신념체계를 구축하였다.

2세기를 지나는 동안 그리스도교회는 교리체계의 사상적 논란을 거듭하면서 로마제국의 전역에 퍼져 나간다. 교리에 대한 여러 논쟁을 거치면서 사람들은 복음의 핵심진리를 신비스럽게 이해해 갔던 것이다. 두드러진 것은 절대자 하느님이 한 분이지만 "삼위의 하느님(Trinity)", 즉 성부, 성자, 성령 하느님이라고 가르친 그리스도교의 복음이다. 이와 관련한 가장 중요한 논쟁거리는 예수 그리스도의 성육신을 이해하려는 시도에서 벌어진다.

복음은 예수 그리스도가 인간이면서 하느님이라고 줄기차게 가르치게 된다. 하지만 인간으로 육화한 예수 그리스도가 하느님이라면, 예수가 죽었다가 부활했다는 복음은 곧 하느님의 죽음과 부활을 뜻하게 되는 것이다. 이는 논리적으로 볼 때 분명히 모순적이다. 이것을 사람들은 어떻게 이해할 수 있었겠는가! 이러한 패러독스(역설, paradox)를 해결해야 그리스도를 가장 합리적으로 이해한다고 말할 수 있을 것이다. 그리스도의 죽음과 부활에 관한 이런 문제에 대하여 역설의 논리를 내놓은 이가 등장하는데, 그는 바로 카르타고 출신의 테르툴리아누스Tertullianus(155?~220?)이다.

테르툴리아누스는 『그리스도의 몸에 관하여(De came christi)』라는 책에서 "신의 아들은 십자가에 못 박혔다. 이것은 부끄러운 일이기 때문에 우리는 이를 부끄러워하지 않는다. 신의 아들은 죽었다. 이것은 어리석은 짓이기 때문에 완전히 믿을 만한 가치가 있다. 그리고 그는 묻혔다가 부활했다. 이것은 불가능하기 때문에 확실하다."고 단언한다. 한마디로 "불합리하기 때문에 믿는다(Credo quia absurdum est)"는 것이다.

이러한 역설의 논리는 후에 종교적인 믿음과 이성적인 사고 사이를 날카롭게 갈라놓은 계기가 된다. 즉 신앙과 이성적인 사유는 별개의 문제라는 얘기다.

하느님의 아들이 인간으로 육화했다는 그리스도교의 복음은 여러 세기 동안 교파들 간의 피나는 논쟁과 투쟁을 양산하게 된다. 그러한 과정에서 전적으로 새로운 방안이 제기되기도 했다. 대표적인 사례는 예수를 하느님보다 열등한 존재로 취급하는 방식이다. 만일 예수를 하느님과 동일한 지위로 말하게 된다면, 군주로서의 성부 하느님에 대한 권위를 손상시키는 두려움이 생기기 때문이다. 그래서 하느님의 군주성을 보존하면서 그리스도의 독특한 인격성을 유지시키려 했던 것이다. 대표적인 자는 로마인 사벨리우스Sabellius(?~260?)였다. 그는 성부와 성자와 성령은 한 분 하느님의 세 양태樣態에 불과하다고 주장한다. 이와 같은 군주론 학파는 양태론(modalism) 혹은 사벨리아니즘이라 부르게 되었는데, 이 또한 좋은 해결책은 되지 못했다. 왜냐하면 이는 아들 하느님이 십자가에서 죽어야 했다는 사실에 모순을 안고 있었기 때문이다.

삼위일체 하느님

그리스도교는 전지전능하고 완전한 창조주 하느님(Elohim)을 믿는 종교이다. 그리스도교를 단일신교나 다신교가 아니라 유일신 종교라 칭하는 까닭이 여기에 있는 것이다. 그런데 초기 유대교의 단일신교에 뿌리를 둔 그리스도교는 철학의 날카로운 도전과 정치적인 탄압을 극복하면서 범세계적인 "삼위일체 신론(성부, 성자, 성신)"으로 굳건하게 자리를 잡게 된다. 삼위일체 신론은 절대적으로 완전한 창조주 하느님이 세 분이라는 뜻이 아니라 "위격에 있어서 세 분의 신"이라는 뜻이다.

그리스도교 유신론의 진면목을 알기 위해서는 '삼위일체' 신론을 올바르게 파악해야 한다. 왜냐하면 '삼위일체'는 그리스도교권에서 종교적인 신론의 핵심이며, 근본 바탕을 지탱해 주는 결정적인 지반이 되기 때문이다. 그런데 아이러니컬하게도 '삼위일체'는, 글자 그대로 표현하자면, 위격에 있어서는 '세 분 하느님'으로 존재하지만, 이 그 본성에 있어서는 '한 분 하느님'이라는 의미로 풀이된다. 한 분 하느님이 세 분이라는 얘기다. 이는 인간의 합리적인 이성으로 쉽게 납득이 될 수 있는 주장이 아니라고 본다.

삼위일체 하느님

『성경』에 기록된 내용을 아무리 뒤져봐도 '삼위일체'란 말은 없다. 삼위일체란 개념은 라틴어 번역어인 "위격位格에 있어서는 세 분이고, 그 본체(실체)는 하나이다(una substantia tres personae)"라는 표현에서 나왔다. 이러한 표현은 그리스의 철학에서 "세 기체는 하나의 실체를 가진다(μία ουσία τρες ὕποστάσεις)"는 표현에 근거를 두고 있다.

종교적인 의미에서 볼 때, '하나의 실체'란 '전에도 영원히 있어왔고, 지금도 있으며, 장차 오게 될 한분의 아버지 하느님', 다시 말해서 태초에 천지만물과 인간을 창조한 전지전능한 창조주 하느님을 의미한다. 세 분의 위격에 대하여 말하자면, 창조주 하느님은 단 한 분의 하느님이 아니라 삼위의 하느님으로, 즉 '성부 하느님[聖父]', '성자 하느님[聖子]', '성령 하느님[聖靈]'으로 존재함을 뜻한다.

성부 하느님은 구약 시대에 유대교의 전통에서 나온 '야훼'라 부르는 분이고, 성자 하느님은 신약 시대에 그리스도(구세주)에서 나온 예수를, 성령 하느님은 말 그대로 시간과 공간의 제약 없이 언제 어디에서나 존재하여 인간에게 믿음을 일으키는 성령을 말한다. 그래서 삼위일체는 전지전능한 하느님의 본질은 하나이지만, 그 본질을 소유한 분은 셋이라고 정의하게 된다. 다시 말해서 삼위일체 하느님은 신성(신적인 본질)에 있어서는 '하나'이지만, '하나'의 신성을 소유한 인격자는 각각 셋으로 표현되고 있음을 의미한다. 이는 각각 따로 존재하는 세 분 하느님이 신성과 능력, 영광과 권능에서 완전히 동등하다는 뜻이다.

로마를 점령한 그리스도교

그리스도교는 로마제국의 초기부터 300여 년이라는 긴 세월 동안 혹독한 박해를 받았다. 그러면서도 세계적인 종교로 확대되어가자, 311년에 와서야 로마 황제는 드디어 공식적으로 예배를 드려도 좋다는 허락을 한다.

콘스탄티누스F. V. A. Constantinus(272~337)는 아버지의 뒤를 이어서 로마 제국의 서쪽을 다스리는 공동 황제가 된다. 그는 312년에 로마 교회의 밀비우스 다리 전투에서 정적 막센티우스Maxentius를 물리치고 로마에 입성하면서 종교적인 관용정책을 편다. 그는 이교도 국가인 로마제국이 자행해온 박해에 종지부를 찍기로 결심하고, 리키니우스 Licinius(263~325)와 함께 313년에 "밀라노 칙령(Edict of Milan)"을 반포하여 모든 종교에 대해서 양심과 예배의 자유를 허락했으며, 압수된 그리스도교의 재산을 돌려주었다. 왜냐하면 콘스탄티누스 황제는 그리스도교 교회와 싸우는 것보다는 국가의 이익을 위해 그리스도교를 이용하는 것이 훨씬 낫다고 결론지었기 때문이다.

밀라노칙령에서 체결된 그리스도교 교회와 제국의 동맹은 로마제국 황제들의 정책으로 더욱 공고해졌고, 황제들은 교회를 체계적으로 지원했다. 그리스도 교회를 위한 관대한 후원자요 보호자가 된 콘스탄티누스 황제는, 알렉산드리아의 아리우스Arius(256~336년)에 의해 정통교회가 위협을 받자 주교들을 공의회에 소집하기도 하였으며, 신학적이고 목회적인 긴장이 있을 때마다 공의회를 개최하여 해결하였다. 황제와 주교들은 서로 협력하였고, 그리스도교는 황제의 비호를 받으면서 점점 로마제국을 닮아 전 세계로 확산되어 가게 된다.

그리스도교가 세계의 지배적인 종교로 성장하게 된 결정적인 까닭은 데오도시우스F. Theodosius(347~395) 황제가 그리스도교를 로마의 국가종교로 선포함(392년)으로써 비롯된다. 결국 세계의 정복자로 군림하던 로마는 문화적으로는 그리스의 사유에, 종교적으로는 그토록 박해했던 그리스도교의 신앙에 의해서 정복을 당하는 역사의 아이러니를 낳고 말았다.

데오도시우스 황제

공인된 삼위일체 하느님_____

그리스도교가 로마의 지배 종교가 된 4세기 무렵, 이집트의 알렉산드리아에서 영지주의 연장선상에 있던 리비아 출신 아리우스는 알렉산드리아 교회의 장로이면서도 삼위일체에 대한 정통교회와 모순되는 주장을 하기 시작했다. 아리우스파의 중심지는 이집트와 그리스 전통이 몹시 강한 알렉산드리아였는데, 알렉산드리아의 사제인 아리우스는 당시 신에 대한 교리의 교조적 비합리성을 완화시켜 지식층들이 받아들일 수 있도록 노력했던 인물이다.

아리우스는 '아버지가 아들을 낳았다면, 태어난 자는 존재하기 시작한 때가 있을 것이다. 따라서 아들이 존재하지 않았던 시기가 있었다는 사실을 알 수 있다.'는 예를 들면서, 예수 그리스도는 하느님이 아니라 단지 무無로부터 신에 의해 창조되었을 뿐이라고 주장한다. 그 이유는 예수는 육신을 가진 인간이기 때문이었다. 즉 예수 그리스도는 하느님 아버지와 같은 존재가 아니라 단지 그를 닮았을 뿐이라는 얘기다. 이것은 결국 그리스도교 교리의 핵심인 구세주 예수 그리스도의 본성에 관한 정면 도전이었던 것이다.

아리우스의 주장에 대해 알렉산드리아 교회의 주교 아타나시우스 Athanasius(296~373)는 '예수 그리스도는 구속자요 하나님과 동등한 분

아리우스

아타나시우스

이다'라고 주장한다. 아리우스파와 아타나시우스파는 서로 양분하여 격론이 벌어지게 되었고, 이로부터 수많은 논쟁이 일어났다. 이집트, 특히 알렉산드리아의 대중들은 아리우스를 지지했으며, 그 문제로 인해 가두투쟁도 전개했다. 로마로부터 이집트의 분열을 걱정했던 콘스탄티누스 황제는 아직 그리스도 교인이 아니면서도 그 분열을 극복하고자 대담한 조치를 취한다. 325년 제1차 니케아공의회를 개최하여 신조를 채택한 것이 그것이다.

"니케아 신조(325년, Symbolum Nicaenum)" : "우리는 한 분 하느님을 믿는다. … 그리고 한 분 주님이신 예수 그리스도를 믿는다. 이 분은 하느님의 아들이시고 아버지로부터 나신 독생자이시다. 아버지의 본질로부터 나신 분으로 하느님으로부터 나신 하느님이시며 … 나신 자이지 만들어진 분이 아니다." 니케아공의회의 신조에 따라 아리우스파는 이단으로 정죄되어 정통교회의 최악의 이단으로 파면되었다.

그러나 아리우스는 336년에 죽었지만 그의 가르침은 여전히 지지를 받고 있었고, 광범위하게 퍼져 오랫동안 지속되었다. 후에 이와 유사한 교리들이 끊임없이 나왔고, 5세기에 이르기까지 아리우스 가르침은 계속적으로 정통 교회와의 마찰을 빚게 된다. 정통 교회에 대한 어떠한 도전도 불허한 독실한 그리스도 교인이었던 테오도시우스는 379년에 동방의 황제가 되자 380년에 그리스도교를 국가의 의무종교로 만들었고, 391년에는 모든 이교도들의 신전을 폐쇄하고 예배를 금지하였다. 그는 "우리는 모든 사람들이 베드로와 사도들이 로마인들에게 전수해준 저 종교를 믿기를 바란다."고 선언함으로써 많은 로마인들을 그리스도교로 개종시켰다. 이에 테오도시우스는 콘스탄티누스 공의회를 열어 니케아 신조를 다시 한 번 확인하면서 성령에 대한 진술을 신조에 첨가하였다.

"콘스탄티누스 공의회" : 여기에 "우리는 성령을 믿는다. 성령은 주님이시며, 생명을 주시는 분이시며, 아버지로부터 나신 분으로서 아버지와 아들과 함께 예배를 받고 영광을 받으신다."의 조항이 그것이다. 후에 스페인 쪽에는 아직 아리우스파를 따르는 그리스도교인들이 많았기 때문에 서방교회에서는 그리스어로 된 원문을 라틴어로 번역하면서 589년 제3차 툴레도Toledo 교회 쉬노드Synod 에서 "성령은 성부에게서 발發하시고(τό ек тоύ Πатρός εκπορευόμενον)"라는 구절을 "성령은 성부와 성자에게서 발하시고(qui ex Patre Filióque procédit)"로 고쳐버리기도 하였다.

이러한 삼위일체 교리를 핵심으로 하는 그리스도교는 세계로 퍼지게 되었는데, 4세기에는 고트족과 반달족이 그리스도교화 되었고 , 5세기 후반에는 프랑크족에게 수용되었다. 6세기에서 9세기 사이에는 외곽의 게르만족이 그리스도교화 되었고, 9~10기에는 슬라브 민족이 그리스도교를 수용함으로써 유럽의 거의 모든 지역이 그리스도교화 되었던 것이다.

2

유일신론의 빛과 그림자

그리스도교의 유일신론은 초기 유대민족의 신 야훼만을 믿는 단일 신론으로 출발지만, 로마 말기로 들어오면서 별로 심각한 도전을 받지 않고 범세계적인 종교로 세계화되기 시작했다. 중세기로 접어들자 우주만물에 대한 '창조주'와 '완전한 인격자'라는 양면성을 가진 유일신은 이교도들로부터 끊임없는 도전을 받게 되지만 좀 더 고등종교로의 위상이 드높여지게 된다.

서양 중세기에 그리스도교의 유일신 종교문화는 심각한 잡음이 없이 대략 천여 년 동안 유지되어 왔다. 그 까닭은 결정적으로 어디에 있었을까. 그것은 바로 종교적인 신앙과 철학적인 이성의 탐구가 화합하고, 위대한 신학자들이 철학적 사유를 동원하여 신앙의 교리를 합리적인 체계를 갖춘 신앙으로 성숙시켰기 때문이다. 이때가 철학과 종교가 인간의 삶의 현장에서 봉착하는 문제들을 함께 공유하고, 직면한 문제들을 해결하기 위해 정답게 공동전선을 형성하면서 협조하던 시대였다고 본다. 그래서 역사가들은 서양 중세기가 신학의 전성기였다고 말한다.

그러나 중세 말기에 이르러서는 강력했던 신 중심 사회가 타락하기 시작하면서 신성불가침의 신권은 점차 퇴락해 갔다. 설상가상雪上加霜으로 인문주의 부흥이라는 르네상스Renaissance가 도래하면서 보다 자유로운 사유와 학문이 각광을 받게 되자, 지성인들이 추구하는 앎의 영역은 신의 영역을 넘보게 된다. 결국 신학적 교리의 토대를 이루고 있는 유일신의 고유한 영역은 학문의 날카로운 토론의 장으로 내몰리게 되고, 신 중심 문화가 퇴색되면서 근대의 새로운 정신문화가 열리게 된다. 이러한 역사적 과정에서 뚜렷하게 드러난 것은 앎을 추구하는 이성의 영역과 최고의 인격신을 숭배하는 유일신 사이에는 타협하기 힘든 또 다른 경계가 그어지기 시작했다는 것이다. 여기로부터 신관의 분화分化가 시작된다.

1) 종교적인 신앙과 철학적인 이성의 만남

일상적인 사회생활 속에서 종교인들이란 비합리적으로 살아가는 사람들이라고 말하는 것을 아주 자주 듣게 된다. 다시 말해서 앎의 욕구가 너무도 강렬해서 의심이 가는 모든 것들에 대해 비판적으로 파악하려고 하는 철학자는 어떤 종교에 심취해 있는 사람을 만나면 아집과 독선의 화신으로 대화가 불가능한 사람쯤으로 취급해 버리기 일쑤다. 왜냐하면 논리적인 질문에 대하여 말문이 막힌 종교인은 툭하면 신앙이라는 아성으로 피신해 버리곤 하기 때문이다. 그런 상황이 발생하는 원천적인 까닭은 어디에 있을까? 이는 대략적으로 두 관점으로 요약해볼 수 있을 것이다.

첫째, 합리적인 앎을 추구하는 철학과 돈독한 신앙을 요구하는 종교는 '방법'에 있어서 근본적으로 다르다. 종교는 무조건적인 '신앙'을 전제로 하는데, 신앙은 보통 성스런 기원을 가졌다고 여겨지는 어떤 권위적인 것에 호소해서 지탱된다. 요컨대 "예수가 신의 아들이라고 굳게 믿는 나의 신념은 신앙에 기초를 둔 것이다"와 같은 진술에서 '신앙'은 전적으로 헌신적이며 무조건적으로 믿는 행위를 가리킬 수 있다. "나는 내가 믿는 진리에 나의 전 생애를 걸고 싶다"는 진술에서도 '신앙'은 자기의 신념이 참됨을 보여주기 위해 이성에 의한 지적논증이나 타당한 이유를 대지 않고 "신앙의 도약"이라는 계기에 전적으로 의존하고 있음을 알 수 있다.

반면에 철학은 알기 위해 합리적으로 따지려드는 '이성'을 전제로 하는데, 이성은 어떤 권위 있는 주장이나 진술을 무조건적이고 맹목적으로 신봉하거나 따르지 않고, 일단 의심쩍은 것으로 간주하여 그 합리적 근거를 밝히려고 사유하기 시작한다. 그럼으로써 이성은 참된 이치[眞理]를 드러내려고 끊임없이 의문을 던지게 된다. 어떤 진술이나 주장이 '권위적' 신임장을 지닌 것으로 평가하고자 할 때도 철학자는 '관찰'과 '이성'이라는 타고난 능력을 사용할 것을 주장한다.

둘째, 철학과 종교는 '목적'에 있어서도 현저하게 다르다. 종교적 활동의 주된 목적은 숭배하고 순종할 필요가 있다고 생각되는 존재자에게 마음을 다하여 헌신할 것을 촉구하는 것에 있다. 다시 말하면, 종교적 관심의 핵심은 어떤 신봉자가 "신은 존재한다."는 명제에 지적인 승인을 하는 것에 있는 것이 아니라, 완전한 신의 존재를 믿으며 자신의 삶을 신의 섭리에 내맡긴다는 데에 있는 것이다. 이러한 목적을 실행함에 있어서 어떤 방식을 택하는가에 관해서는 상이한 견해들이 발생할 수 있다. 왜냐하면 세계의 도처에는 다양한 집단들이 신봉하는 신들이 있으며, 이에 따라 다양한 종류의 종교적 신앙과 예식이 존립하기 때문이다.

반면에 철학의 활동 '목적'은, 물론 철학의 탐구영역이 광범위한 것이어서 유일한 어떤 것이라고 정해질 수는 없지만, 주로 지적 모험이라는 사실에 기반을 두고 있다. 다시 말하면 철학의 목적들 중의 하나는 경험적으로 알게 되는 사실에 대한 지식을 명료하게 하거나, 과학적 탐구의 한계를 초월한 진리들을 발견해 내는 데에 있다. 그럼으로써 철학적 탐구는 절대자나 그 밖의 어떤 존재자에 대하여 맹목적인 믿음이나 마음을 다하여 헌신하라고 요구하는 것이 아니라 '왜' 그렇게 돼야 하는지의 합리적인 근거를 밝힘으로써 정신세계의 앎의 영역을 넓혀 가는 것이다.

그러나 철학적 탐구와 종교적인 신앙에서 방법과 목적이 서로 다를지라도, 양자를 조화하여 신앙체계를 고양하려는 시도가 있었다. 결정적으로 캔터베리 안셀무스St. Anselm of Canterbury(1033~1109)를 꼽을 수 있다. 그는 『프로슬로기온Proslogion』에서 "신앙은 지성을 요구한다(fides quaerens intellectum)"고 선언한다.

'신앙은 지성을 요구한다'는 선언 속에는, 사려가 깊으며 성실하고 지적으로 성숙한 종교인이라면, "신(완전한 인격자)은 도대체 무엇을 의미하는가", "그런 자가 존재한다고 믿는 근거는 무엇인가", "신과 우리의 관계는 어떠

안셀무스

한 것인가" 등의 물음들을 무시해 버리지 않아야 한다는 뜻이 들어있다. 이러한 물음들에 대한 답변으로 개인적으로는 각기 다른 입장을 취할 수 있겠지만, 인간만이 가지는 이성의 비판적이고 분석적인 능력은 신앙의 조항들을 보다 논리적이고 합리적인 체계로 구성하는 데에 결정적으로 기여할 수 있다는 것이다.

상호 보완적인 측면에서 보자면, 철학적인 사유와 종교적인 믿음은 논리적인 문제라기보다는 가치價値의 문제일 수도 있다. 지난한 삶의 과정에서 이성의 한계에 직면한 유한적인 인간은 절대적으로 무한한 존재인 유일신에 기댈 수밖에 없는 상황을 맞이할 수도 있기 때문이다. 이런 맥락에서 철학적 사유와 종교적인 믿음의 화합은 신앙이 논리적인 사고에 의해 양산되는 지식을 흡수하는 쪽으로 기울 수도 있을 것이다. 철학적 탐구의 지식이란 시작에 불과하지만 종교적 신앙은 본래적인 길이요 곧 존재의 완성이라고 여겨지기 때문이다.

이러한 사고를 근간으로 해서 철학적 사유와 종교적 믿음을 적극적으로 화합하려고 시도한 인물은 대표적으로 두 신학자를 꼽을 수 있겠는데, 중세 초기에 교부철학의 대부라 불리는 성 아우구스티누스 St. Augustinus(354~430)와 스콜라철학의 꽃을 피웠던 토마스 아퀴나스 Thomas Aquinas(1224~1274)이다. 이들에 따르면, 중세철학의 기능은 우선적으로 천계天界의 데이터들, 즉 창조주, 완전한 인격자, 삼위일체, 부활, 은총과 구제 및 그 밖의 결과들에 대해 정확한 해석적 방법을 제공하는 것이었다. 이는 그리스도교가 신앙에 의해 인간에게 공수되기 전에 인간 이성의 바퀴가 정확히 신앙의 활주로를 따라 나아갈 수 있도록 인도하는 것이다.

그러나 합리적인 '지식'을 추구하는 철학과 무조건적인 '믿음'을 요구하는 종교는 근본적으로 다르다. 그럼에도 아우구스티누스와 아퀴나스는 서로 다른 두 진영 간의 관계를 조화하여 신앙의 체계적인 틀을 확보하게 된다. 아우구스티누스는 플라톤 철학의 이데아론을 중심으로 하여『신국론(De civitate Dei)』의 체계를 탄탄하게 세웠고, 토마스 아퀴나스는 아리스토텔레스의 형이상학적 이론을 가져다 방대한『신학대전(Summa Theologiae)』을 집필하여 유일신론 신앙관을 정립하였던 것이다.

2) 이데아들을 신국神國에 옮겨놓은 아우구스티누스

생애生涯

아우구스티누스는 누구인가? 그는 중세 교부시대의 대부로 불렸던 탁월한 신학자이자 철학자이다. 그는 로마제국에 정복당한 아프리카 튀니스(현재의 알제리) 근처 타가스테Tagaste에서 345년에 태어났다. 그의

성 아우구스티누스

아버지는 이교도로서 마니교Manichaeism를 열광적으로 신봉했고, 어머니는 유대인으로 독실한 그리스도교인이었다.

젊은 시절에 아우구스티누스는 아버지의 영향으로 마니교에 몸을 담았고, 육체적인 사랑에 깊이 빠져 어느 창녀와 동거하여 사생아를 낳았다고도 한다. 그러나 청년시절의 방황을 끝내고 384년 밀라노에 와서 플라톤의 철학을 접하면서 새로운 삶에 눈을 뜨게 되었고, 어머니의 적극적인 권유에 힘입어 성 암브로시우스St. Ambrose(340?~397)로부터 세례를 받음으로써 387년에 정식으로 그리스도교인이 되었다.

그리스도교로 개종한 아우구스티누스는 신학을 위한 철학자로서 새로운 인생을 시작한다. 세례를 받은 후 1년 뒤에 타가스테로 돌아가 자신의 집에 수도원을 창설해 놓고 플라톤의 철학을 기반으로 하여 그리스도교 교리정립을 위한 저작활동에 들어갔다. 그의 명성이 자자해지자 마침내 그는 391년이 되던 해에 사제司祭로 임명되었고, 395년에는 힙포Hippo의 주교로 임명되었다. 힙포에서도 열광적인 저술활동을 하였는데, 아리우스파 계열의 반달족Vandals이 침입하여 이 도시를 점령했을 때에도 그의 손에는 펜이 들려 있었다고 한다. 430년에 결국 죽음을 맞이하게 되었는데, 반달족이 이 도시를 초토화했을 적에도 그의 저술들은 보존되어 전해지게 됐다. 많은 저술들이 있지만, 후기에 나온 저술들이 유명하다. 401년에 『고백

성 암브로시우스

록(Confessiones)』, 416년에 『삼위일체론(De Trinitate)』, 413년에서 시작하여 426년에 끝낸 『신국론(De civitate Dei)』이 대표적이다.

무無로부터 세계를 창조한 유일신_____

아우구스티누스가 신앙한 절대적인 유일신(God)은 어떤 존재였을까? 그는, 자신의 저서 『고백록』에서 논의한 것처럼, 유일신을 무한無限하고, 불생불멸하는 영원한 존재로 보았다. 이는 유일신이 시작과 끝이 없는 존재[無始無終]임을 함축한다. 왜냐하면 어떤 과정 속에서 '연장성'을 갖는 공간개념이나 '보다 일찍'이나 '보다 늦게'라는 시간개념은 창조 이후에나 적용되는 것이기 때문이다. 따라서 유일신은 시공時空의 제약을 절대로 받지 않고, 오히려 시공을 초월하여 무한하게 영원히 존재한다는 것이다. 이는 어떠한 술어도 유일신에게 허용될 수 없음을 의미한다. 왜냐하면 개념적인 술어는 모두 일정한 '한정성[有限性]'을 뜻하기 때문이다.

시·공의 제약을 받지 않는 유일신은 존재하는 모든 것을 넘어서 있는 초월자여야 한다. 이런 의미에서 유일신은 다만 '존재자체'라고 지칭될 뿐이다. 반면에 창조된 것들은 시공과 더불어 비로소 존재하기 때문에, 반드시 시공의 제약을 받는 유한적인 것들이다.

초월적인 유일신은 우주만물을 어떻게 창조할 수 있었을까? 시공을 초월해 있음에도 유일신은 '무無로부터' 맨 먼저 시·공을 창조하고 더불어 '무와 같은 질료'를 창조함으로써 역사에 임하게 된다. 창조와 더불어 시작된 세계화 과정은 "무와 같은 질료質料", "시간時間", "영원한 형상形相"이 동원된다. 이에 대해서 아우구스티누스는 『고백록』에서, 창조주 유일신은 맨 먼저 "무로부터 거의 무와 같은 질료를 창조했고, 형상이 없는 질료로부터 세계를 창조했다(fecisti mundum de materia informi, quam fecisti de nulla re paene nullam rem)"고 한다.

창조된 '무와 같은 질료'는 우주만물을 구성하는 원초적인 바탕과 같은 것으로 이해해도 무방할 것이다. 이것은 정신적인 것과 물질적인 것으로 구분되지만, 사실 자체로 아무런 규정도 없는, 허령창창한 지기至氣와 같은 것이다. 이는 아리스토텔레스가 말한 순수 가능태dynamis와 유사한 것쯤으로 이해하면 될 것 같다. 이러한 질료에 유일신이 소장한 창조의 설계도와 같은 형상이 주입됨으로써 시간과 공간이 존재함과 동시에 창조활동이 일어나게 된다. 그럼으로써 창조된 모든 것들은 끊임없는 시공의 변화과정으로 진입하게 되는 것이다.

그렇다면 시공 안에서 창조된 모든 것들은 어떻게 해서 끊임없이 활동한다고 말할 수 있을까? 그것은, 존재론적인 의미에서 본다면, 창조된 존재가 '존재자체'에 참여함으로써 자신의 존재성이 확보될 수 있다고 보기 때문이다. 요컨대 사람이 세상에 태어나서 끊임없이 성장의 과정으로 진입하게 되는데, 이는 보다 성숙한 존재, 즉 사람자체가 되려는 과정이라는 얘기다. 그렇기 때문에 창조된 세계에 살고 있는 인간은 모든 불완전한 것들의 중심에서 완전한 것을 접할 수 있게 되고, 상대적인 것들 중심에서 보다 절대적인 것, 생멸의 중심에서 보다 불생불멸하는 것을 접하게 되는 것이다. 이런 의미에서 '존재자체'는 스스로 변하지 않으면서 창조된 모든 것들을 변하게 하는 궁극의 근원根源이 됨을 알 수 있다.

'신은 선善 자체'라는 말

궁극의 근원은 바로 초월적인 유일신으로 '선 자체(goodness)'이다.

아우구스티누스는 『삼위일체론』에서 '선 자체'는 근원적인 선으로 "모든 선들 중의 선(bonum omnis boni)"이라고 말한다. 그가 말하는 '선 자체'의 개념은 플라톤이 말한 초월적인 이데아들을 예상하게 되는데, 플라톤의 철학에서 참으로 존재하는 것은 이데아들이고, '선 자체'는 바로 이데아들 중의 이데아, 즉 '존재자체'이다. 아우구스티누스가 말하는 완전한 것, 절대적인 것, 불생불멸하는 것은 모두 '선한 것'이고, 존재(이데아)들 중의 '존재자체'는 바로 가장 선한 '선 자체'이다. 따라서 유일신은 가치론적 측면에서 보면 '선 자체'요, 존재론적 측면에서 보면 '존재자체'이다. 이것을 근거로 해서 여타의 모든 것들이 존재하게 되고, 선한 모든 것은 선하게 되는 것이다.

아우구스티누스가 주장한 내용을 요약해 보면, 초월적인 유일신은 존재의 근원, 가치의 근원, 진리의 근원이다. 이는 존재문제, 가치문제, 진리문제가 직접적으로 같은 것의 다른 표현에 지나지 않음을 뜻한다. 즉 유일신만이 '존재 자체'요, '선 자체'요, '절대적인 진리'가 되는 것이다. 반면에 유일신 이외의 모든 것들은 유일신의 정신 안에 있는 원형의 모상에 지나지 않는다.

그러므로 아우구스티누스는 플라톤의 이데아론을 신의 영역에다 옮겨 놓았다고 볼 수 있다. 즉 플라톤의 이데아계가 아우구스티누스에 의해 신의 세계로 탈바꿈이 된 것이다. 반면에 현실세계는 플라톤의 이데아론처럼 신의 세계를 모방한 것에 지나지 않게 된다. 이것이 아우구스티누스가 염두에 둔 천국과 지상국과의 차이이다. 여기로부터 천국은 이데아계에 있는 선의 세계요 지상국은 이데아의 그림자인 타락한 세계라는 논리가 성립된다.

3) 현실세계에서 천국을 찾은 천사 같은 학자 토마스 아퀴나스

아우구스티누스의 신국론을 현상세계로 끌어내려 조직한 신학자는 서양 중세 말엽의 토마스 아퀴나스이다. 그는 전통적인 형이상학적 이론을 끌어들여 신학을 집대성한 신학자이자 철학자이다. 다시 말해서 그는 플라톤이 제시한 이데아론을 바탕으로 신국론을 펼친 아우구스티누스의 신학적 진리를 현실세계로 끌어들여 아리스토텔레스의 실체론을 토대로 유일신의 교리를 조직하고 신학적 진리를 종합한 철학자였다. 이제 현실적인 자연은 더 이상 초자연적인 신국의 그림자가 되지 않게 된다. 그래서 그는 전형적으로 아리스토텔레스주의자로 간주된다.

토마스 아퀴나스의 삶 _____

아리스토텔레스의 전통을 따르는 토마스 아퀴나스의 인생행로는 어떠했을까? 그는 1225년에 이탈리아의 아퀴노 근처 로카세카Rocca-secca 성성城에서 호헨슈타우펜Hohenstaufen 왕가의 친족 중의 하나인 라

마그누스

돌프 백작의 아들로 태어났다. 5세가 될 무렵에 몬테카시노의 수도원에 들어간 것으로 보아 애초부터 성직자로서의 길로 들어섰던 것으로 보인다. 14세가 되던 해에 대학에서 공부하기 위해 나폴리로 간다.

그의 학문은 15세 때부터 본격적으로 시작한다. 17세가 되어서 도미니코Sanctus Dominicus(1170~1221)가 창설한 도미니코회에 입회하였으며, 당시 세상을 떠들썩하게 했던 알베르투스 마그누스Albertus Magnus(1193~1280)를 찾아 문하생으로 들어가 제자가 되었다. 1252년에 파리대학의 강단으로 돌아와 3년간 성서학과 명제집을 강의하다가 1256년 상투스 보나벤투라Sanctus Bonabentura(1218~1274)와 함께 파리대학 교수가 되었다.

토마스 아퀴나스는 당시에 너무도 유명해서 '토마스'라 불리기도 했다. 그가 학문적으로 절정에 이른 시기는 1269~1272년 사이에 두 번째의 파리 체류시기일 것이다. 여기에서 토마스는 모든 신학교 교수들이 크게 우러러보는 표적이 되었다. 그들은 신학적인 논쟁에 관해 토마스의 견해를 경청하기를 갈망하였고, 토마스 또한 많은 논쟁에 직접 개입하기도 하였다. 그 뒤로 토마스는 나폴리에 설치될 예정인 신학교 관계의 업무에 참여해 달라는 수도회의 초청을 받았으나 바로 이 때에 교황으로부터 리용에서 개최되는 종교회의(1274)에 참석해 달라는 요청을 받고 그곳으로 향하던 중 3월에 테라치나 수도원에

로카세카 성

서 숨을 거두었다. 그가 지닌 온화하고 티없는 성품으로 인하여 그는 "천사를 닮은 학자(doctor angelicus)"라는 별명이 붙게 된다.

학문적인 태도

토마스의 학문적 태도는 어떠했을까? 그가 살았던 당시는 종교적인 세계관에 결정론적인 자연주의적 사고가 침투해 들어오던 시기였다. 그의 사고는 인식과 존재가 상호적이라는 전제에서 출발한다. 자신의 저서 『신학대전(Summa Theologiae)』에서 그는 "사물에 관해서만 인식될 수 있고, 사물의 존재론적 진리가 여기에 있다."고 하고, "인식은 감각에서 시작되는 것이기 때문에, 인간이 감각적인 것을 거쳐서 초감각적인 것에로 이르게 되는 것은 인간에게 자연스런 일이다."라고 말한다. 이러한 사고는 플라톤의 전통에 속하는 아우구스티누스의 학설과는 반대적인 입장이다. 그는 인식이란 영원한 근거들 안에 있다는 전제하에 모든 것들이 신으로부터 조명될 때 가능하다는 아우구스티누스의 이론과는 근본적으로 다른 길, 즉 아리스토텔레스의 자연주의적 세계관을 따르게 됐던 것이다.

토마스에 따르면, "이 세상에서 우리들이 인식하는 맨 처음의 것은 물질적인 사물의 본질이다. 이런 사물들이 우리의 인식대상이다." 물론 우리가 햇빛 속에서 사물을 인식하듯이, 신의 빛 속에서 인식한다고 말하는 것은 의미가 있지만, 우리가 태양의 빛만을 바라보고 물질적인 사물을 바라보지 않는다면 세계에 대해 인식하지 못하는 것과 마찬가지라는 입장이다. 우리가 플라톤의 철학에서 주장된 영원한 이데아들에 참여함으로써만 인식한다고 한다면, 참된 지식에 도달할 수 없다는 것은 분명하다. 이는 참된 지식에 도달하려면 우선적으로 감각적인 인식이 필요하다는 뜻이다. 이런 의미에서 본다면 토마스는 감각적 경험 속에서 사유의 전체적인 자료를 발견해야한다는 입장이기 때문에 완전히 아리스토텔레스주의자이다. 서양철학사에서 토마스주의를 뜻하는 토미즘Tomism을 경험주의 철학이라고 칭하게 되는 까닭이 여기에 있다. 그렇다고 해서 토미즘이 영국의 감각적 경험주의와 동일한 것이라고 말해서는 안된다.

아리스토텔레스의 철학에 따른 유일신의 존재

그럼 유일신의 존재에 대해서 토마스는 어떻게 생각하였던 것일까? 그에 따르면 유일신은 "스스로 존재(ens a se)"하고, 근원적인 원인이어야 하며, 영원히 불생불멸하고, 필연적으로 완전하며, 살아있는 정신이다. 그러한 신의 본질은 "바탕으로 있는 존재자체"(ipsum esse sub-sistens)로 정의되는데, 이는 유일신에게 있어서 "존재자체(ipsum esse)"가 곧 본질이라는 뜻을 의미한다. 여기에서 '존재자체'는 플라톤의 철학에서 말하는 최고의 개념인 보편적 존재가 아니라 현실적인 존재를 총체적으로 충만하게 채우고 있어서 더 이상 덧붙여질 수 없는 가장 완전한 현실적인 존재를 뜻한다. 따라서 '존재자체'는 "모든 사물들의 현실적 존재(actualitas omnium rerum)"이므로 힘들 중의 힘이며, 생명들 중의 생명이며, 존재들 중의 존재가 되는 것이다.

플라톤 철학의 관점에서 말하면 유일신은 형상들 중의 형상, 즉 최고로 완전한 형상이다. 아리스토텔레스의 관점에서 말하면 유일신은 형상들 중의 형상으로 모든 창조 변화를 일으키게 하는 "부동의 원동자(Unmoved Mover)"이다. 이러한 형상들 중의 형상(유일신) 안에서 서로 다른 형상들이 일치되고 있다. 그럼에도 모든 "가능태(Dynamis)"는 형상이 주어져 있는 것이기 때문에, 이러한 형상이 곧 작용의 원인으로서의 "현실태(Energeia)"가 된다. 이는 플라톤의 이데아들이 현실 안으로 들어와 곧 현실태로 전환되었음을 뜻한다.

토마스의 신학적 이론들은 거의 대부분 아리스토텔레스의 형이상학을 그대로 차용한 것으로 보인다. 아리스토텔레스 형이상학의 기본 이념은 현실세계를 합리적으로 설명하기 위해서 현실에서 일어나는 모든 것들의 궁극적인 존재 근거를 밝히는 것이었다. 궁극적인 존재원인은 "순수 가능태"가 아니라 최고의 "순수 현실태(actus purus)"로서의 "부동의 원동자"이다. 이러한 유일신은 생성과 변화에 있어서 최고의 존재가 아니라 실재(entity)에 있어서 최고의 존재가 되는 셈이다.

토마스의 『신학대전』에 의거해 보면, 순수 현실태로서의 유일신은 모든 것들의 원인이다. 그렇다면 우주만물은 "무無"로부터 창조된 것임에 틀림없다. 왜냐하면 만일 모든 것들이 유일신에 근거해서 창조된 것이 아니라 다른 것이 원인이 돼서 창조된 것이라면, 유일신은 모든 것들의 원인이 될 수 없기 때문이다. 이를 토대로 해서 토마스의 섭리신학攝理神學이 전개된다.

창조주의 섭리

그의 섭리신학에 따르면, 우주만물의 창조는 궁극의 원인으로부터 끊임없이 이루어진다. 이는 '계속적인 새로운 창조'가 아니라 "계속되는 창조(creato continua)"를 의미하는데, 인간이 인간을 낳고, 토끼가 토끼를 낳는 것과 같은 이치이다. 이러한 '계속되는 창조'는 창조주의 지혜에 의존함으로써 이루어진다. 즉 창조된 우주만물은 처음에만 그런 것이 아니라 항상 그 지혜에 의존하고 있다. 왜냐하면 창조된 우주만물은 존재자체의 본질(형상)을 통해서만 현실적으로 실재하게 되는데, 유일신에게는 존재와 본질이 동일하지만, 창조된 것들은 존재와 본질이 같지 않기 때문이다. 이는 존재와 본질이 같아질 때까지 창조된 것들이 계속적으로 성숙해감을 함축한다. 따라서 창조된 것들은 존재자체가 되려고 끊임없이 실현해가고 있는 과정에 지나지 않을 뿐이다. 여기로부터 우주자연의 끊임없는 창조변화질서가 보장된다.

유일신은 절대적인 주권을 가지고 있고, 또한 작용의 근원이기 때문에, 창조된 만물이 목적을 향해 운행하도록 주재한다. 이는 순수 현실태로서의 유일신만이 형상들 중의 형상이고, 이 형상들이 바로 살아있는 정신이 되기 때문이다. 아리스토텔레스가 '신은 사고의 사고'라고 한 것은 이를 염두에 두고 한 말이다. 따라서 개별적인 현실적 존재들은 작용인으로서의 형상이 원인이 되어 창조 변화해가고 있는데, 이 형상들은 전적으로 유일신 안에 있다고 보아야 한다. 여기로부터 우주자연에 대한 주재자가 바로 유일신임이 드러나게 된다.

『신학대전』에 의거해 보면, 우주만물에 대해 행사하는 유일신의 절대적인 주재는 각각의 현실적 존재가 그 본성에 따라 행동하기를 원하는 창조주의 섭리법칙이다. 섭리법칙은 바로 형상들의 완전한 실현에 있다. 이러한 의미에서 유일신은 미래를 내다봄으로써 섭리에 따라 우주만물을 주재하고 있고, 그 주재성은 바로 유일신의 가장 깊은 곳에 있는 본성이라고 말할 수 있다.

4) 신관神觀의 분화分化

'신(God)은 존재하는가'는 동서고금東西古今을 막론하고 끊임없이 제기되어 왔던 물음일 것이다. 신이 존재함을 전제하고 그것에 대해 논의한다면 유신론(Theism)이고, 존재하지 않음을 전제하고 그것에 대해 공박한다면 무신론(Atheism)이다. 서양의 지성사에서 볼 때, 유신론은 대략적으로 단일신론(Henotheism), 다신론(Polytheism), 유일신론(Monotheism), 이신론(Deism), 범신론(Pantheism), 범재신론(Panentheism) 등으로 구분된다.

여러 인격신을 인정하지만 오직 자기 민족만을 위한 한 분의 신을 숭배하는 이론으로는 초기 유대교의 야훼신앙이 대표적이다. 단일신론에서 초월적인 한분의 창조주인 인격신에 대한 신앙으로 변형된 것이 '유신론'이다. '다신론'은 여러 신들을 전제함을 뜻하는데, 그리스, 이집트, 로마의 신들이 대표적이다. '이신론'은, 초월적인 창조주가 우주만물을 직접 창조한 것이 아니라 존재이법을 창조해 놓았기 때문에, 그 이법에 따라 우주만물이 끊임없이 창조 변화되어 가고 있다는 입장이다. '범신론'은 초월적인 창조주란 없고 우주자연의 창조 변화 자체가 곧 신의 활동모습이라고 주장한다. '범재신론'은 신이 우주자연의 모든 것에 내재하여 활동하는 존재로 파악한다.

유일신의 영역을 침범하는 인간의 사유

성 아우구스티누스나 토마스 아퀴나스가 말하는 유일신의 존재는 중세기에 어느 누구도 침범할 수 없는 확고한 영역을 지키고 있었다. 플라톤의 이데아론에서 알 수 있듯이, 유일신은 존재들 중의 '존재자체', 선한 것들 중의 '선 자체'로서 모든 점에서 완전히 초자연적이고, 시작도 끝도 없이 무한하고, 영원히 불생불멸하는 '완전完全한 존재'이다.

유일신이 '완전한 존재'라면, 이성적으로 따지는 사람들은 해결하고 넘어가야할 결정적인 문제들을 안고 있을 것이다. 첫째는 유일신에 대한 인식認識의 문제이다. 유한한 인간이 무한한 유일신의 '완전한 존재'를 파악하기에는 적절한 근거를 제시하기가 용이하지 않다는 것이다. 둘째는 주재성의 문제이다. 완전한 유일신은 자연적으로 일어나는 것들, 즉 현실적으로 생멸을 거듭하는 불완전한 세계의 창조변화에 끊임없이 사역해야 한다는 것이다. 마지막은 가치의 문제이다. 완전한 유일신은 인간사의 모든 일에 관여하는 '도덕적 존재'여야 한다는 것이다.

첫째, 유한한 인간은 완전한 유일신을 어떻게 인식한다고 말할 수 있을까? 전통적인 의미에서 볼 때, 신학은 유일신이 '완전한 존재'라는 사실을 파악할 수 있는 방안을 제시한 바 있다. 그것은 유일신을 "완전한 인격자"로 간주하여 "전지全知", "전능全能", "전선全善"으로 정의하는 것이다. 이러한 정의는 유한적인 인간이 가지는 어떤 속성들을 유일신이 부분적으로만 유사하게 가지고 있음을 뜻한다. 한마디로 말해서 유일신은 인식하고(전지), 변화를 일으킬 수 있으며(전능), 도덕적으로 옳고 그른 행위가 어떤 것인지를 분별할 수 있다(전선)는 것이다. 물론 유한적인 인간이 가지는 속성들 중 직접 체험되는 고통, 슬퍼함, 극심한 감정적인 변화 등은 유일신이 가질 수 없는 속성들로 묘사되고 있다.

문제는 전지, 전능, 전선의 속성들을 유한한 인간이 온전하게 파악할 수 없다는 것이다. 왜냐하면 유일신이 가지는 속성들은 인간이 가질 수 있는 능력을 넘어서 있기 때문이다. 다시 말해서 유일신이 가지는 인식능력은 전지하기 때문에 단편적인 것도 아니며, 인간들처럼 실수하여 잘못된 인식을 가지는 것이 아니다. 유일신은 과거, 현재, 미래에 일어날 모든 것을 '단번에' 인식하는 능력을 가진 것으로 묘사된다. 또한 유일신은 창조는 물론이고 무엇이든 해낼 수 있는 무한한 능력을 갖고 있다. 이는 시·공상에서 항상 물질적인 제약이나 물리법칙에 의존하는 인간의 능력과는 달리 근육의 약화나 피곤함 등을 동반하지 않기 때문이다. 마지막으로 유일신은 '전지'하고 '전능'하기 때문에 도덕적 가치판단에도 전혀 잘못을 저지를 수 없다. 왜냐하면 완전한 인식을 가지고 있는 자는 옳다는 것을 명백히 분별하여 언제나 어디에서나 그대로 실행할 수 있기 때문이다. 그래서 유일신은 항상 올바르고 전적으로 선한 존재이다.

또 하나의 문제는 유일신에 대한 이러한 정의가 올바르지 않다는 것이다. 이는 유일신의 '완전한 존재'가 "완전성"과 "인격성人格性"이라는 두 개념을 혼합하여 파악되고 있기 때문이다. 사실 '완전성'과 '인격성'은 상호 모순적인 의미를 갖는 것으로 드러난다. 다시 말하면, 유일신이 독특하게도 부분적으로만 인간들의 속성과 유사한 것들을 가지고 있다고 말한 것은 인간의 모든 제약들이 제거된 인격성을 가지고 있다는 뜻이다. 그런데 인간의 가장 큰 제약성은 물리적인 법칙을 수용해야 하는 신체를 가지고 있다는 것인데, 유일신은 신체의 소유가 부정되어야 한다. 인간이 가지는 또 하나의 중요한 제약은 관찰하고 추론하며 판단하는 데에 잘못을 저지를 수 있다는 것인데, 유일신은 완전한 존재이기 때문에 어떠한 잘못도 저지를 수 없는 완전하고 선한 존재자여야 한다는 것이다.

둘째, 유일신은 세상사를 어떤 방식으로 관할하여 주재하게 되는 것일까? 유일신이, 전지하고 전능하며, 불변적이고 독립적이며, 따라서 '완전한 존재'라면, 불완전한 현실세계를 초월해 있어야 한다. 그럼에도 초월적인 유일신은 그 존재의미를 가지려면 어떤 방식으로든 창조된 현실세계와 관련을 맺어야한다. 왜냐하면 창조의 목적이 달성될 수 있도록 현실세계에서 일어나는 모든 것을 관할하여 주재主宰해야하기 때문이다.

그런데 현실세계에서 일어나는 자연적인 재앙이나 인간들의 잔악한 전쟁 등에서 비롯되는 극도의 비극과 고통은 창조이후 그칠 날이 없었다. 그렇다면 유일신의 창조목적을 어떻게 설명해야 합당할 수 있을까. 다시 말해서 만일 전능한 신이 이 세상을 창조했다면, 이 세상을 보다 조화롭고 안정성을 가진 세계로 창조하지 않고 '왜' 이렇게 파괴와 고통을 동반하는 세계로 창조했을까. 완전한 유일신이 전능하다고 하는 진술은 더 조화롭고 질서 있는 세계를 창조할 수 있는데, 능력에 문제가 있어서 그런 것은 아닐까? 이러한 문제는 철학자와 신학자들에게 많은 논쟁거리를 제공하게 되었던 것이다.

　이런 문제들을 일거에 해결할 수 있는 적절한 방안이 17세기경에 영국에서 등장하게 된다. 우주자연이 합리적인 질서를 유지하는 것을 보면 합리적인 창조자가 분명히 존재한다고 믿고 있지만, 현실세계와는 무관하다고 주장하는 이신론理神論(deism)이 그것이다. 이신론의 사조는 한마디로 계몽주의시대에 등장한 철학(신학)이론으로 볼 수 있겠는데, 통상 이성종교 내지는 자연종교라 불린다.

허버트

　이신론은 허버트Edward Herbert of Cherbury(1583~1648)가 1624년에 출간한 그의 저서 『진리론(De Veritate)』에서 공식적으로 처음 주장했고, 1690~1740년 사이에 영국 경험주의 사고를 바탕으로 해서 꽃을 피우게 된다. 이신론에 의하면, 세계를 창조한 유일신은 인격신이 아니라 초월적인 자연신이다. 초월적인 자연신은 세계를 창조한 뒤로는 초연한 입장으로 물러나 현실세계의 창조변화에 전혀 개입하지 않고, 세상사의 모든 일이 자연의 합리적인 이법에 따라 운행되도록 내버려 두었다는 것이다. 그렇다면 현실세계의 창조변화는, 마치 "시계제작자(watchmaker)"가 만들어 놓은 시계가 자동적으로 돌아가듯이, 자연의 이법에 따라 그렇게 진행될 수밖에 없게 된다.

　이러한 이신론에는 인격적 유일신의 계시나 이적異蹟 같은 신학적인 이론이 끼어들 틈이 없다. 그렇기 때문에 이신론의 바람도 점차 수그러들기 시작했다. 심지어 영국 경험론의 마지막 주자인 흄David Hume(1711~1776)은 1748년에 『이적론(Essays on Miracles)』을 출간하여 초

볼테르

월적인 유일신의 존재마저 부정하기에 이른다. 특히 뉴톤Issac Newton(1642~1727)이 등장하여 우주자연을 합리적인 법칙에 따라 안정되고 정교하게 작동되는 기계장치로 간주하자 그의 명성에 압도되어 이신론은 새로운 주장을 내놓게 된다. 그것은 우주자연의 창조변화란 유일신의 주재에 의해서가 아니라 단순히 기계처럼 스스로 그렇게 돌아가는 것이라고 보는 것이다. 따라서 인간이 자연적인 재앙으로 인해 겪는 고난의 역사는 창조주 유일신의 소관이 아니라 자연적으로 일어나는 필연적인 부산물에 지나지 않는다고 받아들이면 된다는 것이다. 그 후 이신론은 프랑스의 볼테르Voltaire(1694~1778)에게 영향을 미쳤고, 독일과 미국의 철학과 신학계에 많은 영향을 미치게 된다.

셋째, 유일신은 과연 완전히 선한 도덕적 존재일까? 유일신은 전적으로 선하기 때문에 '완전한 인격자'이다. 그렇기 때문에 유일신은 인간이 받아야 하는 고통에 대해 심각한 문제를 일으킬 수 있다. 요컨대 어떤 사람이 "신은 인간을 왜 이렇게 사악한 존재로 만들었는가"라고 묻는다면, 유신론자는 "신은 자신의 인격적인 사랑을 인간에게 자유로이 주고자 했기 때문에, 죄악은 인간의 존재에 부여한 자유 의지에서 생겨난다"고 대답할 것이다. 그러나 이 진술 또한 "신은 완전성에 있어서 아무런 결함이 없기 때문에 무엇을 바라거나 희망하지 않는다"는 주장에 모순적이다. 왜냐하면 완전한 신은 아무 것도 원하지 않는 충만한 존재이기 때문이다.

"신은 인간을 사랑하신다"의 주장은 또 어떤가? 감정을 지닌 피조물로서의 인간은 유쾌한 경험 같은 것을 가진 사랑을 하며, 어떤 동정심 같은 것을 가진 마음으로 시간에 따라 부단히 변화하는 사랑의 개념을 가진다. 만일에 전적으로 자기 충족적인 신이 우주를 창조했으나 피조물들이 겪어야 하는 고통과 좌절 등의 경험을 직접 체험하지 못했다면, 그러한 고통을 체험하지 않아서 혹은 체험할 필요가 없어서 알지 못하고 있는 신은 어떻게 인간이 경험하는 '사랑'을 할 수 있으며, 인간을 사랑으로 돌볼 수 있다고 할 수 있는가? 만일에 피조물들이 경험하는 고통이나 사랑 등을 신이 체험한다면 그러한 신은 불완전한 존재일 것이다. 이는 신이 자기 충족적이고 완전한 인격자라는 주장에 모순이다.

유일신의 인격성을 제거한 범신론Pantheism

초월적인 인격적 유일신과 불완전한 현실세계와의 관계를 다룸에 있어서 유신론자들은 치명적인 약점들을 피할 수가 없게 된다. 그럼에도 피할 수 없는 약점들을 극복할 수 있는 대안이 출현하는데, 범신론이 그것이다.

범신론자들의 기본적인 사상에 의하면, 존재하는 모든 것은 하나의 통일체를 구성하며, 모든 것을 포괄하는 통일체는 신성하다는 것이다. 이러한 주장은 절대적으로 신성한 존재자란 인격적 존재일 수 없고, 오직 우주를 지배하는 모든 자연 법칙, 즉 물질과 힘이 나타나는 전체가 바로 신이라는 것을 시사한다. 이는 초월적인 창조주가 완전한 인격자임을 떼어버리고 현실세계로 들어오게 됨을 뜻한다. 이와 같은 범신론을 전개한 대표적인 철학자는 스피노자Benedict de Spinoza(1632~1677)를 들 수 있다.

스피노자는 "존재자체"가 실체라고 주장한다. 그는 "자기원인(causa sui)"을 갖는 것만이 오직 실체라고 내세우기 때문이다. '자기원인'이란 그 자체의 본질에 존재를 포함하는 것으로 스스로가 존재원인이 됨을 의미한다. 여기로부터 스피노자는 신의 본질이 바로 존재자체라는 것 이외에 어떤 것으로도 생각될 수 없는 존재로 이해하게 된다. 이점에서 그는 전통적인 신의 존재를 변용했던 것이다. 다시 말해서 그는 자연 전체를 포괄하고 있는 무한하고 영원한 필연적인 존재가 바로 유일한 "신즉자연神卽自然"이라고 주장한다. 이는 존재하는 모든 것이 영원한 실체(신) 안에 있고, 신이 모든 것 안에 존재하기 때문에 자체로 모든 것이 되는 자연임을 의미한다.

신이 곧 자연임을 제시한 결정적인 근거는 다음과 같다 : 만일 신이 자연 전체를 창조한 주인이라면, 창조주로서의 신은 피조물들과 구분되어야 한다. 피조물과 구분된다면, 창조주로서의 신은 피조물들에 의해 한정된다는 것을 함축한다. 그렇게 되면 신은 무한하고 영원한 존재가 아니라는 것이 따라 나온다. 그러므로 신은 자연을 초월한 창조주가 아니고 바로 자연이며, 자연은 곧 자체로 영원히 존재하는 실체이며 무한한 신이다.

그런데 자연은 잠시의 정지도 없이 창조 변화되고 있다. 유일신과 창조 변화하는 자연과는 어떤 관계인가? 스피노자는 자신의 저서『윤리학(Ethica)』에서 "특별한 사물들은 곧 유일신의 속성이 변화한 모습이거나, 그것을 통해서 유일신의 속성이 어떤 정해진 방법으로 표현되는 양태(modus)에 지나지 않는다."고 말한다. 이러한 양태들이 유일신 안에 있는 사물이라고 간주되는 한, 이 양태들의 총체는 "산출되는 자연(natura naturata)"이고, 유일신은 "산출하는 자연(natura naturans)"이다. 달리 말하면 유일신은 자연의 영원하고 불변적인 법칙이고, 법칙에 따라 산출된 자연의 개별적인 것들은 그 결과라는 것이다.

그러므로 우주자연의 전체와 유일신은 같은 것이며, 자연법칙으로서 "산출하는 자연"이기 때문에, 우주자연의 개별적인 모든 것들은 유일신을 원인으로 해서 그 결과로 생겨난 "산출된 자연"이다. 즉 "신 즉 자연"이기 때문에 유일신은 절대적인 제1원인이고, 이로부터 모든 것들이 결과로 생겨난다. 스피노자에 의하면, 유일신과 자연의 산출된 사물들과의 관계는 "영원의 상相 아래서(sub specie aeternitatis)"만 고찰되는 '원인'과 '결과'의 관계일 뿐이다.

모든 자연적인 사물들은 유일신을 원인으로 해서 생겨났지만, 그렇다고 유일신의 영역을 넘어서 있는 것이 아니다. 신은 사물들에 내적인 원인이며, 자연의 산출법칙으로 작용하기 때문이다. 즉 "산출하는 자연"은 "산출된 자연"의 원인으로서 자연법칙을 의미하지만, 산출된 자연은 원인의 결과이기 때문에 그때그때마다 신의 변용變容이요 양상樣相에 지나지 않는다고 봐야 한다. 따라서 본질적으로 영원하고 불변적인 법칙에 따르는 산출된 자연물들은 항상 반복적으로 무한히 변화한다고 할 수 있고, 반면에 영원한 법칙으로서의 신은 존재의 원인을 자신 안에 가지고 있는 실체이기 때문에 필연적으로 영원히 존재한다고 말할 수 있게 된다.

5) 신관을 종합한 화이트헤드의 범재신론Panentheism

근대가 물러나자 스피노자의 범신론과 라이프니쯔의 단자론에 영향을 받아 새로운 신론이 출현한다. 만유재신론이 그것이다. 만유재 신론은, 신이 모든 것들의 존재법칙으로 해석될 수 있는 내재적 존재 이고, 동시에 유일신론에서처럼 초월적 존재라고 보는 견해이다. 여 기에서 유일신론과 범신론에서 논의된 난점들을 피하고 장점들을 구체화하여 다양성 속에서 최고의 통일자로서의 신의 존재를 말할 수 있게 되는데, 만유재신론의 대표적인 철학자는 20세기에 전통적 인 형이상학을 종합하여 유기체 철학으로 체계화한 화이트헤드A. N. Whitehead(1861~1947)를 꼽을 수 있다.

세계를 형성하는 3요소_____

화이트헤드는 우주자연의 창조변화에 대한 문제를 해결하는 데에 결정적으로 중요한 세 개념, 즉 "신(Theos)", "영원한 객체(eternal object)", "창조성(creativity)"을 동원한다. '창조성'과 '영원한 객체'는 자체로는 스스로 활동할 수 없는 가능태들이다. 다시 말하면 '창조성'은 '현실 적 존재(actual entity)'가 창조되어 존재하게 될 무규정성인 힘의 원리이 다. 이는 아리스토텔레스가 말한 순수질료나 동양철학에서 말하는 지

기至氣와 유사한 것쯤으로 이해하면 될 것이다. '영원한 객체'는 현실세계 가 드러날 수 있도록 하는 규정성의 원리이다. 이는 플라톤이나 아리스토 텔레스가 말하는 형상쯤으로 이해해 도 될법하다. 그리고 양자를 추동推動 하여 매개하는 제3의 존재, 즉 현실적 인 창조변화의 작인作因이 필연적으로

화이트헤드

요구된다. 만일 작인이 없다면, 우주만유의 세계는 영원히 가능적으로만 존재할 것이다.

'창조성'과 '영원한 객체'를 추동하여 매개하는 작인은 무엇을 말하는가? 그것은 현실태(actuality), 즉 '현실적 존재'로서의 '신'이다. 여기서 신은 아리스토텔레스 전통의 존재신학에서 말하는 초월적인 '부동의 원동자'나 현실세계를 초월하여 있으면서 이 세계를 창조한 '창조주'나 혹은 초월적인 '최고의 인격적 존재'와 같은 그런 신이 아니다. 그것은 현실세계를 떠나서 존재할 수 없는, 현실세계에 내재하여 역동적으로 '창조하면서 창조되는 그런 신'을 뜻한다.

신의 본성

'창조하면서 창조되는 그런 신'은 어떤 의미일까? 화이트헤드가 말하는 '신'은 양가적인 의미, 즉 현실세계를 초월한 순수한 원리적 존재이기도 하지만 '창조성'의 피조물이기도 하다. 왜냐하면 신은 '영원한 객체'들 전체가 최대한 풍부하게 현실 속에 구현될 수 있도록 하는 목적을 가지고 있고, '영원한 객체'들을 경험하면서 생성의 과정으로 진입하기 때문이다. 이런 맥락에서 보면, "신은 기본적으로 현실세계의 그물망에 얽혀 있으면서 항상 생성되고 생성하는 하나의 '현실적 존재'일 뿐"이라는 주장이 성립하게 되는 것이다.

그럼에도 창조하면서 창조되는 신은 현실세계에 들어와 있으면서도 시공時空의 제약을 받지 않는다. 시공의 제약을 벗어나있다는 의미에서 신은 초월성의 의미를 갖는다. 이와 같이 현실세계에 내재적이면서 초월적인 의미를 확보하기 위해 화이트헤드는 신을 두 본성으로 분석하고 있다. 신의 "원초적 본성(primordial nature)"과 "결과적 본성

(consequent nature)"이 그것이다.

'원초적 본성'으로서의 신은 장차 무엇이 될 가능적 존재인 '영원한 객체'들을 자기화하는 과정에서 생성하게 된다. 이 때 가능적 존재인 '영원한 객체'들은 신의 이러한 생성에 포섭됨으로써(신이 가능적 존재들을 파악함) 그 현실적 근거를 확보하게 되는 것이다. 이런 측면에 본다면 생성된 신은 가능적 존재인 '영원한 객체'의 세계에 머문다는 뜻에서 현실세계를 초월해 있다고 본다. 그러나 신은 생성의 과정에서 과거의 현실세계 전체도 자기화하는데, '결과적 본성'으로서의 신이 그것이다. 즉 신은 시간의 과정에서 완결되는 '현실적 존재'들을 모두 경험하는 과정에서 자신을 구성하는데, 현실세계에 대한 이런 경험을 통해 '결과적 본성'을 가지게 된다. 이런 측면에서 본다면 현실적인 '결과적 본성'으로서의 신은 '현실적 존재'들과 상호 의존 관계에 있기 때문에 현실세계에 내재하여 생성하는 신이라고 볼 수 있다.

『과정과 실재(Process and Reality)』에서 화이트헤드는 신이 세계에 초월

적이면서 세계에 내재적인 존재임을 분명히 밝히고 있다. 여기에서 그는 신을 원리적인 의미(영원한 객체)를 함의하는 '원초적 본성'과 현실적인 의미(창조성)를 함의하는 '결과적 본성'이 상호 결합하여 짜여들어가는 과정에서 생성하고 생성되는 '현실적 존재'로 규정하고 있기 때문이다.

세계를 창조하는 신, 신을 창조하는 세계

신이 현실세계를 어떻게 창조하느냐의 문제에 대해 화이트헤드는 신과 세계가 서로 역으로 작동하고 있음을 『과정과 실재』에서 밝히고 있다 : "모든 점에서 신과 세계는 그들이 과정과 관련하여 서로 역으로 움직인다. 신은 원초적으로 일자―者이다. 즉 신은 다수의 가능적 형상들의 관련성에 대한 원초적 통일성이다. 과정에서 신은 결과적 다양성을 획득하고, 원초적 성격은 이러한 다양성을 그 자신의 통일성 속에 흡수한다. 세계는 원초적으로 다자多者, 즉 물리적 유한성을 지닌 다수의 현실적 계기들이다. 과정에서 세계는 결과적 통일성을 획득하는데, 이 통일성은 하나의 새로운 계기로서, 원초적 성격의 다양성 속으로 흡수된다. 따라서 신은, 세계가 다자이면서 일자인 것으로 간주되어야 하는 것과는 정반대의 의미에서, 일자이면서 다자인 것으로 간주되어야 한다."

또한 그는 『과정과 실재』에서 "신이 일자―者이고 세계가 다자多者라고 말하는 것은, 세계가 일자이고 신이 다자라고 말하는 것과 마찬가지로 참이다.""세계가 신에게 내재한다고 말하는 것은 신이 세계에 내재한다고 말하는 것과 마찬가지로 참이다.""신이 세계를 창조한다고 말하는 것은 세계가 신을 창조한다고 말하는 것과 마찬가지로 참이다."라고 주장한다.

결과적으로 볼 때 화이트헤드가 말하는 신은 전적으로 세계를 포괄하는 최고의 존재자이다. 신의 원초적 본성이 영원하고 불멸하지만 모든 가능성을 포함하고 있기 때문에, 신은 존재와 생성, 변화와 불변 등 우리가 경험하는 것들 속에서 발견될 수 있는 존재자이다. 신의 결과적 본성이 시간 속에서 끊임없이 성장하고 확장되며, 현실태 및 가능태를 포괄하는 그런 복합적인 통일체이기 때문에, 신은 존재이면서 생성자요, 일자一者인 동시에 다자多者가 된다. 그래서 신은 활동을 계속하고 있으면서 수용성을 가진 존재자로서의 원인이자 결과이다. 이러한 의미에서 볼 때, 신의 지식은 시간을 초월해서 존재하는 완전한 것 또는 완성된 것이 아니라 오히려 과거에 대한 완전한 기억이요, 앞으로 일어날 새로운 사건들에 대한 충실한 자각이다.

만유재신론의 입장에서 물리적인 현상들을 자유롭게 설명한 철학자는 화이트헤드이다. 그는, 마치 라이프니쯔가 정신실체로서의 단자 형이상학을 전개하여 사물들의 존재방식을 설명하는 것과 같은 방식으로, 신의 존재를 복합적인 개체들로 이루어진 유기적인 우주의 상으로 표현하고 있다. 각각의 실체들은 단계들로 구분될 수 있는데, 더 높은 단계는 더 낮고 단순한 단계의 복합물이다. 예를 들면, 인간의 신체는 살아있는 수십억 개의 세포로 이루어진 것이지만 단일한 것으로 경험되는 존재자이다. 마찬가지로 인간의 신체를 구성하는 단일한 세포는 복합적인 것(원자와 분자들의 복합)으로 이루어진 개체이고, 분자들 또한 많은 원소들로 이루어진 하나의 복합체로 이해된다. 거시 세계의 우주 역시 모든 개체들이 복합되어 하나의 개체(하나의 신)로 이해될 수 있는 단일한 것으로 경험된다. 따라서 만유재신론의 입장에서 보

567

면, 우주 전체는 자연이고, 자연의 영혼은 신이다. 모든 것들은 신(전체로서의 하나) 안에 있으면서 신 안에 있는 모든 것들이 곧 신이라고 말할 수 있다.

인격적 유일신은
논증될 수 있을까

"선천에는 상극의 이치가 인간 사물을 맡았으므로 모든 인사가 도의道義에 어그러져서 원한이 맺히고 쌓여 삼계에 넘치매 마침내 살기殺氣가 터져 나와 세상에 모든 참혹한 재앙을 일으키나니, 그러므로 이제 천지도수天地度數를 뜯어고치고 신도神道를 바로잡아 만고의 원을 풀며 상생의 도道로써 선경의 운수를 열고 조화정부를 세워 함이 없는 다스림과 말 없는 가르침으로 백성을 교화하여 세상을 고치리라." (『도전』4:16:2~7)

기억해 두어야 할 것이 있다. 지금까지 필자는 "신은 존재하는가"라는 틀 안에서 서구의 전통적인 신관이 '어떻게 형성되었고 무슨 문제로 변형되었는가'를 앞에서 밝혀보았을 뿐이지, 완전한 인격적 유일신이 '존재한다거나 존재하지 않는다'고 결론을 짓지 않았다는 것이다. 어쨌든 인격적인 유일신은 최고의 존재이면서 우주자연을 떠나 있는 초연한 존재가 아니라 그 구조 안에서 역사해야 한다는 사실, 즉 우주자연의 진행과정과 인간의 삶에 중요한 역할을 해야 한다는 것이다.

특히 인간 삶의 존엄한 가치문제(행복, 선, 도덕 등)와 관련해서는 완전한 인격적 유일신이 절실하게 요청된다. 그것은 현실을 살아가는 인간이 직면할 수밖에 없는 좋지 못한 상황을 해결해야 하기 때문이다. 다시 말해서 인간은 자연적으로 일어나는 질병, 지진, 폭풍, 홍수와 같은 자연재앙과 인간의 야수성으로 인해 발생하는 잔악성 때문에 끊임없이 시달려 왔다. 전지하고 전능하며 전선한 인격신이 정말로 존재한다면, 인간이 왜 그런 고통과 불행을 겪도록 방치하고 있는 것일까? 이러한 문제에 대해 어떤 합당한 변론은 가능한 것일까?

완전한 인격자의 존재를 믿고 싶은 사람들은 세상에서 발생하는 악惡으로 인해 몹시 난처한 입장에 직면하게 된다. 즉 이들은 이와 같은 불행과 고통이 자연력과 타인의 수중에 내맡겨져 있기 때문에 어쩔 수 없이 겪으면서 살아야 한다는 엄연한 사실 앞에 설득력 있는 변론을 마련하기가 꽤 어려운 처지에 놓이게 된다. 세상에 만연해 있는 악은 완전한 인격자의 존재를 명백히 반증反證하기 때문이다.

그래서 완전한 인격적 유일신이란 존재하지 않는다고 주장하는 무신론(Atheism)이 등장한다. 무신론은 이성의 힘으로 탐구해낸 몇 가지 이유를 들어 완전한 인격자가 존재하지 않음을 주장한다. 반면에 유신론은 무신론의 입장을 반증하는 사례를 들면서 완전한 인격자의 존재를 변증하는 논변을 펼친다. 특히 중세기에는 인격적 유일신의 존재를 논증하는 사례도 등장했다. 안셀무스의 존재론적인 논증과 우주론적 논증, 토마스 아퀴나스의 우주론적인 논증은 그 대표적인 사례라 볼 수 있다.

1) 인격적 유일신을 부정하는 무신론Atheism

무신론자들이 완전한 인격자가 존재하지 않음을 주장하는 결정적인 근거는 어디에 있을까? 이는 대략 세 관점으로 요약하여 변론해볼 수 있다. 첫째, 인류가 겪는 고통과 악은 인간의 선의지善意志로 극복되어야 할 대상이라는 것, 둘째, 우주자연은 선善을 목적으로 고안된 것이 아니라 물리법칙에 의해 그렇게 되어간다는 것, 셋째, "완전한 인격자"에 대한 관념은 단순히 '상징'에 불과하다는 것이 그것이다.

고통과 악은 인간의 선의지善意志로 극복해야할 대상이라는 견해_____

현재 우리가 살고 있는 세상에는 전쟁, 살인, 재난, 기아 등과 같은, 선善이 아닌 고통과 악惡이 엄연히 존재하고 있다. 이러한 사실은 세상을 창조한 완전한 인격자의 존재에 대한 믿음을 부정하는 계기가 된다.

현실적으로 일어나는 좋지 못한 것들을 총칭하여 우리는 악으로 표현하는데, 악은 자연적인 악과 인위적인 악으로 구분될 수 있을 것이다. 자연적인 악에는 태풍, 지진, 홍수의 범람, 전염병 등과 같은 것들이고, 인위적인 악은 인간의 무지와 이기심, 외고집 등에서 비롯되는 투쟁, 가난과 억압, 전쟁 등과 공포와 심적인 부조리로 인한 정신적인 고통들이다. 착하고 선하게 살려고 하는 사람들이 터무니없는 자연적 재해로부터 심각한 고

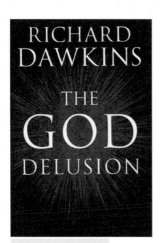

『만들어진 신』-도킨스

통을 받거나 혹은 나쁜 사람들로부터 불행을 당하는 것을 보게 될 때, 이 세계는 비도덕적이고 질서와 선이 지배될 수 있도록 창조되지 않은 것처럼 보이게 된다는 것이다.

자연적인 재해로 인해 겪어야 하는 고통과 불행이든, 인위적이거나 사회적인 것으로부터 발생하는 수난과 고통이든, 이것들은 선의 다른 모습이 아니라 현실적으로 존재하는 악이다. 인류가 보다 안전하고, 질서 있고, 정의가 실현되고, 보다 나은 가치실현과 이상적인 행복한 삶을 살기 위해서는 현실적으로 존재하는 이러한 악들은 분명히 극복되고 저지되고 변형되어야 할 것들이다.

자연적인 것이든 인위적인 것이든 이러한 고통과 악을 인격적 유일신이 제거해주지 못한다면, 인간은 스스로의 의지로 이들을 제거하고 극복해내야만 할 대상이다. 이는 인간이 지성과 의지를 가지고 있기 때문에 가능하다. 다시 말해서 인간은 자연세계에서 일어나는 사물

자연재해로 인한 비극적인 재앙

들의 존재법칙과 질서 등을 탐구하여 알고, 이를 교육함으로써, 홍수로 인한 범람과 지진 혹은 여러 가지 질병 등과 같은 자연적인 악들에 대항하여 자신의 삶을 보호할 수 있는 것이다. 또한 인위적인 재앙이나 불행에 대하여서도 보다 철저한 교육을 통해 사람들로 하여금 가치 있는 것과 도덕적으로 옳은 것이 무엇인지, 왜 도덕적으로 옳게 살아야 하는지 등을 깨우치고 인격도야를 함양하게 하여 악을 선택하지 않고 보다 선을 선택하여 행할 수 있다는 것이다.

따라서 우주자연은 최고의 인적적인 유일신에 의해 창조된 것도 아니고, 보다 가치가 있고 선한 세계로 창조된 것이 아니다. 특히 인간이 타고난 자유의지도 악을 지양止揚하고 선을 선택하여 이 세계를 보다 질서 있고 선한 세상을 만들도록 신이 인간에게 특별히 부여한 것도 아니다. 인간은 자유의지의 선택과 능력에 따라 악을 위해 행동할 수도, 선을 위해 행동할 수도 있기 때문이다. 철학에서 논의된 선과 악, 가치價値와 비가치非價値 등은 인간이 만든 인위적이고 상대적인 개념에 지나지 않는다는 것을 기억하자. 이 기억에 근거한다면, 가치의 실현과정에서 기존의 가치보다 높은 수준의 가치가 실현될 때 기존의 가치는 높은 수준의 실현된 가치에 비해 가치가 없는 악이 된다는 것도 알 수 있다. 선의 실현과정에서도 마찬가지이다. 기존의 선보다 높은 수준의 선이 실행되면 기존의 선은 높은 수준의 선에 비교될 때 악으로 떨어진다. 왜냐하면 선과 악, 가치와 비가치는 상대적인 개념이기 때문이다.

결과적으로 무신론은, 지구상에 존재하는 악이나 비가치가 극복되고 제거되어야 할 대상이라면, 가치 있고 선한 세계의 실현이 신의 의지에 의해서 그렇게 되는 것이 아니라 인간이 가지고 있는 선의지를 사용하여 극복되고 제거되어야 할 과정이라고 주장할 수 있게 된다.

우주자연은 선善을 목적으로 고안된 것이 아니라
물리법칙에 의해 그렇게 되어간다는 견해_____

무신론자들의 논변에 의하면, 절대적인 인격적 존재를 믿는 것은 "비과학적"이며 단지 나약한 인간으로서 잘되기를 바라는 "소망"일 수 있다는 것이다. 이러한 견해는 '절대적인 인격자로서의 유일신이 실재한다고 믿는 환상에서 깨어나 자연법칙에 따라 운행되는 사실을 직시하라"는 입장이다. 다시 말해서 인간이 살고 있는 현실세계는 자연의 자연법칙에 따라 창조되었고, 이 법칙에 따라 기계적으로 움직이고 변화한다는 것이다. 이와 같이 물리법칙에 의한 설명은 오늘날 천체의 운행들뿐만 아니라 인간의 생명의 존재 및 삶의 여러 영역들에까지도 적용되고 있는 형편이다.

물리학과 생물학의 진보, 기계 공학과 컴퓨터 공학 등의 급속적인

기계적으로 돌아가는 세계

진보는 앎의 영역을 더욱더 확장시키고 있다. 이러한 추세라면 신성한 신의 영역이 머지않아 속속들이 밝혀질 것이고, 이에 신에 대한 믿음의 영역은 앎의 영역으로 바뀌어 신앙체계가 무너질 수도 있다는 것이다. 심지어 지식의 탐구에 종사하는 학자들은 우주자연의 세계가 언젠가는 앎에 의해 지배될 것이라고 예측하기도 한다. 이러한 의미에서 현대는 정보와의 싸움이고 첨단 과학적 지식이 최고의 대우를 받는 시대로 각광받고 있는지도 모른다.

그러나 종교적인 믿음에 심취해 있는 사람들은, 현 시점에서 일어나고 진행되는 모든 것이 신이 예정한 그대로 나타나고 있으며, 인간들이 겪고 있는 모든 것이 절대적인 인격자가 안배해 놓은 대로 진행되고 있다고 항변한다. 즉 라이프니쯔의 "예정조화설"이 시사하듯이, 이런 과정을 거친 후에 세계는 결국 신이 목적한 것에 이를 수 있다는 것이다. 이와 같은 항변에 대하여 "무신론자"들의 공격 또한 만만치 않다. 즉 종교를 가진 자들은 지성이 받아들일 수 있는 증거들을 제시하지 못하고 맹목적으로 신의 섭리를 주장하고 있으며, 새로운 과학적 지식에 의해 발견되는 진리들에 대하여서는 새로운 변명들만 늘어놓는다고 공박하면서, 무신론자는 유신론자들을 "변신론자辯神論者"들이라고 비난한다.

사실 완전한 인격자에 대한 믿음의 영역이나 종교적인 영역에 관한 한, 무신론자와 유신론자 간에는 좁혀질 수 없는 간극이 있게 마련이다. 증거의 문제와 논리적인 설명의 문제는 분명히 완전한 인격자에 대한 믿음을 부정하는 결정적인 것이 될 수 있을 것이다. 그러나 현 시점에서 객관적으로 검증될 수 없는 어떤 종교적인 관념들은 많은 사람들에게 위안을 주고 있으며 또 그런 것으로 받아들이고 있다는 것도 분명하다. 완전한 인격자에 대한 믿음은 현실적으로 고통과 불행에 처해 있는 자들에게 도피의 수단으로 사용되기도 하고, 도덕이나 예술, 시, 소설, 심지어는 과학적 진리의 발견들까지도 완전한 인격자의 믿음으로부터 영감을 받을 수도 있는 것이 엄연한 현실이기 때문이다.

엄격히 말해서 신앙은 참도 거짓도 아니다. 이는 자신이 그렇게 되기를 소망하는 것이기 때문이다. 그렇다고 해서 신앙인의 소망이 존재하지 않는 것을 존재하는 것으로 잘못 알려진 것이라면, 이는 매우 위험스런 일이다. 마찬가지로 인간의 인식능력 부족이나 아직 발견되지 않은 진리 때문에, 존재하는 것을 존재하지 않는다고 단언하는 것도 위험스런 일이다. 그럼에도 어떤 사람이 유물론적 사고에 완전히 물들어 있거나, 기계론적 자연관을 강력하게 받아들이고 있다면, 그래서 자연 과학의 객관적 검증만이 인식의 유일한 방법이라고 믿고 있다면, 그는 "이성"과 "믿음"이 분리되지 않는 한 완전한 인격적 존재에 대한 믿음을 분명히 거부할 것이다.

완전한 인격자에 대한 관념은 단순한 '상징'에 불과하다는 견해_____

종교적인 진리에 대해 참과 거짓을 따지는 문제는 철학과 논리학에 종사하는 학자들에 의해 수십 년간이나 논의되고 분석되어 왔다. 대체로 형이상학이나 신학의 입장에서는 종교적인 관념을 옹호하는 편에 있고, 논리학이나 실증과학의 입장에서는 그런 진리를 반대하는 편에 있다고 본다.

최근에 실험과학 또는 검증과학을 신봉하는 논리분서 철학자들은 경험 과학적 사실들이 객관적으로 검증되면 진리의 영역에 들어오고 그렇지 않으면 의미가 없다고 말한다. 특히 그들은, 형이상학적 명제와 신학적 명제들이 사실에 바탕을 둔 검증될 수 있는 진술들이 아니기 때문에, 모두 무의미한 것으로 폐기해야 한다고까지 주장한다. 그 이유는, 형이상학적이고 종교적인 언어들이란 신비적인 것이어서 진리의 가치가 없는 것이고, 특히 종교적인 진술들이란 근거가 없는 것으로 의미와 호소력을 상실한 '상징적인 언어 내지는 감탄사'에 지나지 않는다고 보기 때문이다.

게다가 20세기에 접어들어서 지구촌의 사람들은 세계대전世界大戰이라는 어마어마한 참극과 고통을 겪어야 했다. 지금도 자신의 집단이 믿고 있는 신이 우월하다는 것을 입증하기 위해서 종교전쟁과 같은 비극과 민족 간의 갈등이 그칠 날이 없다는 것을 사람들은 매스컴을 통해서 익히 알고 있다. 이런 사실들을 직접 보고들은 사람은 완전한 인격자에 대한 개념이란 인간이 만들어낸 관념이요 실재하는 것이 아니라 허구라고 강력하게 주장할 수도 있다.

시지프스의 신화(까뮈)

그러므로 완전한 인격자와 같은 절대적인 유일신은 철학자들에 의해, 마치 정원을 걷고 있는 신인 동형적神人同形的인 신, 동양의 전제 군주라는 신, 언젠가는 자기 민족을 고통과 고난으로부터 구제하리라는 구원자로서의 신, 사람들이 잘한 것과 잘못한 것을 가려서 의지에 따라 벌하는 신, 자신들의 생존을 위해 즉석에서 만들어냈던 신처럼, 나약한 인간들의 "의존 감정"에 의해 만들어지고 없어지는 것쯤으로 취급되기도 한다. 이러한 입장은 이미 불안과 절망을 강조하고 부정과 허무의 개념에 탐닉했던 무신론적 실존주의 사상가들에 의해 부각된 바 있다.

니체F. Nietzsche가 "신은 죽었다"고 선언하면서 "초인"을 내세웠듯이, 완전한 인격적 존재의 유일신은 죽은 것으로 판정날 수도 있다. 다시 말하면 무신론자들은, 고대 그리스나 로마인들에게서 각 분야를 관장한다고 숭배된 인격신이 사라졌듯이, 힌두교의 브라만이 그러하며, 유대교와 그리스도교의 초월적인 인격신이 인간사회에서 자취를 감출 수도 있다는 것이다. 이런 입장이라면, 인간의 의존 감정에서 나온 "완전한 인격자"라는 관념은 상징과 비유로 표현되기 때문에, 먼 미래의 인간들은 다시 새로운 절대자의 개념으로 그 자리를 대신할 수도 있을 것이다.

2) 무신론의 주장을 반증反證하는 유신론Theism

유신론에 관하여 탐구할 때, 조심스럽게 기억해둬야 할 사항이 있다. 그것은, 신에 대하여 지성으로 알고 있는 '관념'과 지성 바깥에 객관적으로 '존재'하는 신이 차이가 있겠지만, '신이 존재한다'는 진술이 단지 인간의 지성 속에 존재하는 관념만이 아니라, 인간의 의식에 전적으로 독립해서 객관적으로 존재하는 어떤 것을 가리킨다는 것이다. 이러한 신의 존재에 대한 탐구는 '신이 절대적으로 신성한, 전체를 포괄하는, 최고의 완전한 인격자'임을 전제한다.

신은 완전한 인격자이기 때문에 마땅히 사랑의 신이어야 한다. 만일 신이 창조된 인간세계를 진정으로 사랑한다면, 만연되어 있는 자연적인 악과 인위적인 악에 시달리고 있는 인간들을 방치해두는 까닭은 어디에 있을까. 신은 전지전능하기 때문에 인간들의 이런 고통과 불행으로부터 구제할 능력이 있는 데도 불구하고 구제하고자 하는 아무런 의지나 행위가 없다면, 정말로 신이 인간을 사랑하는 마음이 조금이라도 있는지 의심스러울 것이다. 이에 대해서 완전한 인격자를 신앙하는 유신론자는, "불협화음", "위장된 축복", "최상의 세계", "죄인", "도덕적 가치" 등을 들어 완전한 인격자에 대한 신앙과 악의 존재를 조화시키고자 할 것이다.

선과 악이 공존해야 보다 선하게 된다는 "불협화음"의 변론_____

라이프니쯔의 철학에서 주장된 "예정 조화설"이 시사하고 있듯이, 세상에 고통과 불행을 동반하는 악이 없다면, 아무런 고통이 없고 오직 행복만을 가져다주는 선은 무슨 의미를 가지겠는가라는 의문이 생긴다. 왜냐하면 선하다는 것과 대조시킬 악이 없다면, 경험적으로 체험하게 되는 선은 선하다는 것을 확인할 방법이 없기 때문이다. 이는 마치 암흑의 어둠이 있기 때문에 빛의 밝음이 그 진가를 발휘하는 것과 마찬가지라는 얘기다. 그래서 전체의 측면에서 참으로 실재하는 것은 선인데, 현실적으로는 선한 것과 악한 것을 구분할 필요가 있다는 것이다.

이러한 구분은 마치 음악가에게 불협화음이 필요한 것과 같은 이치다. 전체적으로 아름다운 곡조를 만들기 위해서 작곡가는 개별적으로 부드러운 음률도 필요하고 그렇지 못한 것도 필요하다. 이렇게 다른 성분의 음률들이 섞여서 전체적인 곡은 마침내 아름다운 선율로 연주될 수 있게 된다. 마찬가지로 한 폭의 아름다운 그림을 그리기 위해서 화가는 아름답다고 생각되는 물감과 그렇지 못하다고 생각되는 물감들을 조화롭게 배합하여 전체적으로 아름다운 하나의 그림을 그려낼 수 있고, 이로써 그림의 전체적인 미적가치가 극대화된다. 이런 의미에서 현실적으로 일어나는 악한 것들은 선한 것들과 조화를 이루어 전체적으로 가치 있고 선한 세계를 이룩할 수 있다는 것이다.

이와 같은 "불협화음"의 논변에 대해 고통과 불행의 양量과 강도를 과소평가한다는 견해가 제기될 수 있다. 요컨대 인간이 신체를 가지고 있는 한 어쩔 수 없이 고통을 수반하기 마련인데, 일상의 삶 속에서 행복보다는 불행과 고통이 더 많다고 하는 것은 일반적인 견해이다. 심지어 어떤 종교에서는 육신을 갖고 있는 한 인간의 삶은 고해苦海의 바다에 허우적거릴 수밖에 없다고까지 주장한다. 그렇다면 완전한 인격자가 인간을 창조할 적에 그런 상황을 피할 수 있는 방안으로 아주 적은 고통만을 느낄 수 있도록 창조했더라면 오히려 좋았지 않았을까? 왜냐하면 덜 자주 찾아오는 훨씬 더 적은 양의 고통만으로도 선한 것을 확인할 수 있고, 선한 것과 조화를 이루는 데에 충분할 수도 있기 때문이다.

고통과 불행은 결국 선을 위한 것이라는 "위장된 축복"의 논변_____

현실을 살아가는 데에 우리가 겪어야 하는 고통과 불행을 전적으로 악한 것으로만 볼 수는 없다는 주장이 나올 수 있다. 인간은 보다 견디기 힘든 어려운 고통을 동반하는 시련을 극복한 후에야 비로소 더 큰 행복과 삶의 즐거움을 느끼게 되는 경우가 있기 때문이다.

요컨대 어떤 사람이 맹장염에 걸렸다고 하자. 맹장염을 앓을 때 그는 맹장염에 수반되는 고통들을 매우 싫어하기 마련이다. 그러한 고통은 어쩌면 죽음으로까지 몰고 갈 경우를 피하도록 하기 위해 그 사람에게 미리 알려주는 신호일 수도 있다. 맹장염이 걸려도 아무런 고통이 없다면 아마 그는 복막염으로 장腸이 다 썩어 생명을 잃을 수도 있기 때문이다. 마찬가지로 지나간 삶들을 돌이켜 볼 때, 인간은 비극적이고 고통스럽게 보였던 일이 매우 좋은 것이었다는 것을 깨닫게 되는 경우도 있다. 그렇다면 당면하고 있는 고통과 시련들은 먼 안목에서 볼 때 꼭 악이라고 할 필요가 없을 수도 있다는 것이다.

이러한 논변에 대하여서는 다음과 같은 반론이 제기될 수도 있다. 고통으로 위장한 선의 "위장된 축복"에 의거하면, 인간은 고통과 시련을 겪고 난 후에 보다 선하고 행복한 감정을 느낀다고 한다. 신이 만일 전능하다면, 보다 힘들지 않고 사소한 시련으로써 보다 많은 선과 행복을 느낄 수 있도록 인간을 창조했더라면 더 좋지 않았을까? 또한 신은 인간이 먼 훗날의 보다 많은 고통을 겪지 않도록 미리 약간의 고통이라는 것을 신호 체계로 고안했다고 하는데, 신은 고통보다 훨씬 더 나은 신호 체계를 왜 개발하지 못했는가? 그리고 마치 마약을 연속적으로 복용하여 고통을 조금도 느끼지 못하고 죽게 될 수 있는 경우처럼, 인간이 거의 느낄 수 없는 고통이지만 전적으로 마약 같은 악을 동반하는 경우들은 어떻게 설명할 수 있을 것인가? "위장된 축복"론을 말하는 유신론자는 이러한 문제에 대해 적절한 대안을 제시하기가 어렵게 되거나 궁색한 변명을 늘어놓을 수 있다.

"최상의 세계"에 대한 변론_____

만일에 '최상의 세계'를 창조할 수 있는 능력이 우리에게 주어졌고, 그런 세계를 창조한다고 가정한다면, 우리는 사람들 간의 애정, 타인에 대한 관심과 사랑, 용기 및 정의감 등의 도덕적 속성들을 창조의 계획안에 포함시켰을 것이다. 왜냐하면 만일 그런 도덕적 속성들이 창조된 세계 안에 포함되지 않는다면, 창조된 여러 세계들 중에서 우리가 만든 것이 최상의 세계라고 주장할 수 없게 되기 때문이다.

만일 창조된 세계 안에서 사람들이 고통 받는 일도 없고, 난관을 겪게 되는 일도 없으며, 요구를 충족시킬 일도 없다면, 모든 것들은 자족하게 될 것이다. 그렇게 된다면 고통이나 안녕, 욕구나 충족, 용

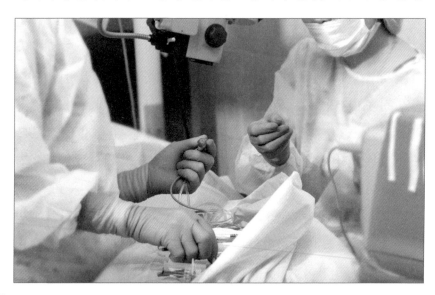

기와 비겁, 정의나 부정의, 행복이나 불행, 옳거나 옳지 못한 것 등은 아무런 의미가 없을 것이며, 도덕적 속성들이 필요 없을 것이다. 이런 부족한 속성들이 있기 때문에 최상의 세계란 개념은 그 의미를 갖게 되는 것이다. 이러한 의미에서 "최상의 세계" 건설이라는 목표를 향해 전진하기 위해 우리는 본성상의 도덕적 측면들을 개발하고, 도덕적 인간성을 개발하는 데 필요한 수단들을 강구하게 된다. 따라서 신은 최상의 세계건설을 위하여 도덕적 속성들도 창조에 포함한 것이다.

그러나 "최상의 세계"에 대한 논변도 그럴듯한 변론은 되지 못하는 것 같다. 왜냐하면 인간은 도덕적 속성들 때문에 당하는 고통과 불행보다는 자연적으로 겪어야하는 고통과 불행이 너무도 크기 때문이다. 다시 말해서 형용할 수 없는 자연적인 재앙이 발생하지 않도록 하여 인간이 생명과 재산을 보호할 수 있도록 하거나, 불치병으로 인해 견딜 수 없는 고통과 불행을 피할 수 있도록 창조되었다면, 아마 인간은 적어도 자연적인 악과 질병 때문에 생겨나는 악으로부터 고통과 불행을 덜 받을 수도 있을 것이라는 얘기다.

"죄인"의 논변

우리가 당하는 많은 고통과 불행의 근원은 인간에게 부여된 자유의지에서 비롯되는 것들이다. 신은 인간을 마치 기계적으로 움직이는 꼭두각시로 창조할 수도 있었지만, 그러나 인간의 인격체를 창조하기를 원했고, 인격체로서의 지위를 존중하려 했기 때문에, 신은 다른 사람들에게 행복과 불행의 고난을 가져올지도 모르는 의지를 자유롭게 사용할 수 있도록 창조한 것이다.

이 세계에 고통과 불행이 있게 된 것은 인간이 의지자유를 잘못 사용한 탓이지 신의 탓이 아니다. 즉 민족 간의 종교 전쟁이나 세계 대전에서 빚어진 엄청난 재난과 비극의 원인은 히틀러 같은 민족 지도자들이나 그들의 명령을 추종하는 자들의 결단과 행위에 있는 것이다. 이와 유사한 악들도 모두 인간이 의지자유를 잘못 사용한 것에 기인한다. 마찬가지로 질병, 빈곤 및 무지에서 비롯되는 자연적인 악들도 자유의지에 따라 인간이 헌신적으로 노력하여 지상에서 추방할 수도 있다. 그럼에도 인간은 자유의지를 자신의 이기적인 방향으로 자유롭게 선택하기도 한다. 그렇다면 이러한 악들을 어떻게 신의 잘못으로 돌릴 수 있겠는가?

그러나 "죄인"의 논변도 "최상의 세계"에 대한 변론과 마찬가지로 설득력이 부족하다. 신은 인간에게 선택의 자유의지를 주었을지라도 이기심 때문에 빚어지는 엄청난 고통을 예방하거나 피할 수 있도록 조정할 수도 있었을 것이다. 왜냐하면 신은 전지전능하기 때문이

히틀러

다. 다시 말해서 신은, 종교 전쟁을 일으키는 장본인들이나 히틀러Adolf Hitler(1889-1945)와 그의 추종자들의 마음을 들여다보아 그들이 너무도 큰 재난을 동반할 계획을 생각하고 있다면, 이 생각들을 다른 마음으로 돌릴 수도 있으며, 나쁜 마음들을 제거할 수도 있었을 것이다. 그렇게 했다면 민족 간의 종교 전쟁이나 세계 대전이라는 비극은 미연에 방지될 수도 있지 않았을까?

"도덕적 가치"에 대한 변론

물질적인 생명을 가진 모든 존재가 그렇듯이, 인간은 태어나면 성장하다 결국 노쇠하여 죽음을 맞이하게 마련이다. 죽음이란 결국 신체를 구성했던 요소들이 흩어지면서 곧 생명활동이 없어지게 됨을 뜻한다. 따라서 좋아하는 운동도 못하고, 맛있는 음식도 먹지 못하고, 보고 싶은 사람을 만나지도 못한다. 문제는 신체적인 죽음 이후에도 인간은 지속적으로 생존할 가능성이 있는가이다.

완전한 인격자의 존재를 믿는 사람은 신체적인 죽음 이후에도 자신의 정체성이었던 그 무엇이 그대로 있어 죽지 않는다고 단적으로 대답할 것이다. 다시 말해서 완전한 인격자가 있다면, 무한한 능력과 지혜를 가진 인격신은, 자신에 의해 창조된 인간에게 인격성을 보존할 수 있게 하고, 영원한 행복을 추구하려는 욕망을 심어 주어 신체가 죽은 이후에도 인격적 존재가 영속할 수 있도록 하는 충분한 대책을 세워놓았을 것이다. 그 대책은 바로 인간이 생명을 갖고 태어날 때 어떤 정신성을 부여했다는 것이다.

만일 인간의 신체가 파멸될 때 정신성도 동시에 파멸되도록 했다면, 이는 곧 신이 고의로 인간들에게 헛된 욕망과 좌절을 부여했음을 의미할 것이고, 곧 완전한 인격자가 충분한 이유 없이 기만적인 행동을 하였다는 것을 의미한다. 그렇게 되면 이는 완전한 인격자가 가지는 지선至善한 본성에 정면으로 위배된다. 이는 완전한 인격자를 믿는 사람들에 의해 비난받아야 마땅할 일이다. 이런 의미에서 인간의 불멸성을 믿는 사람들은 진정한 자아란 신체적인 자아가 아니라 고유한 정신성이라고 믿으며, 이것이 자신의 신체가 파괴된 후에도 계속적으로 생존하게 되는 것임을 주장하게 된다.

정신의 불멸성은 '무엇이 도덕적으로 올바른가'의 가치근거를 설정하고, 이를 인간이 어떻게 인식하는가의 물음에도 같은 방식으로 논의될 수 있다. 완전한 인격자는, 완전하기 때문에 도덕적으로도 완전해야 하며, 무엇이 도덕적으로 올바른 것인지를 전적으로 인식하고 있다. 만일 완전한 인격자가 도덕적으로 올바른 것이 무엇인지를 알면서 그 가치기준으로서 근거를 설정하지 않았다면, 인간은 이러한 도덕적으로 올바른 규칙들을 어떻게 인식하는가의 문제에 봉착하여 그 진리기준을 설정할 수 없게 된다. 그러나 인간은 최고로 완전한 가치기준을 마련할 수 있다는 것이다. 이에 대한 주장은 근대철학의 아버지라 불리는 데카르트Rene Descartes(1596~1650)가 대표적이다.

그는 확실성의 진리인식에 대한 기준을 탐구했던 것으로 유명하다. 그에 따르면, 완전한 인격자는 인간에게 감각적 지각과 추론의 기능을 부여할 때 인간이 끊임없이 오류 속으로 빠져들게 하지는 않았을 것이고, 인간에게 부여된 이성능력을 올바르게 사용하기만 한다면 세계에 대한 참된 진리인식에 도달할 수 있도록 했다는 것이다. 만일 완전한 인격자가 올바르게 인식할 수 있는 이성능력을 인간에게 부여하지 않았다면, 이는 완전한 인격자의 본성에 정면으로 어긋나는 것이다. 그러므로 그는 완전한 인격자를 믿는 자들은 인간에게 타고난 이성의 지각능력을 올바르게 사용하기만 한다면 도덕적으로 옳은 것이

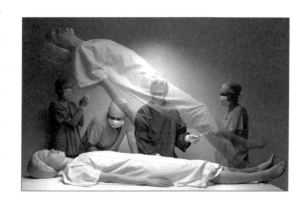

무엇인지를 확실하게 인식할 수 있다고 주장한다. 이러한 이성능력이 바로 인간에게 부여된 불멸하는 사유실체이다.

그러나 인간에게 타고난 사유실체(정신)의 불멸성에 대한 이러한 논구 또한 문제가 없는 것은 아니다. 왜냐하면 정신실체의 불멸성 자체를 아예 부정할 수도 있기 때문이다. 완전한 인격자를 믿는 유신론자는 정신실체의 불멸성을 전제하고 있지만, 그렇지 않은 무신론자나 기계론자의 경우는 신체의 죽음과 더불어 정신의 활동 자체 또한 모두 사라진다고 믿기 때문이다. 그렇다면 유신론자의 논변은 출발부터 허사가 되어버린다.

3) 완전한 인격자(신)에 대한 논증

지금까지 필자는 인간의 유한성을 훨씬 초월하여 존재한다는 완전한 인격자, 즉 '신의 존재'에 대한 진술이 무신론적 입장과 유신론적 입장에서 어떻게 주장되고 있는지, 그리고 그에 대한 진술들이 참되게 진술되고 있는지 그렇지 않은지 등에 대하여 결말이 나지 않았지만 다양한 각도에서 검토해 보았다.

이제부터는 '완전한 인격자(신)가 존재한다'는 주장을 논증한 사례들을 검토해볼 것이다. 이러한 논증은, 기하학적 증명이 논리적인 추론을 통해 확실성의 결론에 도달하는 경우처럼, 전제로부터 결론까지 추리의 과정에 따라서 이해되기만 하면, 완전한 인격자(신)의 존재가 의심할 여지가 없음을 보여주는 것이다. 그러한 증명의 과정은 존재론적 논증, 우주론적 논증, 목적론적 논증으로 구분해볼 수 있는데, 존재론적 논증은 순수한 관념을 가지고 이성의 논리적인 추론을 통해 입증하는 것이고, 우주론적 논증은 경험세계를 바탕으로 해서 추론을 통해 입증하는 것이고, 목적론적 논증은 자연현상의 운동변화를 분석하여 신의 존재를 입증하는 방식이다.

완전한 인격자의 존재를 존재론적으로 증명한 최초의 철학자는 안셀무스Anselmus를 꼽을 수 있다. 그의 존재론적 논증은 앞서 소개한 바 있기 때문에, 여기서는 경험에 근거한 우주론적 논증만을 소개해볼 것이다. 그리고 스콜라철학의 거장 토마스 아퀴나스의 신 존재증명이 있다. 그는 신의 존재에 대한 다섯 가지의 우주론적 논증을 제시한다. 마지막으로 많은 학자들이 선호하는, 신의 존재에 대한 목적론적 논증을 빼놓을 수 없을 것이다. 이는 전적으로 아리스토텔레스의 철학에 근거한다.

안셀무스의 우주론적 신 존재 증명과 존재론적 논증_____

① 신에 대한 우주론적 증명 :

서양 중세기에 살았던 성 안셀무스는 스콜라 철학의 아버지로 불려질 만큼 대단한 신학자이면서 플라톤의 철학을 고수한 실재론자이기도 하다. 특히 그는 당시 그리스도교의 이론과 교리에 대하여, 철학적인 사상과 방법을 동원하여 신앙의 진리를 학문적으로 정립시키려고 부단히 노력했던 학자였다.

"믿기 위해서 이해하는 것이 아니라 이해하기 위해서 믿는 것이다"라는 슬로건은 안셀무스의 학문적인 기본이념이다. 그래서 그는 신의 존재에 관한 한 굳은 신앙에 기초를 바탕으로 해서 이성적으로 신의 존재근거를 따져야 한다고 강조한다. 그에게 있어서 신의 존재를 이성적으로 증명하는 것은 신앙만큼이나 중요했던 것이다. 신의 존재에 대한 그의 우주론적 논증은 사물을 통한 경험적인 증명이라 불린다.

경험적으로 주어지는 사물들은 무수하게 현존하고 있고 또 소멸하여 없을 수도 있다. 선善한 것들에 관해서도 마찬가지이다. 좋은 것들은 실제로 무수히 많고 또 없어질 수도 있다. 그런데 이렇게 경험적으로 선한 모든 것들은 '자체로 선하게 존재'하거나 아니면 반드시 '다른 어떤 것에 의존해서 선하게 존재'한다고 말할 수 있다. 만일 자체로 선한 존재나 더 선한 무엇이 존재하지 않으면 경험적으로 주어지는 선한 것들은 선하게 존립할 수 없게 된다. 선한 것들이 의존하는 이것을 선의 "원인(causa)"이라고 하자.

원인은 그 결과로서 나온 경험적인 선한 것들보다 더 좋은 것이다. 그런데 그 원인의 원인을 찾아 무한히 소급해갈 수 없다. 결국 궁극의 원인, 즉 절대적으로 '완전한 선'이 궁극의 원인으로서 존재해야 한다. 그러므로 경험적으로 선한 모든 것들은 궁극적으로 '완전한 선'에 의존해서 선하다고 말할 수 있게 되는 것이다.

궁극적으로 '완전한 선'은 독립적으로 존재하는 것으로, 어떤 것에도 의존하지 않는 '선 자체'이다. 이것은 내부에 어떠한 정도(degree)가 허용될 수 없는 완전한 '하나의 존재'로 다른 모든 것들을 포괄하고 있다. 경험적인 다른 모든 것들은 이것에 의존해서 생성소멸하게 되며, 또한 이것 때문에 정도를 가지고 존재성을 가지거나 선한 존재가 될 수 있는 것이다. 그러므로 자체로 존재하는 선은 바로 완전한 인격적 존재로, 우리는 이것을 절대적으로 완전한 신이라고 말한다.

② 신에 대한 존재론적 논증 :

안셀무스는 경험적인 사물의 존재에 의존하지 않고 순수하게 이성적인 사유를 통해서 신의 존재를 논증할 수 있다고 한다. 논증과정은, 파르메니데스의 제자 제논Zeno이 '존재는 불생불멸하는 일자'임을 논증한 방식, 소위 불합리에로의 환원이라 불리는 귀류법歸謬法의 방식을 활용한다. 다시 말하면 절대적으로 완전한 신이 실재한다고 주장하는 사람과 실재하지 않는다고 주장하는 사람이 있는데, 만일 절대적으로 완전한 신이 실재하지 않는다고 주장하게 되면, 결국 자기모순에 빠질 수밖에 없기 때문에, 완전한 신은 실재할 수밖에 없다는 논증이다.

안셀무스의 신 존재 증명을 존재론적 논증 혹은 본체론적 논증이라 불리는데, 귀류법에 의한 논증과정은 다음과 같다 :

"더 이상 크다고 생각될 수 없는 어떤 것(id quo maius cogitary non potest)", 즉 '가장 완전한 인격자'는 실재한다. 만일 절대적으로 완전한 신이 실재하지 않는다고 주장하는 사람이 있다면, 그는 지성에 내재하는 '가장 완전한 인격자'에 대한 관념을 가지고 그렇게 말할 것이다. 그런데 '가장 완전한 인격자'에 대한 관념이 우리의 지성 안에 관념으로만 실재하는 것보다 지성 밖에 실제로 실재하는 것이 '더 완전한 인격자'라고 할 수 있다. 따라서 관념적으로 '가장 완전한 인격자'가 실재하지 않는다고 주장하는 사람은 실제로 관념 밖에 더 완전한 인격자의 실재를 인정할 수밖에 없다. 이는 자기모순에 봉착하게 됨을 뜻한다. 그러므로 '가장 완전한 인격자'인 신은 우리의 관념 속에 뿐만 관념 밖에 실제로도 존재한다.

안셀무스의 존재론적 논증은 당시 수도사인 고닐로Gaunilo에 의해 논박을 받았다. 고닐로에 따르면, 우리의 지성 안에 '가장 완전한 인격자'의 관념이 있다고 해서 그것이 지성 밖에 '실제로' 실재한다고 주장하는 것은 잘못이라는 얘기다. 왜냐하면 우리가 지성 안에 '가장 완전한 세계'에 대한 관념을 갖고 있을지라도 그것이 어딘가에 실제로 실재한다는 것은 따라 나오지 않기 때문이다. 그래서 안셀무스의 가장 완전한 인격자로서의 신의 존재증명은 잘못이라는 것이다.

그러나 안셀무스가 생각한 '가장 완전한 인격자'에 대한 관념과 고닐로가 말한 '완전한 세계'에 대한 관념은 서로 다른 의미에서 각기 주장된 것으로 보인다. 안셀무스는 관념을 실재론적인 입장에서 사용했고, 고닐로는 관념을 관념론적인 입장에서 주장했기 때문이다. 그러므로 안셀무스의 주장에 대한 고닐로의 논박은 결정적인 효력을 발휘하기 어렵다.

신의 존재에 대한 안셀무스의 논증은 후에 삼각형의 존재와 그 본질이 분리될 수 없듯이, 신의 존재와 완전성이 분리될 수 없음을 주장한 데카르트R. Descartes(1596-1650)의 신 존재증명, "원인이 결과보다 더 크다."고 말한 라이프니쯔G.W. Leibniz(1646-1716)의 우주론적 신 존재증명, "신에게 존재의 질을 귀속시켜야 한다."고 주장한 헤겔G. Hegel(1770-1831)의 신 존재 증명에 많은 영향을 끼치기 된다.

토마스 아퀴나스의 우주론적 증명

서양 중세 말엽에 그리스도교 사상에서 주요한 위치를 차지하고 있고, 생전에 천사와 같은 학자로 칭송되었으며, 사후死後에도 위대한 철학자로 세인의 입에 오르내리는 사람은 토마스 아퀴나스이다. 그는 거의 대부분 아니 오히려 전적으로 아리스토텔레스의 철학에 근거해서 자연과 초자연의 문제, 이성과 신앙의 문제, 보편자와 개별자의 문제들을 체계화함으로써 그리스도교회의 교리를 확립하였고, 스콜라 철학을 절정에까지 끌어올렸다.

그는 신의 존재를 증명하는 데에
여러 방면의 우주론적 논증을 고안
한 신학자로도 알려져 있다. 우주론
적 논증의 근본이념은, 모든 물체의
존재근거를 설명하기 위해서 혹은 우
주 전체의 존재근거를 설명하기 위
해서, 우주자체와는 별개의 "원인"이
있어야 한다는 것을 기본 바탕으로
깔고 있다.

아퀴나스

그는 인간의 이성으로는 신의 본질
을 파악할 수 없지만 이성의 추리를 통해서 신의 존재를 논증할 수 있
다고 한다. 이는 신의 존재에 대한 그의 우주론적 증명인데, 아리스토
텔레스의 『형이상학』에서 논의된 것을 기초로 해서 다섯 종류의 방식
으로 전개된다. ① "운동변화의 원인에 의한 증명", ② "존재원인에 의
한 증명", ③ "우연성에 의한 증명", ④ "완전성에 의한 증명", ⑤ "존재
목적에 의한 증명"이 그것이다.

① "운동변화의 원인에 의한 증명 :

자연적인 모든 것들은 운동변화하고 있다. 이는 반드시 '스스로' 운
동변화하거나 '다른 것에 의해' 운동변화하는 것들이다. 그러나 개별
적인 사물로 존재하는 것은 '자체로' 운동변화하는 것이 아니라 '다
른 것에 의해' 운동변화한다. 그런데 '다른 것에 의해'라고 말할 때,
그 원인을 찾아서 무한히 소급해 올라갈 수 없다. 그러므로 운동변화
의 최초의 원인이 반드시 존재해야 한다. 최초의 원인은 운동변화하

는 것의 외부에 있는 것이 아니라 안에 내재해야 한다. 이것은 자신이 운동변화하지 않으면서 다른 모든 것의 운동 변화를 일으키는 최초의 원인이다. 이 최초의 원인이 바로 "부동의 원동자"로서의 신이다.

② "존재원인에 의한 증명 :

현실적으로 존재하거나 생겨나는 모든 것은 반드시 존재하거나 생겨난 "원인(aitia)"이 있다. 존재하거나 생겨난 원인조차도 다른 원인에 의해 존재하거나 생겨난 것들이다. 그러나 이러한 원인에 원인의 계열을 무한히 거슬러 올라갈 수는 없다. 왜냐하면 원인을 찾아 무한히 소급해 간다면 끝이 없고, 끝이 없다면 아무것도 인식될 수 없으며, 아무것도 인식되지 않는다면 어떤 것도 '존재한다'고 말할 수 없기 때문이다. 그러므로 모든 것은 더 이상 소급해 올라갈 수 없는 궁극의 존재원인이 있고, 이로부터 현실적인 모든 것들이 존재하거나 생겨나게 되는 것이다. 이러한 궁극의 존재원인이 바로 신이다.

③ "우연성에 의한 증명" :

우주자연에는 수많은 종류의 것들이 존재한다. 이것들은 '우연적으로' 존재하든가 아니면 '필연적으로' 존재한다. 우연적으로 존재한다는 것은 무엇인가? 현재 경험되는 모든 것들은 생겨나서 존재하기 시작한 순간부터 잠시의 정지도

아리스토텔레스의 "부동의 원동자"

없이 변화의 과정을 겪다가 결국은 파멸되어 없어지기 때문에 우연적이다. 반면에 필연적이란 인과因果의 계열을 따르는 존재이다.

만일 무한한 시간의 계열에서 우주자연의 모든 것이 우연적으로만 존재한다면, 그래서 필연적으로 존재하는 것이 전혀 없다면, 현실세계에는 아무 것도 존재하지 않을 수도 있을 것이다. 왜 그런가. 현재의 우연적인 것은 과거의 우연적인 것으로부터 나온 것이던가 아니면 무無로부터 나온 것이어야 한다. 그런데 무로부터는 어떤 것도 산출될 수 없다는 것은 명백하다. 결국 현재의 우연적인 것은 과거의 우연적인 것으로부터 나온 것이어야 하는데, 과거의 우연적인 것은 존재했었을 수도 존재하지 않았었을 수도 있다. 전자의 경우라면 다시 우연적인 원인을 설정하게 될 것이고, 후자의 경우라면 현재의 우연적인 것이 나올 수 없다.

그러므로 현재의 우연적인 것이 존재하기 시작했다는 것을 만족스럽게 설명하는 유일한 방식은 항상 존재했고, 존재하기를 시작하거나 멈출 수도 없는 '필연적인 존재'를 전제하는 것이다. 이것이 원인으로 존재하기 때문에 현재의 우연적으로 존재하는 것이 결과로서 주어질 수 있는 것이다. 앞으로도 계속적으로 우연적인 것이 존재하게 된다면, 어떤 필연적인 존재가 계속적으로 존재하고 있었고, 존재할 것임이 분명하다. 그러므로 현재 필연적으로 존재하거나 우연적으로 존재하는 것들은 모두 필연적으로 존재하는 궁극의 원인에 의해서다. 이것을 신이라 부른다.

④ "완전성에 의한 증명" :

존재하는 모든 것은 완성의 정도(degree)에 따라 차이를 가진다. 정도를 가지는 모든 것들은 덜 완전한 것들로부터 더 완전한 것들에로 소급해 간다면, 완전성의 정도에 있어서 절대적으로 완전한 존재가 있을 것이다. 선한 것들에 관해서도 마찬가지이다. '…이 더 좋다'의 의미를 분석한다면, 정도에 있어서 '더 좋다'의 의미를 소급해 갈 때 더 이상 나아갈 수 없는 가장 완전히 좋은 것이 존재해야 하고, 완전히 좋은 것은 자체로 좋은 최고의 선을 전제한다. 자체로 좋은 최고의 선은 자체로 존재하는 것으로 정도를 가진 좋은 것들이 모두 이것에 의존하는 가장 선한 존재이다. 이것이 신이다.

⑤ 존재목적에 의한 증명 :

우주자연에서 존재하고 생성 변화하는 모든 것은 반드시 '존재목적'이나 생성변화가 도달해야 할 '목적'을 가지고 있다. 왜냐하면 기술적인 것이든 자연적인 것이든 산출활동이 있다는 것은 반드시 어떤 목적을 위해서 있는 것이며, 목적을 달성하기 위한 산출활동은 순서에 따라 질서 있게 일어나게 된다. 이러한 운동변화의 끝점은 결국 '완성'을 목적으로 하고 있다. 질서 있게 일어나며 완성을 목표로 활동하는 것은 합목적적이라 한다. 그렇다면 우주자연을 합목적이게 설계한 최고의 절대적인 지성이 필연적으로 존재해야 한다. 이 최고의 지성을 신이라 한다.

4) 아리스토텔레스의 목적론적 논증

신의 존재에 대한 목적론적 논증은 우주론적 증명과 같이 자연적인 사물들을 기본 바탕으로 해서 출발하지만, 그 접근 방식에 있어서는 근본적으로 다르다. 우주론적 증명방식은 경험적인 사물들의 가사적可死的인 본성과 불멸하는 존재의 필연성에 초점을 맞추었으나, 목적론적 논증방식은 자연적인 사물들이 '계획적인 질서'에 따라 일정한 목적을 향해 운동변화하고 있다는 데에 초점을 맞춘다.

어떤 일정한 것을 구성하기 위해 수단들을 동원하여 '예견된' 결과를 가져오게 하면서 달성해야 할 목적을 향해 부분들이 움직이고 있다면, 이 과정은 '목적론'이라 부른다. 신의 존재증명에 관한 목적론적 논변을 주창하는 자들에 의하면, 그런 운동과정은 생명체를 가진 자연적인 사물들에게서 전적으로 발견될 뿐만 아니라, 심지어 자연세계의 모든 사물들이 기계론적으로 움직인다는 주장들에 대해서도 일정한 목적을 실현하기 위해서 그렇게 움직이고 있다고 말한다. 목적론적인 이론을 체계적으로 주장한 대표적인 철학자는 그리스의 철학자 아리스토텔레스이다.

아리스토텔레스의 목적론_____

아리스토텔레스의 목적론적 논변은, 자신의 주요 저서 『자연학⁽ᵗᵃ physica)』에서 충분히 제시하고 있다. 그는 생물학적인 통찰을 바탕으로 하여 목적론을 전개함에 있어서 원자론자들⁽ᵃᵗᵒᵐⁱˢᵗˢ⁾의 기계론적 논변에 대한 반론으로부터 시작한다.

아리스토텔레스에 따르면, 지성을 가진 인간이 어떤 사물들을 제작할 적에 일정한 목적을 달성하기 위해서 산출하는 것과 꼭 마찬가지로, 자연적으로 생겨난 것의 생물학적 성장과정 또한 일정한 목적을 향한 것으로 규정되어 있다는 것이다. "성장하고 있는 것은 성장하는 한에서 어떤 것에서 다른 것에로의 성장함이다. 무엇을 향한 성장인가? … 어떤 목적을 향해 성장한다." 그래서 개미와 거미 등 동물들뿐만 아니라 식물들에게서조차도 목적을 위해 유익한 것이 생겨나는데, 나무 잎은 과일을 보호할 목적으로 생겨나고, 식물은 뿌리를 위로 향하여 뻗는 것이 아니라 영양섭취를 위해 땅 속으로 뻗는다. 자연적으로 생겨난 유기체의 부분들은 일정한 목적을 실현하기 위해서 그러그러하게 존재하고 또 목적에 맞게 기능하는 것이지, 그러그러하게 생겼기 때문에 그러그러하게 기능하는 것은 아니다.

그래서 맹목적인 "우연" 때문에 사물들이 생겨나고 운동한다는 것은 지극히 불합리하다. 이는 인위적인 산출방식의 과정을 제시해 보면 좋은 보기가 될 것이다. 어떤 기술자가 사진기를 만들었다고 하자. 사진기의 렌즈는 바깥의 상像이 필름에 잡혀 사진이 나오도록 광파를 굴절시키는 기능을 한다. 그 밖의 다른 부분들도 하나의 목적을 달성하는 데 협조하기 위해 수단들로서 기능하는 것으로 보인다. 마찬가지로 우리의 눈[目]도 시각 작용이라는 목적에 기여하고 있다. 그 밖의

사진이 찍히는 과정

신체적인 다른 부분들도 하나의 목적을 달성하도록 각각의 기능을 원활하게 수행한다. 다시 말하면, 사진기의 많은 부품들은 사진기의 전체적인 목적 실현을 위해 작동한다. 왜냐하면 사진기를 만든 사람은 사진기가 전체적으로 어떤 기능을 수행할 수 있도록 부품들을 그렇게 배정했기 때문이다. 마찬가지로 눈의 시각작용이든 심장의 박동이든 신체 전체의 어떤 목적을 실현하기 위해 작동한다. 다시 말하면, 사람을 구성하는 부분들도 전체적인 목적을 실현하기 위해서 심장, 뼈, 살, 피, 눈, 손 등이 그렇게 배열되어 있고, 이 부분들은 전체의 기능을 실현하기 위한 수단들로서 작동한다. 사진기의 존재가 그것을 설계한 자의 지성에 의존한다면, 마찬가지로 사람의 존재 또한 그렇게 복잡하고 완전한 설계를 한 지적인 자에 의존한다.

이러한 목적론적 논변에 대하여 진화론자들은 반대할 수 있을 것이다. 진화론자들은 생물학적인 유기체의 경우에서 그 부분들과 그 본성은 "자연 도태"와 "최적자 생존"의 원리에 의해 충분히 설명될 수 있다고 주장할 것이다. 눈과 같은 부분들을 갖지 않았던 생물들도 많이 있었을 것인데, 이것들은 생존에 적합하지 못하여 사멸했거나 다른 부분들을 발전시켜 생존하고 있다는 것이다. 신체적 구조들 또한 마찬가지이다. 주어진 환경의 변화에 따라 생존에 적합한 방향으로 발전시켰고, 필요 없는 부분들은 퇴화된 것이다.

  그러나 이러한 진화론적 입장도 목적론적 논변을 반박하기에는 그리 완전한 이론은 아닌 것 같다. "최적자의 생존은 적자의 출현을 전제하고", 진화의 과정은 환경과 경쟁해서 자신을 보호할 수 있었던 생물들에게는 적합한 것이었을지도 모르지만, 그러나 인간은 자기보존의 능력뿐만 아니라 유희능력, 가치능력 등을 향상시키는 기능도 갖고 있다. 이런 기능들이 미적 가치, 지적 가치, 종교적 가치 등을 발전시킨 것이다. 이런 것들이 어떻게 생존을 위한 필연적 결과들로만 볼 수 있겠는가?

  그러므로 목적론적 사고에 따르면, 자연세계의 모든 것들은 부분적인 것들뿐만 아니라 전체적인 것에 있어서도 최고의 지적인 설계자에 의해 어떤 일정한 목적을 달성하도록 안배되어 있기 때문에, 사물들의 운동 변화 또한 그런 목적 실현을 위해 진행되고 있는 과정이다. 자연세계의 생물학적인 개별자들이 '낳음,' '성장,' '목적에 이름'이라는 끊임없이 반복적인 재생산의 과정을 수행하는 것도 결국 가장 좋

은 선한 어떤 것을 달성하기 위해 작동하는 과정에 지나지 않는다. 마치 라이프니쯔가 우주 전체에 대한 "예정 조화설(harmonie préétablie)"을 주장하듯이, 세계는 신에 의해 최고의 작품으로 설계되어 있어서 운동 변화하는 모든 것들은 전체적인 형상을 실현할 목적으로 진행되고 있다는 것이다. 그러므로 최고로 완전한 신은 존재할 수밖에 없다.

만일 전체를 위한 수단으로 제공되는 부분들이 자신의 고유한 기능들을 잘 수행하지 못하고 파괴된다면 이 또한 전체의 실현을 위해 좋은 것이다. 왜냐하면 세계는 최고로 선한 신에 의해 완전하게 설계되었고, 부분들은 전체적인 형상을 실현하기 위해 수단들로서 동원되고 있기 때문이다. 그러므로 소위 악이라고 부르는 것은 전체를 위한 수단이거나 보다 큰 악을 저지하기 위한 수단으로 존재할 수밖에 없다. 바로 이러한 근거에서 목적론적 논변은 현실적으로 선한 것과 악한 것이라고 부르는 것들을 가장 큰 선의 실현을 위해 존재하는 것들이라고 말할 수 있게 된다.

목적론적 논변에 대한 난점들

그러나 신의 존재증명에 관한 이러한 목적론적 논변도 물론 난점이 없는 것은 아닐 것이다. 대략 세 관점의 논의가 결정적이다.

첫째, 목적론적 논변은 '인위적인 산출'과 '자연적인 산출' 사이의 유사성을 근거로 논의되고 있는데, 과연 이러한 "유비로부터의 논변"이 타당한가의 의심이 따른다. 사진기를 설계할 줄 알고 또 사진기의 고유한 기능을 발휘할 수 있도록 해 주는 부분들의 기능과 수단들을 알고 있는 기술자가 사진기를 만들었음에 틀림없다. 사진기의 부분들이 목적을 실현하기 위해서 그렇게 안배되었다는 것을 어떻게 알았느

냐고 묻는다면 대답은 간단하다. 내가 아니면 다른 사람들이 제조 과
정을 관찰하였고, 그 쓰임새도 그렇게 관찰되기 때문이라고 대답하면
된다. 그러나 신이 사람들의 부분들이(눈의 정교한 부분들 등) 사람의 전체적
인 기능을 '위해' 작동하도록 설계해두었다는 것을 누가 보증하는가?
그리고 신이 우주 전체를 설계할 때에 이를 본 사람이 있는가?

둘째, 보통 사진기를 설계하고 제작하는 데에는 여러 사람이 동원
된다. 즉 설계하는 사람들이 있을 것이고, 다음으로 설계에 따라 부품
들을 제작하는 사람들이 있으며, 그리고 타인이 만들어 놓은 부품들
을 사용하여 제작하는 사람들이 있다. 사진기가 완성되었을 때 불량
품이 나오면 제작자들은 다시 고치고, 새로운 기능을 첨가하여 더 좋
은 사진기를 만들기도 한다. 그렇다면 자연적인 사물들이 산출될 적
에도 지성을 갖춘 설계자로서의 신이 동원되며, 사람의 부분들(눈, 심장,
피 등)을 만들 때에도 여러 신들이 협력하여 만들며, 좀 덜떨어진 사람
이 만들어졌을 경우가 발생하면 이를 고치고, 사람에게 새로운 기능
을 첨가하여 더 좋은 사람을 만드는 것인가? 이런 근거에서 볼 때, 신
은 완전한 숙련자가 아니라고 결론을 지어도 되며 불완전성에 대한
책임을 신에게 돌려도 되는 것일까? 이런 책임이 신에게 없다면 누가
그 책임을 져야 하는가?

셋째, 분별 있는 사람이라면 사진기와 같은 인위적인 산물들은 최초
에 설계한 사람이 있기 때문에 그런 산출물들이 생겼다는 것을 알 것
이다. 그러나 그런 기계 장치를 설계한 사람은 죽고 없을 수도 있다.
그렇다면 이와 유사하게 자연적 과정의 사물들도 최고의 지성을 가진
완전한 자가 설계한 것들로 여겨진다 하더라도 원래의 설계자가 지금
존재한다고 증명되는 것은 아닐 것이라는 공박 또한 예상할 수 있다.

참고문헌

1. 신화

⟶ 윤일권·김원익, 『그리스 로마 신화와 서양문화』, 서울:문예출판사, 2004.
⟶ 장영란, 『그리스 신화』, 서울:살림출판사, 2005.

2. 철학사

⟶ Johannes Hirschberger, Geschichte Der Philosophie I, II, 강성위 옮김, 『서양 철학사』上, 下, 대구:以文出版社, 1983.
⟶ 문계석, 『서양의 중세철학』, 대전:도서출판 이화, 1998.
⟶ Hans Joachim Störig, Kleine Weltgechichte der Philosophie I, II, 임석진 역, 『세계 철학사』上·下, 서울:분도출판사, 1993.
⟶ Bertrand Russell, History of western Philosophy, 서상복 역, 『서양철학사』, 서울:을유문화사, 2009.
⟶ Prederick Copleston, A History of Philosophy I~IX, Printed in the United States of America:The Newman Press, 1962.
⟶ J. Burnet, Early Greek Philosophy, New York:The Meridian Library, 1957.

3. 단행본

⟶ 문계석, 『철학의 근본문제』, 대전:도서출판 이화, 1996.
⟶ 박경민, 『한권으로 읽는 세계 종교 산책』 : 아세아문화사, 1998.
⟶ 세르게이 토카레프 지음, 『세계의 종교』, 한국종교연구회 옮김 : 사상사, 1991.

↪ 안경전 역주, 『환단고기』, 대전:상생출판, 2005.

↪ 유흥태, 『페르시아의 종교』, 살림지식총서 383, 경기도:살림출판사, 2017.

↪ 이강서, 『서양철학 이야기』 ①, 서울:책세상, 2006.

↪ 이나카기료스케 지음, 조규상 옮김, 『토마스 아퀴나스 《《신학대전》》 새로 읽기』, 서울:가톨릭출판사, 2011.

↪ 이정배외 6인 지음, 『경전으로 본 세계 종교』 : 전통문화연구회, 2001.

↪ 제레미 리프킨 지음, 김명자·김건 옮김, 『엔트로피』, 서울:동아출판사, 1993.

↪ 증산도 도전편찬위원회 편찬, 『증산도 道典』 서울:대원출판, 2003.

↪ A. F. Chalmers, What is this thing called Science, 신인철·신중섭 옮김, 서울:서광사, 1985.

↪ A. N. White, Process and Reality, 오영환 역, 『과정과 실재』, 서울:民音社, 1991.

↪ Anselm, Monologion & Proslogion, 박승찬 옮김, 『모놀로기온, 프로슬로기온』, 서울:아카넷, 2012.

↪ Auguste Comte, Discours preliminaire sur l'ensemble du positivisme, 김점석 역, 서울:한길사, 2001.

↪ David Hume, A Treatise of Human Nature, 이준호 옮김, 『오성에 관하여-인간본성에 관한 연구(1739)』, 서울:서광사, 1994.

↪ Dominic J. O'Meara, Plotinus-An Introduction to the Ennesdes, 안수철 옮김, 서울:도서출판 탐구사, 2009.

↪ Edmund Husserl, Philosophie als strenge Wissenschaft, 이종훈 역, 『엄밀한 학문으로서의 철학』, 서울:지식을만드는지식, 2014.

↪ F. A. Westphal, The Activity of Philosophy, 양문흠·기종석 옮김, 서울:까치, 1987.

↪ Friedrich Nietzsche, Wille zur Macht, 강수남 역, 『권력에의 의지』, 서울:청하, 1988.

G. C. Field, The Philosophy of Plato, 양문흠 옮김, 서울:서광사, 1987.

GOOD NEWS BIBLE, United Bible Societies, 1976.G. W. Leibniz, Monadology, 배선복 옮김, 『모나드론』, 서울:책세상, 2007.

G. W. F. Hegel, Philosophy of Light, 임석진 옮김, 『법철학』, 서울:한길, 2008.

Henri(-Louis) Bergson, L'évolution créatrice, 황수영 역, 『창조적 진화』, 서울:지만지, 2008.

Immanuel Kant, Kritik der reinen Vernunft, 정명오 역, 『순수이성비판』, 서울:동서문화사, 2016.

John H., Hick, Philosophy of Religion, 황필호 옮김, 『종교철학 개론』, 서울:종로서적, 1980.

Jean-Paul Sartre, L'existentialisme est un Humanisme, 박정태 역, 『실존주의는 휴머니즘이다』, 서울:이학사, 2008.

Jonathan Barnes, Aristotle, 문계석 옮김, 『아리스토텔레스의 철학』, 서울:서광사, 1989.

John Locke, Essay Concerning Human Understanding, 이재한 옮김, 『인간오성론』, 서울:다락원, 2009.

Karl Jaspers, Vernuft und Existenz, 황문수 역, 『이성과 실존』, 서울:서문당, 1999.

Karl Marx, Das Kapital, 김수행 역, 『자본론』(정치경제학비판. 별책), 서울:비봉출판사, 2015.

Klaus Held, Treffpunkt Platon, 이강서 옮김, 경기도:효형출판, 2007.

Ludwig Wittgenstein, Tractatus Logico-Philosophicus, 김양순 역, 『논리철학논고』(철학탐구 ; 반철학적 단장), 서울:동서문화사, 2008.

Martin Heidegger, Was ist Metaphysik, 이기상 역, 『형이상학이란 무엇인가』, 서울:서광사, 1995.

→ Martin Heidegger, Sein und Zeit, 전양범 역, 『존재와 시간』, 서울:동서문화사, 2015.

→ Platon, Gorgias, 김인곤 옮김, 『고르기아스』, 경기도:이제이북스, 2014.

→ Platon, Politeia, 박종현 옮김, 서울:서광사, 1997.

→ Platon, Platons Protagoras, Laches, Menon, 박종현 옮김, 『플라톤의 프로타고라스, 라케스, 메논』, 서울:서광사, 2010.

→ Plotinos, Plotis Schrieten, 조규홍 옮김, 『영혼-정신-하나』(플로티노스의 중심개념), 경기도:나남, 2010.

→ Platon, Symposion, Protagoras, Apologia, Phaidon, Politeia, Phaidros, 천병희 옮김, 『플라톤의 대화』(「향연」, 「프로타고라스」, 서울:숲, 2015.

→ Rene Descartes, Meditations on first Philosophy, 이재환 옮김, 『제일철학의 성찰』, 경기도:풀빛, 2014.

→ Rene Descartes, Discourse on Method, 이현복 옮김, 『방법서설』, 서울: 문예출판사, 2007.

→ Søren, Kierkegaard, Der Begriff der Angst, Die Krankenheit zum Tode, Forforerens dagbog, 강성위 역, 『불안의 개념』, 『죽음에 이르는 병』, 『유혹자의 일기』, 서울:동서문화사, 2007.

→ W. O. Döring, 김용정 옮김, 『칸트철학 이해의 길』, 서울:새밭선서(5), 1980.

찾아보기

ㅇ